RAINER ZITELMANN

WELTREISE EINES KAPITALISTEN

RAINER ZITELMANN

WELTREISE EINES KAPITALISTEN

Auf der Suche nach den Ursachen von Armut und Reichtum

FBV

Bibliografische Information der Deutschen Nationalbibliothek
Die Deutsche Nationalbibliothek verzeichnet diese Publikation in der Deutschen Nationalbibliografie. Detaillierte bibliografische Daten sind im Internet über http://dnb.d-nb.de abrufbar.

Für Fragen und Anregungen
info@m-vg.de

Originalausgabe, 1. Auflage 2024

Türkenstraße 89
80799 München
Tel.: 089 651285-0

Redaktion: Ansgar Graw
Korrektorat: Christoph Roolf
Umschlaggestaltung: Sonja Vallant
Umschlagfoto: Basanta Adhikari, Founder & Executive Director des libertären Thinktanks Bikalpa-an Alternative in Nepal
Satz: Zerosoft, Timisoara
Druck: GGP Media GmbH, Pößneck
Printed in Germany

ISBN Print 978-3-95972-783-9
ISBN E-Book (PDF) 978-3-98609-531-4
ISBN E-Book (EPUB, Mobi) 978-3-98609-532-1

Inhalt

Vorwort

Viele Menschen träumen von einer Weltreise. Ich habe eine Weltreise gemacht, die mich von April 2022 bis Dezember 2023 nach Asien, in die USA und nach Lateinamerika geführt hat und zudem in 18 europäische Länder. Insgesamt habe ich 260.000 Flugkilometer zurückgelegt, ein Alptraum für jeden Öko-Aktivisten. Doch ich habe es für eine gute Sache getan, und dies ganz ohne schlechtes Gewissen bzw. »Flugscham«.

Dabei besuchte ich Staaten, mit denen ich zuvor schon mehr oder weniger gut vertraut war, aber auch solche, wo ich noch nie war – beispielsweise Argentinien, Kolumbien, Chile, Nepal oder die Mongolei. Und auch Länder, in die ich vorher nur zum Urlauben gereist war, so etwa nach Vietnam. Im Urlaub jedoch liege ich gerne faul in der Sonne und lese. Da lerne ich das Land nicht kennen. Viele Länder besuchte ich in diesen etwa eineinhalb Jahren mehrfach: In den USA war ich in New York, Washington, Boston, Miami, Las Vegas, West Palm Beach und Memphis. Mehrfach bereiste ich auch Chile, Argentinien, Paraguay, Polen, Albanien und Georgien.

Ich nenne die Reise »Liberty Road Trip« oder »Liberty Journey«. Was hat eine Weltreise in 30 Länder mit Freiheit zu tun? Ich habe die 30 Länder in den Jahren 2022 und 2023 besucht, um mehr über den Stand der wirtschaftlichen Freiheit in diesen Ländern zu erfahren. Politische Freiheit und wirtschaftliche Freiheit sind beide gleich wichtig, aber der Fokus lag für mich auf der wirtschaftlichen Freiheit, weil ich der Meinung bin, dass wirtschaftliche Freiheit in einem Land die wichtigste Voraussetzung im Kampf gegen Armut ist. Deshalb setze ich mich weltweit für wirtschaftliche Freiheit ein. Ich mache das mit meinen Büchern, mit Artikeln, Interviews und Vorträgen.

Dadurch habe ich in vielen Ländern auf der Welt großartige Menschen kennengelernt, die sich für Freiheit und Kapitalismus einsetzen. Oftmals nennen sie sich »Libertäre« oder »klassische Liberale«, was jedoch keineswegs eine geschlossene Weltanschauung ist, sondern eher eine bestimmte Geisteshaltung. So unterschiedlich die Menschen, die sich zur liberalen oder libertären Bewegung zählen, auch sind, so haben sie eines gemeinsam: die hohe Wertschätzung für die Freiheit. Sie lernen in diesem Buch also auch die libertäre Weltbewegung und einige ihrer Protagonisten kennen. Ich beschreibe diese Bewegung, über die die meisten Leser vermutlich nur wenig wissen, aus einer Warte kritischer Sympathie: Ich selbst bin Historiker und Soziologe, der Sympathien für manche Gedanken der Libertären hat, sich jedoch keinem Dogma unterordnen möchte. Davon habe ich genug, seit ich in meiner Jugend Maoist war.

Am Beginn eines jeden Jahres setze ich mir Ziele für die nächsten zwölf Monate. Ich habe die Erfahrung gemacht, dass die Zielsetzung, wie ich sie in meinem Buch »Setze dir größere Ziele« beschreibe, funktioniert. Mein Ziel, das ich am Silvesterabend 2021/22 niederschrieb, lautete: »Mein Buch ›Die 10 Irrtümer der Antikapitalisten‹ erscheint in 20 Sprachen.« Ich nahm mir vor, in alle 20 Länder zu reisen. Doch bereits nach einem halben Jahr hatte ich Buchverträge für 20 Länder geschlossen und erhöhte daher das Ziel auf 30. Das ist eine Menge, denn bis dahin war keines meiner Bücher in mehr als einem Dutzend Sprachen erschienen.

Ich versprach jedem Verlag in diesen Ländern, dass ich eine Umfrage darüber in Auftrag geben werde, wie die Menschen dort zur wirtschaftlichen Freiheit stehen. Und ich versprach den Verlagen und den liberalen Thinktanks, persönlich in jedes einzelne dieser Länder zu kommen.

Ich wusste, dass mich das alles etwa 1,5 Million Euro kosten würde, denn Umfragen, die von renommierten Meinungsforschungsinstituten gemacht werden, sind teuer. Allein für die Meinungsumfragen zum Image des Kapitalismus (35 Länder) und zum Image der Reichen (13 Länder) bezahlte ich genau 658.000 Euro. In den meisten Ländern führte das Institut Ipsos MORI die Befragungen durch. Diese Umfragen waren für das Buch sehr wichtig. Sie gaben mir einen ersten Eindruck davon, wie die Menschen in dem jeweiligen Land zu Marktwirtschaft und Kapitalismus stehen.

Beides ist wichtig: persönliche Gespräche und Eindrücke auf der einen Seite, empirische Forschungen auf der anderen Seite. Die Ergebnisse der Umfragen konnte ich oft besser verstehen, wenn ich in das Land gereist war und dort mit den Menschen gesprochen hatte. Umgekehrt konnte ich meine Eindrücke aus den Gesprächen besser einordnen, wenn ich die in den Umfragen ermittelten Daten heranzog.

Dass ich in all diese Länder reisen konnte, hängt auch mit Freiheit zusammen, mit finanzieller Freiheit. Bis ich 40 Jahre alt war, hatte ich gar kein Geld. Ich verdiente zwar gut, gab aber alles aus. Ich interessierte mich vor allem für Politik, und oft vertrat ich Meinungen, die politisch nicht korrekt waren. Als freiheitsliebender Mensch wollte ich stets sagen, was ich dachte, und das führte dazu, dass ich viele Menschen um mich scharte, die dies schätzten. Aber es führte auch immer wieder zu Problemen – sogar zu wirtschaftlicher Existenzangst!

Bei einem Spaziergang in Berlin, ich war damals 39 Jahre alt, sagte mir ein befreundeter Politiker: »Querköpfe wie Sie und ich müssen ordentlich Geld verdienen, um frei unsere Meinung vertreten zu können.« Er selbst war jemand, der nicht – wie viele Berufspolitiker – wirtschaftlich von der Politik abhängig war, sondern der als glänzender Jurist so gut verdiente, dass er wirtschaftlich unabhängig war. Das machte es ihm viel leichter, eine unabhängige Meinung zu vertreten und gegen den Strom zu schwimmen. Der Satz von Peter Gauweiler, das ist der Name des Politikers, war für mich ein Schlüsselerlebnis. Nach diesem Gespräch entschloss ich mich, reich zu werden. Das klingt vielleicht merkwürdig, aber genau so war es. Ich würde Millionär werden – und ich wurde es in wenigen Jahren.

Heute bin ich finanziell frei, was bedeutet: Ich muss schon lange nicht mehr für Geld arbeiten. Ob ich arbeite, was ich arbeite, wo ich arbeite, wie ich arbeite, wann ich arbeite und mit wem ich arbeite, bestimmt niemand anderer als ich selbst. Ohne diese finanzielle Freiheit wäre es für mich nicht möglich gewesen, all die teuren Umfragen in Auftrag zu geben und die Reisen in all diese Länder zu finanzieren. Übrigens gehört zu der Freiheit, die ich mir nehme, auch, dass ich mehrere Freundinnen habe und nicht nur eine. Ich bin mit ihnen schon viele Jahre zusammen, und natürlich wissen alle voneinander. Manche haben mich auf meinen Reisen begleitet. Wundern Sie sich daher bitte nicht, wenn Sie mehrere weibliche Vornamen finden.

Warum wollte ich aber in so viele Länder reisen? Zunächst aus Neugier und weil ich die Idee hatte, ein Buch zu diesem Thema zu schreiben. Aber da war noch mehr, nämlich eine Mission. Nachdem ich 2016 meine Firma verkauft und meine zweite Doktorarbeit beendet hatte, setzte ich mir ein neues, wirklich großes Ziel: Ich wollte die Welt erobern. Ich habe als Jugendlicher nur zwei Spiele mit Leidenschaft gespielt: »Monopoly« (hier sammelt man bekanntlich Immobilien) und »Risiko«. Bei letzterem geht es darum, die Welt zu erobern, ein Land nach dem anderen zu besetzen. Und genau dieses Spiel setze ich heute im wirklichen Leben fort: Mit »die Welt erobern« meine ich natürlich nicht, dass ich ein zweiter Alexander der Große werden möchte. Meine Ziele sind wesentlich bescheidener – und doch sehr ambitioniert: Ich will als Autor und Publizist weltweit meine Botschaften verbreiten und Menschen von der Idee der Freiheit und des Kapitalismus überzeugen.

Geändert hat sich bei mir mit 60 Jahren der geografische Fokus. Jeder Mensch hat einen geografischen Raum für sein Denken und Handeln. Als ich jung war, hatte ich eine Freundin, für die der Hauptfokus das Dorf Messel mit 3.000 Einwohnern war, wo wir damals wohnten. Sie verreiste manchmal, aber der Bezugsrahmen ihres Denkens und Handelns blieb stets Messel. Bei manchen meiner Bekannten aus der Immobilienbranche ist der Bezugsrahmen die Stadt Berlin: Sie interessiert vor allem, was in dieser Stadt geschieht, verfolgen intensiv die regionalen Medien. Mein primärer Bezugsrahmen war in den Jahren bis 2017 stets Deutschland. Meine Firma war deutschlandweit aktiv, und ich war ständig in Deutschland unterwegs – Berlin, Frankfurt, Hamburg, München, Köln und Düsseldorf.

Bei den meisten Menschen ist der geografische Fokus das eigene Land. Das ist verständlich, aber auch etwas engstirnig. Ich merke das immer, wenn ich Medien in Deutschland Artikel anbiete: Alles, wo es um Deutschland geht, wird gerne genommen. Ein Artikel über Argentinien? »Zu weit weg für unsere Leser.« Wegen Albanien oder der Mongolei brauche ich erst gar nicht zu fragen.

Mein Fokus ist heute die ganze Welt. Ich reise um den Globus, weil ich neugierig bin auf andere Menschen, auf andere Länder. Und weil ich meine Botschaften verbreiten und etwas dazu beitragen möchte, den Gedanken der Freiheit in der Welt populärer zu machen. Meine Reisen sehen anders aus als die der meisten Menschen: Ich interessiere mich nicht besonders für »Sehenswürdigkeiten«, die Touristen mit Fotoapparaten anziehen. Die kann ich mir auch im Internet anschauen.

Ich interessiere mich für Menschen. Ich lerne mehr über ein Land, wenn ich Menschen treffe, die mir etwas über das Land erzählen: Ökonomen und Politiker beispielsweise oder Menschen, die sich für Freiheit in ihren Ländern einsetzen. In allen Ländern wurde ich von Journalisten interviewt, aber ich nutzte stets die Gelegenheit, die Rollen zu vertauschen und vor oder nach dem Interview die Journalisten über die Politik und Wirtschaft in ihrem Land auszufragen. Ich begegne gerne auch ganz »normalen« Menschen, jungen Menschen, die kaum Geld haben, aber auch Unternehmern, die Multimilliardäre geworden sind. Ich habe Hunderte interessante Gesprächspartner getroffen und dabei eine Menge gelernt. Was ich gelernt habe, lesen Sie in diesem Buch.

In manche Länder, die ich gerne besucht hätte, konnte ich nicht reisen. Zwar erschienen viele meiner Bücher auch in Russland, wo ich einige Freunde habe. Mich verbindet vieles mit dem Land, und ich war mehrere Jahrzehnte sogar Mitglied der Russisch-Orthodoxen Kirche, bis ich dann ausgetreten bin, weil die Kirche sehr stark Putins Krieg unterstützte. Ich wollte nicht während des Krieges nach Russland reisen, denn dort nichts zum Krieg zu sagen, wäre ein Fehler, und wenn ich etwas zum Krieg gesagt hätte, wäre das zu gefährlich für mich gewesen. Ich habe aber viele Ukrainer und Russen getroffen, vor allem in Polen und Georgien. Auch von diesen Zusammenkünften werde ich berichten.

In China war ich 2018 und 2019 in vielen Städten und hatte auch schon eine Reise für den Oktober 2023 gebucht. Kurzfristig teilte mir jedoch mein chinesischer Verlag mit, dass Genehmigungen für Vorträge zu meinem Buch »The Rich in Public Opinion« wider Erwarten doch noch nicht erteilt wurden. Schade, ich hatte mich auf die Reise nach China gefreut. Ich wollte auch nach Nigeria und Uganda reisen, wo mein Buch »Die 10 Irrtümer der Antikapitalisten« erschien. Aber ich wollte mich nicht gegen Gelbfieber impfen lassen, so dass ich kein Visum für Nigeria bekam und meinen Vortrag online halten musste. Später bei Uganda gelang es mir, obwohl das nicht einfach war, eine Bescheinigung von der Berliner Charité zu bekommen, die es mir erlauben wird, ohne Impfung einzureisen. Ich hoffe also, in einer späteren 2. Auflage dieses Buches auch über Uganda zu berichten.

Bevor ich in ein Land gereist bin, habe ich mich mit dessen Geschichte befasst, denn ich bin Historiker und weiß deshalb, dass der Schlüssel zum Verständnis eines Landes in seiner Geschichte liegt. Ohne die Umfragen, die ich vor Beginn der Reise in den Ländern durchführen ließ, und ohne das Studium der Geschichte dieser Länder wären meine Reisen nicht so informativ verlaufen. Das Buch ist nicht nur ein Reisebuch, sondern auch ein Geschichtsbuch – wie bei einem Historiker vielleicht nicht anders zu erwarten. Vielleicht werden Sie neugierig, mehr über diese Länder zu erfahren – und lesen weitere Bücher darüber oder unternehmen selbst Reisen dorthin.

Rainer Zitelmann, April 2024

April 2022

Zürich, Schweiz

Mein »Liberty Road Trip«, der mich auf vier Kontinente und in 30 Länder führen soll, beginnt am 12. April 2022 in der Schweiz. Laut dem »World Happiness Report 2023« zählt die Schweiz zu den zehn glücklichsten Ländern der Welt.[1] Und sie ist ein wohlhabendes Land – das durchschnittliche Vermögen beträgt 685.000 Dollar pro Kopf. In Deutschland sind es nur 256.000 Dollar und in den USA 551.000 Dollar.[2] Freilich hat diese Durchschnittszahl auch etwas mit der hohen Millionärsdichte zu tun. Von den 8,7 Millionen Schweizern ist jeder achte (1,1 Millionen) Dollar-Millionär. In Deutschland, gemessen an der Einwohnerzahl fast zehnmal so groß wie die Schweiz, lebten 2022 »nur« 2,6 Millionen Millionäre. Somit ist etwa jeder 32. Deutsche ein Millionär.[3]

Eingeladen hat mich das Liberale Institut zu einem Vortrag an der Universität Zürich. Die Schweiz ist ein guter Ausgangspunkt für meinen Liberty Road Trip, denn im Index der wirtschaftlichen Freiheit steht sie auf Platz zwei von 176 Ländern, nur 0,1 Punkte hinter dem Spitzenreiter Singapur.[4] Das Land hat Spitzenwerte in den Kategorien »Property Rights«, »Judicial Effectiveness«, »Fiscal Health« und »Government Integrity«. Das Gesamtergebnis wäre noch besser, wenn der Staat nicht zu viel Geld ausgeben würde und es weniger staatliche Regulierung im Arbeitsmarkt gäbe.

Dennoch: Die Schweiz ist das kapitalistischste Land der Welt. In der Schweiz lässt es sich gut leben. Eine Freundin von mir, Jenna, wohnt seit vielen Jahren in dem Land. Sie möchte auf keinen Fall mehr nach Deutschland zurück. Ich war mit ihr vor 13 Jahren fest zusammen.

Damals war sie 25 Jahre alt und leitet heute die Kommunikationsabteilung einer der renommiertesten Luxusmarken der Welt in Zürich. Ich lade Jenna – zusammen mit Isabelle, die mich auf meiner Reise nach Zürich begleitet – zum Abendessen beim Asiaten ein. Wir drei lieben asiatische Küche. Warum sie es in der Schweiz so toll findet? Einer der Gründe ist, dass sie hier fast drei Mal so viel verdient wie ihre Kollegen in Deutschland und dazu noch weniger Steuern zahlt. Sie bekommt hier etwa 10.000 Franken im Monat. »Natürlich sind auch die Lebenshaltungskosten höher, aber eben nicht drei Mal so hoch. Und die Steuern sind viel niedriger.«

Hohe Lebenshaltungskosten? Das bestätigt mir eine andere Bekannte, mit der wir am Vorabend Essen waren. Sie ist Arzthelferin, kommt aus Syrien und hat früher in Berlin gewohnt. Sie sagt, dass sie 5.800 Franken verdient – allerdings zahlt sie auch 1.400 Franken für eine winzige, 20 Quadratmeter große Wohnung.

Bevor ich mit meinem Vortrag starte, hält Olivier Kessler, der Leiter des Liberalen Instituts, ein kurzes Eingangsstatement, in dem er erklärt, warum die Schweiz gerade kein kapitalistisches, sondern ein halbsozialistisches Land sei. Er verweist auf die zahlreichen Regulierungen und Beschränkungen, die dem Geist der Marktwirtschaft widersprechen. Der Kapitalismus, so seine Argumentation, sei ein System, in dem die einzige Aufgabe des Staates darin bestehe, das Privateigentum zu schützen. Es herrsche unbeschränkte Vertragsfreiheit auf unbehinderten Märkten. Angesichts zahlreicher Staatseingriffe sei all dies in der Schweiz nicht der Fall. Seine Folgerung: »Wir leben in der Schweiz nicht im Kapitalismus.«

Fast alle seine Kritikpunkte teile ich. Aber den reinen Kapitalismus gibt es in keinem Land auf der Welt, und immerhin ist die Schweiz kapitalistischer als fast alle anderen Staaten. Ich selbst messe ein Land nicht in erster Linie an einem Ideal, sondern an anderen Ländern.

Das Publikum, etwa 100 Teilnehmer, besteht aus überzeugten Pro-Kapitalisten. Einer kam sogar mit dem »I love Capitalism«-T-Shirt, das ich manchmal bei Vorträgen trage (diesmal jedoch nicht). Nach dem Vortrag kommt ein Schweizer Ökonom, Hans Rentsch, auf mich zu und drückt mir ein Buch in die Hand: »Wie viel Markt verträgt die Schweiz?«[5] Es ist ein skeptisches Buch, denn es zeigt, dass die schweizerische Politik in den vergangenen Jahrzehnten auf nationaler Ebene kaum je aus eigener Initiative marktwirtschaftliche Reformen angestoßen hat.[6] Skeptisch sieht Rentsch auch die oft gelobte »direkte Demokratie« der Eidgenossen. Die Schweiz ist bei Anhängern der direkten Demokratie sehr beliebt, weil die Bürger über viele Themen direkt abstimmen. Oft erweisen sich die Schweizer dabei als klug, aber Rentsch führt auf vielen Seiten eine Menge Beispiele dafür an, dass seine Landsleute gegen mehr Marktwirtschaft und für mehr staatliche Beschränkungen der Freiheit gestimmt hätten, ob das nun die Liberalisierung des Strommarktes oder das Gesundheitswesen betrifft.[7]

Wenn die Schweiz ökonomisch erfolgreich sei im Vergleich zu anderen Ländern, so Rentsch, dann nicht wegen, sondern trotz der direkten Demokratie. »Die staatsfreundliche und marktskeptische Grundhaltung der Bevölkerung hat politische Konsequenzen ... In kaum einem vergleichbaren Land dürfte die Stromversorgung derart ausgeprägt von staatlichen Akteuren mit Mehrfachinteressen dominiert sein wie hierzulande durch die Kantone und Gemeinden mit ihren lokalen und regionalen Monopolen ... In kaum einem anderen vergleichbaren Land verfügen die Staatseisenbahnen über eine so dominierende Marktstellung wie die SBB in der Schweiz ... Auch im schweizerischen Gesundheitswesen sind der Markt und der Wettbewerb durch staatliche Regulierung weitgehend ausgeschaltet.«[8]

Positiv sieht er dagegen den Wettbewerb der einzelnen Gemeinden und Kantone in der Schweiz, der viel Gutes bewirkt habe. Viele Bekannte von mir sind Anhänger der »direkten Demokratie«. Sie wollen, dass das Volk selbst unmittelbar entscheidet. Ich war da schon immer skeptisch, wobei ich zugeben muss, dass die Entscheidungen der gewählten Parlamentarier, zum Beispiel in Deutschland, auch nicht besser sind als die des Volkes. Aber die Deutschen sind anders als die Schweizer. 56 Prozent der Berliner haben 2021 für eine Enteignung großer Immobilienunternehmen gestimmt. Der Sozialismus ist wieder zurück. Auch in Deutschland.

Isabelle ist auf Anhieb begeistert von der Schweiz, zumal alles hier sehr sauber ist und man sich sicher fühlt, auch wenn man nachts auf der Straße geht. Die Menschen sind viel gepflegter gekleidet als in Berlin. Am Tag nach meinem Vortrag fahren wir nach Zug. Die Stadt ist nur 40 Autominuten entfernt von Zürich. Ich mag Bahnfahrten nicht so sehr, sondern leiste mir einen Chauffeur in einem S-Klasse-Mercedes. Die Hinfahrt kostet 240 Franken. Zurück werden wir vom Chauffeur des Mannes gefahren, den wir besuchen. Es ist Hans-Peter Wild, der wie so viele aus Deutschland stammende Milliardäre in der Schweiz lebt.

Zug ist besonders beliebt, weil es als kleines Steuerparadies gilt. Hier haben renommierte und innovative Unternehmen ihr Domizil oder größere Niederlassungen – etwa der Lebensmittelkonzern Nestlé, Unternehmen in den Bereichen Biotechnologie und Handel oder auch viele Start-ups, die als »Crypto-Valley« der Schweiz an neuen Technologien arbeiten. Der Spitzensteuersatz des Kantons Zug liegt im Durchschnitt bei rund 23 Prozent – ein Traum für Steuerpflichtige in vielen anderen Ländern wie etwa Deutschland.

Hans-Peter Wild ist Inhaber von Capri-Sun, einer der weltweit führenden Marken für nicht-alkoholische Getränke. »Bedienen Sie sich gerne«, fordert uns seine Assistentin mit Blick auf einen Behälter auf, der Capri-Sun gekühlt in allen Geschmacksrichtungen enthält. Ich greife zu und fühle mich an meine Kindheit erinnert, als ich »Capri-Sonne« oft getrunken habe. Heute wird der charakteristische Getränkebeutel in 24 Ländern produziert und in mehr als 100 Ländern unter dem anglisierten Namen Capri-Sun verkauft. Aber in jedem Land, so erzählt Wild, haben die Menschen einen anderen Geschmack, und die Kunst liegt darin, das Produkt jeweils sehr individuell den lokalen Vorlieben anzupassen.

Wild fragt mich, ob ich ein besonderes Anliegen habe. Ich vermute, ihn besuchen oft Leute, die irgendetwas von ihm wollen. Sein Nettovermögen beträgt laut der Forbes-Liste 3,5 Milliarden Dollar. Nein, ich habe kein Anliegen. Ich freue mich einfach, ihn wiederzusehen und zu plaudern. Und Isabelle, die eine begeisterte Reiterin ist, freut sich, jemanden zu treffen, der in jüngeren Jahren selbst ein begeisterter Reitsportler war. Wild ist heute 80 Jahre alt und hat gerade seine Autobiografie geschrieben. Ich habe sie als erster gelesen, weil ich das Vorwort schreiben sollte. Besonders fasziniert hat mich, dass er durch die ganze Welt gereist ist, weil sein Unternehmen weltweit aufgestellt ist. Ich bin gerade etwas frustriert darüber, dass beispielsweise die Partner in Südamerika, die eine Reise nach Argentinien und Chile im nächsten Monat organisieren sollen, bisher langsam und wenig zuverlässig sind. Wir sind uns beide einig: Auch wenn das für pünktliche Menschen schwer ist – wir können die Welt nicht ändern. »Man muss sich ein sehr dickes Fell zulegen«, rät Wild. In seinem Büro steht ein riesiger Globus – ein Mann wie Wild, auch wenn er in einer Kleinstadt mit 30.000 Einwohnern wohnt, denkt global.

»Mein Ziel war es von Anfang an, Capri-Sonne und WILD-Flavors zu Global Players zu machen. Man muss sich Ziele setzen und darf sie, trotz mancher Unwägbarkeiten auf der Strecke, nicht aus den Augen verlieren«, so Wild unter Nennung des zweiten von ihm aufgebauten Weltunternehmens, des Aromen-Herstellers WILD Flavors Inc. Sein Vater rechnete ihm vor, dass sein Unternehmen, wenn jeder in der damaligen Bundesrepublik nur eine einzige Capri-Sonne im Jahr trinkt, 60 Millionen Beutel verkaufen würde. Seine Mitarbeiter hielten solche großen Zahlen für unrealistisch, aber für Wild Junior waren sie zu klein. Sein Ziel war es, jedes Jahr weltweit mehrere Milliarden Capri-Sonne zu verkaufen – und er hat diesen Plan, den die meisten Menschen als »unrealistisch« oder gar »unmöglich« abgetan hätten, realisiert.

Wie sieht die wirtschaftliche Zukunft der Schweiz aus? Für mein Buch »Die 10 Irrtümer der Antikapitalisten« hatte ich 2021 eine Befragung in der Schweiz durchführen lassen. Das Ergebnis war, dass die Menschen in der als kapitalistisch geltenden Schweiz dem Kapitalismus ähnlich skeptisch gegenüberstehen wie in Deutschland. Die größte Zustimmung bei der Umfrage unter den Eidgenossen fanden die Aussagen, Kapitalismus führe zu steigender Ungleichheit und zu Monopolen, fördere Egoismus und Profitgier, die Reichen bestimmten die Politik und die Menschen würden zum Kauf von Produkten animiert, die sie gar nicht brauchten. Nur 21 Prozent der Schweizer sagten in der Umfrage, Kapitalismus bedeute wirtschaftliche Freiheit, und ebenfalls nur 21 Prozent befanden, Kapitalismus führe zu Wohlstand.

Wir formulierten einige der Fragen, ohne das Wort »Kapitalismus« zu verwenden, weil es für viele Menschen einen schlechten Klang hat. Die Zustimmung stieg in der Schweiz (wie in vielen anderen Ländern). Aber auch wenn das Wort nicht erwähnt wurde, war die Einstellung der Schweizer nicht positiv, sondern neutral – das heißt, die Zustimmung zu pro- und anti-marktwirtschaftlichen Aussagen hielt sich die Waage.

Das Beispiel der Schweiz zeigt, dass es zwischen dem objektiven Stand der wirtschaftlichen Freiheit (wie er im Index of Economic Freedom gemessen wird) und der Einstellung der Menschen (die Ipsos MORI in der Umfrage ermittelt hatte) nicht unbedingt einen Zusammenhang gibt.

Aber was heißt es für die Zukunft, wenn die Menschen in einem Land wie der Schweiz dem Kapitalismus skeptisch gegenüberstehen? Volksabstimmungen könnten künftig häufiger anti-marktwirtschaftlich ausfallen als in der Vergangenheit. Dies hatte ich schon direkt nach der Umfrage von Ipsos MORI vorhergesagt, und leider wurde diese pessimistische Prognose schon bald darauf bestätigt: Im März 2024 stimmten 58 Prozent der Schweizer für einen Vorschlag der Gewerkschaften, wonach der Staat den Rentnern ein 13. Monatsgehalt zahlen muss. Das Referendum wurde von linken Parteien unterstützt. Die Frage stellt sich: Wird die Schweiz dauerhaft ihren tollen Spitzenplatz im Ranking der wirtschaftlichen Freiheit behalten?

April 2022

Tiflis, Georgien

Ende April reise ich nach Georgien. Das kleine Land (3,7 Millionen Einwohner), das früher zur Sowjetunion gehörte, liegt am Schwarzen Meer im Westen Asiens, wird aber von seinen Einwohnern stolz als »Balkon Europas« bezeichnet. Nachbarländer sind die Türkei, Aserbaidschan und Russland. Im Jahr 2008 griff Russland das Land an. Seitdem sind etwa 20 Prozent des Staatsgebietes russisch besetzt.

Eingeladen bin ich von der Free Market Roadshow, einer Veranstaltung des Austrian Economic Center. Die Free Market Roadshow bringt Referenten aus der ganzen Welt zusammen, um die Ideen von Freiheit und Marktwirtschaft zu verbreiten – insbesondere, aber keineswegs ausschließlich in Osteuropa.

Ich war noch nie zuvor in Georgien gewesen, hatte aber Kontakt zu Professor Gia Jandieri, dem Gründer und Vizepräsidenten eines libertären Thinktanks in Georgien namens New Economic School. Ich bin schon neugierig, ihn persönlich kennenzulernen. Gia holt mich und meine Freundin Alica morgens im Radisson-Hotel ab und zeigte uns die Stadt. Was auf den ersten Blick auffällt: die vielen alten und faszinierenden Gebäude, die meisten aus dem 19. Jahrhundert. Gia zeigt uns das Panorama von Tiflis. Und mitten unter all den schönen Gebäuden der Altstadt stach ein hässlicher Bau hervor: »Der stammt aus der Sowjetzeit«, so Gia.

Man sieht Tiflis an, dass weder der Erste noch der Zweite Weltkrieg auf dem Territorium von Georgien ausgetragen wurden. Die Gebäude blieben erhalten, aber mit etwa 300.000 toten Soldaten hatte Georgien im Zweiten Weltkrieg einen hohen Blutzoll zu entrichten. Gia meint, der sowjetische Diktator Josef Stalin habe – obwohl selbst in Georgien geboren – seine Landsleute nicht besser behandeln wollen, sondern eher im Gegenteil ins Feuer geschickt.

Manche der schönen alten Gebäude sind in einem sehr guten Zustand, weil sie nach dem Ende des Kommunismus renoviert wurden. Aber es gibt auch viele in einem schlechten Zustand. Ich erzähle Gia, dass dies auch in Ostdeutschland nach dem Ende des Sozialismus so war und umfassende Modernisierungen der alten Gebäude durch Steueranreize möglich wurden. Gia schüttelt den Kopf: »In einem Land wie Deutschland, wo man 40 oder mehr Prozent Steuern zahlt, haben solche Steuersparmodelle funktioniert, aber hier zahlen die Menschen nur 20 Prozent, da gibt es keinen so großen Anreiz, Steuern zu sparen – solche Anreizmodelle würden nicht funktionieren.« Die meisten Wohnungen sind im privaten Besitz, nach dem Ende des Sozialismus wurden sie privatisiert. Mietrechtliche Beschränkungen wie in Deutschland gibt es nicht, die Mieten können frei verhandelt werden.

Ich frage Gia, wie er zu einem überzeugten Anhänger der Marktwirtschaft wurde. Er wurde 1961 geboren, wuchs in der Sowjetunion auf und stand schon in seiner Jugend dem System kritisch gegenüber. Er war im Ministerium für Großhandel in Georgien tätig und sah jeden Tag, dass das planwirtschaftliche System nicht funktionierte und die Korruption das gesamte Wirtschaftsleben dominierte. 1988 las er das Werk »Der Weg zur Knechtschaft« von Friedrich August von Hayek. Die Schriften von Hayek und Ludwig von Mises prägen ihn bis heute. 2001 gründete Gia zusammen mit anderen pro-marktwirtschaftlichen Ökonomen die New Economic School, entwarf ein Modell für eine radikale Steuerreform und verfasste die »25 Principles for Economic Prosperity of Georgia« für das Programm des Präsidentschaftskandidaten Micheil Saakaschwili. Der vormalige Justizminister wurde im Januar 2004 zum Staatspräsidenten gewählt. Er stand für Marktwirtschaft und wollte die alten Eliten entmachten.

Die Jahre nach 2004 waren auch die Zeit, in der Gia am meisten bewirken konnte. Er war Mitglied in einem Team, das eine große Steuerreform vorbereitete. »Ich war und bin überzeugt von diesem Ansatz, der zur Vereinfachung des Steuersystems und zur Senkung der Steuern führte«, sagt Gia. »Zusammen mit anderen Deregulierungen löste die Reform ein enormes Wirtschaftswachstum in meinem Land aus.«

Das war eine gute Zeit für Georgien. Wieder einmal zeigt sich in der Praxis, dass das Postulat der Anhänger des Kapitalismus stimmt: Niedrigere Steuern führen zu höherem Wachstum und im Ergebnis sogar zu höheren Steuereinnahmen für den Staat.

»Eine wichtige Rolle bei den Reformen spielte Kacha Bendukidse, und ich bin stolz, ihn meinen Freund nennen zu dürfen«, so Gia. Bendukidse war ein bekannter Unternehmer in Russland (einer der führenden Köpfe des Verbandes russischer Industrieller und Unternehmer), verließ dann Russland, investierte weltweit, arbeitete aber von 2004 bis 2008 in der georgischen Reformregierung und beriet sie bis 2013 weiter. 2014 kam er in die Ukraine, um die gleichen Reformen anzubieten. Seine berühmte Rede vor der ukrainischen Regierung trug den Titel: »You don't guess in what a shit you live«. Wenig später starb er in einem Londoner Hotel nach einer Herzoperation in der Schweiz. Bendukidse war in libertären Kreisen sehr beliebt, unterstützte sie auch finanziell massiv und gründete in Tiflis eine marktwirtschaftlich orientierte Freie Universität.

Nach den marktwirtschaftlichen Reformen in den Jahren 2004 bis 2007 und zwei Jahren mit zweistelligen Wachstumsraten wurde die Vertretung des Internationalen Währungsfonds (IWF) in Tiflis im Mai 2008 geschlossen, weil »Georgien ihn nicht mehr brauchte«. Dem Land ging es ohne Hilfe besser. Das IWF-Büro wurde erst nach der russischen Intervention im September 2008 wiedereröffnet, da die internationale Gemeinschaft ihre Solidarität mit Georgien zeigen wollte.

Und wie sieht Gia die Situation heute? Er ist skeptisch. Das Land werde von Bidsina Iwanischwili beherrscht, der offiziell zwar nur von 2012 bis 2013 Premierminister war, aber faktisch immer noch das Sagen habe. Iwanischwili machte Milliarden in Russland, kehrte 2003 nach Georgien zurück, nahm später die französische Staatsbürgerschaft an und lebt heute in einer Residenz oberhalb von Tiflis, deren Wert 2012 auf 50 Millionen Dollar geschätzt wurde.

Was sind die größten Herausforderungen für Georgien, frage ich Gia. Einmal natürlich die fortdauernde russische Bedrohung des Landes. Doch den konsequent marktwirtschaftlichen Weg, den er für den besten für das Land hält, sieht er auch durch die EU-Bürokratie bedroht. In den Verhandlungen mit der EU wurde Georgien ständig mit neuen staatlichen Regulierungsideen konfrontiert, die etwa die Freiheit des Arbeitsmarktes einschränkten und mit hohen Kosten sowie bürokratischem Aufwand verbunden waren.

Gia glaubt an die Kraft des Unternehmertums. Oft nähmen die Menschen an, Intellektuelle seien moralisch überlegen, sagt Gia. Aber nach seiner Überzeugung leben vor allem Unternehmer nach der Erfahrung, die sie immer wieder in ihrem Berufsleben machen, nämlich dass sich Ehrlichkeit auf die Dauer mehr auszahlt als unethisches Verhalten: Denn durch Unehrlichkeit nimmt die Reputation des Unternehmers Schaden.

»Bad ideas attract bad people«, das habe er in der Zeit des Kommunismus gelernt. Ich vergesse diesen Satz nicht. Der Kommunismus, so Gia, sei eine solche schlechte Idee und habe Menschen wie den Georgier Stalin angezogen, der ein Krimineller war. Gia zeigt uns einen Platz, auf dem früher das Gefängnis stand, in dem Stalin wegen Bankraub eingesessen hatte. Der Georgier Josef Dschugaschwili, so der Geburtsname des späteren sowjetischen Diktators, war für die Planung einer Aktion verantwortlich, die am 26. Juni 1907 durchgeführt wurde. Dschugaschwili überfiel mit einem Gefolge von rund zwanzig Männern und Frauen einen Geldtransport der russischen Staatsbank. Der Transport bestand aus zwei Panzerwagen, die von Pferden gezogen wurden. Während im ersten Wagen das Geld war – er wurde von zwei Bankbeamten und zwei Wächtern begleitet –, befand sich im zweiten Wagen ein Begleittrupp aus Polizisten und Soldaten. Stalin und seine Leute bewarfen den kleinen Konvoi mit starken Granaten, große Teile des Begleitpersonals sowie ihre Pferde wurden getötet oder verstümmelt. Nahezu zeitgleich setzten Angriffe auf die in den umliegenden Straßen patrouillierenden Kosaken und Schutzmänner ein. Die Angaben über die Zahl der Toten schwanken zwischen fünf und 40. Stalin kam dafür ins Gefängnis. Gia zeigt uns den Platz, wo das Gefängnis stand, das der Kreml-Herrscher jedoch später abreißen ließ. Heute ist dort ein Parkplatz.

Gia unterstützt die libertäre Partei in Georgien, die zwar klein ist, aber nach seiner Meinung die besten Ideen für das Land habe. Er sucht nach einer Alternative sowohl zum Sozialismus, in dem er aufwuchs, als auch zum europäischen Wohlfahrtsstaat, den er für einen Irrweg hält. Vordergründig scheine der Wohlfahrtsstaat zu funktionieren, langfristig werde er jedoch scheitern. Gia plädiert für ein wirtschaftliches System, wie es Hayek und von Mises beschrieben haben. Georgien, so Gia, brauche weitere Steuersenkungen, Deregulierungen und eine Währungsreform. Der Euro sei nicht ideal, aber er plädiert für eine Anbindung der Währung an den Dollar oder den Euro, auch wenn er noch lieber verschiedene konkurrierende Privatwährungen hätte, wie Hayek dies favorisierte.

Bevor ich in ein Land reise, beschäftige ich mich mit dessen Wirtschaft und Geschichte und mache mir dazu einige Notizen. Hier einige Fakten: Nachdem die Sowjetunion zusammenbrach, hatten es viele Länder schwer, die bis dahin zu dem großen Sowjetreich gehörten. Doch Georgien hatte es besonders schwer. Erst 1918 unabhängig geworden, wurde es 1921 von der Roten Armee besetzt und in die Sowjetunion eingegliedert. 70 Jahre danach erlangte es zum zweiten Mal seine Unabhängigkeit. Georgien hatte eine doppelte Herausforderung zu bewältigen: Die erste Herausforderung teilte es mit allen ehemals sozialistischen Staaten, nämlich die Notwendigkeit, die sozialistische Staatswirtschaft durch eine Marktwirtschaft zu ersetzen.

Die zweite bestand darin, dass Georgien in hohem Maße abhängig von Russland war und der gesamte Außenhandel des Landes hauptsächlich auf Russland ausgerichtet war. Und: »Bereits vom ersten Tag seiner Unabhängigkeit von der Sowjetunion an war Georgien aggressivem Druck durch die Russische Föderation ausgesetzt«, so etwa im Energiebereich.[9] Zudem gab es von Anfang an militärische

Aggressionen Russlands, die 2008 im Angriff auf Georgien ihren vorläufigen Höhepunkt fanden.

Als ich in Georgien bin, hat gerade der russische Krieg gegen die Ukraine begonnen. Ich sehe überall Fahnen als Ausdruck der Solidarität mit der Ukraine. Paata Shehelidze, der Präsident der New Economic School, meint, die Gefahr einer erneuten russischen Aggression gegen das Land (20 Prozent von Georgien sind faktisch von Russland okkupiert) verunsichere potenzielle Investoren aus dem Ausland. Und natürlich ist diese Verunsicherung durch den Ukraine-Krieg größer geworden. Der Feind ist bereits im Land – wie in der Ukraine hat Russland Teile Georgiens als angeblich unabhängige Gebiete installiert.

Die russische Bedrohung war nach dem Zusammenbruch der Sowjetunion nicht das einzige Problem für Georgien. Erschwert wurde die Situation dadurch, dass es keine politisch stabilen Verhältnisse gab. Mehrere Regierungen lösten einander ab, aber es war nicht der in den meisten etablierten Demokratien entwickelte normale Wechsel zwischen Opposition und Regierung. Die jeweils unterlegene Seite bezichtigte die neue Regierung nach jeder Wahl der Wahlfälschung, und die neue Regierung ging regelmäßig gegen den politischen Gegner mit juristischen Mitteln vor. Die jeweils herrschende Partei setzte alles daran, es der Opposition unmöglich zu machen, eines Tages an die Regierung zu gelangen.[10]

Die 90er-Jahre waren durch politisches Chaos und wirtschaftlichen Niedergang gekennzeichnet. Überall herrschten Korruption und organisierte Kriminalität. In diesem Umfeld konnte kein Unternehmertum gedeihen: »Es war schlichtweg unmöglich, den steuerlichen Verpflichtungen nachzukommen, insbesondere für kleine und mittlere Unternehmen. Die Gründung eines Unternehmens war ein heldenhaftes Unterfangen, und jeder Unternehmer konnte schnell zum Kriminellen werden – einfach nur durch einen Fehler in der Buchhaltung oder bei der Zahlung von Steuern. Dies wurde zu einem nützlichen Instrument zur Diskreditierung und Unterdrückung von Unternehmen, was wiederum die Wirtschaft erheblich schwächte«, so erklärt Gia.[11]

Im November 2003 wurde Präsident Eduard Schewardnadse (der ehemalige sowjetische Außenminister) zum Rücktritt gezwungen, man sprach später von einer »Rosenrevolution«. 13 Jahre nach Erringung der politischen Unabhängigkeit setzte Micheil Saakaschwili marktwirtschaftliche Reformen in Gang. Die Zahl der Steuerarten wurde von 22 auf sieben reduziert (jetzt sind es sechs), und die Einkommenssteuer fiel von 39 auf 20 Prozent. Es begannen umfangreiche Privatisierungen, und die Korruption wurde zurückgedrängt.

Korruption ist für viele Länder ein großes Problem, aber Georgien ging sehr radikal vor, was sich auszahlte. Gia berichtet, dass man auf einen Schlag sämtliche etwa 35.000 Polizisten des Landes entlassen habe und dafür etwa 15.000 neue einstellte, die aber besser bezahlt wurden. In der Übergangsphase sei die Kriminalität nicht einmal gestiegen, denn die schlimmsten Banditen seien bis dahin sowieso die Polizisten selbst gewesen. Organisierte Kriminalität gebe es heute in Georgien kaum, da der Staat eine »Zero Tolerance«-Politik betreibe.

Mindestens ebenso maßgeblich für die Korruptionsbekämpfung war jedoch, dass durch Reformen zahlreiche überflüssige Regulierungen und Vorschriften beseitigt wurden. Eine wichtige Lehre auch für andere Länder: Je weniger staatliche Vorschriften es gibt, desto weniger Ansatzpunkte gibt es für Korruption. Noch 2004 lag Georgien im Korruptionswahrnehmungsindex von Transparency International auf Platz 133, aber 2022 immerhin auf Platz 41 von 180.[12] Zum Vergleich: Russland liegt heute auf Platz 137.[13]

Die Deregulierungen und die Steuerreform hatten sehr positive Auswirkungen: »Die Ergebnisse der Reformen waren bald sichtbar – mit einem Anstieg des BIP, der Einkommen, der Einlagen, der Zahl der Autos und so weiter, was die Verbesserung sehr gut veranschaulicht. Daher lässt sich aus dieser Geschichte die Folgerung ziehen: Entschlossene Schritte, Liberalisierung und die Übernahme von Verantwortung für hausgemachte Probleme sind die besten politischen Lösungen für Krisen jeder Art – auch und gerade für ärmere Länder in einer Übergangskrise.«[14]

Das Beispiel Georgiens zeigt, dass Steuersenkungen und Steuervereinfachungen oft zu größeren Steuereinnahmen führen – was wir immer wieder auch in anderen Ländern beobachtet haben, Sozialisten jedoch nie begreifen werden. Die Steuerreform von 2005, die nach der Rosenrevolution umgesetzt wurde, hatte laut Gia diese Auswirkungen: »In allen Arten von Steuern (mit Ausnahme der Zollsteuer, deren effektiver Steuersatz gegen null geht) erhöhten sich die Staatseinnahmen: Die Einnahmen aus der Mehrwertsteuer stiegen um mehr als das Siebenfache, die aus der Einkommenssteuer um mehr als das Achtfache und die Einnahmen aus der Gewinnsteuer um das Zehnfache.«[15]

Die wirtschaftliche Lage verbesserte sich erheblich. Das Bruttoinlandsprodukt verdoppelte sich in den ersten vier und verdreifachte sich in den ersten acht Jahren nach der Reform – und dies trotz der Auswirkungen der Finanzkrise von 2008/09.[16] Dies war ein Ergebnis der Steuerreform, aber auch weiterer Deregulierungen und Liberalisierungen in anderen Bereichen der Wirtschaft.

In dem Zeitraum von 1997 bis 2020 stieg die Punktzahl Georgiens im Index of Economic Freedom so stark wie in kaum einem anderen Land der Welt, und es lag 2020 sogar auf Platz zwölf in dem Ranking. Seitdem verliert Georgien jedoch wieder in dem Index, und das Land liegt 2023 auf Platz 35.[17]

2011 wurde der »Economic Liberty Act«, das Wirtschaftsfreiheitsgesetz, beschlossen, das ab Anfang Januar 2014 galt. Dabei handelte es sich um eine Sammlung von Verfassungsänderungen sowie ein spezielles Gesetz zur Beschränkung der Staatsausgaben (sowohl auf zentraler als auch lokaler Ebene) auf maximal 60 Prozent des Bruttoinlandsproduktes und ein Defizit von drei Prozent. Zudem sah das Gesetz vor, dass es für jede Steuererhöhung oder auch die Einführung einer neuen Steuer eine Volksabstimmung geben muss.

Im Jahr 2016 bildete die Partei »Georgischer Traum«, die 2012 an die Macht gekommen war, eine Verfassungskommission, um eine neue Verfassung zu erarbeiten. Dass viele Georgier sich nicht an dem Modell des europäischen Wohlfahrtsstaates orientieren wollten, sondern an einem stärker marktwirtschaftlichen Modell, wurde auch durch die Verabschiedung eines sogenannten Organgesetzes deutlich, das die Einführung neuer Steuern oder von Steuererhöhungen und insbesondere auch die eines progressiven Steuersystems verbietet. Das heißt: Die Festlegung von unterschiedlichen Steuersätzen je nach Einkommen, wie sie in den meisten Ländern praktiziert wird, ist verboten. Zudem wurde fixiert, dass Steuergesetze nur geändert werden dürfen, wenn dies durch einen Volksentscheid bestätigt wird. Einen solchen Volksentscheid kann indes nur die Regierung initiieren, und – besonders wichtig – er darf nicht die Frage der progressiven Besteuerung betreffen.[18]

Doch anstatt diesen Schutz der Bürger vor dem Staat weiter auszubauen, ging die Regierung in den vergangenen Jahren den umgekehrten Weg und hob die Beschränkungen auf. Gia kritisiert das Freihandelsabkommen mit der EU, das dazu führte, dass wieder eine Menge überflüssiger staatlicher Regulierungen eingeführt wurde.

Georgien zeigt, wie auch viele andere Länder: Freiheit, auch wirtschaftliche Freiheit muss immer wieder neu erkämpft werden. Es besteht stets die Gefahr, dass Politiker an die Macht kommen, die Reformen wieder rückgängig machen, so wie es in Georgien zum Teil geschehen ist. Beispielsweise sollen ab 2027 die sinnvollen Regelungen in der Verfassung, wonach neue Steuern oder Steuererhöhungen nicht ohne einen Volksentscheid eingeführt werden dürfen, wieder abgeschafft werden.

Mit Gia verbindet mich bis heute eine Freundschaft. Ich lud ihn zu meinem 65. Geburtstag nach Berlin ein, er übersetzte mein Buch »Kapitalismus ist nicht das Problem, sondern die Lösung« ins Georgische und hielt eine Vorlesung darüber an der Universität.

Anfang Mai 2022

Tirana, Albanien

Anfang Mai 2022 war ich in Albanien, eingeladen von der Free Market Roadshow. Wir fahren etwa eine Stunde vom Flughafen zum Hotel in Tirana. Ich war sofort beeindruckt von der schönen Landschaft und den Bergen. Die Häuser am Straßenrand sind fantasievoll und vielfältig gestaltet. »Ich glaube nicht, dass es hier 25.000 Bauvorschriften gibt wie in Deutschland«, sage ich meiner Freundin Isabelle, die mich begleitet.

Bjorna Hoxhallari von den Students for Liberty, die ich später treffe, bestätigt, dass viele Häuser ohne Genehmigung gebaut wurden. Gibt es in Deutschland zu viele Vorschriften, sind es hier zu wenige. Während des Erdbebens im September 2019 stürzten viele Häuser ein, weil sie mit minderwertigen Materialien gebaut und unprofessionell konstruiert waren. Was auffällt, sind die Wassertanks auf jedem Haus. Ich kann mir das nicht erklären, denn um den ganzen Wasserbedarf zu decken, sind sie zu klein. Bjorna klärt mich auf, dass die Wasser- und Stromversorgung oft nicht richtig funktioniert, und bei diesen Ausfällen kommen dann die Tanks auf den Häusern mit dem gesammelten Regenwasser zum Einsatz.

Wir kommen im Xheko Imperial Hotel im Zentrum von Tirana an, das als eine der ersten Adressen der Stadt gilt. In anderen europäischen Ländern würde es eher als Mittelklasse-Hotel gelten. Ich war letzte Woche in Tiflis, und im Vergleich zur georgischen Hauptstadt schneidet Tirana ungünstig ab. Gab es in Tiflis viele schöne, alte Gebäude aus dem 19. Jahrhundert, so sind diese in Tirana eine seltene Ausnahme. In den prächtigsten Gebäuden sitzen ein paar

Regierungsbehörden. Im Stadtzentrum überwiegen hässliche Bauten aus der kommunistischen Zeit oder solche, die später gebaut wurden und meist auch nicht schöner sind. Viele sind zudem in einem sehr schlechten Zustand und man hat das Gefühl, die beste Lösung sei, sie abzureißen.

Wie steht es mit der Sicherheit in Albanien? Ein Freund aus Deutschland schickt mir vor meiner Abreise eine WhatsApp-Nachricht: »Lassen Sie sich nicht beklauen im Schurkenstaat Albanien.« Isabelle und ich haben unsere teuren Uhren, eine Rolex und eine Cartier, deshalb lieber in den Hotelsafe eingeschlossen. Bjorna meint jedoch, unsere Sorge sei unbegründet, die Straßen hier seien sehr sicher.

Ich lerne Adri Nurellari kennen, eine beeindruckende Persönlichkeit, die die libertäre Bewegung in Albanien geprägt hat. Er war Berater der Demokratischen Partei in Albanien und berät heute die Demokratische Partei im Kosovo. Adri hat vier Jahre lang in London Wirtschaft studiert. Zum Thema Sicherheit und Kriminalität meint er: Ja, es gibt eine hohe Kriminalität im Drogenbereich. Aber gerade deshalb, weil die Kriminellen Unsummen mit dem Anbau und Verkauf von Drogen verdienen könnten, lohne sich die Kleinkriminalität nicht: »Warum einen Touristen um einige Hundert Euro bestehlen, wenn man Millionen mit der Drogenkriminalität verdienen kann?«

Beim Abendessen frage ich Bjorna, wovon die Menschen hier leben. »Weißt du das wirklich nicht?«, fragt sie mich und lacht. »Vom Anbau und Verkauf von Marihuana.« Sie kritisiert den albanischen Präsidenten, der aus Albanien einen »Narko-State« gemacht habe. Es gibt dazu natürlich keine offiziellen Zahlen, aber das Land wird inzwischen als »Columbia of Europe« bezeichnet.[19] Schätzungen sagen, dass ein Drittel bis die Hälfte des Bruttosozialproduktes in Albanien aus dem Drogenhandel kommt. Jedenfalls sind es mehrere Milliarden Euro pro Jahr, die mit Drogenhandel erwirtschaftet werden.

Laut dem Weltdrogenbericht 2022 des Büros der Vereinten Nationen für Drogen- und Verbrechensbekämpfung (UNODC) gehört Albanien zu den größten Cannabis-Produzenten der Welt. Der Bericht befasst sich mit dem Stand des Drogenanbaus und erstellt eine Rangliste der Länder, in denen der Anbau am stärksten verbreitet ist, und jener, in denen er kaum betrieben wird. Von 154 Ländern belegt Albanien den siebten Platz nach Marokko, Afghanistan, Spanien, den Niederlanden, Pakistan und dem Libanon. Durch das Land führt auch eine der Hauptrouten des Heroinhandels, die in Pakistan beginnt und über Syrien, die Türkei, Griechenland und schließlich Albanien nach Westeuropa führt.

Ein Bericht der Europäischen Beobachtungsstelle für Drogen und Drogensucht (EBDD) stellte fest, dass albanische kriminelle Gruppen seit 2017 nicht nur größer, sondern auch raffinierter geworden seien und im Import und in der Verteilung von Kokain aus Lateinamerika nach Europa arbeiteten.[20] Mit dem Drogenthema ist ein anderes Problem verbunden: die hohe Korruption in Albanien. Viele Politiker, bis hinein in die Regierung, sind eng mit der Drogenmafia verbunden. Albanien stand zuletzt auf Platz 101 von 180 Ländern im Korruptions-Wahrnehmungsindex von Transparency International.[21]

Die Themen, über die wir sprechen, sind überwiegend unerfreulich, aber das Restaurant, das Bjorna uns zeigt, ist großartig. Albanien ist für besonders gutes Essen bekannt, und auch als Vegetarier werden meine Freundin und ich nicht enttäuscht. Für umgerechnet 45 Euro haben wir ein tolles Abendessen zu dritt. Und am nächsten Tag zeigt uns Adri ein anderes Restaurant, ebenfalls mit köstlichen Mahlzeiten. Ich lade acht Personen ein, es gibt mehrere Gänge, die Rechnung beträgt umgerechnet 110 Euro.

Trotz aller Armut in dem Land: Die Lebensverhältnisse haben sich im Vergleich zur sozialistischen Zeit wesentlich verbessert. Bjorna berichtet, dass ihre Großeltern mit der Familie noch in einer 80-Quadratmeter-Wohnung lebten – mit bis zu 20 Personen. Das kann man sich kaum vorstellen, aber ich hatte schon vorher gelesen, dass damals vier bis zehn Menschen nicht selten in nur 50 Quadratmeter großen Wohnungen lebten.[22]

Albanien war in dieser Zeit das ärmste Land Europas. »Wer damals im Flugzeug über Albanien geflogen ist, der sah Jugoslawien unter sich leuchten. Dann, 200 Kilometer bis nach Griechenland, prangte ein dunkler Fleck. Das war Albanien.«[23]

Im ganzen Land gab es nur 1.265 Autos, keines davon privat. Noch Anfang der 90er-Jahre existierte im ganzen Land keine einzige Ampel. Heute ist Tirana mit Autos überfüllt, und man merkt, dass die Stadt nicht für Autos gebaut wurde. Ähnlich wie in Manhattan steht man fast ständig im Stau. Hier und da sieht man auffallend teure Luxuswagen, etwa von Ferrari. »Das sind die Drogenleute«, mein Bjorna.

Auf meinem Erkundungsgang durch Tirana komme ich an mehreren Bunkern vorbei. Der Diktator Enver Hoxha war paranoid und fürchtete ständig, das Land könne von kapitalistischen Mächten angegriffen werden. Deshalb überzog er das Land mit 200.000 Bunkern, von denen noch viele erhalten sind. Bjorna erzählt mir, dass Bekannte von ihr einen Bunker in ihr Restaurant integriert haben. Am Flughafen lerne ich einen jungen Mann kennen, der Jura studiert und angefangen hat, in Immobilien zu investieren. Er zeigt mir das Foto eines ehemaligen Bunkers mit geschmackvoller Inneneinrichtung. Es wäre sein Traum, so einen Bunker zu einer Ferienwohnung umzubauen und zu vermieten.

Die meisten Bunker sind aber anders, als wir sie aus anderen Ländern kennen. Oft ist darin nur Platz für zwei oder drei Personen. Ich frage Bjrona, ob sie ein Foto von mir in einem dieser kleinen Bunker macht, aber das scheitert an einem schrecklichen Geruch: Offenbar verrichten manche Menschen dort ihre Notdurft, so dass ich lieber ein Foto vor dem Bunker machen lasse. Ein größerer Bunker in Tirana blieb als »Bunker-Museum« erhalten. Die Ausstellung in dem Museum ist beeindruckend. Sie zeigt die Realität des kommunistischen Terrors in Enver Hoxhas Staat.

Was hier gezeigt wird, ist das genaue Gegenteil von dem Bild, das ich als Jugendlicher von Albanien hatte. Als Teenager war ich Maoist. Ich hatte mit 13 Jahren eine »Rote Zelle« an meiner Schule gegründet und gab eine Zeitung heraus, die sich »Rotes Banner« nannte. Wir lehnten sowohl die kapitalistischen Länder ab als auch die Sowjetunion und die DDR, die aus unserer Sicht den Sozialismus verraten hatten. Den wahren Sozialismus gab es unserer Meinung nach nur in zwei Ländern, nämlich in Maos China und in Hoxhas Albanien. So wie wir unsere »Informationen« über China aus der »Peking-Rundschau« bezogen, die ich jede Woche direkt aus Peking geschickt bekam, so bezogen wir unsere »Informationen« über Albanien von Radio Tirana.

Ich erinnere mich noch, wie ich abends im Bett lag und um 23 Uhr Radio Tirana hörte. Die Sendung begann mit dem kommunistischen Kampflied, der »Internationale«. Dann: »Hier ist Tirana, hier ist Tirana. Mit einer Sendung in deutscher Sprache.« Und es gab Sendereihen wie »Die marxistisch-leninistische Weltbewegung wächst und erstarkt«.

Also: In Wahrheit wussten wir überhaupt nichts über Albanien, sondern projizierten unsere sozialistischen Utopie-Sehnsüchte auf das Land, in dem von 1946 bis 1985 Hoxha regierte. Einige meiner Genossen, die studierten, fuhren freiwillig in den Semesterferien nach Albanien, um beim Aufbau des Sozialismus zu helfen, und arbeiteten dort ohne Entgelt.

Was wir nicht wussten – und auch die Albaner nicht: Enver Hoxha und die führenden Kommunisten hatten ein sehr viel besseres Leben, total abgeschottet vom Rest des Landes. Von Ende 1960 bis zu seinem Tod im April 1985 verließ Hoxha sein Land nicht, ja, kaum einmal verließ er den sogenannten »Block«, ein zentral in Tirana gelegener Bezirk, der nur so groß war wie 21 Fußballfelder. Ich frage Bjorna beim Gang durchs Zentrum Tiranas, wo dieser abgeschottete Bezirk sei, in dem die Parteielite wohnte. »Wir sind hier mittendrin, das ist der Block«, meint sie. Irgendwie hatte ich ihn mir anders vorgestellt.

Hier lebte Hoxha von 1944 bis zu seinem Tod und ebenso die Mitglieder und Kandidaten des Zentralkomitees der Partei der Arbeit Albaniens mit ihren Familien. »Die Bewohner des Blocks genossen eine besondere Behandlung: Für sie gab es Bedienstete und Hauswirtschaftspersonal, besondere Geschäfte, in denen sie ihre Lebensmittel und Kleidung aus dem Westen kauften, staatliche Villen und Ferienhäuser im ganzen Land sowie zahlreiche weitere Privilegien.«[24] Es war eine kleine, verschworene Gemeinschaft, die sich von ihrem eigenen

Volk abschottete – meist heirateten die Einwohner des Blocks untereinander.[25] Hoxha verbrachte die Zeit vollständig in seinen Ideologien – in seinem Leben schrieb er 68 Bücher, mehr als die meisten Schriftsteller.[26] Ich erinnere mich noch, wie ich als 14-Jähriger eine seiner kleineren Schriften vom Englischen ins Deutsche übersetzte. Es mutet absurd an, dass sich der Führer eines Staates selbst abkapselt und im ärmsten Land Europas eine Schrift nach der anderen über die Überlegenheit des Sozialismus produziert.

Natürlich wollte ich das ehemalige Haus von Enver Hoxha sehen. Es ist sehr groß, sieht aber weniger spektakulär aus, als ich dachte. Direkt gegenüber ist eine amerikanische Investmentbank. Ich denke mir, Enver Hoxha würde sich im Grab umdrehen, wenn er das wüsste. Leider wurde das Haus renoviert, als ich da war, und so konnte ich es nicht von innen besichtigen.

Bjorna ist 25 Jahre alt und hat Political Science studiert. Sie spricht perfekt Englisch und arbeitet neben ihrer Tätigkeit als Englischlehrerin in einem Sushi-Restaurant, das sie zusammen mit ihrer Mutter und ihrem Onkel besitzt. 75 Prozent der jungen Menschen in Tirana sprechen Englisch, so Bjrona. Sie hat die Bücher von Adam Smith, Milton Friedman und Ayn Rand gelesen, die ihr Denken geprägt haben. Für Albanien wünscht sie sich vor allem, dass die Bürokratie abgebaut, die Steuern gesenkt werden und dass es mehr Rechtssicherheit für Investoren gibt.

In der sozialistischen Zeit gab es neben den Statuen von Enver Hoxha auch Stalin-Skulpturen, weil Albanien den sowjetischen Diktator noch verehrte, als er in der Sowjetunion bereits in Ungnade gefallen war. Die Menschen waren eingesperrt. Wer versuchte, das Land illegal zu verlassen, wurde im besten Fall für viele Jahre ins Gefängnis oder in eines der Arbeitslager eingeliefert. Oder er wurde erschossen. Fast 1.000 Menschen bezahlten den Versuch, das Land zu verlassen, mit ihrem Leben.[27]

Das Land hatte sich total von der Außenwelt abgekapselt, was folgende Begebenheit veranschaulicht: Mutter Teresa, eine aus Skopje stammende Albanierin, die weltweit bekannt wurde durch ihre Arbeit in Indien mit Armen, Obdachlosen, Kranken und Sterbenden und in der katholischen Kirche als Heilige verehrt wird, wollte unbedingt ihre im Sterben liegende Mutter daheim in Albanien besuchen. Staatsoberhäupter versuchten ihr auf diplomatischen Wegen zu helfen, dass ihr dieser Wunsch erfüllt wurde, aber selbst ihnen gelang es nicht. Ihre Mutter starb 1981 allein in Albanien, ohne dass sie ihre Tochter noch einmal sehen konnte. Erst 1990, fünf Jahre noch Hoxhas Tod, konnte Mutter Teresa in das Land reisen und das Grab ihrer Mutter besuchen.[28]

Im Februar 1991 stürzten 100.000 Demonstranten am zentralen Platz in Tirana, dem Skanderberg-Platz, die große Statue von Enver Hoxha, die Zäune fielen und die Arbeitslager öffneten sich.

Die Lage verbesserte sich auch nach dem Ende des Kommunismus zunächst nicht. In den 90er-Jahren brach das Chaos aus. Grund: Die Menschen, die im Sozialismus in bitterer Armut lebten, wollten jetzt reich werden, und zwar schnell. Aber sie verstanden nicht, wie das im Kapitalismus funktioniert. Hunderttausende fielen auf ein dubioses Pyramidenspiel ein, bei dem Gewinne bis zu 50 Prozent versprochen wurden. Das Spiel endete wie alle Schneeballsysteme, aber in diesem Fall waren drei von vier Familien in Albanien betroffen und 1,2 Milliarden Dollar, mehr als die Hälfte des damaligen Bruttosozialproduktes, waren weg.[29] Bjorna erinnert sich, dass auch ihre Familie viel Geld verlor – sie besitzt heute noch die wertlosen Zertifikate des Pyramidenspiels.

Nachdem die Albaner merkten, dass sie betrogen worden waren, kam es zum sogenannten Lotterieaufstand, das Land versank im Chaos. Ein britischer Journalist berichtete: »Junge Männer – berauscht von Schnaps und Marihuana – fuhren in rasender Geschwindigkeit mit gestohlenen Autos herum und schossen mit automatischen Waffen in die Luft, als wären sie Chuck Norris in einem Actionfilm.«[30]

Viele Albaner sind heute Amerika-Fans. Albanien gilt als das pro-amerikanischste Land Europas. Überall im Land sehen wir die albanische Fahne, die Albaner haben einen ausgeprägten Nationalstolz. Daneben sehen wir jedoch oft auch die USA-Fahne – und die der Europäischen Union. Die Albaner hoffen darauf, irgendwann zur EU zu gehören. Das Land hat Fortschritte gemacht bei der wirtschaftlichen Freiheit und seit 1995 um 16 Punkte im Index der wirtschaftlichen Freiheit zugelegt. Doch erreicht es nur Rang 49 von 176 im Ranking der wirtschaftlichen Freiheit.[31]

In dem Index-Bericht 2023 heißt es: »Die Grundlagen der wirtschaftlichen Freiheit in Albanien werden durch die Schwäche des Rechtsstaats untergraben. Die relativ niedrige Bewertung Albaniens in der Kategorie der Eigentumsrechte ist vor allem auf politische Einmischung in die Justiz zurückzuführen, die durch die anhaltende Korruption noch verschärft wird. Expansive Staatsausgaben haben in den letzten Jahren zu Haushaltsdefiziten geführt.«[32]

Auf die Frage, was schief gelaufen sei im Übergang vom Sozialismus zu Demokratie und Marktwirtschaft, antwortet Adri: »Es hat keinen Wechsel der Eliten gegeben. Im Wesentlichen sind es die gleichen geblieben. Vielleicht ein Dutzend Familien, die zur Zeit Enver Hoxhas die Macht hatten und sie auch heute noch haben.« Daher bestehe auch kein ernsthaftes Interesse an einer Auseinandersetzung mit der Vergangenheit und den Verbrechen der Hoxha-Diktatur. Charakteristisch sei, dass vielleicht gerade einmal 20 Prozent der von den Kommunisten enteigneten Unternehmer und Landbesitzer ihr Eigentum zurückbekommen und dafür eine lächerliche Entschädigungssumme von zehn Millionen Dollar erhalten hätten.

Nach dem Ende des Sozialismus verließen viele Menschen ihre Heimat. In Relation zur Bevölkerungszahl emigrierten seit dem Ende des Sozialismus aus keinem anderen europäischen Land mehr Menschen. In den vergangenen 30 Jahren habe Albanien etwa 30 Prozent der Bevölkerung verloren. Nur noch 2,8 Millionen Menschen leben in dem Land. Die besten und talentiertesten jungen Albaner sind zu einem großen Teil ausgewandert. Viele gingen nach Griechenland oder Italien. Allein in Italien, so Adri, lebten heute 350.000 Albaner, die 40.000 Unternehmen besitzen. In Italien erwirtschafteten sie immerhin sieben Prozent des Bruttoinlandsprodukts. Heute leben mehr Albaner außerhalb des Landes als in Albanien.

Eine wichtige Einnahmequelle der Menschen in Albanien, vor allem auf dem Land, sind daher Überweisungen von Angehörigen, die in anderen europäischen Ländern leben. Und meistens überweisen sie monatlich Geld, um ihre Familien zu unterstützen. In Albanien verdient man durchschnittlich etwa 350 Euro im Monat. In Albanien selbst, so Adri, sehen talentierte junge Unternehmer keine Chance, da viele Bereiche der Wirtschaft monopolisiert seien. Und wer über keine exzellenten Beziehungen zur Politik verfügt, hat hier wenig Chancen. Hinzu komme, dass Gesetze und Regeln ständig geändert würden, was zur Verunsicherung von Investoren führe. Die Gesetze zum Schutz des Privateigentums seien seit dem Ende des Kommunismus allein 16-mal überarbeitet worden, auch Steuergesetze würden ständig geändert. Das schrecke ausländische Investoren und Banken ab. Manche von ihnen – so etwa die Deutsche Bank oder die Société Générale – hätten deshalb bereits das Land verlassen. Im International Property Rights Index 2021, der misst, wie sicher die Eigentumsrechte in einem Land sind, kommt Albanien nur auf Platz 98 von 129.

In allen Ländern lerne ich wichtige Menschen kenne, mit denen ich auch danach den Kontakt halte. Einer davon ist Adri Nurellari. Ich traf ihn wieder am 7. Juni 2022 auf einer Konferenz in Stockholm, zu der mich mein Freund Anders Ydstedt einlud. Adri gewann dort den ersten Preis für Ideen, die geeignet sind, libertäre Projekte bei jungen Menschen in Albanien zu verbreiten. Da ich finde, dass seine Gedanken Nachahmung verdienen, hier seine Idee, die er für das Albanian Liberal Institute (ALI) eingereicht hat: »Das Albanian Liberal Institute würde gern eine Reihe von zehn Seminaren an den zehn wichtigsten öffentlichen und privaten Universitäten in sieben albanischen Städten organisieren. Angeregt wurde dieses Projekt durch das erfolgreiche Modell und die Erfahrung der ›Free Market Road Show‹. Sein Ziel ist es, marktwirtschaftlich orientierte Literatur bekannt zu machen und gleichgesinnte junge Menschen zu finden und zu rekrutieren. Darüber hinaus schlägt das ALI vor, eine Sammlung von 20 ins Albanische übersetzten Büchern zum Thema freie Marktwirtschaft zusammenzustellen und diese den Studenten und Dozenten von zehn privaten und öffentlichen Universitäten in Albanien zur Verfügung zu stellen.

Die Zielgruppe des Projekts während der Veranstaltungen in den Universitätsbibliotheken der verschiedenen Städte sind die dortigen Studenten und Lehrkräfte an den albanischen Universitäten sowie lokale Interessenvertreter, Journalisten und Aktivisten der Zivilgesellschaft. Die Studenten und Lehrkräfte sind ein wichtiger Teil der albanischen Gesellschaft, denn sie sind hochqualifiziert und daher eher in der Lage, die Bedeutung der liberalen Werke zu verstehen. Aufgeschlossen gegenüber politischen Ideen und Debatten, sind sie im Allgemeinen sehr aktiv und engagiert in der Öffentlichkeit und werden höchstwahrscheinlich die zukünftigen Entscheidungsträger und Führungskräfte sein. Darüber hinaus sind sie auch die wichtigsten Meinungsmacher, Multiplikatoren und Wissensvermittler und als solche in der Lage, die öffentliche Meinung und Wahrnehmung in Bezug auf die Werte des liberalen Denkens zu prägen .... Jedes der Seminare besteht aus zwei Teilen. Der erste besteht in einer Präsentation von Idealen wie Individualrechte, Unternehmertum und Freiheit. In einem zweiten Teil werden die wichtigsten Autoren und Werke diskutiert. Während in der ersten Präsentation die Bedeutung des klassischen Liberalismus für die Entwicklung eines Landes und einer Gesellschaft im Mittelpunkt steht, ist der zweite Teil darauf ausgelegt, dem Publikum ein besseres Verständnis der Geschichte der liberalen Bewegung und ihrer wichtigsten Autoren und Werke zu vermitteln. Darüber hinaus werden die Studenten über die Aktivitäten des Netzwerks ›European Students for Liberty‹ informiert und ermutigt, einen lokalen Zweig zu gründen.« Ich finde das eine tolle Idee. Deshalb habe ich 200 meiner Bücher in albanischer Sprache gestiftet, um das Projekt zu unterstützen.

Mai 2022

Warschau, Polen

Ende 2021 lädt mich Brad Lips, der CEO des Atlas-Network (der weltweit größten Vereinigung libertärer Thinktanks) nach Kiew zum »Europe Liberty Forum 2022« als Referent ein. Dann kommt am 24. Februar Putins Einmarsch in die Ukraine, und die Veranstaltung wird nach Warschau verlegt. Ich reise am Vorabend, Mittwoch, den 11. Mai 2022, an. Der Kongress ist gut besucht, mit etwa 200 Vertretern libertärer Thinktanks aus ganz Europa. Obwohl ich das erste Mal dabei bin, habe ich das Gefühl, viele Bekannte zu treffen.

Am Donnerstagabend findet ein gemeinsames Abendessen statt, und ich habe richtig Glück. Links von mir sitzt meine Freundin Alica und rechts von mir Maryan Zablotskyy, Abgeordneter des Parlaments der Ukraine und Mitglied der regierenden Partei von Wolodymyr Selenskyj, dem Präsidenten der Ukraine. Er stellt sich mir vor und erzählt, dass er vorher Mitglied der Ukraine Economic Freedom Foundation war, eines 2015 gegründeten liberalen Thinktanks. Heute ist er nicht nur mein Tischnachbar, sondern auch Gastredner bei dem Abendessen.

Er berichtet mir von der ungeheuren Wut, ja dem Hass, den er gehabt hatte, als er am 24. Februar erfuhr, dass Putin tatsächlich in die Ukraine einmarschierte. Seine Frau und sein Kind seien in Sicherheit in der Westukraine (sofern man von Sicherheit sprechen kann), und seine Gedanken sind heute vor allem auf die Zukunft gerichtet. Wir sprechen über Wirtschaft. Die Einkommenssteuer in der Ukraine, so Zablotskyy, wurde kürzlich auf zwei Prozent gesenkt, zahlreiche Regulierungen und Zölle wurden abgeschafft.

Es ist außergewöhnlich, dass ein Land in Kriegszeiten Steuern senkt und Regulierungen abschafft. Normalerweise sind Kriegszeiten Zeiten, in denen Steuern massiv erhöht werden und der Staatseinfluss ausgebaut wird. 1942 wurde der »Victory Act« in den USA beschlossen, der den Spitzensteuersatz auf 88 Prozent hochschnellen ließ, ein Niveau, das durch verschiedene Steuerzuschläge 1944 auf 94 Prozent anstieg. In Großbritannien stieg der Spitzensteuersatz in den 1940er-Jahren sogar auf 98 Prozent, in Deutschland kletterte er 1941 auf 64,99 Prozent. Natürlich kann es sich die Ukraine leisten, eine solche Politik zu betreiben, weil sie massive Unterstützung aus den USA und anderen demokratischen Ländern erhält. »Wir glauben daran, dass wir stärker sind, wenn wir wirtschaftlich freier sind«, so Zablotskyy. Wichtigstes Ziel sei, die wirtschaftlichen Reformen, die nur als vorübergehende Maßnahmen beschlossen wurden, nach dem Krieg permanent zu machen.

Es gibt bei dem Kongress niemanden aus der Ukraine, der darüber nachdenkt, wie der Krieg ausgehen könnte, sondern die Diskussion geht ausschließlich über die Frage, welche Chancen sich nach einem Sieg ergeben würden. Schon am Morgen beim Frühstücksbuffet lerne ich Nataliya Melnyk persönlich kennen. Die junge Frau begrüßt mich: »Hallo Rainer, schön dich zu treffen.« Ich habe sie nicht erkannt (bei solchen Veranstaltungen ist es mir immer wieder sehr peinlich, dass ich ein ganz schlechtes Gesichter-Gedächtnis habe). Wir hatten zwei Zoom-Gespräche geführt und sonst per Mail korrespondiert. Das war im Januar, vor Ausbruch des Krieges. Nataliya ist die Vertreterin des Bendukidze Free Market Center in Kiew, des wichtigsten libertären Thinktanks der Ukraine, das 2015 gegründet wurde. Wir frühstücken zusammen, und sie meint, es sei falsch, den Wiederaufbau der Ukraine als Ziel auszugeben. »Es kann nicht darum gehen, die Verhältnisse der Vorkriegszeit wieder herzustellen, sondern es geht darum, etwas Neues zu schaffen.« Sie spricht von einem »window of opportunity« und verweist auf die Befunde des »Index of Economic Freedom« der Heritage Foundation, wonach die Ukraine das wirtschaftlich unfreieste von 45 Ländern der europäischen Region sei. Auch im weltweiten Ranking stand die Ukraine vor Beginn des Krieges nur auf Platz 127 und damit sogar hinter Ländern wie Indien oder Nicaragua. Die größten Defizite sieht die Heritage Foundation bei den Eigentumsrechten, der Rechtsstaatlichkeit und der Arbeitsmarktregulierung.

Später bei der Veranstaltung wird mir Roman Waschuk vorgestellt, der von 2014 bis 2019 Botschafter Kanadas in Kiew war und heute Business Omdudsman für die Ukraine ist. Er differenziert den Befund über die wirtschaftlich unfreie Ukraine: So wirtschaftlich unfrei, wie man es in dem Index und anderen Statistiken beschreibe, sei die Ukraine nicht. »Solche Rankings werten nur die offiziellen Statistiken aus, die nicht die enorm große Schattenwirtschaft der Ukraine abbilden.« Viele Menschen im Westen seien überrascht gewesen, dass die Armee der Ukraine weit besser sei, als sie dachten. Und das Gleiche, so Waschuk, gelte auch für die Wirtschaft des Landes.

Besonders im IT-Sektor, der nach Angaben von Nataliya mindestens 250.000 Spezialisten umfasst, werden extensiv Steuerschlupflöcher genutzt. Der Spitzensteuersatz in der Ukraine lag früher bei 20 Prozent, jedoch gibt es eine Regelung, wonach »individual entrepreneurs« nur fünf Prozent zahlen. Eigentlich, so Waschuk, war diese Steuer für ganz andere Fälle gedacht, vielleicht für die Frau, die am Marktplatz ihre Produkte verkauft, aber Unternehmer wie etwa IT-Spezialisten machten sie sich zunutze.

Einig sind sich alle darin, dass Reformen dringend nötig sind, denn viele Regulierungen und Gesetze in der Ukraine stammen noch aus den 1970er-Jahren, also aus der Sowjetzeit. Tom Palmer, Executive Vice President for International Programs des Atlas-Networks nennt Ludwig Erhard als Vorbild für die künftige Ukraine. Heute werde oft ein Marschallplan für die Ukraine gefordert. Palmer meint, nicht ein Marshallplan werde der Ukraine helfen, sondern nur marktwirtschaftliche Reformen nach dem Vorbild Erhards.

Zweifelsohne hat Palmer recht. Denn die richtige wirtschaftspolitische Weichenstellung durch Erhards marktwirtschaftliches Konzept war für das darauffolgende »Wirtschaftswunder« der Bundesrepublik Deutschland eindeutig wichtiger als der sogenannte

»Marshall-Plan«. Dieser Plan, nach dem damaligen amerikanischen Außenminister George C. Marshall benannt, sah Hilfsleistungen für die notleidende und teilweise hungernde Bevölkerung Europas nach dem Krieg vor. Das Programm hatte ein Volumen von 13 Milliarden Dollar. Doch obwohl die Briten mehr als doppelt so viel Geld aus dem Plan bekamen wie die Deutschen, entwickelte sich Großbritannien viel schlechter: Denn während die Briten von Sozialisten regiert wurden, führte Erhard in den drei Westzonen, der späteren Bundesrepublik, die Marktwirtschaft ein – übrigens hatte er das Konzept dafür schon in der Kriegszeit geschmiedet.

Die libertären Thinktanks in der Ukraine sind besser in der Politik vernetzt als in den meisten westlichen Ländern. Alexander Daniljuk, Mitbegründer des Free Marktes Centers, war 2016 bis 2018 Finanzminister in der Ukraine, und der Abgeordnete Zablotskyy meint sogar, die Mehrheit im Parlament hänge heute libertären Ideen an. Das libertäre Atlas-Netzwerk hilft jedoch auch ganz praktisch der Ukraine. Atlas hat mehrere Millionen Dollar eingesammelt zur Unterstützung der Ukraine.

Deutsche und Amerikaner, die zu dem Netzwerk gehören, sammeln nicht nur Geld, sondern bringen Medikamente, Nachtsichtgeräte, Drohnen und schutzsichere Westen in die Ukraine. Ich erfahre das von Andreas Jürgens, einem unkonventionellen Typen in wadenfreien kurzen Hosen (die meisten anderen Teilnehmer tragen Anzug, sogar ich habe mich nicht getraut, in meinen üblichen Jeans zu kommen).

Schon vor der Veranstaltung hatte mir Frederik Cyrus Roeder geschrieben, den ich in Washington bei einer Konferenz der Students for Liberty kennengelernt hatte. Roeder und Jürgens sind wenige Tage nach Ausbruch des Krieges in die Ukraine gegangen und helfen seitdem, die Dinge in die Ukraine zu bringen, die dort vor Ort gebraucht werden. Jürgens zeigt mir einen Beitrag in »The Spokesman Review«, der überschrieben ist mit: »In Ukraine, an informal web of Libertarians becomes a resistance network«.[33]

Das Programm der Libertären für die Ukraine ist klar. »Wenn wir von der ›neuen Ukraine‹ sprechen, dann meinen wir damit vor allem drei Dinge«, so Nataliya: Kampf gegen die Korruption, Aufbau eines Rechtsstaates, wirtschaftliche Freiheit. Vielleicht klinge es etwas pathetisch, so Nataliya, aber »Freedom is our religion«. Immer wieder beschwört man sich bei der Atlas-Veranstaltung: »Next year in Kiew«. Damals ahnt man noch nicht, wie lange der Krieg dauern würde.

Mai / Juni 2022

Lateinamerika

Mai 2022: Santiago de Chile, Chile

Am 17. Mai 2022 mache ich mich auf die Reise nach Südamerika. Geplant sind Vorträge zur spanischen Ausgabe meines Buches »Kapitalismus ist nicht das Problem, sondern die Lösung« und Treffen mit Vertretern von Thinktanks, Unternehmern und Politikern in Chile, Argentinien, Paraguay, Uruguay sowie der Auftritt auf einem großen libertären Kongress in Brasilien. Von meiner Wohnung in Berlin bis zum Hotel in Santiago de Chile vergehen 25 Stunden. Ich fliege über São Paulo und lerne dort am Flughafen einen jungen Anwalt kennen, der in Chile geboren ist, aber in Hamburg lebt. Er ist auf Steuerrecht spezialisiert und berichtet mir, dass die neue linke Regierung in Chile unter Gabriel Boric die Einführung einer Vermögenssteuer plant. Zunächst wohl nur für Personen mit einem Privatvermögen von mindestens zehn Millionen Dollar und nur in Höhe von 0,3 Prozent, doch wir stimmen überein: Das ist der linke Trick – man beginnt mit hohen Vermögen und moderaten Steuersätzen, aber wenn die Steuer einmal eingeführt ist, wird man später die Obergrenze senken und die Steuersätze erhöhen.

Am Flughafen in Santiago holt mich Joanna Gabriela Guerra ab. Sie wird meine Dolmetscherin in den nächsten 16 Tagen sein und hat alles organisiert. Sie ist Mexikanerin und wohnt auch in ihrem Heimatland, arbeitet aber für einen libertären Thinktank in Argentinien. Ich habe die richtige Wahl getroffen: Die 30-Jährige ist unglaublich ehrgeizig und hat schon viel erreicht im Leben. Sie hat Recht und Philosophie studiert und wurde promoviert. Mir ist es wichtig, dass eine Übersetzerin nicht nur gut Englisch kann, sondern auch die Inhalte versteht.

Nachmittags holt uns Maureen Halpern ab, die für den libertären Thinktank Instituto Libertad y Desarrollo arbeitet. Sie warnt uns, irgendwelche teuren Sachen mitzunehmen, weil man ausgeraubt werden könnte. Joanna solle die Handtasche im Hotel lassen. Mittags geht Joanna mit einer Freundin aus. Als sie zum Hotel zurückkehren, versucht eine Obdachlose, ihre Tasche zu stehlen. Sie meint, das sei ihr in Mexiko noch nie passiert, sie versucht sich zu wehren und wirft die Handtasche auf die Terrasse eines Restaurants. Als die Besucher des Restaurants das beobachten, rufen sie den Sicherheitsdienst, der die Polizei holt.

Maureen zeigt uns die Innenstadt von Santiago de Chile, die sich schon wenige Monate nach dem Machtantritt der Sozialisten verändert hat. Überall gibt es Absperrungen, weil es jeden Freitag gewalttätige Demonstrationen von linken Anarchisten gibt. Wir besichtigen den Präsidentenpalast, vor dem eine große Statue von Salvador Allende steht. Obwohl er das Land in den drei Jahren seiner Regierung wirtschaftlich ruiniert hat, ist er immer noch Symbolfigur der Linken in Chile. Maureen berichtet, Boric sei am 11. März 2022, als er sein Amt antrat, vor seiner Antrittsrede zu dieser Statue von Allende gegangen und habe sie geküsst. Ein Signal an seine Anhänger, wie sich die Politik entwickeln soll.

Dabei hatte Boric im zweiten Wahlgang betont moderat argumentiert, um auch Wähler der Mitte anzuziehen. Was ich nicht wusste: Auch in Chile bestimmen innerhalb der linken Bewegung Identitätspolitiker die Richtung. Vor dem Präsidentenpalast weht nicht nur die Flagge Chiles, sondern auch die Regenbogenfahne – nicht nur an speziellen Tagen, sondern täglich, das ganze Jahr.

Am nächsten Tag habe ich ein Treffen mit der Cámara Chileno-Alemana de Comercio e Industria. Die anwesenden Wirtschaftsvertreter sind besorgt darüber, dass sich in Chile das wiederholen könnte, was Allende einst begonnen hatte. Einer sagt: »Wir haben den Kampf der Ideen verloren.« Insbesondere Jüngere, die nicht selbst erlebt hätten, welche Fortschritte Chile in den vergangenen Jahrzehnten gemacht habe, tendierten zunehmend nach links.

Einige Stunden später treffe ich mich mit Vertretern von LOLA (Ladies of Liberty Alliance), einer Organisation von libertär eingestellten Frauen. Die 2009 gegründete Organisation gibt es inzwischen in 30 Ländern. Ich bin neugierig zu erfahren, welche Themen die Politikerinnen und libertären Aktivistinnen interessieren. Alles dreht sich um die Diskussion um die neue Verfassung. Was sie daran vor allem stört? Das Konvolut mit 499 Paragrafen sei gar keine richtige Verfassung, sondern eher eine Sammlung linker Bekenntnisse der »Woke«-Bewegung, erklärt mir eine Politikerin. Zudem seien die Eigentumsrechte nicht mehr garantiert, es könnten Enteignungen zu einem Preis unter dem Marktwert stattfinden.

Allerdings sagen die Frauen auch: Der linke Kandidat Gabriel Boric habe nicht zuletzt deshalb gegen José Antonio Kast gewonnen, weil der rechte Kandidat gegen Abtreibung gewesen sei und gegen LGBTQ-Rechte. Umfragen hätten gezeigt, dass vor allem Frauen gegen Kast und für Boric gestimmt und letztlich den Ausschlag für seinen Wahlsieg gegeben hätten. Offenbar gehen die Meinungen darüber aber auch bei den libertären Frauen auseinander, denn einige finden, der Schutz der Familie sei sehr wichtig, während für andere LGBTQ-Themen vorrangig sind.

Abends bin ich eingeladen zu einem Vortrag im Instituto Libertad y Desarrollo. Das Institut residiert in dem schönsten Gebäude, das ich bislang bei einem Thinktank gesehen habe, mit modernster technischer Ausstattung. Der Vortrag ist gut besucht und wird zugleich online übertragen. Und die auch hier alle bewegende Frage: Was kann man tun, um eine extreme Linksentwicklung in Chile zu verhindern? Dass die Chilenen heute mehrheitlich antikapitalistisch denken, hatte meine Umfrage durch Ipsos MORI zum Image des Kapitalismus bestätigt, die zwei Monate vor den Wahlen stattgefunden hat. Die Mehrheit der Chilenen steht heute Marktwirtschaft und Kapitalismus ablehnend gegenüber. Die Teilnehmer bei meinen Vorträgen stimmen dem zu – ja, diese Umfrageergebnisse spiegeln auch die Stimmung wider, die sie wahrnehmen.

Am dritten Tag treffe ich Axel Kaiser, den prominentesten Verfechter libertärer Ideen in ganz Lateinamerika. In Chile kennt ihn jeder. Mit vollem Namen heißt er Axel Kaiser Barents-von Hohenhagen. Der 40-Jährige empfängt uns in dem Büro der »Fundación para el Progreso«, die er 2012 gegründet hat und die zum einflussreichsten Thinktank in der jüngeren Generation wurde. Besonders auf Social Media wie YouTube ist Kaiser sehr erfolgreich und erreicht mit seinen Beiträgen oft mehr als eine Million junger Chilenen. Zudem hat er den Friedrich Hayek-Lehrstuhl an einer der renommiertesten Universitäten inne, der Adolfo Ibáñez University in Santiago de Chile.

Beeinflusst ist sein Denken vor allem von Hayek, Ludwig von Mises, Karl Popper und Milton Friedman. Kaiser schreibt Bücher über ökonomische Fragen, ist aber vor allem auch ein PR-Mann und versteht sich auf die Kunst der Selbstvermarktung. Er scheut sich nicht zu polarisieren – im Gegenteil: Er weiß, wie wichtig Provokation ist, um Aufmerksamkeit zu erzielen. Er sagt: »Wir müssen lernen, an Gefühle zu appellieren, die an die im Kern des klassischen Liberalismus stehenden Werte anknüpfen. Der Hauptkampf wird nicht auf dem Feld der Zahlen geführt, sondern um Gefühle und Werte. Ohne ein Epos, das sich auf ein moralisches Plädoyer für die Freiheit stützt, ist die Sache verloren.«

Was ist passiert in Chile? Chile galt als kapitalistisches Musterland in Südamerika. Im Human Development Index 2022 nimmt es den Spitzenplatz aller lateinamerikanischen Staaten ein. Und im Index of Economic Freedom 2022 der Heritage Foundation kommt es auf Platz 20, noch vor den USA oder Großbritannien (im Index 2023 ist es immerhin noch auf Platz 22). Im Jahr 2020 lag der Anteil der in extremer Armut lebenden Chilenen bei 1,7 Prozent[34], während dies im sozialistischen Venezuela auf 59,6 Prozent der Haushalte zutraf.[35] Gemessen nicht an den Haushalten, sondern an der Bevölkerung lebten 2021 sogar 77 Prozent der Venezoelaner in extremer Armut.[36]

Trotz dieser Erfolgsgeschichte des Kapitalismus in Chile sind die meisten Chilenen, vor allem die jüngeren, heute kapitalismuskritisch. Auch im Gespräch mit Kaiser geht es vor allem um die geplante neue Verfassung, das zentrale Thema, das in diesen Monaten alle Chilenen bewegte. Der Entwurf für die neue Verfassung, so Kaiser, sei von einem tiefen Misstrauen gegen den Markt und einem fast grenzenlosen Staatsvertrauen geprägt. Sie ist die längste Verfassung der Welt, aber statt sich ein Beispiel an guten Verfassungen wie etwa dem deutschen Grundgesetz zu nehmen, so Kaiser, habe man sich viel abgeschaut von Venezuela oder Bolivien. Ein großes Problem sei, dass die Eigentumsrechte aufgeweicht werden. Bisher war der Staat verpflichtet, wenn er Unternehmen enteignet, ihnen den vollen Marktpreis in Cash zu bezahlen. Nach dem Entwurf der neuen Verfassung muss der Staat nur einen nicht näher definierten »fairen Preis« bezahlen, und das auch nicht in Cash. Zudem werden alle möglichen »sozialen Rechte« wie etwa das Recht auf Arbeit garantiert – das kennt man aus der Verfassung der DDR, wo es in Artikel 24 hieß: »Jeder Bürger der Deutschen Demokratischen Republik hat das Recht auf Arbeit.«

Stark betont wurden Rechte von indigenen Völkern, was erst einmal gut klingen mag. Kaiser kritisiert jedoch, dass damit die Einheitlichkeit der Rechtsanwendung in Chile aufhören würde. Es gäbe dann sozusagen autonome Zonen, wo das Recht Chiles nur eingeschränkt angewendet würde. Schon heute könne sich der Staat Chiles dort nur mit Notstandsbestimmungen durchsetzen, weil in vielen dieser Gebiete im Süden Anarchie und Gewalt herrschten. Sogar der neue Präsident Gabriel Boric, der vor den Wahlen dieses Notstandsrecht scharf kritisiert hatte, wendete es jetzt an, weil die Gewalt immer mehr eskalierte. Die Gewalttäter sind linksextreme Gruppen, die jedoch eng mit der organisierten Kriminalität, besonders dem Drogenhandel, verbunden sind.

Ich frage Kaiser, ob innerhalb des Linksbündnisses Boric als moderat gelten könne, wie manche meinen. Im Vergleich zu den Kommunisten, die trotz ihres bescheidenen Stimmenanteils immer einflussreicher würden, sei Boric natürlich moderat, so Kaiser. Auf der anderen Seite sei er zweifelsohne ein überzeugter Sozialist. Die Menschen, mit denen ich in Chile spreche, haben den Eindruck, Boric und seine Regierung hielten sich bis zur Abstimmung über die Verfassung zurück, aber danach könnten sie radikale Maßnahmen ergreifen.

Eine meiner Freundinnen in Berlin, die aus Chile kommt, ist bestimmt nicht links, hat aber für Boric gestimmt, weil sie den Gegenkandidaten, José Antonio Kast, als extrem rechts wahrgenommen hat. Kaiser meint, Kast sei ein Nationalkonservativer und stehe somit rechts von ihm, dem selbstverorteten Libertären. »Aber andererseits haben es die linken Medien übertrieben, die ihn als lupenreinen Nazi dargestellt haben. Da wurde auch mit unfairen Argumenten gearbeitet, zum Beispiel mit Hinweis darauf, dass sein Vater NSDAP-Mitglied war.« Erkennbar haben viele Chilenen so gestimmt wie meine Freundin – nicht für Boric, sondern gegen Kast.

Das Misstrauen gegen Boric ist verständlich. Auch Hugo Chávez hatte in Venezuela vor der Wahl erklärt, er wolle auf gar keinen Fall Unternehmen verstaatlichen und bezeichnete sich sogar als »Tony Blair der Karibik«, also als marktwirtschaftlich orientierter Sozialdemokrat. Tatsächlich hat sich dann seine Politik zunehmend radikalisiert, bis sie in Diktatur und Chaos endete. Wird aus Chile ein zweites Venezuela, ist die bange Frage, die sich manche stellen.

»Ich glaube noch an die Vernunft der Chilenen, dass es nicht so weit kommen wird«, meint Kaiser. »Aber so oder so stehen uns schwierige und bittere Jahre bevor. Sorgen bereitet mir vor allem die zunehmende Gewalt im Land. Eine Rückkehr zu der insgesamt erfolgreichen marktwirtschaftlichen Politik, die übrigens in den letzten Jahrzehnten – wenngleich mit Abstrichen – auch von Sozialisten mitgetragen wurde, halte ich für unwahrscheinlich. Warum erleichtern die Sozialisten mit der neuen Verfassung Verstaatlichungen, wenn sie nicht entsprechende Pläne in der Schublade haben? Auch die geplante Einführung der Vermögenssteuer wird Investoren abschrecken.«

Das Gespräch dauerte länger als geplant, wir saßen drei Stunden zusammen. Spontan lud mich Kaiser für den nächsten Abend zu einem weiteren Zusammentreffen zum Abendessen ein. Nachdem ich am Nachmittag einen weiteren Vortrag vor den Mitgliedern des Instituto Libertad y Desarrollo hatte, treffe ich Kaiser in einem vegetarischen Restaurant, am Vorabend meiner Weiterreise nach Argentinien. Er hat seine hübsche Freundin mitgebracht, die 15 Jahre jünger ist als er. Kaiser ist mit Blick auf die Entwicklung in Lateinamerika eher pessimistisch. War das kapitalistische Chile eine Ausnahme? In Lateinamerika gebe es zu viele Menschen, die ihren Erfolg vor allem auf Kosten anderer erreichen wollen statt durch eigene Anstrengung und Arbeitsethos. Natürlich könne man das nicht verallgemeinern, aber die Probleme lägen tiefer als »nur« im Wirtschaftssystem. Kaiser überlegt sich, nach Spanien oder Portugal zu gehen – heute kann man ja von jedem Land der Welt aus aktiv sein, sein Schwerpunkt sind sowieso die sozialen Medien.

Die persönliche Bilanz meiner Chile-Reise ist großartig. Ich habe viele tolle Menschen kennengelernt, freiheitlich denkende Menschen, die sich gegen die kommende sozialistische Entwicklung wenden. Mein Besuch hat in den Medien für Aufmerksamkeit gesorgt. Die führende Wirtschaftszeitung »Diario Financiero« hat ein ganzseitiges Interview mit mir veröffentlicht, und die Tageszeitung »La Segunda« druckte sogar drei komplette Seiten aus meinem Buch »Kapitalismus ist nicht das Problem, sondern die Lösung« ab.

Mai 2022: Buenos Aires, Corrientes und San Miguel de Tucumán, Argentinien

Am 21. Mai breche ich nach Argentinien auf. Erstmal ein langer und unbequemer Aufenthalt am Flughafen in Chile, weil für die Dolmetscherin Joanna kein Sitz in der Business-Class gebucht war und ich keine zweite Person in die Lounge mitnehmen kann. Als ich in Buenos Aires am Flughafen ankomme, fällt sofort der Kontrast zu Chile auf – es sieht heruntergekommen aus, man fühlt sich nicht mehr wie in Europa. Wir kommen im Hilton-Hotel an, aber Joanna hat aus Versehen nur ein Zimmer gebucht und das Hotel ist ausgebucht. Wir buchen dafür das Sheraton, doch es ist gar nicht so einfach, ein Taxi zu bekommen. Im Hilton bestellt man uns eines und erklärt, warum das 40 Minuten dauert – mitten im zentralen Distrikt von Buenos Aires. Das Taxi, in dem wir dann abgeholt werden, ist so klein, dass wir einen Teil des Gepäcks auf dem Beifahrersitz und dem Rücksitz verstauen müssen, und vermutlich ist es das älteste und heruntergekommenste Auto, in dem ich je mitgefahren bin – dafür ist der Fahrer nett, was ja letztlich noch wichtiger ist. Mir ist schon in Chile aufgefallen, dass Joanna nicht normale Taxis bestellt oder von der Straße herbeiwinkt, sondern immer Fahrdienste (so ähnlich wie Uber). Warum sie nicht einfach ein normales Taxi nimmt? »Ich mache das automatisch so, weil ich aus Mexiko weiß, dass normale Taxis nicht sicher sind.« Unterwegs sehen wir überall an den Geschäften Schilder, auf denen »zu vermieten« steht. Kein gutes Zeichen für die wirtschaftliche Lage eines Landes.

Argentinien hält einen traurigen Rekord. Kein Land auf der Welt ist in den vergangenen 100 Jahren so dramatisch abgestiegen. Anfang des 20. Jahrhunderts war das durchschnittliche Pro-Kopf-Einkommen der Bevölkerung eines der höchsten der Welt. Der Ausdruck *»riche comme un argentin«* – reich wie ein Argentinier – war damals ein geflügeltes Wort.[37]

Im späten 19. und frühen 20. Jahrhundert übertraf Argentiniens Pro-Kopf-Einkommen das von Italien, Japan oder Frankreich. »Einigen Schätzungen zufolge erzielte das Land 1895 sogar das höchste Pro-Kopf-Einkommen weltweit. Darüber hinaus ist das jährliche BIP-Wachstum von sechs Prozent in den 43 Jahren vor dem Ersten Weltkrieg das höchste in der Geschichte. Die beeindruckende Wirtschaftsleistung Argentiniens beruhte nicht nur auf dem Export von Rohstoffen: Zwischen 1900 und 1914 verdreifachte sich die Industrieproduktion des Landes und erreichte ein ähnliches industrielles Wachstumsniveau wie Deutschland und Japan. All dies ging mit einem beispiellosen sozialen Fortschritt einher. Im Jahr 1869 gehörten zwischen zwölf und 15 Prozent der argentinischen Erwerbsbevölkerung zur Mittelschicht, 1914 waren es bereits 40 Prozent. Gleichzeitig wurde der Analphabetismus auf weniger als die Hälfte der Bevölkerung reduziert.«[38]

Doch auf diese Erfolgsgeschichte folgte eine hundertjährige Geschichte eines wohl beispiellosen Niedergangs. Das Verhältnis zwischen dem realen Pro-Kopf-BIP im Jahr 2018 und demselben Wert im Jahr 1913 zeigt: Das Verhältnis in Argentinien ist kaum gestiegen und das niedrigste aller Länder, für die Daten für beide Jahre verfügbar sind.[39] Die Talfahrt Argentiniens ist mit einem Namen eng verbunden – Oberst Juan Domingo Perón, der 1895 in dem kleinen Ort Lobos in der Provinz Buenos Aires geboren wurde. In der Militärregierung, die damals Argentinien beherrschte, leitete er das Staatssekretariat für das Arbeits- und Sozialwesen. Er machte eine Karriere als Kriegsminister und wurde im Juli 1944 zum Vizepräsidenten des Landes ernannt. Peron gewann Ansehen wegen seiner »sozialen« Politik, die den Staatseinfluss extrem ausweitete. Im Februar 1945 wurde er zum Präsidenten gewählt – seine erste Amtszeit dauerte bis 1955.

Sein Programm: mehr Staat. Die Telefongesellschaft wurde verstaatlicht, die Eisenbahnen, die Energieversorgung, der private Rundfunk. Allein zwischen 1946 und 1949 verdreifachten sich die Staatsausgaben. Die Zahl der Staatsbediensteten stieg von 243.000 im Jahr 1943 auf 540.000 im Jahr 1955 – viele neue Staatsjobs wurden geschaffen, um die Anhänger von Peróns Arbeiterpartei zu versorgen.[40] Die Wirtschaftspolitik war typisch sozialistisch: Obwohl das Passagier- und Frachtaufkommen für die Eisenbahn stagnierte, stieg von 1945 bis 1955 die Zahl der Beschäftigten um mehr als die Hälfte. Die peronistischen Gewerkschaften wurden neben dem Militär zur mächtigsten Organisation in Argentinien. Wie eine Heldin wurde Peróns Frau Eva Duarte verehrt, die mit vollen Händen das Geld für Soziales ausgab. Sie verstarb schon im Alter von 32 Jahren, wurde aber später durch Andrew Lloyd Webbers Musical und den Ohrwurm »Don't cry for me Argentina« zu einer globalen Ikone.

Militärdiktaturen und peronistische Regierungen lösten sich ab, doch Argentinien versank immer mehr in Schulden. 1973 kam Perón ein drittes Mal an die Macht – und wieder bestand sein Programm aus Umverteilung und stärkerer staatlicher Regulierung. Von 1976 bis 1983 wurde Argentinien wieder von den Militärs regiert, die Oppositionelle brutal verfolgten. Manche wurden betäubt und aus dem Flugzeug ins Meer geworfen. Wirtschaftlich ist die Geschichte Argentiniens eine Geschichte von Inflation, Hyperinflation, Staatspleiten und Verarmung. Seit seiner Unabhängigkeit im Jahr 1816 war das Land allein sieben Mal bankrott, das letzte Mal 2001.

Eine tragische Geschichte für ein so stolzes Land, das einmal zu den reichsten Staaten der Welt zählte. Wie konnte es zu all dem kommen, und wie ist aktuell die wirtschaftliche Lage Argentiniens einzuschätzen?

Am 22. Mai treffe ich Professor Iván Carrino. Eigentlich wollen wir zu Abend essen, aber um in Ruhe zu sprechen, miete ich zuvor im Hotel einen Raum an, in dem wir ungestört miteinander reden können. Iván ist mir auf Anhieb sympathisch. Der 36-Jährige studierte Business und schloss mit einem Master of Sc. Degree in Austrian Economics in Madrid ab, danach erwarb er einen weiteren Abschluss in Applied Economics an der Universidad del CEMA in Buenos Aires. Heute ist er Professor für die Geschichte der ökonomischen Theorie an der Universidad de Buenos Aires und sollte demnächst als Associated Investigator for the Universidad del Desarrollo in Chile zu arbeiten beginnen. Daneben betreibt er ein Beratungsunternehmen.

In seiner Jugend war er besonders von Ayn Rand beeinflusst, heute sagt er, dass er am meisten von Hayek und von Mises bewundert. Er wird häufig in Fernsehsendungen eingeladen, um über die aktuelle Wirtschaftslage zu diskutieren, und hat mehrere Bücher und Hunderte von Zeitungsartikeln veröffentlicht.

Carrino betont, dass die Wende zum Schlechteren in Argentinien schon vor Perón begann, in den 30er-Jahren. Der Handel wurde zunehmend reguliert, und Argentinien setzte mehr und mehr auf Protektionismus – Industrialisierung durch Import-Substitution lautete die Parole. »Protektionismus war eine der Hauptquellen für den wirtschaftlichen Niedergang unseres Landes«, meint Professor Carrino.

In den 90er-Jahren gab es – wie damals in vielen Ländern – auch in Argentinien marktwirtschaftliche Reformen durch die Regierung von Carlos Menem. Aber die extrem hohe Staatsverschuldung und die ständigen Schuldenkrisen machten immer wieder alles zunichte. Die Staatsverschuldung Argentiniens liege zwar mit 90 Prozent des GDP niedriger als bei manchen Ländern, denen es besser gehe (Italien, Japan), doch aufgrund häufiger Zahlungsschwierigkeiten und Staatspleiten haben die Investoren kein Vertrauen in den argentinischen Staat – mit der Konsequenz, dass Argentinien Zinsen von 20 Prozent zahlen muss, wenn es neue Staatsschulden aufnimmt.

Die Sparer leiden nicht nur unter der Inflation, sondern haben kein Vertrauen in den Staat. 2002 zahlten die Banken sogar Sparern, die ein Dollarkonto hatten, ihr Geld in Pesos aus, die gerade massiv an Wert eingebüßt hatten. Wer 1.000 Dollar gespart hat, bekommt 1.000 Pesos mit einem Gegenwert von nur 250 Dollar. Kein Wunder, dass Milliardenbeträge ins Ausland fließen. Und kein Wunder, dass die Argentinier, wie sie sagen, ihr Geld lieber unter die Matratze legen als auf die Bank.

Was sind die Herausforderungen für die libertäre Bewegung in Argentinien? »Die Bewegung für die freie Marktwirtschaft«, so Professor Carrino, »wird sowohl von der Linken als auch von der Rechten bedroht. Die Linke ist allgegenwärtig, der Sozialismus ist tief in der Bevölkerung verwurzelt und die peronistische Partei ist nach all den Jahrzehnten die stärkste und populärste. Allerdings erleben wir jetzt einen Aufschwung libertärer Ideen. Er wird angeführt von einem Wirtschaftswissenschaftler, der in die Politik gewechselt hat (Javier Milei) und sich selbst als Anarchokapitalist bezeichnet. Auch wenn Milei am ehesten zum libertären Lager (freie Märkte und individuelle Rechte) gehört, so sind seine Anhänger und politischen Verbündeten in vielerlei Hinsicht von Staatslenkern wie Trump, Bolsonaro oder sogar Putin und Viktor Orbán fasziniert.«

Das sieht er sehr kritisch. Auf meine Frage, welche drei Reformen für Argentinien heute am wichtigsten wären, sagt Carrino: »Ein radikaler monetärer Plan gegen die Inflation, Null-Defizit-Politik durch Ausgabenkürzungen, Öffnung der Wirtschaft sowohl auf lokaler (Deregulierung) als auch auf internationaler Ebene (Abbau von Handelsschranken).«

Am gleichen Tag spreche ich mit Eduardo Marty, der seit Jahrzehnten entgegen dem Strom für Marktwirtschaft in Lateinamerika kämpft. Er meint, Juan Bautista Alberdi und Faustino Domingo Sarmiento hätten 1852/53 eine großartige Verfassung für Argentinien entwickelt, die maßgeblich von der Philosophie der US-Verfassung geprägt gewesen sei. Das große Problem sei jedoch, dass die Menschen in Südamerika traditionell falschen Idealen folgen würden. Typisch sei Papst Franziskus, der aus Argentinien kommt und Antikapitalismus predigt. Es gäbe eine tiefe Tradition in Südamerika, Handel zu verdammen und dem Staat, der Armee und der Kirche hohe Wertschätzung entgegenzubringen. Sich aufzuopfern für den Staat oder die Armee, Armut zu verherrlichen und Reichtum zu verdammen, all dies seien kulturelle Prägungen, die in Lateinamerika besonders ausgeprägt seien. 1991 gründete Marty für Lateinamerika »Junior Achievement«, eine Organisation, die Unternehmertum für junge Menschen lehren sollte. Bis 2018 habe man damit eine Million junge Menschen erreicht, denen in Kursen beigebracht wurde, wie man ein Unternehmen gründet. Heute leitet er die Fundaciòn para la Responsabilidad Intelectual, die digitale Kurse zu Ökonomie und Philosophie aus libertärer Perspektive anbietet. Ich sollte ihn wieder treffen, als ich im November 2023 erneut in Buenos Aires war und er mich zu einer Buchvorstellung einlud.

Danach treffe ich Fausto Spotorno, Chefökonom des Centro de Estudios Económicos des Beratungsunternehmens OJF. Er zeigt mir eine beeindruckende Statistik, wonach Argentinien seit 1945 fast immer zweistellige Inflationsraten hatte – mit Ausnahme der 90er-Jahre, wo Carlos Menem die Währung an den Dollar gekoppelt hatte, was zwar die Inflation für ein Jahrzehnt beseitigte, aber zu negativen Konsequenzen für den Export führte, weil die Waren nicht mehr konkurrenzfähig waren.

Was Inflation konkret heißt, merke ich beim Bezahlen des Hotels. Ich will nicht mit der Visa-Karte bezahlen, das machen nur Leute, die keine Ahnung haben. Denn bei Kreditkarten zahlt man den offiziellen Umtauschkurs vom Peso in den Dollar beziehungsweise Euro. Man kann jedoch auf dem freien Markt doppelt so viel Pesos für einen Dollar bekommen – der Staat toleriert es. Man spricht vom Blue Dollar a.k.a. Dollar Blue oder inoffizieller Dollar. Gemeint ist der parallele Wechselkurs des Dollars in Argentinien, also die Kosten für den Kauf und Verkauf eines physischen Dollarscheins auf dem Markt.

Der Staat toleriert die Existenz sogenannter »caves« (Höhlen), in denen man das Geld umtauschen kann. Auf der Straße wird man von sogenannten »arbolitos« (spanisch für »kleine Bäume«) angesprochen, die einem den Weg zu einer der vielen Caves zeigen. Offiziell sind das Pfandleihgeschäfte oder Läden, in denen man Schmuck oder Gold an- und verkaufen kann, tatsächlich sind es Handelsstellen für den Blauen Dollar.

Argentinier tauschen dort ihre Pesos, in der Hoffnung, für diese Dollar einige Wochen oder Monate später mehr Pesos zu bekommen. In einem Staat mit so hoher Inflation hat die heimische Währung ihre Funktion als Wertaufbewahrungsmittel verloren und dient nur noch als Zahlungs- und Tauschmittel. Das ist indes nicht immer einfach. Man bekommt in den Caves nicht immer die großen Scheine. Nur etwa ein Fünftel der 250.000 Peso, die Joanna und ich für vier Tage im Sheraton in Buenos Aires zu zahlen haben, bekommen wir in Tausendern. Den Rest in kleineren Banknoten. Der Bezahlprozess dauert länger als zwei Stunden. Ich frage, warum man nicht die Geldzählmaschine nimmt. Aber die Leute an der Rezeption müssen jeden einzelnen Geldschein erst mit einem Stift auf Echtheit prüfen und das Geld mit der Hand zählen. Dabei verzählen sie sich immer wieder. Am Ende kommt das Geld dann doch noch in die Geldzählmaschine. Ich habe keine Geduld für so etwas und bin nach 15 Minuten entnervt. Ich bin froh, dass Joanna sich kümmert und dabeibleibt.

Ich treffe eine Lokalpolitikerin aus Buenos Aires, Marina Kienast. Sie sieht die Probleme vor allem in der Macht der Gewerkschaften. Sie ist Bildungspolitikerin und kritisiert, dass die Lehrerausbildung faktisch von den Gewerkschaften bestimmt werde und extrem links ausgerichtet sei. Besonders die Trotzkisten seien stark, eine der Gewerkschaften werde ganz von ihnen beherrscht.

Besonders regt sie die Mentalität auf, dass der Staat ständig »kostenlose« Leistungen verspreche. Sie hat einen Gesetzentwurf eingebracht, wonach es dem Staat untersagt werden soll, Leistungen als »kostenlos« zu bezeichnen. Der Text ist kurz: »Wenn die Ausdrücke ›frei‹, ›kostenlos‹ oder ›gratis‹ und ähnliche in offiziellen Verlautbarungen, Werbung, Wahlkampagnen, kulturellen Veranstaltungen und Vorträgen verwendet werden, die sich auf vom Staat gewährte Güter und Dienstleistungen beziehen, muss klargestellt werden, dass die Ausgaben zu deren Durchführung aus Steuergeldern finanziert werden. Diese Klarstellung muss in demselben Medium erfolgen, in dem sie gemacht wurde. Personen, die diese Bestimmungen nicht einhalten, können wegen Verletzung der Pflichten eines öffentlichen Beamten angezeigt werden.«

Natürlich hat das Gesetz keine Mehrheit bekommen, aber die Idee hat mir gefallen und als ich sie auf meinem deutschen Twitter-Account postete, bekam ich in kurzer Zeit knapp 2.000 Likes. Die Meinung zu Milei ist Thema in jedem Gespräch. Marina Kienast gehört einer anderen Partei an, bestätigt aber, dass es ihm gelungen sei, viele junge Menschen zu gewinnen, insbesondere auch solche, die früher links waren.

Mein nächstes Gespräch führt mich in den Kongress zu einem Treffen mit dem Abgeordneten Ricardo Hipólito López Murphy. Ich besuche ihn im Parlamentsgebäude. Es sieht von außen wunderschön aus. Doch im Nebenbau, wo die Abgeordneten sitzen, ist alles verkommen. Die Abgeordnetenzimmer sind extrem klein, alles ist verschlissen, chaotisch, auf den Toiletten riecht es strenger als in vielen Bahnhofstoiletten. In einem der kleinen Zimmer sitzt auch der 70-jährige López Murphy. Der ausgebildete Wirtschaftswissenschaftler war während der Präsidentschaft von Fernando De La Rúa Verteidigungs- und Wirtschaftsminister. Seit 2021 ist er Vorsitzender der 2020 von ihm gegründeten Partei Republicanos Unidos, die Teil des Bündnisses JTC Juntos por el Cambio (Cambiemos) ist. Er war auch Vorsitzender des Liberalen Netzwerks für Lateinamerika, einer Vereinigung von Institutionen zur Förderung des Liberalismus. Heute ist er Vorsitzender des Thinktanks Republican Civic Foundation.

Was Murphy tun würde, wenn er das Sagen hätte in Argentinien? Vor allem den Protektionismus bekämpfen und die zahlreichen Regulierungen (zum Beispiel im Arbeitsmarkt) abbauen. Schon Unternehmen ab einer Größe von 200 Mitarbeitern würden heute gezwungen, einen Teil ihrer Produkte zu staatlich festgesetzten Preisen zu verkaufen. Ein großes Problem, das er und andere ansprechen: Wegen der hohen Steuerbelastung habe der informelle Sektor, also die Schwarzarbeit, eine extrem hohe Bedeutung. Man schätze, dass heute mehr Menschen illegal arbeiten als in offiziellen Beschäftigungsverhältnissen, so Murphy.

Ein großes Problem sei das fehlende Vertrauen von In- und Ausländern in das Land. So habe Argentinien die zweitgrößten Gasreserven der Welt, müsse aber sein Gas importieren. Grund: Kein ausländisches Unternehmen habe Interesse, in einem Land zu investieren, das in der Vergangenheit mehrfach Öl- und Gasfirmen enteignet habe. Ein anderes Beispiel für fehlendes Vertrauen: Es heißt, dass es in kaum einem Land außerhalb der USA so viele Dollarnoten gebe – vergraben im Garten oder sonst wo versteckt. Den Banken traut man nicht, sie werden nur für die Abwicklung von Zahlungen gebraucht, aber niemand in Argentinien überlässt ihnen sein Geld. Murphy meint, es müsse erst noch schlimmer werden, bevor es besser werde. Eine Meinung, die ich in diesen Tagen oft höre. Dennoch ist er optimistisch, weil liberales Gedankengut in verschiedenen Parteien so stark sei wie noch nie in Argentinien.

Murphy gilt als eine der Galionsfiguren der Liberalen in Argentinien, ein anderer bekannter Libertärer ist José Luis Espert. Der 60-Jährige sieht wesentlich jünger aus, und ich glaube ihm sein Alter erst, als er seinen Ausweis zeigt. Auch er ist Wirtschaftswissenschaftler und vertritt libertäre Ansichten. Seit 2021 ist er Abgeordneter in der Provinz Buenos Aires für die Koalition Avanza Libertad. »Wir brauchen eine kapitalistische Revolution«, erklärt er mir. Und er ist optimistisch. »Libertäre Ideen explodieren in Argentinien«, so Espert. Was er ändern würde, wenn er könnte? Zuerst nennt er das Thema »Handelsfreiheit«. Zudem meint er, man müsse mehrere korrupte Gewerkschaftsführer ins Gefängnis stecken, um andere abzuschrecken. Milei und er waren zunächst in einer Partei, hatten sich später aber zerstritten.

Während ich mich im Hotel ausruhe, erkundet Joanna die Stadt: »Am Sonntag ging ich nach Puerto Madero, einem Viertel in der Nähe des Ufers des Rio de la Plata, eine der angesagtesten Gegenden. Es gibt gute Restaurants voller glücklicher Familien, die gemeinsam Zeit verbringen, das war ein Highlight für mich; die Tatsache, dass die Leute ausgehen, um gemeinsam eine tolle Zeit zu haben, hat mich über zwei Dinge nachdenken lassen: Erstens sind wir Latinos, also hat die Familie und die Zeit mit unseren Lieben Priorität. Zweitens aber: Wir denken nicht so sehr an die Zukunft. Puerto Madero ist im Vergleich zur Wirtschaft des Landes sehr teuer, und der Aufenthalt dort gibt mir das Gefühl, dass für Argentinier der Moment, das Jetzt, am wichtigsten ist.«

Joanna berichtet mir weiter über ihre Erkundungen in der Stadt: »Als ich auf der Avenida 9 de Julio, der größten Straße von Buenos Aires, spazieren ging, sah ich den berühmten Obelisken und fühlte mich wirklich in Buenos Aires. Später ging ich auf der Avenida Corrientes spazieren und aß die beste Pizza in Buenos Aires, der Ofen ist seit über

100 Jahren in Betrieb, etwa 50 Leute warteten auf einen Tisch. Einige Blocks weiter ging es zum Broadway, dort gibt es eine Straße voller Theater, junge und alte Leute besuchen es – das ließ mein Herz höher schlagen, denn ich denke, dass Menschen, die sich auf irgendeine Art von Kultur einlassen, der Freiheit einen Schritt näher kommen.«

Am 24. Mai fliegen wir nach Corrientes – die Provinz heißt so wie deren Hauptstadt, in der 400.000 Menschen leben. Bei einem großen Land wie Argentinien mit so unterschiedlichen Städten genügt es nicht, die Hauptstadt zu besuchen. Die Stadt erinnert mich an Südfrankreich. Palmen und einer der größten Flüsse der Welt, der wie ein Meer wirkt. Man kann sich gut vorstellen, hier Urlaub zu machen, zumal die Stadt als sicher gilt – im Vergleich zu anderen Städten Argentiniens.

Vom Flughafen holt uns Alberto Medina Méndez vom libertären Thinktank Club de la Libertad ab. Seine Meinung: Liberale können nur erfolgreich sein, wenn sie Menschen aus anderen Parteien von der Notwendigkeit marktwirtschaftlicher Ideen überzeugen. So wie etwa Eduardo Tassano, den Bürgermeister der Stadt, mit dem er mich zusammenbringt. Er ist Urologe und hat noch bis vor vier Jahren praktiziert. 2017 wurde er das erste Mal mit 45 Prozent der Stimmen gewählt, 2021 bekam er sogar 71 Prozent. Dass libertäre Ideen im Aufschwung sind, merkt man daran, dass Tassano, der sich eher als Sozialdemokrat versteht, auf die Frage, was er in Argentinien ändern würde, erst die Deregulierung des Arbeitsmarktes nennt und dann Steuersenkungen. Für seine Stadt setzt er vor allem auf Tourismus sowie auf die Förderung von IT-Unternehmen und grüner Umwelttechnik.

Danach besuche ich die Camara de Diputados und treffe den Präsidenten Pedro Cassani. »Vor einigen Jahren war es noch schwierig, sich als Liberalen zu bezeichnen, man galt als Außenseiter. Die Debatte hat sich gewendet. Heute dreht sich alles um die Frage ›mehr Markt oder mehr Staat‹«, meint er.

Was in Argentinien schief läuft, erklärt mir Pedro Braillard Poccard, der Vize-Gouverneur von Corrientes. Durch die Stadt fließt der Paraná-Fluss, mit 4.000 Kilometern einer der längsten Flüsse der Welt: »Sie sehen da viele Boote, aber keine mit argentinischer Flagge, dafür viele mit der Flagge von Paraguay. Der Grund sind die extremen Arbeitsmarktregulierungen in Argentinien.« Nach dem Gespräch nimmt er mich mit ins Parlament, wo überraschenderweise heute nur kleine Kinder sitzen. Morgen ist Nationalfeiertag, und sie bekommen das Abgeordnetenhaus gezeigt. Ich soll einige Worte sagen, warum ich hier bin, aber ich fürchte, Kinder verstehen dieses Thema noch nicht. Also mache ich auf dem Boden ein paar Liegestützen, zeige meinen Bizeps und sage den Kindern, dass sie täglich trainieren sollen. Das war dann ein Thema, über das sogar die Lokalzeitung berichtete.

Am 27. Mai fliege ich nach San Miguel de Tucumán, der Hauptstadt der Tucumán-Provinz im Nordwesten Argentiniens. Im weiteren Einzugsbereich hat die Stadt etwa 800.000 Einwohner. Der erste Eindruck ist erschreckend. Überall zerfallene Gebäude, abgeblätterter Putz, Schilder mit der Aufschrift »zu vermieten« oder »zu verkaufen«, Armut. Es sieht aus wie in einem sehr armen Entwicklungsland. Ich denke zuerst, vielleicht sind die Gebäude auf dem Weg vom Flughafen zum Hotel nicht typisch, aber später sehe ich, dass es fast überall so aussieht, auch in der Innenstadt. Auch das »beste« Hotel der Stadt, ein Hilton, ist weit unter der Qualität anderer Häuser dieser Kette.

Eingeladen nach Tucumán hat mich der libertäre Thinktank Federalismo y Libertad, der 2012 dort gegründet wurde. Es wird von etwa 50 Unternehmern unterstützt, die verstanden haben, dass sie sich politisch engagieren müssen. Der Thinktank hat einige Aufmerksamkeit erzielt mit investigativen Recherchen über die Ausgaben der Provinzregierung. Die Fundación Federalismo y Libertad (FyL) setzt sich für eine offene Gesellschaft, ein stabiles republikanisches System und die Stärkung des Privatsektors ein. FyL hat einen Ausbildungsbereich, zwei Forschungszentren und ein Veranstaltungsprogramm mit Aktivitäten in verschiedenen Städten Argentiniens. In den vergangenen Jahren hat FyL seine Programme ausgedehnt und ist inzwischen sogar in den USA aktiv.

Ich werde zu einem Abendessen in der Villa eines erfolgreichen Unternehmers eingeladen. Miguel Mitre ist mit Bussen und Minen reich geworden und fördert den Thinktank. Seine Villa liegt in einer Gated Community mit Sicherheitsleuten und Eingangskontrolle. Natürlich wundern sich die Gastgeber ein wenig, dass ich kein Fleisch essen will, aber sie haben köstliche vegetarische Gerichte zubereitet und bringen mir dazu Milch, mein Lieblingsgetränk.

Ich treffe hier auf Unterstützer und Vertraute von Javier Milei. Milei spielte früher als Torhüter für den Fußballverein Chacarita Juniors, später studierte er Wirtschaftswissenschaften und war Chefvolkswirt bei privaten Finanzberatungsunternehmen sowie Regierungsberater. 2021 wurde Milei mit 17 Prozent der Stimmen für die Partei La Libertad Avanza in die Cámara de Diputados de la Nación Argentina als Vertreter der Stadt Buenos Aires gewählt. Mileis Anhänger, so berichten mir seine Vertrauten, die ich hier kennenlerne, seien überwiegend jung, arm und männlich. Verzweifelte bedürftige Menschen sind oft eher für Sozialisten und mehr Staat – oder aber für Rechtsextremisten. Arme Menschen, die wie hier auf mehr Kapitalismus setzen, das finde ich toll.

Milei hat viel Aufmerksamkeit mit einer Lotterie erregt: Wer sich auf den sozialen Medien in einem Formular einträgt, nimmt an einer Lotterie teil, in der er monatlich sein Gehalt als Kongressabgeordneter verlost. Das sind 350.000 Pesos, im Mai 2022 entspricht das etwa 1.800 Dollar. Wenn man bedenkt, dass das durchschnittliche Einkommen eines Argentiniers bei etwa 60.000 Pesos liegt, ist das eine attraktive Summe. Schon in den ersten drei Monaten haben zwei Millionen Argentinier an der Lotterie teilgenommen, mit der Milei zeigen will: »Ich bin nicht wegen des Geldes in die Politik gegangen.« Jeder Teilnehmer muss E-Mail-Adresse und Telefonnummer angeben, und ich denke zunächst, dies sei eine sehr günstige Methode, um für Wahlkampfwerbung an die Daten zu kommen. Milei und seine Unterstützer versichern indes, dass sie die Daten ausschließlich für die Lotterie verwenden. So oder so ist es jedenfalls eine sehr wirksame Marketingidee.

Ich war beeindruckt von der Arbeit des Thinktanks, der insbesondere Kurse für junge Menschen zum Thema Unternehmertum anbietet. Ich halte in Tucumán einen Vortrag vor etwa 70 Zuhörern, die meisten dürften Anfang 20 sein. Das große Problem: Über Jahrzehnte haben sich viele Argentinier daran gewöhnt, alles vom Staat zu bekommen – am besten kostenlos. Ich frage einen jungen Mann in der ersten Reihe, ob er eine Freundin hat. Nein, er habe keine, wünsche sich aber eine. Ich frage ihn: »Was glaubst du, wer dir diese hübsche Freundin bringen wird? The government? The state?« Er lacht, »natürlich nicht«. Wer denn dafür verantwortlich sei? »Ich selbst«, meint er. Und ich sage: So ist das nicht nur mit der Freundin, so ist das mit allen wichtigen Dingen im Leben. Die wird dir nicht der Staat geben, du musst dich selbst um sie kümmern. Ich ermutige die jungen Menschen und sage ihnen, dass sie den ersten Schritt zum selbstverantworteten Leben schon getan haben, indem sie an solchen Kursen teilnehmen. Und das in einer Stadt, bei der ich ehrlich gesagt froh bin, als ich sie wieder verlassen habe.

Bevor ich abreise, habe ich noch ein Mittagessen mit Juan Pablo Bustos Thames, einem erfolgreichen Rechtsanwalt und Investor, der uns auch zum Flughafen fährt. Ich sage ihm, dass ich so viel Optimismus in den vergangenen Tagen von Anhängern der libertären Bewegung gehört habe, die alle glauben, bald sei ihre Stunde gekommen. Ich möchte den Optimismus teilen, bin aber skeptisch: »Selbst wenn Milei die Wahlen nächstes Jahr gewinnt: Werden die Argentinier die notwendige Geduld für Reformen haben? Schließlich kann man weder in sechs Wochen noch in sechs Monaten korrigieren, was seit 70 oder 80 Jahren schief läuft in Argentinien.« Die Antwort von Bustos Thames ist klar: Sie werden diese Geduld nicht haben. Sie hatten sie auch nicht in den vier Jahren von 2015 bis 2019, als der Reformer Mauricio Macri regierte. »Mit nicht-peronistischen Regierungen haben die Argentinier keine Geduld.«

Überraschend war für mich das Zusammentreffen mit drei jungen Frauen in Buenos Aires Ende Mai. Sie gehören zu LOLA, Ladies for Libertad. Valentina ist 21 Jahre alt, sieht aber jünger aus. Sie spricht fließend Englisch (obwohl sie nie in einem englischsprachigen Land gelebt hat) und wirkt sehr selbstbewusst. Sie kommt aus der Stadt

Mendoza, hat sich schon mit 13 Jahren mit einem Recyclingunternehmen selbstständig gemacht, das sie offiziell dann mit 18 gegründet hat. Aber die erste Zeit war hart: »Jeden Tag kamen Räuber in meine Firma, um mir Dinge abzunehmen. Ich rief die Polizei, die Kriminellen kamen sogar einmal für einige Stunden ins Gefängnis und wurden dann wieder freigelassen. Die Polizei schützt mich nicht. Und der Staat nimmt mir mit der extremen Besteuerung fast alles weg, was ich verdiene.« Und sie mag nicht die Mentalität vieler Landsleute, die lieber vom Staat leben, als selbst zu arbeiten. »Es ist so schwer, Mitarbeiter zu finden«, klagt sie.

So kam sie zu den Libertären. Mit 17 Jahren schloss sie sich den Students for Liberty an. Mit 19 Jahren gründete sie eine eigene libertäre Gruppe. Die Gruppe wuchs schnell auf 25 Mitglieder, viele kamen, weil sie mit den Corona-Maßnahmen der Regierung nicht einverstanden waren: »Wir hatten sieben Monate Ausgangssperre, man durfte nur an bestimmten Tagen für drei Stunden aus dem Haus, um einzukaufen.« Diese Maßnahmen haben ihrer Gruppe Zulauf gebracht.

Sie treffen sich in Wohnungen oder Restaurants und vergleichen zum Beispiel das »Kommunistische Manifest« von Marx mit Hayeks »Weg zur Knechtschaft«. Es ist eine Frauengruppe, die sich als »liberale Feministinnen« bezeichnet, in Abgrenzung zu traditionellen Feministinnen, die meist marxistisch ausgerichtet seien. Ihr Held ist Javier Milei.

Adrina ist 27 Jahre alt. Sie ist aus Venezuela geflohen, weil sie nach der Teilnahme an den Protesten gegen das sozialistische Regime zu einer Gefängnisstrafe verurteilt wurde. In Venezuela hat sie Recht studiert, in Buenos Aires arbeitet sie aber als IT-Programmiererin. Politisiert wurde sie, als ihre Schwester und ihr Schwager nach Protesten ins Gefängnis kamen. Ihre Eltern sind wegen der wirtschaftlichen Katastrophe nach Peru geflohen, sie lebt jetzt in Buenos Aires und engagiert sich hier für LOLA. Mir wird klar: So wie es in vielen westlichen Ländern für junge Menschen als cool gilt, grün zu sein, so ist es hier cool, libertär zu denken.

Freilich, so sagt mir der Politikwissenschaftler, Politiker und Buchautor Christian Moreno, der Milei sehr gut kennt, sehen manche Menschen in ihm einen Messias, von dem sie sich eine Lösung aller Probleme erhoffen, ohne den Inhalt seiner Ideen wirklich zu verstehen. »Deshalb müssen wir vor allem daran arbeiten, die Ideen zu verbreiten.«

Bei einem Vortrag, den ich vor führenden Vertretern aus Politik und Wirtschaft im 1882 gegründeten vornehmen Jockey-Club in Buenos Aires halte, lerne ich Lars-André Richter von der deutschen Friedrich-Naumann-Stiftung kennen, der mich eingeladen hat. Richters Partner ist López Murphy. Richter sieht ein Hauptproblem im aufgeblähten öffentlichen Dienst, wo es viele Menschen gebe, die nur monatlich ihr Gehalt abholten, aber sonst nicht arbeiteten. Juan Manuel Agüero war zehn Jahre lang Mitarbeiter der Naumann-Stiftung in Argentinien, heute ist er politischer Berater.

Er bringt den Namen von Patricia Bullrich ins Spiel, die unter Macri Minister of Security war und Vorsitzende der Pro-Partei ist. Sie habe den Mut gehabt, konsequent gegen die sogenannten »Piqueteros« vorzugehen, also extreme Gruppen, die die Straßen blockieren, um auf ihre schlechte wirtschaftliche Situation aufmerksam zu machen. Die Politiker vor ihr hätten gegenüber diesen Gruppen meist eine Beschwichtigungspolitik betrieben, aber sie habe klar Stellung gegen die Blockaden genommen und auch Polizei eingesetzt. Das habe der liberalen Politikerin, die in ihrer Jugend bei der linksextremen Montonero-Bewegung war, viele Sympathien bei der Bevölkerung eingebracht. Später, im Oktober 2023 sollte Bullrich bei den Präsidentschaftswahlen gegen Milei kandidieren und unterstützte ihn dann in der Stichwahl.

Mai 2022: Asunción, Paraguay

Am 25. Mai fahren wir mit Alberto, dem Vertreter eines libertären Thinktanks, von der argentinischen Stadt Corrientes nach Paraguay. Unterwegs sehen wir aus dem Auto idyllische Landschaften und eine Menge Rinder (die mir als Vegetarier natürlich ein wenig leid tun, weil sie alle zum Verzehr bestimmt sind). An der Grenze gibt es Komplikationen, weil die Grenzbeamten behaupten, ein von der Polizei gesuchter Ägypter hätte den gleichen Vor- und Zunamen wie ich. Endlose Kolonnen von Lkws wollen in die Gegenrichtung, nach Argentinien. Die Grenze ist extrem dreckig, verwahrlost – so wie man das aus Filmen über Länder der Dritten Welt kennt.

In Asunción, der Hauptstadt Paraguays, stehen wir lange im Stau. Die Straßen sind in einem erbärmlichen Zustand, überall gibt es Schlaglöcher. Grund: Die Firmen, die die Straßen bauen, sind auch die, die feste Verträge mit dem Ministerium für die Instandsetzung haben. Je häufiger sie kaputt sind, desto mehr verdienen sie – und vermutlich die Beamten in den Ministerien mit ihnen.

Die Busse sind hoffnungslos veraltet und ebenso hoffnungslos überfüllt. Ich erfahre, dass es eine »Bus-Mafia« gibt, die sich lukrative Verträge gesichert hat mit staatlichen Garantien. Sie haben faktisch ein Monopol, kaufen die ältesten, heruntergekommenen Busse aus Argentinien und machen riesige Gewinne. Als die Stadt begann, Verhandlungen mit einem ausländischen Unternehmen zu führen, das moderne Busse versprach, drohten sie mit einem »Streik«, der die gesamte Stadt für Wochen lahmgelegt hätte.

Wir kommen gerade noch pünktlich an zu einem Mittagessen, zu dem Carsten Pfau eingeladen hat, ein sympathischer deutscher Unternehmer, der vor 25 Jahren nach Paraguay ausgewandert ist und dem hier 40 Firmen gehören, unter anderem die Agri Terra KG. Er ist einer der größten Rinderbesitzer Paraguays und betreibt den größten

Gewächshaus-Komplex für Obst- und Gemüseanbau im Land. Ich lernte ihn kennen, weil er als erster die spanische Ausgabe meines Buches »Kapitalismus ist nicht das Problem, sondern die Lösung« nach Paraguay brachte.

Bei dem Mittagessen treffe ich auf einen Ökonomen, der früher Wirtschaftsminister in Paraguay war. Ein intelligenter Mann, der in den USA studiert hat. Ich frage ihn, welche drei Dinge er in Paraguay ändern würde. Unter anderem meint er, man solle die Steuern senken. Ich bin immer für Steuersenkungen, aber verstehe die Forderung nicht ganz in einem Land mit einem Spitzensteuersatz von zehn Prozent. Er meint, in Wahrheit liege die Abgabenlast bei 30 Prozent, weil man für verschiedene Dienstleistungen etwa 20 Prozent bezahlen muss. Er wäre deshalb dafür, die Steuern auf 1 Prozent zu senken.

Paraguay bietet tolle Chancen für Unternehmer, wie die Geschichte von Carsten Pfau zeigt. Er zählt hier zu den angesehensten Persönlichkeiten des Landes und hat an diesem Mittag die wichtigsten Personen aus Politik und Wirtschaft zu meinem Vortrag eingeladen. Die schönste Frau in der Runde ist Pfaus Gattin, eine frühere Miss Paraguay. Inzwischen organisiert sie selbst diese Wettbewerbe, hat aber auch das Management von Firmen ihres Mannes übernommen. Die zweitschönste, die mir sofort im Publikum auffällt, ist die Frau des Bürgermeisters.

Ich frage Pfau, was er als besonders positiv und was er als negativ empfindet in Paraguay. Positiv sind die niedrigen Steuern. Der offizielle Steuersatz für Firmengewinne beträgt zehn Prozent, bei Ausschüttung der Gewinne als Dividende kommen nochmals sieben Prozent oben drauf. Man kann recht großzügig abschreiben, so dass die Steuerlast am Ende des Tages erfreulich niedrig ist.

Positiv ist auch die geringe Regulierung von geschäftlichen Tätigkeiten: »Was nicht ausdrücklich verboten ist, ist grundsätzlich erst einmal erlaubt«, sagt Pfau. »Erfrischend gegenüber Deutschland, wo es ja eher umgekehrt ist.«

Das Land biete ein riesiges Potenzial. »Man kann noch mit Geschäftsbereichen (Über-)Gewinne erzielen, die in anderen Ländern nur noch geringe Margen erlauben. Typisch für Entwicklungsländer, sind hier noch sehr hohe Renditen möglich. Laut Bericht der UN sind es in Paraguay im Durchschnitt 22 Prozent return on investment.« Pfau plant den Bau des höchsten Hotels der Stadt und will es von einer renommierten Kette betreiben lassen, aber in den oberen Stockwerken auch viele Eigentumswohnungen verkaufen – mit optionalem Hotelservice.

Trotz aller Chancen gibt es viel Raum für Verbesserungen in dem Land. Große Teile der Bevölkerung gehen einer informellen Tätigkeit nach. Wie viele es sind, ist schwer zu sagen, aber wohl die Hälfte bis drei Viertel der Menschen arbeiten in der informellen Schattenwirtschaft. »Dies erschwert mitunter die Tätigkeit von legal arbeitenden Firmen«, so Pfau. Auch gibt es große Defizite bei den staatlichen Behörden. »Die Behörden und die Polizei arbeiten sehr langsam und oftmals völlig ineffizient«, sagt Pfau. »Das paraguayische Grundbuchamt ist ein Beispiel. Das Amt ist hoffnungslos überlastet, es dauert manchmal zwei oder drei Jahre, bis ein Grundstück neu parzelliert ist, einfache Umschreibungen können mehrere Monate bis hin zu einem Jahr dauern.«

Es ist paradox: Der Staat ist einerseits schwach in Paraguay, weil grundlegende Dienstleistungen nicht oder schlecht angeboten werden. Andererseits ist er aufgebläht, wenn man bedenkt, dass etwa 300.000 Beamte von nur 600.000 Netto-Steuerzahlern getragen werden – und dies bei 7,5 Millionen Einwohnern. Das jedenfalls erklärt mir beim Mittagessen der ehemalige Wirtschaftsminister.

Auf die Polizei ist kein Verlass. Ein Unternehmer wie Pfau hat fünf Sicherheitskräfte eingestellt, was ihn etwa 2.000 Dollar im Monat kostet. Vor seinem Haus sehen wir einen Sicherheitsmann mit Schusswaffe, und unserem Auto folgt ständig ein anderer Wagen mit Security.

Trotz dieser Defizite ist Paraguay ein Land mit riesigen Chancen. Das sagen auch meine Gesprächspartner in dem viel weiter entwickelten, eher europäisch anmutenden Uruguay, das ich am nächsten Tag besuche. Sie bewundern den Aufschwung, den Paraguay genommen hat. Das Land biete zwar bei Weitem nicht die gleiche Lebensqualität wie Uruguay, so meinen sie, aber dafür viel größere Chancen für Unternehmer.

Ich habe diesmal nur einen Tag Zeit, verspreche aber, wiederzukommen, um Paraguay näher kennenzulernen. Diesmal ist es ein volles Programm: Nach dem Mittagessen halte ich einen Vortrag über mein Buch vor den führenden Persönlichkeiten aus Wirtschaft und Politik, direkt im Anschluss folgt die Aufzeichnung einer Talkshow von einem Fernsehsender, der Pfau gehört. Danach muss ich erstmal eine Stunde schlafen (in dem übrigens sehr guten Sheraton-Hotel), bevor es dann um 22.30 Uhr zum Auftritt in der beliebtesten Talkshow des Landes geht. Mir bleiben in dieser Nacht nur drei Stunden Schlaf, denn am nächsten Morgen steht Uruguay auf dem Programm.

Mai 2022: Montevideo, Uruguay

Auf der Fahrt vom Flughafen zum Hotel erlebe ich eine andere Welt als in den Tagen zuvor. Überall sauber geschnittener Rasen und gepflegte Häuser, die in jeder deutschen Stadt stehen könnten. Der Kontrast zu Argentinien und Paraguay ist groß, ich fühle mich, als sei ich wieder in Europa. In Uruguay hatte der libertäre Thinktank CED (Centro de Estudios para el Desarrollo) schon vor meinem Besuch ein großes Interview mit der führenden Tageszeitung des Landes, »El Pais«, vermittelt, nach meiner Ankunft gab es ein weiteres Interview mit dem Fernsehen.

Meine Hauptbotschaft in den Interviews lautet: Schon jetzt ist Uruguay das wirtschaftlich zweitfreieste Land in Lateinamerika. Laut dem Index of Economic Freedom (2022) liegt Uruguay nur 4,4 Punkte hinter Chile, das derzeit das wirtschaftlich freieste Land in Lateinamerika ist. Meine Prognose in den Interviews lautet: Chile wird in dem Index weiter verlieren (tatsächlich lag Chile dann im Index 2023 nur noch 0,9 Punkte vor Uruguay). Denn leider ist Chile durch die Wahl des Sozialisten Gabriel Boric vom kapitalistischen Weg abgekommen. Uruguay sollte die Chance nutzen, sich als wirtschaftlich freiestes Land Lateinamerikas zu positionieren und damit für Investoren attraktiv zu werden. Dafür bedarf es weiterer marktwirtschaftlicher Reformen, also Steuersenkungen, Privatisierungen, Deregulierungen. Es ist gut, dass die jetzige Regierung ein Freihandelsabkommen mit den USA und China anstrebt, auch das ist ein Schritt vorwärts.

Uruguay kann heute schon einige sehr gute Argumente für sich ins Feld führen: Laut Transparency International ist es das Land mit der geringsten Korruptionswahrnehmung in Lateinamerika. Es steht mit 71 von 100 Punkten sogar vor den USA und Chile, die beide jeweils 67 Punkte haben. Zum Vergleich: Das sozialistische Venezuela hat die höchste Korruptionswahrnehmung mit nur 15 Punkten. Auch im Demokratie-Index des »Economist« (2020) liegt Uruguay auf einem sehr guten Platz 15, noch vor Chile (Platz 17). Damit ist Uruguay das demokratischste Land in Lateinamerika.

Seit dem 1. März 2020 ist Luis Alberto Lacalle Pou, der Sohn des ehemaligen Präsidenten Luis Alberto Lacalle Herrera, Präsident des Landes. Er ist Mitglied der Partido Nacional, und die Vertreter des libertären Thinktanks in Uruguay, die mich zum Mittagessen eingeladen haben, bezeichnen ihn als libertär – wobei er freilich einige Abstriche machen muss wegen der Koalition mit einer als »rechts« positionierten Partei, deren Wirtschaftsideen eher sozialistisch sind. So wollte er Öl- und Gasfirmen privatisieren, scheiterte aber am Widerstand seines Koalitionspartners.

Bei dem Mittagessen treffe ich unter anderem mit der liberalen Ökonomin Isabelle Chaquiriand, Dekanin an der Facultad de Ciencias Empresariales en Universidad Católica del Uruguay, und mit Agustín Iturralde, Direktor des libertären Thinktanks Centro de Estudios para el Desarrollo, zusammen. Sie setzen Hoffnungen auf den libertären Präsidenten und sehen großen Reformbedarf. Besonders schädlich für Uruguay sei der starke Protektionismus, der die wirtschaftliche Entwicklung behindere, meinen meine Gesprächspartner. Insgesamt, so die Kritik, herrsche in Uruguay eine sozialdemokratische Mentalität. Gas, Öl, Wasser, Elektrizität seien in staatlicher Hand, es gebe zu starke Kündigungsschutzregeln, und die Gewerkschaften hätten einen zu großen Einfluss.

Wenn Uruguay noch stärker auf Marktwirtschaft setzt, könnte es Unternehmer und reiche Menschen aus anderen lateinamerikanischen Staaten anziehen, die die Sicherheit in diesem Land schätzen. Einer der reichsten Argentinier, Marcos Eduardo Galperín, dessen Vermögen auf 6,6 Milliarden Dollar geschätzt wird, hat seinen Wohnsitz kürzlich bereits nach Uruguay verlegt. Er wurde vermögend durch die Gründung seines Unternehmens MercadoLibre S.A. (»freier Markt«), ein multinationales Unternehmen nach dem Vorbild von Ebay und Amazon. Joanna sagt mir:

»Ja, ich bin beeindruckt, dass die Regierung liberale Ideen fördert, ich denke, sie haben wirklich eine Chance, ein liberaler Musterstaat in Lateinamerika zu werden. Aber andererseits sehe ich, ganz anders als in Argentinien, keine wirklich libertäre Bewegung. Hier kommen die liberalen Impulse mehr von der Regierung als von unten, von den Bürgern.«

Juni 2022: São Paulo, Brasilien

Am 1. Juni bin ich von Buenos Aires nach São Paulo geflogen. Nach den oft unbequemen Flugzeugen in Lateinamerika mal wieder eine Swiss-Air-Maschine in der 1. Klasse, das tut gut. Vom Flughafen holt mich der Leiter des Thinktanks Instituto Liberal, Lucas Berlanza, ab. Ein junger Mann, 28 Jahre alt, meist trägt er eine Sonnenbrille. Ich hatte ihn schon bei verschiedenen Zoom-Calls kennengelernt, und er hat den Kontakt zu dem Verlag in Brasilien hergestellt, in dem mein Buch »Kapitalismus ist nicht das Problem, sondern die Lösung« erschienen ist. Er selbst hat auch schon mehrere Bücher geschrieben, unter anderem eines, in dem die Unterschiede zwischen verschiedenen libertären Denkern wie Hayek, Friedman, Ayn Rand usw. herausgearbeitet werden. Ich frage ihn, wie er zur libertären Bewegung gekommen ist:

»Ich würde sagen, dass ich immer eine Abneigung gegen linke Ideen hatte, schon während meiner Schulzeit. Das liegt hauptsächlich an meinen geistigen Überzeugungen, die schon vor meinen politischen Überzeugungen da waren. Meine konsequenteste theoretische Auseinandersetzung mit der aus dem klassischen Liberalismus stammenden Tradition fand jedoch über das Internet statt, und zwar zwischen Ende der 2000er- und Anfang der 2010er-Jahre. Ich gehöre zu einer Generation, die sich in Brasilien in virtuellen Gemeinschaften zusammenfand, um sich mit alternativer Literatur zu den vorherrschenden linken Ideologien in Wissenschaft, Journalismus und Regierung zu beschäftigen. Im Jahr 2014, als ich noch Journalismus studierte, versuchte ich, einen Artikel zu veröffentlichen über Carlos Lacerda, einen antikommunistischen brasilianischen Politiker, der von der deutschen Christdemokratie und der ›sozialen Marktwirtschaft‹ inspiriert war. Der Artikel wurde ohne Begründung abgelehnt, obwohl sich Lacerdas Todestag damals zum hundertsten Mal jährte.

Hingegen wurden zum Beispiel Arbeiten über nordamerikanische Comics angenommen. Es gelang mir schließlich, den Artikel im Instituto Liberal zu veröffentlichen. Dabei handelt es sich um die älteste Organisation Brasiliens, die sich der Förderung der Freiheitsagenda verschrieben hat und 1983 gegründet worden war.«

Lucas schrieb weitere Beiträge für die Webseite des Institutes, wurde 2015 ihr Mitarbeiter und 2018 ihr Präsident. Ich frage ihn, wie er die Entwicklung in Brasilien sieht. Für Libertäre ist es nicht einfach, denn insbesondere Jair Bolsonaro (er war damals noch Präsident, verlor aber im Oktober 2022 gegen seinen linken Widersacher Lula) wird sehr unterschiedlich beurteilt. Manche halten ihn für einen Soziopathen und einen gefährlichen Politiker, andere sehen ihn nicht gar so negativ, Lucas hat eine differenzierte Sicht. Positiv beurteilen die meisten Libertären in Brasilien den damaligen Wirtschaftsminister Paulo Guedes, der ein klares marktwirtschaftliches Profil hat. Konnte er aber etwas erreichen? Lucas meint, es habe einige Deregulierungen gegeben, aber im Bereich Steuern und Privatisierung nur wenige oder keine Fortschritte. Das lag auch daran, dass Guedes keine Mehrheit im Parlament hatte und die anderen Parteien Reformen blockierten.

Als ich im Sheraton Hotel in São Paulo ankomme, stehen in meinem Zimmer Thermoskannen mit warmer Milch und Kamillentee. Das hatte Joanna organisiert, die weiß, was ich gerne trinke. Ich hatte mich davor von ihr verabschiedet und für die tolle Zusammenarbeit bedankt. Ohne sie wäre die Lateinamerika-Reise nicht ein so großer Erfolg geworden.

Auch das Sheraton in São Paulo ist eine positive Überraschung. Anders als in manchen Hotels, wo man Spezialisten trifft, die einem erklären, was alles nicht geht, werden mir hier sofort meine kleinen Wünsche erfüllt: Vom Mehrfachstecker und der Schreibtischlampe bis zum Pflaster und Desinfektionsmittel, weil ich mich vor zwei Wochen am Fuß leicht verletzt hatte, eine Wunde, die noch nicht ganz geheilt ist.

Am nächsten Morgen heißt es, alleine zu frühstücken. Am Buffet sehe ich eine wunderschöne Amerikanerin mit indischen Wurzeln.

Natürlich setze ich mich zu ihr, und das Frühstück dauert statt 15 Minuten (wenn ich alleine geblieben wäre) eineinhalb Stunden – später besuchte sie mich in Berlin.

Schon einige Tage vor der Ankunft hatte ich ein Interview mit der traditionsreichsten Zeitung in Brasilien geführt, »O Estãdo de S. Paulo«. José Fucs, der profilierteste marktwirtschaftlich ausgerichtete Journalist in Brasilien, hat das Gespräch geführt, das dann pünktlich zu meiner Ankunft erscheint. Ich verweise darauf, dass Brasilien im Ranking der Heritage Foundation zur wirtschaftlichen Freiheit immer noch einen sehr schlechten Rang hat – und dass sich daran auch in den vergangenen fünf Jahren nichts geändert hat. Fucs sieht die Situation positiver und meint, es habe einige erfolgreiche Privatisierungen gegeben. In den nächsten Tagen gebe ich viele weitere Interviews – auch in Brasilien erfährt mein Buch große Aufmerksamkeit.

Am nächsten Tag treffe ich 20 Vertreter der »Rede Liberdade« (Freedom Network), ein loser Zusammenschluss von mehreren Thinktanks in Brasilien, unter anderem Instituto Liberal, Mises Brasilien, Liderancas Nas Escolas, Instituto de Formação de Líderes, Millenium, Instituto Liberdade. Ich treffe hier Tom Palmer vom Atlas-Network wieder, der schätzt, dass es in Brasilien etwa 6.000 aktive Mitglieder libertärer Thinktanks gibt. Warum gibt es so viele verschiedene Organisationen? Palmer: »Als Marktwirtschaftler glauben wir an den Wettbewerb. Es ist ein freundschaftlicher Wettbewerb, aber uns eint das gleiche Ziel.« Rodrigo Marinho von Mises Brasil erklärt mir, dies sei der Unterschied zu den USA, wo libertäre Thinktanks tief zerstritten seien. Hier in Brasilien habe man ein freundschaftliches Verhältnis, und in der Rede Liberdade arbeite man eng zusammen.

Am 3. Juni findet die große Konferenz in São Paulo mit prominenter Rednerbesetzung statt. Unter anderem ist der ehemalige argentinische Präsident (2015 bis 2019) Mauricio Macri eingeladen, über den ich viel gehört, den ich jedoch in Argentinien nicht kennengelernt hatte. Sein Vortrag ist langweilig – ebenso wie der des ehemaligen Präsidenten von Brasilien (2016-2018), Michel Temer. Als ein Teilnehmer Macri fragt, was er heute anders machen würde als in den vier Jahren seiner

Regierungszeit, kommt nichts. Wie will man es aber besser machen, wenn man nicht aus den Fehlern der Vergangenheit lernt? Thatcher und Reagan wurden beide zu einer zweiten Amtszeit wiedergewählt, weil sie mutige Reformen vorangebracht haben. Macri wurde nach der ersten Amtszeit abgewählt.

Besser gefallen mir die einführenden Worte von Salim Mattar. Der Unternehmer, dessen Nettovermögen auf drei bis vier Milliarden Dollar geschätzt wird, ist Inhaber des größten Autoverleihs in Lateinamerika (Nr. 4 in den USA). In seiner Rede kommt das Wort »Kapitalismus« mindestens 20-mal vor. Das ist ein Kontrast zu der libertären Veranstaltung in Warschau, wo ich das Wort kein einziges Mal gehört habe. Für mich ist das ein Zeichen, dass sich viele Libertäre in die Defensive haben drängen lassen. Sie glauben, wenn sie gefälligere Worte wie etwa »Liberalismus« verwenden, sei die Sache einfacher. Schön wäre es. Aber leider stört die meisten Menschen meistens nicht das Wort, sondern der Inhalt dessen, was mit Kapitalismus beschrieben wird.

Was mich schon in Chile überrascht hat, finde ich in Brasilien bestätigt: Wie ähnlich doch die Themen zu denen sind, mit denen wir uns in Europa und den USA auseinandersetzen müssen. Ein Schwerpunkt der Konferenz ist die freie Rede, die auch in Brasilien massiv bedroht ist. Der Politikwissenschaftler Fernando Schüler meint, jeden Tag sehe er, dass Menschen Angst hätten, ihre Meinung frei zu äußern. Die Bedrohung gehe in Brasilien nicht zuletzt vom Supreme Court, dem Obersten Gerichtshof, aus, der mehrfach Personen wegen bestimmter Äußerungen verurteilte, teilweise sogar zu Gefängnisstrafen von mehreren Monaten. Die Äußerungen, um die es geht, sind in der Tat mehr als kritikwürdig, aber die Gefahr ist, dass man bei extremen Äußerungen beginnt und dann die Redefreiheit immer weiter eingeschränkt wird, weil die Grenzen dessen, was man sagen darf, immer mehr verschoben werden. Hélio Beltrão vom Mises Institut Brasilien plädiert ausdrücklich dafür, dass auch die absurdesten Meinungen frei geäußert werden sollten: »Dann sehen wir, wer Unsinn redet.«

Ein Beispiel für Cancel Culture, das in der Diskussion gebracht wird: Eine wissenschaftliche Studie in Brasilien hat gezeigt, dass Frauen auch deshalb weniger verdienen, weil sie sich weniger trauen, Gehaltsforderungen zu stellen, also zu bescheiden sind. Die Reaktionen auf die Studie waren hysterisch. Angeblich, so hieß es, wollten die Verfasser Frauen selbst die Schuld an zu geringer Bezahlung geben. Fazit: Jede Suche nach den Ursachen von Ungleichheit, die nicht auf Schuldzuweisungen an die Männer hinausläuft, wird fanatisch abgelehnt, und wer differenziert argumentiert, begibt sich in ein Minenfeld.

Ich selbst halte auch einen Vortrag und signiere danach Bücher. Ein toller Erfolg – die Nachfrage übersteigt die Zahl der vorab gelieferten Exemplare. Ich verabschiede mich von Salim Mattar, der mich einlädt, wiederzukommen und ihn auch in seinem Haus zu besuchen. Seine Assistentin, die mich in diesen Tagen betreut, zeigt mir eine Fotogalerie seines Hauses. Ich war schon in vielen teuren Villen, aber in einer solchen noch nie.

Igor Matus, ein Mitarbeiter von Salim Mattar, bringt mich zum Flughafen. Mattar ist nicht nur erfolgreicher Unternehmer, sondern war unter dem liberalen Wirtschaftsminister Paulo Guedes in den Jahren 2019 und 2020 für die Privatisierung staatlicher Unternehmen zuständig. Auch Igor arbeitet in dem »Secretário Especial de Privatizações«.

Er gibt mir eine Präsentation, die zeigt, dass 698 Unternehmen in Brasilien in der Hand des Staates waren, davon 46 unter direkter Kontrolle, 164 Tochterunternehmen, 257 Affiliates (verbundene Unternehmen) und 231 Minderheitsbeteiligungen. Das stehe im Widerspruch zu Artikel 173 der Verfassung von Brasilien, in dem es heißt: »Mit Ausnahme der in dieser Verfassung vorgesehenen Fälle ist die direkte Ausübung wirtschaftlicher Tätigkeit durch den Staat nur erlaubt, wenn die Belange der nationalen Sicherheit oder ein relevantes kollektives Interesse, so wie sie im Gesetz festgelegt sind, dies erfordern.«

Von Januar 2019 bis Februar 2020 wurden immerhin Unternehmen im Wert von ca. 135 Milliarden brasilianischem Real (etwa

27,6 Milliarden Dollar) privatisiert. In einem Bericht an die OECD hieß es: »Die brasilianische Regierung trennt sich von ihren direkten und indirekten Beteiligungen an staatlichen Unternehmen. Die Veräußerungen zwischen Januar 2019 und Februar 2020 belaufen sich auf 134,9 Mrd. R$, davon 29,5 Mrd. R$ allein in den ersten beiden Monaten dieses Jahres. Darin enthalten sind Beteiligungen an staatlichen börsennotierten Unternehmen wie IRB und Banco do Brasil. Die fünf großen staatlichen Unternehmen BNDES, Petrobras, Eletrobras, Banco do Brasil und Caixa nehmen die Aktivposten in ihrem Portfolio unter die Lupe, um sich mehr auf ihre Kerngeschäfte zu fokussieren.«

Doch dann kam die Covid-Krise, in der Brasiliens Präsident Jair Bolsonaro eine katastrophale Politik betrieb. Alles wurde durch dieses Thema dominiert, und die Privatisierung geriet ins Stocken.

Mein Lateinamerika-Besuch geht zu Ende. Es waren drei Wochen, in denen ich sehr, sehr viel gelernt und viele fantastische Menschen kennengelernt habe. In Argentinien kam ich mit der stärksten libertären Bewegung der Welt zusammen. Für mich persönlich war es ein sehr großer Erfolg. In allen Ländern haben führende Tageszeitungen groß über meinen Besuch berichtet, ich habe viele Fernsehinterviews gegeben, wobei der Höhepunkt das einstündige Interview in dem führenden Fernsehsender Argentiniens und das vier Seiten lange Interview in der führenden Sonntagszeitung »PERFIL« war. Ich versprach wiederzukommen, sobald mein nächstes Buch auf Spanisch und Portugiesisch erschienen ist.

Juli 2022

Washington und Las Vegas, USA

In keinem Land war ich in meinem Leben so oft wie in den USA. Das erste Mal im Oktober 1986, als ich von der »German Studies Association«, einer renommierten Vereinigung amerikanischer Wissenschaftler, die sich mit deutscher Geschichte und Politik befassen, zu einem Vortrag zu meinen Forschungen über Adolf Hitler eingeladen worden war. Da ich kein Geld hatte, nach Amerika zu fliegen, wurde mir die Reise vom deutschen Auswärtigen Amt bezahlt. Es war nicht nur das erste Mal, dass ich nach Amerika flog, sondern sogar das erste Mal in meinem Leben, dass ich überhaupt in einem Flugzeug saß. Damals war Fliegen noch sehr teuer, und ich hatte als Student und Doktorand kein Geld. Auf einem Kongress in Albuquerque, New Mexico, referierte ich über die Ergebnisse meiner Doktorarbeit.

Danach war ich immer wieder in den USA. Einem Freund, der vor 30 Jahren in die USA ausgewandert ist, half ich, Anteile seiner Immobilienfirma an eine deutsche Bank zu verkaufen. Mit wenigen Tagen Arbeit verdiente ich damals eine Million Dollar. Im Jahr 2012 habe ich zwei Wohnungen in Manhattan gekauft (direkt gegenüber dem Rockefeller Center), auch weil ich manchmal überlegte, ob ich vielleicht irgendwann in die USA auswandern sollte. Ich wollte die Green Card beantragen, habe es dann doch nicht gemacht, weil man dann in den USA eine Steuererklärung über seine weltweiten Einnahmen abgeben muss.

Ich mag die Amerikaner und mag nicht den deutschen und französischen Anti-Amerikanismus. Und ich halte auch wenig von den Prophezeiungen, die das baldige Ende der USA als wichtigste

Wirtschaftsmacht der Welt vorhersagen. Trotz aller Probleme: Die Zahl US-amerikanischer Konzerne, die sich zur Jahresmitte 2022 unter den 100 wertvollsten Unternehmen der Welt platzieren können, liegt bei 60. Dagegen kamen nur 16 aus Europa und kein einziges aus Deutschland.[41]

Positiv verbinde ich mit den USA Ronald Reagan, nach ihm gab es keinen besseren Präsidenten, aber viele schlechte. Und die USA sind für mich immer noch das Land, das allen Menschen eine beispiellose Karriere grundsätzlich ermöglicht, wie es Arnold Schwarzenegger uns vorgemacht hat, der aus einem kleinen Dorf in Österreich kam und vom Bodybuilder zum Hollywood-Star und Gouverneur von Kalifornien wurde.

Allerdings gibt es auch Dinge, die mir in den USA nicht gefallen: vor allem der blinde Glaube an Vorschriften und Regeln und die wuchernde Bürokratie – oft sogar schlimmer als in Deutschland, und hier ist es übel genug. Versuchen Sie einmal, mit einem Amerikaner darüber zu diskutieren, ob eine offensichtlich unsinnige und für den konkreten Fall unpassende Regel sinnvoll ist oder nicht. Keine Chance.

Wenn ich in Deutschland eine Wohnung kaufe, unterschreibe ich einen Kaufvertrag mit etwa 20 Seiten. Als ich meine Wohnung in Manhattan kaufte, passten die Hunderte Seiten nicht einmal in einen dicken DIN-A4-Ordner. Und die Housing Association lehnte meine Vermögensnachweise von der Bank ab, weil sie auf Euro und nicht auf Dollar lauteten – für manche Amerikaner ist alles falsch, was nicht so ist wie in den USA. Oft haben sie völlig verständnislos reagiert, wenn ich erklärte, dass ich keine Social Security Number habe.

Im Juli 2022 flog ich das erste Mal seit der Corona-Krise wieder in die USA, und zwar um meinen ersten Film »Life behind the Berlin Wall« auf dem Freedom Fest in Las Vegas zu präsentieren. Wie war es dazu gekommen? Die Idee hatte Bob Chitester. Falls Sie den Namen noch nicht gehört haben: Das »Wall Street Journal« nannte Bob Chitester »The Man who made Milton Friedman a star«.[42] Auch ohne Chitester wäre der Nobelpreisträger Friedman einer der bedeutendsten Ökonomen des 20. Jahrhunderts gewesen, aber er und seine Ideen hätten nie dieses Ausmaß an Popularität erreicht. Chitester hatte mit Friedman die weltbekannte Fernsehserie »Free to Choose« produziert. Im November 2019 lud er mich zu einem mehrtägigen Treffen in Milton Friedmans früherer Sommerresidenz »Capitaf« in den Bergen von Vermont ein. Er litt damals schon an Prostatakrebs und wusste, dass er nicht mehr gesund werden würde. Aber er war die ganzen drei Tage voller Energie und Begeisterung, und wir diskutierten, wie wir die Idee des Kapitalismus in der heutigen Zeit wirksam verbreiten können. Den Kontakt zu Chitester hatten zwei britische Politiker hergestellt. Chitester hatte mein Buch »The Power of Capitalism« gelesen und vorgeschlagen, daraus eine Serie zu machen, sozusagen ein »Free to Choose« für die heutige Zeit. Im Mai 2021 starb er, aber sein Nachfolger beim Free to Choose Network, Rob Chatfield, kam auf mich zu und griff die Idee auf. So kam es zu dem Filmprojekt.

Im Oktober 2021 reiste ein Filmteam aus den USA zu mir nach Berlin, darunter Jim Taylor und seine Frau Barbara Potter. Zwei Top-Profis – Jim ist seit vier Jahrzehnten im Filmgeschäft tätig. Wir verbrachten eine ganze Woche in Berlin und Leipzig, gedreht wurde von 8 Uhr morgens bis es dunkel wurde. Der Film basiert auf dem dritten Kapitel meines Buches »Kapitalismus ist nicht das Problem, sondern die Lösung«. Es geht um den Vergleich von Sozialismus und Kapitalismus. Ost- und Westdeutschland hatten schließlich die gleiche Sprache, die gleiche Geschichte und die gleiche Kultur – nur eben unterschiedliche wirtschaftliche Systeme. Deshalb eignen sich diese Länder (ebenso wie etwa Nord- und Südkorea) sehr gut für einen Systemvergleich.

Bevor ich nach Las Vegas flog, machte ich Station in Washington, DC. Mein Freund Andreas Hellmann hatte mich eingeladen. Ich hatte ihn 2019 kennengelernt. Damals war ich in den USA, weil ich als Diskussionsteilnehmer zu einer Konferenz der weltweit führenden Lobbyorganisation der Finanzindustrie zu einer Debatte über den Kapitalismus eingeladen worden war. Ich fragte meinen Freund Madsen Pirie, Präsident des Adam Smith Institutes in London, wen ich in Washington noch treffen sollte. Er meinte, ich solle unbedingt Grover Norquist kennenlernen, den Gründer der Organisation »Americans for Tax Reform«. Norquist empfing mich damals, und ich mochte ihn auf Anhieb.

Dabei saß Andreas Hellmann, ein Deutscher, der für die Auslandskontakte der Vereinigung zuständig ist. Er schrieb mir noch am selben Abend eine E-Mail und lud mich zum Abendessen ein. Wir entdeckten viele Gemeinsamkeiten – er war auch früher FDP-Mitglied, trat dann allerdings aus, weil er mit vielen Dingen nicht einverstanden war, die mir auch nicht gefallen. Seit damals darf ich ihn zu meinen Freunden zählen, und im Juli lud er mich ein, noch vor dem Festival in Las Vegas in Washington, DC. über den Film zu sprechen.

Nach meinem Vortrag hatte ich ein Abendessen mit Hellmann und Grover Norquist. Grover, ein Jahr älter als ich, sieht jünger aus als bei der letzten Begegnung, hat seinen Bart abgenommen und macht offenbar viel Sport. Niemand steht seit Jahrzehnten in den USA so sehr für das Thema Steuersenkung und Steuervereinfachung wie er. Norquist ist der Initiator des Taxpayer Protection Pledge, einer Selbstverpflichtung, die den Abgeordneten im Kongress zur Unterschrift vorgelegt wurde. Sie verpflichteten sich, unter keinen Umständen für Steuererhöhungen zu stimmen. Vor den Wahlen im November 2012 wurde das Versprechen von 95 Prozent aller republikanischen Kongressmitglieder und von allen Kandidaten für die republikanische Präsidentschaftskandidatur unterzeichnet, mit einer Ausnahme.

In dem »Taxpayer Protection Pledge« versprachen sie, sich »allen Bestrebungen zu widersetzen, die darauf abzielen, den Grenzsteuersatz für Privatpersonen und Unternehmen zu erhöhen, und sich jeder Nettokürzung oder Streichung von Abzügen und Gutschriften zu widersetzen, es sei denn, dies wird durch eine weitere Senkung der Steuersätze ausgeglichen«. Norquist war zudem sehr erfolgreich in vielen einzelnen Bundesstaaten der USA, in denen die Steuern deutlich gesenkt wurden.

Am nächsten Tag ging es nach Las Vegas zum Filmfestival. Ich reiste einen Tag eher an und blieb einen Tag länger, weil ich meine Freundin Alica dort treffen wollte, die gerade in New York war. Ich war noch nie in Las Vegas, da ich die Stadt immer mit Spielen und Spielautomaten in Verbindung bringe, etwas, das ich nicht mag. Ich kann Leute nicht verstehen, die Geld in einen Automaten stecken, der so programmiert ist, dass sie Geld verlieren, und dabei noch Freude empfinden. Obwohl: Freude habe ich in den Gesichtern der Menschen, die dort an Spielautomaten sitzen, nicht gesehen. Viele wirkten angespannt und verbissen.

Ich bin in keinem der Casinos oder Spielhallen gewesen, aber man kann ihnen nicht entrinnen, denn sie sind überall, auch die Lobby des Hotels Mirage, in dem ich mit Alica war, ist voll von Spielautomaten. Nicht selten sieht man extrem dicke Amerikaner, die offenbar stundenlang an diesen Automaten sitzen und zuschauen, wie das wenige Geld, das sie haben, noch weniger wird.

Wenn ich alleine reise, brauche ich nicht die besten und größten Hotelzimmer, aber bin ich mit einer Freundin unterwegs, versuche ich, etwas Besonderes zu bekommen. Der Veranstalter hatte ein Zimmer für mich gebucht, doch ich wechselte auf eigene Kosten in eine große Suite. Ich wollte eigentlich die allerbeste Kategorie mit eigenem Pool, aber die war leider schon gebucht.

Ich mag Hitze, auch bei 35 Grad liege ich von morgens bis abends in der prallen Sonne und fühle mich wohl dabei. Aber hier passierte es mir das (nach Dubai) zweite Mal in meinem Leben, dass es sogar mir zu heiß war: 42 Grad ist auch für meinen Geschmack zu viel. Nach einer halben Stunde in der Sonne musste ich ein wenig in den Schatten – um mich danach aber doch wieder in die Sonne zu legen. Die Füße habe ich mir an diesem ersten Tag verbrannt, da ich die Dummheit beging, barfuß zu laufen.

Das Freedom Fest in Las Vegas war eine beeindruckende Veranstaltung mit 350 Rednern und 2.500 Teilnehmern. Am ersten Tag der Konferenz habe ich mich gefreut, Jim Rogers wieder zu treffen. Ich hatte ihn vor einigen Jahren zwei Mal in Singapur getroffen, wo der legendäre Investor heute lebt. Rogers war schon sehr früh erfolgreich als »Contrarian« – so nennt man Investoren, die gegen den Strom schwimmen und eine antizyklische Strategie verfolgen. Von

1973 bis 1980 legte das Portfolio des Quantum-Fonds, den er damals zusammen mit George Soros managte, um 4.200 Prozent zu, während der amerikanische S&P-Index um etwa 47 Prozent stieg.

1980 beschloss Rogers, »sich zur Ruhe zu setzen«, und reiste mit dem Motorrad um die Welt. Er steht im Guinness-Buch der Rekorde, weil er mit dem Motorrad durch 116 Länder reiste. Danach reiste er noch mal um den Globus, diesmal durch 120 Länder mit dem Auto. Sein Buch »Investment Biker« kann ich jedem empfehlen.

Rogers ist bei seiner Philosophie geblieben. Auf dem Freedom Fest erklärte er, weiterhin nach dem Prinzip zu handeln, Panik zu kaufen und Euphorie zu verkaufen. Etwas überraschend war für mich daher sein Statement, dass er derzeit auf den Dollar setzt. Wenige Tage davor hatte der Dollar im Verhältnis zum Euro erstmals die Parität erreicht, also gab es keine Stimmung gegen, sondern für den Dollar, der über Monate hinweg deutlich zugelegt hatte (übrigens zu meiner Freude, da mehr als ein Drittel meines Portfolios im Dollar notiert).

Jim Rogers erklärt auf der Konferenz, dass er selbst den Dollar zwar keineswegs für einen sicheren Hafen halte, aber dass die meisten Investoren dieser Ansicht seien. Das erinnerte mich an den Ausspruch des 1999 verstorbenen Investors André Kostolany, den ich kurz vor seinem Tod auf einer Konferenz über antizyklische Investments hörte: »Im Prinzip kann man nur Geld verdienen, wenn man gegen den Strom schwimmt, aber manchmal muss man sich auch dumm stellen und mit der Masse gehen.«

Rogers' Argument klingt ähnlich: In unsicheren Zeiten gewinne der Dollar, weil die Investoren diese Währung (seiner Meinung nach zu Unrecht) für einen Stabilitätsanker hielten. Daher setzt er darauf, dass der Dollar weiter stark steigt. »Aber irgendwann wird es eine riesige Dollar-Blase geben, und ich hoffe, ich merke es rechtzeitig, wenn es so weit ist, und werde den Dollar dann verkaufen.« Vom Euro hält Rogers nichts. Es sei eine Kunstwährung, die irgendwann zerbrechen werde.

US-Aktien betrachtet Rogers als stark überbewertet, ebenso Staatsanleihen, bei denen es die größte Blase aller Zeiten gebe. Er glaubt, dass es im Aktienbereich eher Chancen in Emerging Markets gebe, die in den vergangenen zehn Jahren sehr schlecht performt hätten. »Vielleicht gibt es Chancen in Usbekistan oder Kambodscha«, meint Rogers, aber das will er nicht als Investmentidee verstanden wissen, sondern als Beispiel, dass man Gelegenheiten für günstige Käufe eher in Märkten findet, für die sich sonst kaum jemand interessiert.

Der wichtigste Rat, den Rogers Investoren gibt, ist jedoch: »Hören Sie nicht auf heiße Tipps. Kaufen Sie auf keinen Fall etwas, weil irgendein Guru Ihnen das empfiehlt. Hören Sie auf niemanden, auch nicht auf mich. Sie müssen selbst genau verstehen, was Sie tun – was viele Investoren leider nicht machen.«

Inflation ist ein großes Thema, auch auf dieser Konferenz. Steve Forbes, der Herausgeber des bekannten »Forbes«-Magazins, das unter anderem die Liste der reichsten Menschen der Welt erstellt, sprach zum Thema Inflation. Der Libertäre, der selbst übrigens ein Vermögen von etwa 430 Millionen Dollar hat, unterscheidet zwischen zwei Arten der Inflation: »Non-Monetary« und »Monetary Inflation«. Non-Monetary Inflation wird durch externe Ereignisse hervorgerufen, wie derzeit durch den Ukraine-Krieg oder Lieferkettenengpässe. Der Staat sollte dagegen nichts tun, denn diese Art von Inflation verschwindet, wenn die Ursachen verschwinden. Ernster zu nehmen sei die »Monetary Inflation«, also die Inflation, die durch die Geldpolitik der Zentralbanken hervorgerufen werde. Forbes gehört zu den schärfsten Kritikern der Fed, die sogar noch 2021 gigantische Mengen Geld druckte, als sich die Wirtschaft längst erholt hatte. Wie manche andere Libertäre ist Forbes Anhänger des Goldstandards: »Das auf dem Goldstandard aufbauende Währungssystem von Bretton Woods, das in den letzten Tagen des Zweiten Weltkriegs neu geschaffen und am 15. August 1971 aufgehoben wurde, hat bemerkenswert gut funktioniert. Leider haben unsere politischen Führer und die meisten Wirtschaftswissenschaftler damals weder die Grundlagen eines goldbasierten Systems verstanden noch gewusst, wie man es verwaltet.«

Wenn es dann zur Inflation komme, lehnten die Politiker und die Zentralbanker natürlich jede Verantwortung dafür ab und suchten nach Sündenböcken (zum Beispiel internationale Ölkonzerne), denen sie die Schuld dafür in die Schuhe schieben könnten.

Immer wieder wurde in den Vorträgen die Dominanz antikapitalistischer Einstellungen in führenden Medien der USA, wie etwa CNN, beklagt. Doch manchmal erreichen die Medien genau das Gegenteil dessen, was sie wollen. Ein Redner nannte als Beispiel ein libertäres Kinderbuch, »The Tuttle Twins«, auf das sich CNN eingeschossen hatte. Auf einer Grafik konnte man sehen, wie nach der negativen CNN-Berichterstattung die Verkaufszahlen hochschnellten. Ein schönes Beispiel, das zeigt, dass die Furcht vor den linken Medien zwar berechtigt ist, aber dass man auch keine übertriebene Angst vor Gegenwind haben muss, weil der manchmal – wie in diesem Beispiel – sogar sehr hilfreich sein kann.

Am Donnerstag, dem 14. Juli, ist es endlich so weit, und mein Film »Life behind the Berlin Wall« hat Premiere. Ich bin nervös, ob genug Leute kommen, denn ich habe bei einigen Filmvorführungen gesehen, dass nur zehn Zuschauer da waren. Das wäre natürlich extrem frustrierend gewesen, denn schließlich bin ich vor allem für diese Filmpremiere nach Las Vegas gekommen. Aber meine Anspannung ist unbegründet. Es ist ein Riesenerfolg: Der Saal ist voll gefüllt und das Publikum begeistert. Lacher gibt es, als in dem Film berichtet wird, dass man in der DDR zwölf bis 17 Jahre warten musste, um einen Trabi zu bekommen. Das große Interesse zeigt sich auch daran, dass – anders als bei manchen Filmen – niemand den Saal zwischendrin verlässt und die meisten Zuschauer auch noch zu der Fragerunde danach bleiben, die etwa 40 Minuten dauert. Mehrere Personen, darunter der bekannte Journalist John Fund, kommen danach auf mich zu und versprechen, alles zu tun, um diesen Film in den USA zu verbreiten. Und vor und nach dem Film kann ich viele Live-Interviews mit amerikanischen Medien aus der libertären Szene geben. Als alles vorbei ist, bin ich erleichtert und glücklich. Aber für mich ist die Arbeit damit längst nicht getan. Das Free to Choose-Network wird den Film an amerikanischen Schulen einsetzen, aber ich möchte natürlich, dass er weltweit verbreitet wird. Ich kontaktiere daher gleich meine Freunde in vielen Ländern, um die Untertitel übersetzen zu lassen und Wege zu finden, diesen Film auch in anderen Ländern zu verbreiten (inzwischen gibt es Untertitel in 16 Sprachen, und bis März 2024 wurde er über 396.000-mal aufgerufen).

In der ersten Reihe bei der Filmvorführung ist mir ein behinderter Mann aufgefallen, der (wie er mir später sagt) 115 cm groß ist. Ich spreche ihn nach der Veranstaltung an, weil er mir gleich sympathisch ist und weil ich mich für erfolgreiche Menschen mit Behinderung interessiere – ich habe zu diesem Thema 2021 das Buch »Ich will. Was wir von erfolgreichen Menschen mit Behinderung lernen können« veröffentlicht.

Sein Name ist Shawn T. Miller und er trägt einen Bart, der länger ist als der von Karl Marx. Sonst hat er aber mit Marx nichts gemeinsam. Er ist Professor für Ökonomie und Anhänger der Österreichischen Schule, also ein dezidierter Befürworter des Kapitalismus. Er hat das Buch geschrieben »Personal Economics. Economic Freedom and Work are Conducive to the Development of a Human Person«. Leider bekam er von vielen Verlagen Absagen und hat es im Selbstverlag veröffentlicht. Unter anderem handelt das Buch von behinderten Menschen: »Ich bin behindert und habe einige Dinge gelernt, die die meisten Wirtschaftswissenschaftler nicht wissen.« Wir tauschen unsere Mailadressen aus und verabreden uns für den nächsten Tag. Er erzählt mir, dass er mit der Krankheit Osteogenesis imperfecta geboren wurde, einer genetisch bedingten Erkrankung. »Osteogenesis imperfecta« bedeutet unvollkommene Knochenbildung. Menschen mit dieser Erkrankung haben Knochen, die leicht brechen, oft durch ein leichtes Trauma oder ohne erkennbare Ursache. Das passierte ihm auch oft in seiner Jugend, aber später wurden seine Knochen fest, doch die Fehlbildungen sind geblieben. Ich frage ihn, wie sich die Krankheit auf die Lebenserwartung auswirkt. »Wenn man so alt ist wie ich«, meint der 1972 geborene Denker, »hat man die Chance, etwa 65 zu werden.«

Miller lehnt die heute verbreitete »Opfer-Mentalität« ab. Menschen sollten sich nicht als Opfer fühlen, sondern als Gestalter des eigenen Schicksals. Ich finde, wir können viel von erfolgreichen Menschen mit Behinderung lernen, ich habe einige von ihnen kennengelernt: Beispielsweise Erik Weihenmayer, der als erster Blinder den Mount Everest bestieg und auf allen »Seven Summits«, also den höchsten Bergen auf sieben Kontinenten war. Oder Felix Klieser, der ohne Arme geboren wurde und heute einer der besten Hornisten der Welt ist. Miller meint zu mir: »Ja, aber mein Leben war nicht nur Erfolg, es gab sehr schwierige Zeiten und Niederlagen.« Wir sind uns einig darin, dass alle erfolgreichen Menschen auch schwierige Zeiten, Rückschläge und Niederlagen zu bewältigen hatten, aber dass es entscheidend ist, wie man darauf reagiert. Sucht man die Schuld bei der Gesellschaft beziehungsweise bei anderen Menschen, oder übernimmt man sowohl die Verantwortung für seine Erfolge wie auch für seine Niederlagen? Eine interessante Begegnung beim Freedom Fest, für die ich gerne einen Vortrag ausfallen ließ, den ich eigentlich besuchen wollte.

Bei den Vorträgen geht es um zunehmende staatliche Eingriffe in das Leben der Menschen und die Wirtschaft, Political Correctness und Cancel Culture, Kritik der vorherrschenden Energiepolitik und Plädoyers für Kernenergie. Oder um die Frage, ob Gold oder Bitcoin am besten vor der Inflation schützen können. Wer, wie viele Europäer, der Meinung ist, die USA seien das Land des ungezügelten Kapitalismus, wird eines Besseren belehrt durch den Hinweis, dass erstmals 50 Prozent des BIP in den USA für Staatsausgaben ausgegeben würden. Als abschreckendes Beispiel dient vielen Rednern immer wieder Deutschland, wo durch ideologisch motivierte Eingriffe in die Energiewirtschaft riesige Probleme entstanden seien. Wir wollen nicht wie Deutschland werden – das war die Warnung in vielen Reden.

In einer Beziehung würden die meisten Teilnehmer indes doch ein System wie in Deutschland bevorzugen: Auf die Frage, wer ein Zwei-Parteien-System wie in den USA gut fände, meldet sich kaum einer der Anwesenden. Fast einhellig ist man der Meinung, Amerika brauche mehr Parteien. Nicht nur die zahlreich auf dem Kongress vertretenen Anhänger der Libertarian Party werben für diese Ansicht.

Hitzig geht es her, als das Thema »Wahlfälschung« angesprochen wird. Bekanntlich behauptet Donald Trump, er habe die Wahlen 2020 nur wegen Manipulationen verloren. Eine These, die auch Wayne Allyn Root, ein in den USA bekannter rechter Radiomann, in seinem Vortrag unterstützt. Er bekommt dafür viel Beifall, während der Journalist Isaac Saul, der die Gegenthese vertritt, ausgebuht wird. Saul meint, es habe zwar – wie bei jeder Wahl – Wahlfälschungen gegeben, doch hätten diese an dem Ausgang der Wahl nichts geändert. Zudem hätten zahlreiche Entscheidungen amerikanischer Gerichte bestätigt, dass die Anhänger der Wahlfälschungsthese falsch lagen.

Offenbar ist das nicht das, was die meisten Zuhörer hören wollen, und Saul wird mehrfach durch heftige Unmutsbekundungen unterbrochen. Schließlich schreitet der Moderator John Fund ein und erklärt, wenn man einen Redner, dessen Meinungen einem nicht passten, nicht ausreden lasse, handle man genauso wie die linken Anhänger der Cancel Culture, die man kritisiere. Auch für dieses liberale Statement gibt es viel Beifall.

Meinungsfreiheit ist ein Thema in vielen Reden. Ein Vortrag hat die Überschrift: »Make George Orwell Fiction again«. Kritisiert werden die Praktiken von sozialen Medien wie Facebook und Twitter. Ein besonders absurdes Beispiel lieferte das Satire-Portal Babylon Bee in Form dieser Geschichte: »CNN Purchases Industrial-Sized Washing Machine To Spin News Before Publication.« Darin heißt es: »Dieses speziell angefertigte Gerät macht es CNN-Reportern möglich, lediglich die Fakten eines bestimmten Themas zu laden. Wenn Sie dann einen Drehschalter auf ›Schleudern‹ stellen, liefert ihnen diese Waschmaschine innerhalb von fünf Minuten eine fast unkenntliche Version der Geschichte, die nach dem Durchgang zur Agenda des Nachrichtensenders passt.«

Die »Faktenchecker« von Facebook, die Satire nicht verstehen, fanden heraus, dass es eine solche Waschmaschine in Wahrheit nicht gibt. In solchen und ähnlichen Fällen kam es sogar zur Löschung von Beiträgen oder gar zur Schließung von Accounts. Allerdings musste in dem Fall mit CNN und der Waschmaschine sogar Facebook einräumen, dass man falsch gelegen habe.

Am 16. Juli ist der Höhepunkt der Veranstaltung mit einem großen Abendbankett, einem Vortrag des bekannten libertären US-Senators

Rand Paul und vor allem der Verleihung der Awards für die besten Filme, die auf dem Anthem Film Festival gezeigt wurden. Mein Film »Life Behind the Berlin Wall« wird mit dem »Audience Choice Award for Short Films« ausgezeichnet. In meinen Dankesworten bedanke ich mich vor allem bei dem verstorbenen »Free to Choose«-Gründer Bob Chitester, der die Idee hatte, mein Buch »The Power of Capitalism« zu verfilmen.

Juli 2022

Gogolin, Polen

Zu Polen habe ich schon lange einen ganz persönlichen Bezug, weil Monika, die Frau, mit der ich am längsten zusammen war, dort geboren wurde – und im Alter von einem Jahr nach Deutschland gekommen ist. Wer schon einmal in Russland, der Ukraine oder Polen war, weiß, dass dort der Anteil an besonders schönen Frauen höher ist als beispielsweise in Deutschland oder gar den USA, und meine Freundin Monika war eine der schönsten. Mit ihr war ich auch das erste Mal in Polen, und zwar in Krakau.

Ich erinnere mich daran, als ich mich das erste Mal intensiver mit Polen, seiner Wirtschaft und dem Immobilienmarkt befasst habe. Das war im Jahr 2002, als die Immobilientochter der Deutschen Bank (sie hieß damals DB Real Estate) den ersten geschlossenen Immobilienfonds in Polen auflegte. Es handelte sich um einen Fonds mit einem von dem deutschen Marktführer für Shoppingcenter, ECE, gemanagten Einkaufszentrum in Lodz, der drittgrößten Stadt Polens. Der Fonds hatte ein Investitionsvolumen von knapp 100 Millionen Euro.

Das Unternehmen DB Real Estate war damals Kunde meines PR-Beratungsunternehmens Dr.ZitelmannPB.GmbH. Unsere Aufgabe war es, deutschen Investoren zu erklären, warum es sinnvoll ist, in Polen zu investieren. Das war keine einfache Aufgabe, denn es gab damals viele Vorurteile über Polen. Ein Anleger fragte auf einer Vertriebsveranstaltung: »Kaufen die Polen da überhaupt ein, oder klauen die da?« Er hatte die Lacher auf seiner Seite, so waren die Vorurteile damals. Ein Bekannter von mir, der weltweit sehr erfolgreich war, Geld für Immobilienprojekte einzusammeln, sagte mir mal: »Vorurteile kosten Geld.«

Etwas einfacher hatten wir es bereits 2006, als wir für einen anderen Kunden, die HGA Capital (Tochter der HSH Nordbank), die PR für einen Fonds machten, der ebenfalls in ein von der ECE gemanagtes Shoppingcenter investierte, diesmal in Danzig.

Und heute, 20 Jahre nachdem ich das erste Mal die Aufgabe hatte, Anlegern zu erklären, dass es sich lohnt, in Polen zu investieren, wie sieht es da aus? Inzwischen hat sich viel getan! Polen ist heute eines der wirtschaftlich erfolgreichsten Länder Europas mit hohen Wachstumsraten seit Jahrzehnten. Dabei war Polen in sozialistischen Zeiten eines der ärmsten Länder des Kontinents. 1989 verdiente ein Pole mit 50 Dollar im Monat nur ein Zehntel eines durchschnittlichen Deutschen, und auch dann, wenn man diesen Betrag um die Kaufkraft bereinigt, war es weniger als ein Drittel.[43] Polen war damals ärmer als die Ukraine und das Bruttoinlandsprodukt pro Einwohner nur halb so hoch wie das der Tschechoslowakei. Die Inflation betrug in Polen 260 Prozent im Jahr 1989 und stieg auf 400 Prozent im Jahr 1990.[44]

Noch im Jahr 1910 betrug das Einkommen eines Polen 56 Prozent eines Westeuropäers. Doch bis zum Ende der sozialistischen Ära, die von 1945 bis 1990 dauerte, reduzierte sich dieser Anteil dramatisch. 1990 verdiente ein Pole nur noch 31 Prozent von dem, was Menschen in Westeuropa verdienten.[45]

Doch durch konsequente kapitalistische Reformen wurde der Lebensstandard in Polen erheblich angehoben und erreichte im Jahr 2016 bereits 57 Prozent des Niveaus der Westeuropäer, deren Lebensstandard nach dem Krieg stark gestiegen war. Quer durch alle Einkommensgruppen profitierten die Polen vom Kapitalismus.

Marcin Piatkowkski schreibt in seinem ausgezeichneten, 2018 erschienenen Buch »Europe's Growth Champion«: »Doch 25 Jahre später ist Polen zum unangefochtenen Vorreiter der Transformation und zum Wachstums-Champion in Europa und in der Welt geworden. Seit dem Beginn der postkommunistischen Transition im Jahr 1989 ist Polens Wirtschaft stärker gewachsen als die jedes anderen Landes in Europa. Polens Pro-Kopf-BIP ist fast um das Zweieinhalbfache gestiegen und übertrifft damit alle anderen postkommunistischen Staaten sowie die Euro-Zone.«[46]

Aber nicht nur der Lebensstandard der Polen hat sich spürbar verbessert, auch die ökologische Situation. Entgegen der Behauptung von Antikapitalisten, der Kapitalismus sei für Umweltzerstörung und Klimawandel verantwortlich, zeigt das Beispiel Polens, dass das Gegenteil richtig ist. Die Energieintensität, also das Verhältnis vom Energieverbrauch zum Bruttoinlandsprodukt, halbierte sich bereits in den Jahren von 1990 bis 2011. Und der Anstieg der CO_2-Emissionen hat sich in Polen inzwischen vom Anstieg des Bruttoinlandsproduktes entkoppelt. Kapitalismus ist nicht das Problem, sondern die Lösung – dies gilt also nicht nur für die Verbesserung des Lebensstandards, sondern auch für die Umwelt und den Klimawandel.

Wie hat Polen das geschafft, und warum war Polen erfolgreicher beim Übergang zum Kapitalismus als andere ehemals sozialistische Länder? Ein wesentlicher Grund war, dass die kapitalistischen Reformen radikaler und schneller durchgeführt wurden. Wichtig war aber auch, dass sich nicht nur die Wirtschaft und die Institutionen geändert haben, sondern das Denken und Verhalten der Menschen.

Und, wie so oft in der Geschichte, sind das Wirken und die Bedeutung einzelner Personen nicht zu unterschätzen. An erster Stelle ist der ehemalige Finanzminister Leszek Balcerowicz zu nennen. Der liberale Ökonom war in der ersten demokratischen Regierung Polens, die 1989 gewählt wurde, Finanzminister. Er war auch Vorsitzender der Polnischen Nationalbank (2001-2007) und zweimal stellvertretender Ministerpräsident von Polen (1989-1991, 1997-2001).

In sozialistischen Zeiten hatte er zunächst systemimmanente Reformen für mehr Markt innerhalb des sozialistischen Systems vorgeschlagen, aber mehr und mehr kam er zu dem Ergebnis, dass Ludwig von Mises recht hatte, wenn er meinte, dass eine wirkungsvolle Reform des Sozialismus eine Rückkehr zum Kapitalismus bedeutet.[47]

Er beschäftigte sich mit den wirtschaftlichen Reformen von Ludwig Erhard, die Westdeutschland nach dem Zweiten Weltkrieg so erfolgreich gemacht hatten, und sah in ihnen ein Vorbild für Polen, weil ihr Kern eine »massive Liberalisierung der Wirtschaft und radikale Stabilisierung durch eine Währungsreform« beinhaltete.[48]

Balcerowicz entwickelte ein Programm für kapitalistische Reformen, das später als »Schocktherapie« bezeichnet wurde. »Meine früheren Studien über Reformen und meine Erkenntnis, wie dramatisch die wirtschaftliche Lage in Polen 1989 wirklich war, hatten mich zutiefst davon überzeugt, dass nur eine radikale Strategie Erfolg haben konnte ...«[49] »Das Reform-Programm«, so Piatkowkski, »war eines der radikalsten Wirtschaftsreformprogramme, die jemals in Friedenszeiten in der Weltgeschichte durchgeführt wurden.«[50]

Es liegt in der Natur solcher Reformprogramme, dass sie zunächst vorübergehend zu einer Verschlechterung der Situation führen, aber die Polen wurden für ihre Ausdauer mehr als nur belohnt, denn das Programm von Balcerowicz war auch der Grund, warum Polen als erstes ehemals sozialistisches Land schon 1992 wieder auf wirtschaftlichen Wachstumskurs kam und später so überaus erfolgreich wurde.

So stieg in Haushalten von Arbeitern und Angestellten zwischen 1989 und 1992 der Prozentsatz, die ein Stereo-Radio besaßen, von 22,6 auf 40,8 Prozent und derjenigen, die einen Farbfernseher hatten, von 50,7 auf 91,4 Prozent. 1989 hatten weniger als fünf Prozent ein Videogerät, 1992 war es schon mehr als die Hälfte. Der Anteil der Arbeiter und Angestellten, die eine Waschmaschine, einen Tiefkühlschrank oder ein Auto hatten, stieg von 1989 bis 1992 jeweils um mindestens zehn Prozentpunkte.[51]

Nach den Daten der Weltbank betrug im Jahr 1989 das BIP pro Einwohner 30,1 Prozent des entsprechenden Wertes in den USA und stieg bis zum Jahr 2016 auf 48,4 Prozent.[52] Dies machte sich im Leben der Menschen ganz konkret bemerkbar. Das Einkommen der Polen wuchs von ca. 10.300 Dollar im Jahr 1990 kaufkraftbereinigt auf fast 27.000 Dollar im Jahr 2017.[53] Obwohl Ostdeutschland Milliardensubventionen aus Westdeutschland bekam, verbesserte sich – relativ gesehen – das Einkommen der Polen schneller als das der Ostdeutschen.[54]

So wie Margaret Thatcher war auch Leszek Balcerowicz ein Anhänger von konsequent marktwirtschaftlichen Denkern wie Friedrich August von Hayek und Ludwig von Mises. Polen ist ein herausragendes Beispiel dafür, wie erfolgreich diese als »neoliberal« kritisierten Ideen sein können. Man kann nur hoffen, dass die Polen heute nicht vergessen, was die Gründe für ihren wirtschaftlichen Erfolg waren.

Ich war in den vergangenen Jahren sehr oft zu Vorträgen in Polen, so vom 22.-24. Juli 2022 auf einer Konferenz in Gogolin, einer oberschlesischen Kleinstadt mit 6.000 Einwohnern im Powiat Krapkowicki in der Woiwodschaft Oppeln. Anlass für meine Reise war eine Konferenz in Erinnerung an Milton Friedman, auf der ich die polnische Ausgabe meines Buches »Kapitalismus ist nicht das Problem, sondern die Lösung« vorstellen sollte.

Ich wollte zuerst fliegen, doch das war kompliziert, und ich hätte acht Stunden von meiner Wohnung in Berlin bis zum Hotel in Gogolin gebraucht. Also ließ ich mich von einem Limousinenservice mit einem S-Klasse-Mercedes von Berlin nach Gogolin bringen. Wegen einiger Staus dauerte die Hinfahrt sieben Stunden, aber die Rückfahrt nur etwa vier Stunden. Der Fahrer machte einige Umwege wegen der Staus, und ich war beeindruckt von der wunderschönen Landschaft und den vielen modernen Häusern, die ich in den Dörfern sah.

Auf der Konferenz hörte ich zwei Vorträge von einer Frau aus der Ukraine und einer aus Kenia. Die junge Ukrainerin, die aus ihrer inzwischen völlig zerstörten Heimatstadt Mariupol geflüchtet war, hatte die Menschen ihrer Stadt dazu aufgerufen, über ihr Schicksal zu sprechen, und daraus wurde eine Dokumentation im Internet mit 350 erschütternden Zeitzeugen-Berichten. Sie zeigt schöne Bilder, wie ihre Stadt früher aussah – und Bilder vom Terror, der alles zerstört hat. Die Kenianerin, Mitglied von LOLA (Ladys for Liberty), berichtete unter anderem darüber, wie kostenlose Lieferungen von Kleidern ihre einheimische Industrie zerstören. Sie zeigt, dass Entwicklungshilfe oft das Gegenteil dessen bewirkt, was man damit erreichen möchte. Das Problem in Afrika sind korrupte Regierungen, die einen Großteil der Entwicklungshilfe für sich vereinnahmen. Mich erinnern ihre Berichte und Thesen an die von Dambisa Felicia Moyo, einer Afrikanerin, die durch ihr ausgezeichnetes Buch »Dead

Aid« bekannt wurde und die ich bei einer Konferenz in Washington kennengelernt habe.

Leider waren die anderen Vorträge in Polnisch, aber etwa die Hälfte der Konferenzteilnehmer saß bei dem schönen Wetter draußen, und ich nahm die Gelegenheit wahr, mehr über die liberale und libertäre Szene in Polen zu erfahren. Ich traf Jacek Spendel wieder, den Präsidenten von Liberty International, der mich im Mai auf der Atlas-Konferenz in Warschau angesprochen hatte. Die Liberty International ist eine im Vergleich zum libertären Atlas-Network sehr viel kleinere Organisation, die vor allem in einigen Entwicklungsländern relevant ist.

Die wichtigste libertäre Organisation in Polen ist das Civic Development Forum (FOR), das sehr gute Beziehungen in die Wirtschaft hat, vor allem dank ihres prominenten Gründers Leszek Balcerowicz. Ich lernte in Gogolin den früheren Vorstand dieser Organisation kennen, Marek Tatała, der seit 2021 CEO des neu gegründeten Economic Freedom Forum in Warschau ist. Er berichtete mir von Arkadiusz Muś, dem Präsidenten der Organisation. Laut »Forbes« stand Muś mit einem Vermögen von 2,8 Milliarden Zloty (ca. 700 Millionen Dollar) auf Platz 17 der Liste der reichsten Polen. Seine Firma Press-Glas entstand zu Beginn des Jahres 1991 als polnisch-schwedisches Gemeinschaftsunternehmen und ist heute eines der führenden Unternehmen in Europa in dieser Branche.

Arkadiusz Muś war bei der Konferenz nicht dabei, weil er seinen 60. Geburtstag feierte. Er ließ mir jedoch schöne Grüße ausrichten und erklärte, dass er gleich 460 von meinen Büchern bestellen werde, für jeden Abgeordneten des polnischen Parlaments Sejm eines. Übrigens hatte der mit mir befreundete Immobilienunternehmer Jürgen Leibfried die gleiche Idee, als das Buch in Deutschland erschien, und erwarb rund 700 Bücher, die er sämtlichen Bundestagsabgeordneten zukommen ließ.

Es gibt noch weitere liberale beziehungsweise libertäre Organisationen in Polen, so das Warsaw Enterprise Institut, das mit der Union of Entrepreneurs and Employers in Polen zusammenarbeitet. Im polnischen Parlament gibt es Liberale in einigen Parteien, so in der PO (Civic Platform) von Donald Tusk, der von 2014 bis 2019 Präsident des Europäischen Rates und von 2007 bis 2014 Ministerpräsident der Republik Polen war (ein Amt, das er im Dezember 2023 erneut übernehmen sollte). Die hier Anwesenden halten Tusk für einen Politiker, der früher klassisch liberal gewesen sei, aber heute nicht mehr. Einige Libertäre und Liberale gibt es auch in der rechtspopulistischen Partei Konfederacja Wolność i Niepodległość (deutsch: Konföderation der Freiheit und Unabhängigkeit, kurz: Konfederacja), eine heterogene politische Partei, die Monarchisten, Libertäre, Wirtschaftsliberale, Eurokritiker, Nationalisten und Populisten vereint.

Die in Polen von 2015 bis 2023 herrschende PiS-Partei sehen alle hier sehr kritisch – sie kombiniere Ideologien von weit rechts und weit links und sei heute eine Partei der Umverteilung, die jedoch zugleich einem Nationalismus huldige und mit Parolen gegen Deutsche auf Stimmenfang geht. Die meisten jungen Polen, so meint Jacek Spendel, haben jedoch keine Vorbehalte gegen die Deutschen, denn durch zunehmende wirtschaftliche Kooperation und viele Reisen seien alte Vorurteile geschwunden. Interessant am polnischen Parteiensystem ist übrigens, dass es nur eine einzige Partei gibt, die sich als links bezeichnet, nämlich Lewica, ein Bündnis von Sozialisten und Sozialdemokraten.

Ich traf auf der Konferenz Marcin Chmielowski wieder, einen hervorragenden Netzwerker. Er wurde mir von meinem großartigen polnischen Verleger Krzysztof Zuber als PR-Berater empfohlen, aber er hat viel mehr für mich getan: Er hat mir weltweit geholfen, wertvolle Kontakte zu knüpfen – nicht nur in Osteuropa, sondern bis in die Mongolei! Netzwerke sind im Leben so wichtig, aber entscheidend ist die Fähigkeit, solche Netzwerke zu knüpfen. Ich habe diese Fähigkeit und erkenne sofort, wenn jemand – wie Marcin – sie auch hat. Ich verabredete mit ihm, dass ich Anfang September für eine Woche nach Polen kommen würde, um interessante Menschen kennenzulernen, mehr über Polen zu lernen und zugleich mein Buch zu promoten.

August 2022

Tiflis, Georgien

»Liberty International« habe ich schon im vorangegangenen Kapitel erwähnt. Vom 11. bis 15. August 2022 besuche ich die Welt-Konferenz dieser Organisation in Tiflis. Ich bin zu einem Vortrag zum Thema »finanzielle Freiheit« eingeladen worden. Es ist keine große, aber eine sehr internationale Veranstaltung mit Gästen und Rednern aus Georgien, Russland, Polen, Serbien, Rumänien, Tadschikistan, Chile, Venezuela, Kolumbien, Indien, Japan, Nepal, Südkorea, USA, Großbritannien, Dänemark, Island und Deutschland.

Sind »Libertäre« rechts oder links? Hört man sie über Sozialismus und Kapitalismus sprechen, würde man sie vielleicht »rechts« verorten. Aber auf der anderen Seite gibt es viele – nicht alle – Libertäre, die vehement für offene Grenzen und eine Zuwanderung ohne Restriktionen eintreten. Einer der bekanntesten Libertären ist der Amerikaner Ken Schoolland, ein Professor für Ökonomie, der in Hawaii lebt und dessen Buch »The Adventures of Jonathan Gullible: A Free Market Odyssey« in 61 Sprachen erschienen ist. »Embracing the Freedom of Refugees« ist das Thema seines Vortrages. Warum, so fragt er, ist in Europa die Aufnahmebereitschaft für Flüchtlinge aus der Ukraine so groß – im Gegensatz zu der Reaktion vieler Europäer auf die Flüchtlinge, die 2015 kamen?

Schoolland erklärt die unterschiedlichen Reaktionen damit, dass die Flüchtlinge aus der Ukraine eher Frauen sind und dass die Kultur, die Religion, die Ethnie der Ukrainer vielen Europäern näher seien als die der Flüchtlinge aus arabischen Staaten oder Afrika. Dies sind aus seiner Sicht zwar Erklärungen, aber keine Rechtfertigungen für eine migrationsskeptische Haltung. Auch die Meinung, dass viele Flüchtlinge wegen der Segnungen des Wohlfahrtsstaates kämen, sei kein Argument gegen die Flüchtlinge, denn diese seien nicht schuld am Wohlfahrtsstaat, den auch Schoolland – so wie alle Libertären – ablehnt.

Jeder Unternehmer, so sein Plädoyer, solle das Recht haben, die Person einzustellen, die er einstellen will und die er für die beste hält, unabhängig von der Nationalität. Vorrang beispielsweise für US-Amerikaner vor Zuwanderern aus Lateinamerika lehnt er ab. Niemand solle bessere Chancen auf einen Job haben, nur weil er in dem Land geboren sei. Ich selbst teile diese Meinung nur bedingt. Der Wohlfahrtsstaat, den er ablehnt, ist nun einmal da und zieht viele Menschen aus anderen Ländern verständlicherweise an. Die Kombination von Wohlfahrtsstaat und offenen Grenzen ist ganz offensichtlich wirtschaftlich unmöglich. Und wer für Freiheit ist, der sollte auch akzeptieren, wenn die Mehrheit der Menschen eines Landes die Entscheidung fällt, dass es Obergrenzen für die Aufnahme von Migranten gibt – aus welchen Gründen auch immer.

Andererseits kann ich einiges von Schoolland lernen, zum Beispiel, wie er auf meine Kritik reagiert: Er hat eine so herzliche Art, wie ich sie selten gefunden habe bei einem Menschen, den man kritisiert. Wenn er lächelt und einem die Hand nach der Kritik reicht, empfindet man dies nicht als Schwäche, sondern als menschliche Stärke.

Auch Ken Schoollands Frau Li zählt zu den bekanntesten Sprechern der libertären Szene. Sie hält einen erschütternden Vortrag über ihr Leben in China von 1958 bis 1984. Das war die schlimmste Zeit in China, denn 1958 begann Maos »Großer Sprung nach vorne«, das größte sozialistische Experiment der Menschheitsgeschichte, bei dem etwa 45 Millionen Chinesen umkamen. 1966, sie war damals acht Jahre alt, begann die nächste Kampagne Maos, die »Große Proletarische Kulturrevolution«, die das Land zehn Jahre ins Chaos stürzte.

Ich hatte darüber schon in den Büchern des Historikers Frank Dikötter gelesen: Vor allem Schüler und Studenten wurden in Maos Kulturrevolution mobilisiert. Sie randalierten in den Straßen und wandten sich gegen »stinkreiche Bauern«, »Scheißkerle von Grundbesitzern«, »blutsaugende Kapitalisten«, »Neobourgeoisie« und »klassenfremde Elemente«[55], oft aber einfach nur gegen die eigenen Lehrer oder Professoren, denen man kapitalistisches Denken unterstellte. Der erste Todesfall ereignete sich an der Pädagogischen Universität von Peking, wo die stellvertretende Schulleiterin gefoltert wurde. Schülerinnen spuckten ihr ins Gesicht, stopften ihren Mund mit Erde voll, banden die Hände hinter dem Rücken zusammen und schlugen sie, u.a. mit Knüppeln, die mit Nägeln gespickt waren. Nach mehreren Stunden Folter verlor sie das Bewusstsein und starb.[56]

Einem Schulleiter in Peking wurde befohlen, sich in die sengende Sonne zu stellen, während Rotgardisten kochend-heißes Wasser über ihn gossen. Eine Biologielehrerin wurde stundenlang gefoltert, bis sie starb, danach wurden die anderen Lehrer gezwungen, auf die Leiche einzuschlagen. In den Grundschulen, wo die Schüler nicht älter als 13 Jahren alt waren, wurden einige Lehrer gezwungen, Nägel und Exkremente zu schlucken, anderen wurden die Haare geschoren und sie mussten sich gegenseitig ins Gesicht schlagen.[57] Auch Mitschüler wurden erniedrigt oder gar zu Tode gequält, weil sie einen »schlechten Klassenhintergrund« hatten oder aus »Ausbeuterfamilien« stammten.[58] So weit die Berichte in Dikötters Buch.

Li Schoolland berichtet, dass ihr Vater, ein Chirurg, ins Gefängnis geworfen wurde, weil er einen politisch nicht korrekten Witz gemacht hatte. Ihre Mutter, eine Professorin, wurde öffentlich gedemütigt. Frauen wie sie bekamen einen speziellen Haarschnitt verpasst, damit man sie gleich als Angehörige der »Schwarzen« erkennen konnte, also der bösen Anhänger des Kapitalismus – im Gegensatz zu den »Roten«, die hinter Mao standen. Vor ihren Augen wurde ihre Mutter von Maos fanatischen Anhängern geschlagen. Als Li neun Jahre als war, erlebte sie, wie Rote Garden in ihr Haus kamen und ihr und ihrer Familie alles wegnahmen. Das war für sie eine entscheidende Situation, denn in ihr formte sich der Gedanke: Ihr könnt mir alles rauben, aber nicht meine Gedanken und Gefühle.

Die Rotgardisten forderten die kleine Li und ihren achtjährigen Bruder auf zu berichten, was ihre Mutter gegen die Kommunisten gesagt habe. Sie weigerten sich beide. Das wurde als Beweis gegen die Mutter ausgelegt: Ihr Schweigen belege, dass die Mutter ihnen gesagt habe, sie sollten den Autoritäten nicht gehorchen. Andere Kinder erlebten noch traumatischere Dinge: So musste ein Kind zuschauen, wie seinem Vater Dynamit umgebunden und er öffentlich in die Luft gesprengt wurde.

Auf vielen Vorträgen, die ich halte – überall auf der Welt –, frage ich, wie viele der Zuhörer in der Schule oder Uni von Maos »Großem Sprung«, dem größten sozialistischen Experiment der Menschheitsgeschichte, gehört haben, bei dem so viele starben. Stets melden sich, wenn überhaupt, nur ganz wenige Menschen.

Ein anderes Thema auf der Konferenz ist eine Panel-Diskussion zum Thema »Is Big Tech a Threat zu Freedom?«. Hier prallen unterschiedliche Meinungen aufeinander. Auf der einen Seite Liberale, die für eine Anti-Trust-Politik gegen Monopole und Kartelle eintreten, um die Macht von Firmen wie Google, Facebook, Amazon oder Apple zu beschränken. Auf der anderen Seite Ökonomen, die darauf verweisen, dass die heute scheinbar allmächtigen »Monopole« auf Dauer keineswegs so unantastbar seien und ihre Macht ebenso einbüßen würden wie in der Vergangenheit Firmen wie Xerox, IBM, Kodak, Nokia usw.

Ich selbst habe in meinem Buch »Die 10 Irrtümer der Antikapitalisten« ein Kapitel zu dem Thema geschrieben – mit den Folgerungen: Erstens haben Monopole nicht nur schlechte Seiten, sondern, wie bereits der österreichische Ökonom Joseph Schumpeter gezeigt hat, oft auch eine ökonomisch sinnvolle Funktion, und zweitens werden sie mittelfristig durch Innovationen und neue Unternehmen überwunden. Der größte Feind der Monopole ist der Kapitalismus selbst und nicht staatliche Anti-Monopolgesetzgebung.

Libertäre sind eine kleine Gruppe, und ihr Einfluss auf Politik, Öffentlichkeit und Medien ist – trotz der vielen Thinktanks, die es weltweit gibt – gering. Der Schwede Per Bylund bringt es in seinem Vortrag auf den Punkt: Obwohl wir Libertäre den Markt besser verstehen als die Sozialisten, sind letztere auf dem Markt der öffentlichen Meinung sehr viel besser und erfolgreicher. Die libertäre Botschaft der Freiheit sei oft zu abstrakt, erreiche die Menschen nicht. Libertäre sprächen viel von Unternehmertum, versagten aber, wenn es um ihre eigenen Ideen gehe. »Who is the customer? What is the product?« – diese Fragen, die sich jeder Unternehmer stelle, wenn er erfolgreich sein wolle, formulierten Libertäre viel zu selten. Was sei der Nutzen für den Empfänger der Botschaft, wie könne »mehr Freiheit« sein Leben konkret verbessern? »Betrachten Sie die libertäre Bewegung als ein Unternehmen, das ein wertvolles Produkt anbietet, und nicht als eine gemeinnützige oder wohltätige Organisation«, so seine Empfehlung.

Jan Bertram, ein Referent aus Deutschland von der »Free Cities Foundation«, stellt die Idee und konkrete Projekte von »Free Cities« vor. Sozusagen libertäre Inseln innerhalb von Ländern mit einer ganz anderen staatlichen Verfassung. Die Beziehungen zwischen den Städten und ihren Bürgern sollten in diesen Städten auf der Basis von Verträgen geregelt werden. Ich werde später in dem Kapitel über Monaco noch ausführlicher auf diese Ideen eingehen.

Auch in Georgien selbst gibt es eine libertäre Bewegung und sogar eine eigene kleine Partei (Girchi – More Freedom), für die der Politikprofessor Zurab Japaridze spricht. Er ist bei vielen jungen Georgiern beliebt und bei vielen Älteren verhasst, weil er beispielsweise die Legalisierung von Drogen fordert und eines seiner Hauptthemen LGBTQ-Rechte sind. Zudem spricht er sich gegen die allgemeine Wehrpflicht aus. In einer Situation, in der 20 Prozent des Landes von Russland besetzt sind und nach dem Ukraine-Krieg viele Menschen in Georgien Angst vor einem erneuten russischen Angriff haben, hat das viele Menschen gegen ihn aufgebracht. Er verweist darauf, dass er für eine Stärkung der Armee und für einen Beitritt zur NATO sei, aber die Wehrpflicht als ungeeignetes Mittel ansehe.

Als Trick, um die Wehrpflicht zu umgehen, hat er sogar eine eigene »Religion« mit 70.000 »Priestern« gegründet, da Priester von der Wehrpflicht ausgenommen sind. Beim Frühstück komme ich mit Nika ins Gespräch. Er ist Georgier und seit einigen Jahren einer dieser »Priester«: »Ich habe Eltern, die ich unterstützen muss, deshalb konnte ich es mir wirtschaftlich nicht leisten, ein Jahr zum Militär zu gehen«, sagt er. Er berichtet mir, dass Zurab Japaridzes »Priester«-Modell inzwischen sogar Konkurrenz von der Orthodoxen Kirche in Georgien bekommen habe, die jungen Männern ebenfalls einen ähnlichen Status anbiete, um dem Kriegsdienst zu entgehen. Nicht allen Libertären auf der Konferenz gefällt das: Eine Georgierin greift Zurab Japaridze scharf an und meint, die Verweigerung des Wehrdienstes nütze objektiv nur einem: Putin.

Mit ungewöhnlichen Marketing-Methoden hat Zurab Japaridze immer wieder für Aufmerksamkeit gesorgt: Während der Präsidentschaftswahlen 2018 postete er seine eigenen Wahlbanner auf der Pornoseite Pornhub. Die Nutzer sahen auf der Seite Banner mit diesem Slogan: »Mehr Sex, mehr Freiheit«. Und als die Regierung privaten Vermietern verbot, Wohnraum an Prostituierte zu vergeben, mietete seine Partei aus Protest in einem vornehmen Wohn- und Geschäftshaus ein Apartment an, gab es demonstrativ als Bordell aus (allerdings war es tatsächlich keines) und hängte Sexspielzeug an das Fenster. Auf der Straße verteilte Japaridze kostenlos Marihuana-Joints. Für einige seiner Aktionen kam er schon mehrmals mehrere Tage ins Gefängnis, was die Popularität des unkonventionellen Professors für politische Ideen bei jungen Menschen gesteigert hat.

Ob solche libertären Kleinstparteien etwas ändern können in der Politik, scheint mir fraglich. Inzwischen hat sich die kleine Partei mit dem Namen Girchi gespalten, und jetzt gibt es sogar zwei libertäre Miniparteien mit demselben Namen – zur Unterscheidung führt die Partei von Japaridze in Klammern den Zusatz »more freedom«.

Kontrovers wird über den Krieg in der Ukraine diskutiert. Natürlich verurteilen alle Teilnehmer die russische Aggression, aber der Vertreter der Libertären Partei aus den USA wendet sich gegen die Unterstützung der Ukraine mit Waffen. Teile der libertären Bewegung in den USA vertreten pazifistische oder isolationistische Positionen. Das Argument des Vertreters aus den USA: Kriege hätten in der amerikanischen Geschichte immer nur zu einer extremen Stärkung des Staates geführt.

Es ist auch ein Vertreter der Libertären Partei aus Russland da, von der etwa ein Drittel der Mitglieder emigriert ist, viele nach Georgien. Andere sitzen im Gefängnis. In der libertären Partei Russlands dominiere eine klar kritische Position gegen Putins Krieg. Die meisten Libertären in Europa stehen ohnehin eindeutig an der Seite der Ukraine und unterstützen sie, wie sich neulich schon auf dem Europa-Kongress des libertären Atlas-Networks in Warschau zeigte. »Unser oberstes Ziel ist nicht der Frieden, sondern die Freiheit«, sagt eine Libertäre aus Polen. Von einer pazifistischen Haltung profitiere am Ende nur Russland.

Der Vortrag, der mir am besten gefällt, kommt von der schönen Tochter von Ken und Li Schoolland, die KenLi Schoolland heißt: »Free the World by freeing yourself« ist ihr Thema. Ihre wichtigste Botschaft: Fühle dich nicht als Opfer der Gesellschaft und warte nicht, bis sich die Gesellschaft verändert. Beginne bei dir selbst. Sie berichtet sehr beeindruckend, wie sie als »Digital Native« eine sehr schwierige Zeit durchmachte, aber dann durch Meditation und andere Techniken zu mehr Lebensglück fand. So tut sie jeden Tag etwas, wovor sie Angst hatte, oder verbringt zehn Tage schweigend. »Wenn wir die Macht des Staates reduzieren wollen, müssen wir das Individuum stärken.« Und: »Es ist keine gute Idee, seine ganze Freiheit auf politische Freiheit zu setzen.«

Das ist so wichtig, denn leider argumentieren auch Libertäre zuweilen wie Sozialisten: Die Unzulänglichkeiten der bestehenden Gesellschaft, die auch für viele Libertäre (zu Recht!) kritikwürdig ist, wird als Ausrede genommen für eigene Erfolglosigkeit, und eine Besserung ist angeblich nur in der perfekten Gesellschaft möglich.

September 2022

Warschau, Polen

Der September führt mich nach Warschau und Hanoi. Polen und Vietnam verbindet mehr, als die meisten Menschen wissen. Es sind zwei Länder, die 1939 bis 1945 beziehungsweise von 1955 bis 1975 unter schrecklichen Kriegen zu leiden hatten, bei denen Millionen Menschen getötet und das Land verwüstet wurde. Nach dem Krieg hatten sie zunächst keine Chance, sich wirtschaftlich zu erholen und neu aufzubauen, weil in beiden Ländern eine sozialistische Planwirtschaft begründet wurde. In beiden Ländern führte diese Planwirtschaft zu Elend, Armut und hoher Inflation. In beiden Ländern versuchten es die regierenden Kommunisten erst mit systemimmanenten Reformen, bis die Erkenntnis reifte, dass nur die Einführung des Privateigentums und der Marktwirtschaft dem Land helfen würde. Kein Land vergleichbarer Größe hat in den vergangenen Jahrzehnten so stark im Index der wirtschaftlichen Freiheit zugelegt wie Vietnam und Polen, und in beiden Ländern hat sich die Situation der Menschen sensationell verbessert.

Wegen all dieser Gemeinsamkeiten – und weil ich sehr gute Kontakte in beide Länder habe – entschließe ich mich, ein Buch mit dem Titel »Der Aufstieg des Drachen und des weißen Adlers« zu schreiben.

In Polen begleitet mich Marcin Chmielowski, mit dem ich nun schon mehrere Monate sehr gut zusammenarbeite. Wenn ich in ein Land reise, befasse ich mich zuerst mit seiner Geschichte, um es besser zu verstehen. Ich treffe deshalb Alicja Wancerz-Gluza, Mitbegründerin des Karta-Zentrums, eines nicht-staatlichen historischen Archivs. Alicja war zunächst in der Gewerkschaft Solidarność und später – nach der Ausrufung des Kriegsrechts in Polen – im antikommunistischen Untergrund aktiv. Am 4. Januar 1982 gründete sie zusammen mit ihrem Mann und einer kleinen Gruppe von Freunden die Untergrundzeitung »Karta«. Im Laufe der Zeit wurde aus der Zeitung, die sie auf einer Schreibmaschine schrieb und dann vervielfältigte, ein Verlag, der illegale Zeitungen und Bücher herausgab.

Inzwischen hat das Karta-Archiv 5.000 Bücher und Broschüren, ca. 35.000 Zeitungen, 300 Poster und 1.000 Postkarten aus der antikommunistischen Untergrundbewegung. Dazu gehört die größte Sammlung von Dokumenten der Gewerkschaft »Solidarność«. Alicja zeigt mir stolz das Dokument der UNESCO, wonach diese Sammlung in das internationale Register des Weltdokumentenerbes des UNESCO-Programms »Das Gedächtnis der Welt« eingetragen wurde – zusammen mit Holztafeln, auf denen 21 Forderungen der Arbeiter während des Streiks im August 1980 in der Danziger Werft festgehalten wurden. Die Karta dokumentiert 6.000 Interviews mit Zeitzeugen (darunter 1.000 Interviews mit ehemaligen Häftlingen der sowjetischen GULags) und etwa 400.000 Fotos.

In dem Gespräch erklärt Alicja mir den Alltag in der sozialistischen Planwirtschaft in Polen. Sie zeigt eine große Sammlung von Karten, die man bis zum Zusammenbruch des sozialistischen Regimes brauchte, um Lebensmittel und andere Produkte zu kaufen. Die ersten Karten gab es 1976 für Zucker, dann kamen Bezugsscheine für andere Produkte hinzu. Man benötigte diese Karten bis Ende der 1980er-Jahre für alle möglichen Produkte wie etwa Fleisch, Fett, Butter, Waschmittel, Seife, Zigaretten, Benzin und sogar Schuhe.

Auf den Karten gab es auch sogenannte Ersatzgutscheine, die mit Nummern versehen waren. Beispielsweise wurde plötzlich bekannt gegeben, dass man für die Karte Nummer 3 Schulmaterial für Kinder oder Binden für Frauen kaufen konnte. Die Verkäuferin schnitt mit einer Schere kleine Coupons von den Karten ab. Um eine solche Karte zu erhalten, brauchte man wiederum andere Karten, auf denen jeden Monat alle am Arbeitsplatz ausgegebenen Karten registriert wurden. Es war eine echte Tragödie, wenn eine solche Karte verloren ging.

»Etwas ganz Besonderes war es«, erinnert sich Alicja, »als ich vom Standesamt eine Karte für weiße Strumpfhosen für meine Hochzeit bekam sowie eine Bescheinigung, dass wir – weil wir heirateten – goldene Eheringe in einem Juweliergeschäft kaufen durften. Aber wir hatten kein Geld dafür und wollten auch keine Ringe. So gab es für alle Anlässe spezielle Karten, zum Beispiel konnte man für eine Beerdigung eine Karte für eine schwarze Strumpfhose bekommen.«

Doch eine Karte zu besitzen, bedeutete nicht, dass man das Produkt kaufen konnte. Oft musste man stundenlang in den Läden Schlange stehen, um etwas zu bekommen. Karten wurden untereinander getauscht, wenn man ein bestimmtes Produkt nicht brauchte, sondern ein anderes. So konnte zum Beispiel eine Wodka-Karte (jeder Erwachsene durfte eine Flasche pro Monat kaufen) gegen eine Kaffee-Karte getauscht werden.

Für die Kinder gab es Karten für Milchpulver und Süßigkeiten (sogenannte »Schokoladenersatzprodukte«). Um Möbel, eine Waschmaschine oder einen Fernseher zu kaufen, mussten die Polen in den so genannten »kolejkach społecznych« (»sozialen Schlangen«) stehen. Manchmal mussten sie ein oder zwei Monate lang immer wieder kommen und stunden- oder tagelang warten. Man muss sich das so vorstellen, dass die Familienmitglieder anstanden und dann ihren Platz nach einigen Stunden Wartezeit in der Schlange mit anderen Familienmitgliedern tauschten. Alle ein oder zwei Stunden wurden Namen verlesen – und wenn jemand nicht da war, fiel er aus der Schlange heraus, und die ganze Wartezeit wäre umsonst gewesen.

Schwierig war es auch, Telefone zu bekommen. Alicja: »In meiner Nachbarschaft gab es 1986 im neuen Stadtteil für viele Straßen und Gebäude nur eine einzige Telefonzelle – ein öffentliches Telefon, und niemand hatte ein privates Telefon.« Ihre Eltern zogen 1960 in ihre Genossenschaftswohnung und beantragten sofort einen Telefonanschluss. Das Telefon wurde 13 Jahre später, im Jahr 1973 angeschlossen. Und das ging nur deshalb so »schnell«, weil ihr Vater Mitglied der Polnischen Vereinigten Arbeiterpartei war. Auslandsgespräche waren sowieso nur im Postbüro möglich, wo man sie mehrere Stunden im Voraus anmelden musste.

In Polen besaßen 1990 nur 14 Prozent der Menschen ein Auto, in der Bundesrepublik waren es zu dieser Zeit 68 Prozent (1989). Auf ein Auto mussten die Polen mehrere Jahre warten, ohne die Sicherheit, am Ende tatsächlich ein Fahrzeug erwerben zu können. Natürlich gab es auch gebrauchte Autos, aber die waren teilweise teurer als ein Neuwagen. Nur weil Alicjas Vater in der Partei war, bekam er einen Sondergutschein für ein Auto, einen Fiat 126p. Den Gutschein erhielt er 1980 als Belohnung dafür, dass er Erster Parteisekretär in seiner Fabrik geworden war.

Warten musste man auf alles, natürlich auch auf eine Wohnung – und insbesondere dann, wenn man nicht nur mieten, sondern kaufen wollte. Alicja erinnert sich: »Als mein späterer Mann fünf Jahre alt war, begannen seine Eltern, Geld in eine Genossenschaft einzuzahlen, um dann 25 Jahre später das Recht zu haben, eine kleine Wohnung zu kaufen. Meine Eltern fingen etwas später an zu sparen, weil sie vorher für meine Schwester gespart hatten.« 25 Jahre später, sie war 29 und ihr Mann 30 Jahre alt, konnten sie die Anrechte, die beide in den vielen Jahren Anspartätigkeit erworben hatten, zusammenlegen und eine kleine Drei-Zimmer-Wohnung beziehen. Die war damit allerdings noch längst nicht schuldenfrei, sondern musste weiter abgezahlt werden.

Ich treffe in den nächsten Tagen viele weitere interessante Persönlichkeiten in Warschau, so etwa Marcin Nowacki, den Vizepräsidenten des Arbeitgeberverbandes ZPP, oder Adam Szłapka, den Vorsitzenden der liberalen Partei Nowoczesna. Diese Partei arbeitet unter anderem mit der Civil Plattform (PO) von Donald Tusk, den Grünen und der Partei Inicjatywa Polska in der Koalicja Obywatelska zusammen. Die Begriffe »links« und »rechts« haben inzwischen in Polen eine ganz andere Bedeutung als in westeuropäischen Ländern: Szłapka meint, 80 Prozent der 130 Abgeordneten in der Koalicja Obywatelska seien prokapitalistisch eingestellt, während die damals regierende Prawo i Sprawiedliwość (PiS, »Recht und Gerechtigkeit«) sehr etatistisch eingestellt ist. Die Partei gilt als rechts, aber die Anhänger der Marktwirtschaft, die ich in Polen traf, empfinden die PiS als sozialistisch, weil sie für Umverteilung, Nationalisierung und mehr Staat stehe.

Diese Erklärungen sind für mich wichtig, denn in der Befragung über das Image von Marktwirtschaft und Kapitalismus, die ich in 35 Ländern, darunter Polen, in Auftrag gegeben hatte, hatten wir etwas Merkwürdiges festgestellt. In fast allen Ländern war es ganz klar: Befragte, die sich selbst als politisch links einstuften, waren kritisch gegenüber Marktwirtschaft und Kapitalismus, und Befragte, die sich als rechts einstuften, waren dafür. In Polen dagegen waren die meisten Prokapitalisten in der Gruppe der gemäßigt Linken. Ich rief damals Thomas Petersen vom Allensbach Institut an, der zugleich mein Kontaktmann zum britischen Meinungsforschungsinstitut Ipsos MORI ist und sicher der beste Experte für Meinungsumfragen in Deutschland (zeitweise war er sogar Vorsitzender des Weltverbandes der Meinungsforscher), und sagte ihm: »Also, ich habe da erhebliche Zweifel an den Daten aus Polen. Insgesamt sind die plausibel, aber bei der Rechts-Links-Zuordnung muss etwas falsch gelaufen sein, vielleicht ein Fehler in der Codierung.« Petersen ließ alles akribisch überprüfen, die Übersetzung des Fragebogens, die Codierung und andere Punkte, aber tatsächlich stimmten die Daten. Wenn ich ehrlich bin, glaubte ich sie dennoch nicht so ganz. Zwar erklärten mir einige Freunde in Polen, das sei gar nicht so unplausibel, wie es mir vorkomme, doch alles hellt sich für mich erst nach dem Gespräch mit Szłapka von der liberalen Partei auf: »Was in Westeuropa gilt, gilt hier absolut nicht. Bei uns sind die ehemaligen Kommunisten marktwirtschaftlicher als die in Deutschland als rechts bezeichnete PiS-Partei«, meint er. Die PiS-Partei verbinde Nationalismus mit Antikapitalismus und sei bei den Wählern vor allem erfolgreich mit der Behauptung, die Privatisierung von Staatsbetrieben sei ein Ausverkauf an ausländische Kapitalisten. PiS hat die Privatisierung radikal gestoppt oder teilweise sogar rückgängig gemacht. Für jemanden aus Deutschland, der Linke als Antikapitalisten kennt und (gemäßigt) Rechte als Prokapitalisten kann das zunächst verwirrend sein. Ja, manchmal muss man erst in das Land fahren, um dortige Umfrageergebnisse richtig zu verstehen.

Am nächsten Tag treffe ich Tomasz Wróblewski vom Warsaw Enterprise Institute, das sich für die Marktwirtschaft und insbesondere für kleinere und mittlere Unternehmen in Polen einsetzt. Er sieht die EU sehr kritisch: Anfangs habe sie eine positive Rolle für Polen gespielt, aber inzwischen entwickle sie sich immer stärker in Richtung Staatsinterventionismus und beschränke die wirtschaftliche Freiheit. Ich fragte ihn zu seiner Meinung zu einem Thema, bei dem ich unentschlossen war: Ich hatte damals eine Einladung als Redner zur Adam Smith-Konferenz in Moskau erwartet (später fand diese doch nicht statt, so dass sich die Frage erledigt hatte). Sollte ich, ein scharfer Kritiker Putins und des russischen Imperialismus, nach Moskau fahren? Obwohl es zu gefährlich wäre, meine Position in Moskau deutlich auszuformulieren? Andererseits, und dies ist der Einwand von Wróblewski: »Wenn Sie nach Moskau fahren und dazu schweigen, also über Ihre Themen sprechen, aber nichts zum Krieg sagen, dann heißt das ›business as usual‹ betreiben zu einer Zeit, wo Russland einen mörderischen Angriffskrieg führt.« Das überzeugt mich, obwohl meine Freunde in Russland klar Anti-Putin sind – es sind Libertäre, die es selbst mehr als nur schwer haben. Einer, mit dem ich einen Zoom-Call hatte, war vor einigen Monaten zehn Tage im Gefängnis. Ich bin schon immer gegen jede Kollektivschuld-These – diese Leute können nichts für Putin und den Krieg, ganz im Gegenteil.

In Polen trifft man viele Menschen aus Weißrussland. Insgesamt stellten Weißrussen in den Jahren 2020 bis April 2022 in Polen mehr als 2.800 Asylanträge. 2020 lag die Anerkennungsquote bei 79 Prozent, 2021 und 2022 bei fast 100 Prozent. »Betrachtet man die Gesamtzahl der Anträge auf Aufenthalt in Polen ... sowie der befristeten Arbeitsgenehmigungen, sind Belarussen seit 2019 nach den Ukrainern die zweitstärkste Migrantengruppe in Polen.«[59] Ich treffe sechs Unternehmer aus Weißrussland, die geflohen waren, nachdem der Diktator Lukaschenko die Präsidentschaftswahl im August 2020 manipuliert hatte und es zu massenhaften Protesten gekommen war. Bei den täglichen

Demonstrationen wurden mehr als 33.000 Menschen festgenommen und über 250 verletzt. Alexey war Top-Manager für verschiedene Unternehmen in Minsk, hatte sich dann aber den Protesten angeschlossen und in der weißrussischen Hauptstadt eine Gruppe von 4.500 Oppositionellen geleitet. Es war klar, dass man auch ihn ins Gefängnis gesteckt hätte, wäre er nicht geflohen. In Polen gründete er eine Organisation, die die Familien von politischen Gefangenen in Weißrussland sowie Flüchtlinge aus dem Land unterstützt. Mit seinen Fähigkeiten in der Wirtschaft und seinen exzellenten Sprachkenntnissen hat er keinerlei Zweifel, auch in Polen in Zukunft beruflich erfolgreich zu sein.

Serg hatte schon vor den Ereignissen von 2020 immer wieder überlegt, ob er auswandern soll. Die brutale Niederschlagung der Massenproteste gab den Ausschlag, auch er ging nach Polen. Er könne niemanden verstehen, der noch in diesem Land leben möchte, in dem Lukaschenko herrscht. Serg war 20 Jahre lang Top-Manager in Minsk und verfolgt heute ein Projekt in Warschau zur Finanzierung von Start-up-Unternehmen. Bevor er nach Polen ging, war er in Dänemark: »In Kopenhagen traf ich sehr viele fröhliche Menschen mit einem Lachen auf den Lippen. Auch in Polen traf ich viel mehr fröhliche und freundliche Menschen als in Weißrussland, wenn auch nicht so viele wie in Dänemark. In Weißrussland sieht man viele traurige und verbitterte Menschen und wenig Lachen.« Übrigens stimmt sein subjektiver Eindruck weitgehend mit dem World Happiness Index überein, den Glücksforscher auf Basis von Befragungen erstellen. Dänemark steht dort auf Platz zwei, Polen auf Platz 48, während es für Weißrussland keine Daten gibt.[60]

Mikhail ist Spezialist für Alarmanlagen und Sicherheitssysteme. Er emigrierte im November 2021 von Weißrussland nach Polen. Seine erfolgreiche Firma will er auch hier aufbauen und dann in andere europäische Länder wie zum Beispiel Italien expandieren. Er ist optimistisch, denn die Polen, so sagt er, mögen Weißrussen und schätzen ihre schnelle Arbeit. Viele polnische Firmen seien ziemlich langsam, und er hofft, durch Schnelligkeit einen USP zu haben. Und der Bedarf an Sicherheitssystemen ist überall riesig, auch in Polen.

Rita ist Marketing-Consultant, und auch sie hofft, durch Schnelligkeit in Polen zu überzeugen. Sie hatte in Weißrussland ein kleines Beratungsunternehmen mit zehn Mitarbeitern aufgebaut und plant dies nun auch in Polen. Olga hat sechs Beauty-Studios in Warschau mit 40 Mitarbeiterinnen aufgebaut. Sie kam im Mai 2021 nach Polen und managt das Unternehmen von Warschau aus. Hier hat sie ihren ersten Salon mit sieben Mitarbeiterinnen gegründet. Sie schätzt, dass es in Polen viel größere Rechtssicherheit gibt. In Weißrussland wurden von heute auf morgen Gesetze geändert, nach denen sie eine Genehmigung für die von ihr eingesetzten Lasertechniken bräuchte. Weil sie die aber nicht hat, war ihr Geschäft seitdem ständig von der Schließung bedroht, etwa, wenn eine staatliche Behörde oder auch nur irgendein Beamter etwas gegen sie hatte.

Vasily ist Unternehmer und hat eine Firma für IT-Infrastruktur mit 25 Mitarbeitern in Weißrussland, die er nun von Polen aus leitet: »Seit der Covid-Krise haben die Mitarbeiter sowieso nicht mehr im Büro, sondern im Homeoffice gearbeitet, deshalb macht es keinen großen Unterschied für die Leitung der Firma, ob ich in Polen oder Weißrussland bin.«

Ich dachte bisher, dass viele Polen die Russen aus historischen Gründen nicht leiden können. Schließlich haben die Russen – wie auch die Deutschen – das Land immer wieder überfallen und geteilt. Ich habe heute aber gelernt, dass die Polen sehr genau zwischen Russen und Weißrussen unterscheiden. Weißrussen, so sagen mir alle, genießen ein hohes Ansehen in Polen. Die Menschen in beiden Ländern fühlen sich durch die Geschichte verbunden, und anders als mit vielen anderen Nachbarn hatte Polen mit Weißrussland nie einen Krieg.

Am letzten Tag meines Polen-Aufenthaltes traf ich erstmals persönlich den legendären Leszek Balcerowicz, dem Polen vor allem seinen wirtschaftlichen Erfolg zu verdanken hat. Es waren seine Reformen, die Polen auf den Weg zum Kapitalismus geführt hatten. Balcerowicz ist zehn Jahre älter als ich, aber noch genauso aktiv. Er ist Gründer und Chairman des Council des FOR, Civil Development Forum, das sich für die Förderung der Marktwirtschaft einsetzt.

Ich schreibe damals an meinem Buch über den wirtschaftlichen Aufstieg von Polen und Vietnam und bitte ihn, das Kapitel über Polen kritisch zu lesen und mir bei meinem Film über Polen zu helfen. Tomasz, der Filmproduzent, ist bei dem Treffen dabei, um erste Aufnahmen zu machen. Balcerowicz verspricht mir alle Unterstützung, denn er macht sich große Sorgen um die Zukunft seines Landes. Statt die Reformen, die er eingeleitet hat, fortzusetzen, betreibt die seit 2015 herrschende PiS-Partei eine Politik, die – so sagt er mir – so etatistisch ist wie von keiner anderen Regierung seit dem Ende des Sozialismus in Polen.

Die Reformen, die damals durchgeführt wurden, werden von PiS mit nationalistischen Parolen als Ausverkauf an Amerikaner oder Deutsche kritisiert, und es wird ein verzerrtes Bild gezeichnet über die jüngste polnische Geschichte. Schuld an den Problemen in den 90er-Jahren waren danach angeblich nicht die Kommunisten, die das Land heruntergewirtschaftet hatten, sondern die Reformen. Dabei, so merkt er an, hätten die Menschen in den 90er-Jahren durchaus verstanden, wie wichtig die Reformen waren und wie sehr sich ihre Situation dadurch verbessert habe. Sonst hätte er nicht 1997 mit seiner Partei in Schlesien, der am stärksten industrialisierten Region Polens, die Wahlen gewonnen.

In dem Gespräch fällt mir auf, was ich schon bei der Lektüre seiner Bücher gemerkt hatte: Balcerowicz ist kein typischer theoretischer Ökonom. Er meint zu mir sogar, ein theoretischer Ökonom sei ein Widerspruch in sich, da sich Ökonomen mit der Praxis zu beschäftigen hätten. Ein wenig erinnert mich das an den bekannten Ausspruch von Marx, die bisherigen Philosophen hätten die Welt nur verschieden interpretiert, aber es komme darauf an, sie zu verändern. Balcerowicz hat Polen ebenso verändert wie Margaret Thatcher Großbritannien. Für mich zählt er zu den größten Wirtschaftsreformern im 20. Jahrhundert. Und nachdem er schon das Vorwort für die polnische Ausgabe meines Buches »Kapitalismus ist nicht das Problem, sondern die Lösung« geschrieben hat, bin ich stolz, ihn persönlich kennengelernt zu haben.

September 2022

Hanoi, Vietnam

Vietnam war ein großes Thema in meiner Jugend. So wie viele junge Leute damals war ich empört über den Krieg der USA in Vietnam. Ich war Maoist, und natürlich gehörte meine ganze Sympathie der »Nationalen Front für die Befreiung Südvietnams«. Ich schrieb Artikel zum Vietnamkrieg in meiner Schülerzeitung und verkaufte als 14-Jähriger die Broschüren der Nationalen Front an meiner Schule.

Auch viele Jahre später spielte Vietnam wieder eine Rolle in meinem Leben, denn eine der längsten Beziehungen in meinem Leben war mit Trang. Eine wunderschöne Frau, die selbst in Deutschland geboren wurde, deren Eltern aber aus Hanoi kamen. Trang zeigte mir 2014 das erste Mal Vietnam und stellte mir ihre Familie vor, die die größte Firma für Hochzeitsplanung in Vietnam besitzt und auch im Immobilienbereich engagiert ist.

Vor einigen Jahren erschien mein Buch »Setze dir größere Ziele« in Vietnam, und ich begann, für einige Zeitungen dort gelegentlich zu schreiben und Interviews zu geben, auch im Fernsehen. Im August und September 2022 erschienen in Vietnam meine beiden Bücher »Psychologie der Superreichen« und »Die Gesellschaft und ihre Reichen«. Es gibt wohl kaum ein Land auf dieser Welt, wo das Streben nach Reichtum für die Menschen so wichtig ist wie in Vietnam. Ich beauftragte das Meinungsforschungsinstitut Ipos MORI, in 13 Ländern jeweils etwa 1.000 repräsentativ ausgewählte Personen zu ihrer Einstellung zu Reichtum und zu reichen Menschen zu befragen. Eine der Fragen lautete: »Wie wichtig wäre es Ihnen persönlich, reich zu sein?« Das Ergebnis: In Europa und den USA sagten im Durchschnitt nur

28 Prozent der Befragten, dass es ihnen wichtig sei, reich zu werden. In den vier asiatischen Ländern waren es dagegen im Durchschnitt 58 Prozent, aber nirgendwo sagten so viele Menschen, dass es ihnen wichtig ist, reich zu werden, wie in Vietnam, nämlich 76 Prozent.

Im September 2022 reise ich für zwei Wochen in das südostasiatische Land, um meine Bücher vorzustellen und meine Kontakte zu dortigen Wissenschaftlern auszubauen. Die beiden Wochen sind inspirierend, aber auch anstrengend, denn ich habe jeden Tag drei bis vier Termine, die jeweils etwa zwei Stunden dauern, manchmal länger. Ich halte Vorträge an vier Universitäten und führe andere Veranstaltungen durch, was mir viel Freude bereitet. Aber da ich in jeden Vortrag viel Energie stecke, sind diese Tage stressig. Den in Deutschland seit meiner Jugend gewohnten Mittagsschlaf kann ich meist nicht machen, auch die Zeitumstellung (in Vietnam ist es fünf Stunden später als in Deutschland) muss ich verkraften. Oft stehe ich schon morgens gegen 4.30 Uhr auf, gehe zum Sport, erledige meine E-Mails, schreibe an diesem Buch und frühstücke, um danach noch einmal eine Stunde zu schlafen, bevor die Termine gegen 9 Uhr beginnen. Nach vier Tagen kommt meine Freundin Alica aus New York City nach. Abends buchen wir meist eine Massage von 90 Minuten und gehen danach Abendessen. Während ich in Deutschland selten vor Mitternacht schlafen gehe, sind wir hier meist schon gegen 23 Uhr im Bett.

Natürlich beschäftigte ich mich vorher wieder mit der Geschichte des Landes und kaufte mir 20 Bücher, überwiegend in Englisch, zur Geschichte und Wirtschaft des Landes. Hier ein paar kurze Informationen dazu: In Vietnam herrschte von 1946 bis 1975 Krieg. 1946 bis 1954 fand der erste Indochinakrieg statt, in dem die vietnamesische Befreiungsbewegung Viet Ming gegen die französische Kolonialmacht kämpfte. Kurz nach dem Ende dieses Krieges, der zur Teilung in einen prokommunistischen Norden und einen antikommunistischen Süden führte, begann der nächste Waffengang, in dem China und die Sowjetunion das kommunistische Nordvietnam sowie die Befreiungsfront in Südvietnam unterstützten und die USA die Regierung von Südvietnam. Dieser Vietnamkrieg, der auch als Zweiter Indochinakrieg bezeichnet wird, dauerte von 1955 bis 1975.

1965 befahl der US-Präsident Lyndon B. Johnson eine Verstärkung der Luftangriffe. Die USA setzten das Entlaubungsmittel Agent Orange ein, ein Pflanzenvernichtungsmittel, das die Reisfelder zerstörte und Wasserreservoirs vergiftete. Die chemischen Massenvernichtungswaffen trafen nicht nur die kommunistische Befreiungsarmee, sondern hauptsächlich die Zivilbevölkerung. Auch Napalmbomben der Amerikaner richteten große Verluste unter der zivilen Bevölkerung an. Alleine die Südvietnamesen mussten 1,5 Millionen Tote verzeichnen, darunter 300.000 Zivilisten. Die Amerikaner verloren 58.200 Soldaten, weitere 300.000 wurden verwundet. Die zivilen Verluste Nordvietnams fielen im Vergleich zum Süden geringer aus, dafür verloren sie mehr Soldaten.[61]

»Im Norden wurden die Hauptindustriezentren und fundamentale Infrastrukturen zerstört ... Sämtliche Industriebetriebe wurden vernichtet. Drei der sechs größten Städte, 12 von 29 Provinzhauptstädten und zwei Drittel der Dörfer waren zerstört. Total zerstört waren auch sämtliche Elektrizitätswerke, Bahnhöfe, Häfen, Brücken, Straßen und das gesamte Bahnnetz. Im Süden waren zwei Drittel der Dörfer zerstört, fünf Millionen Hektar Wald wurden vernichtet und 20 Millionen Bauern verloren ihre Häuser«, schreibt Tâm T. T. Nguyễn.[62]

Angesichts dieser Zerstörungen und all des Leids, das die Menschen erlitten, wäre es nicht verwunderlich, wenn es gerade in Vietnam einen starken Antiamerikanismus gäbe. Doch der Antiamerikanismus ist in weiten Teilen der Welt größer als in Vietnam. Nicht nur in arabischen Ländern oder in Russland, auch in vielen europäischen Ländern wird man ihn häufiger antreffen als in Vietnam.

Ich habe weder bei Trang und ihrer Familie noch bei anderen Vietnamesen, mit denen ich gesprochen habe, Antiamerikanismus festgestellt. Đinh Minh Tuấn, ein Wissenschaftler von einem liberalen Thinktank, den ich in Hanoi treffe, meint: »Wir Vietnamesen schauen nicht zurück in die Vergangenheit, sondern in die Zukunft. Wir haben, anders als mit China, mit den USA keine territorialen Differenzen.

Viele Vietnamesen schätzen es auch, dass die Arbeitsbedingungen in amerikanischen Unternehmen, die bei uns investieren, oftmals besser sind als in asiatischen Firmen, die in Vietnam investieren. Außerdem wissen die Menschen in Vietnam, dass die USA für uns heute das wichtigste Exportland sind.« In der Tat exportierte Vietnam 2020 so viel in die USA wie nach China und Japan, die an zweiter und dritter Stelle stehen, zusammen.[63]

Auch mit Xuan Ngyuen spreche ich über das Thema. Sie ist Gründerin der Audiobook-Firma fonos, und ich treffe sie auf ungewöhnliche Art: Sie klopft an meiner Tür, weil sie im gleichen Hotel in Hanoi (Metropol) wie ich übernachtet und mich erkennt. Sie wohnt eigentlich in Saigon. »Ich bin 1987 geboren, als der Krieg schon zwölf Jahre zu Ende war. Meine Eltern und Großeltern haben zwar davon erzählt, wie schrecklich der Krieg war, aber sie haben nie ein negatives Wort über die USA und die Amerikaner gesagt. Im Gegenteil: Sie haben mir gesagt: Du musst Englisch sprechen lernen, ziehe dich an wie Amerikaner, esse, was die Amerikaner essen, und vor allem lerne zu denken, wie die Amerikaner denken. Dann wirst du erfolgreich sein.«

Kritischer als die USA wird China gesehen, das in der Geschichte oft Krieg gegen Vietnam führte und bis heute territoriale Streitigkeiten mit dem Nachbarn hat. In einer 2014 vom PEW Research Center durchgeführten Umfrage erklärten 76 Prozent der Vietnamesen, dass sie eine positive Sicht auf die USA haben. Bei den besser gebildeten Vietnamesen waren es sogar 89 Prozent, und auch bei den Befragten von 18 bis 29 Jahren sahen 89 Prozent die USA positiv. Sogar bei den Personen über 50 Jahren, die den Krieg noch miterlebt hatten, bewerteten über 60 Prozent die USA positiv.[64] Viel kritischer ist die Sicht auf China. Bei einer ebenfalls vom PEW Research Center im Frühjahr 2017 durchgeführten Umfrage sagten 64 Prozent der Vietnamesen, »Chinas wachsende Wirtschaft ist nicht gut für unser Land«. Zum Vergleich: In Japan sagten das nur 36 Prozent, in Australien 23 Prozent und in Südkorea 49 Prozent. 80 Prozent der Vietnamesen sagten bei dieser Umfrage auch, »Chinas Macht und Einfluss stellen eine Bedrohung für unser Land dar«.[65]

Ich bewundere Menschen, denen es gelingt, den Blick stärker in die Zukunft zu richten als in die Vergangenheit. Solche Menschen sind meist erfolgreicher im Leben als jene, die sich ständig mit ihrer Vergangenheit befassen. Und das gilt nicht nur für Individuen, sondern auch für Nationen. Viele afrikanische Länder klagen über die Folgen des Kolonialismus und nehmen das als Erklärung für all ihre Probleme. Die Vietnamesen könnten das ebenso gut, sie tun es aber nicht – und schauen nach vorne.

Das heißt natürlich nicht, dass sie dabei die Geschichte ignorieren. Ich besuche eine beeindruckende Erinnerungsstätte, ein ehemaliges Gefängnis, in dem zuerst die französische Kolonialmacht Vietnamesen einsperrte und später dann die Nordvietnamesen amerikanische Soldaten. Heute ist das Hòa Lò Prison ein Museum. Damals wurde das Gefängnis von amerikanischen Kriegsgefangenen ironisch »Hanoi Hilton« genannt, und unter diesem Titel entstand 1987 ein Film über die Erlebnisse der oft misshandelten und brutal gefolterten G.I. Unter anderem war auch der spätere US-Präsidentschaftskandidat John McCain in diesem Gefängnis. Die Ausstellung zeigt Fotos, wie er aus der abgeschossenen Maschine im Meer geborgen wurde und wie er im Jahr 2000 das Gefängnis-Museum besuchte.

1975 besiegten die Vietnamesen die Amerikaner, und das machte natürlich das ohnehin stolze Volk noch stolzer, denn sie hatten die größte militärische Supermacht der Geschichte bezwungen. Aber ihr Stolz litt in den darauffolgenden zehn Jahren, weil sich die Ausweitung der im Norden bereits praktizierten sozialistischen Planwirtschaft auch auf den Süden verheerend auswirkte. Vietnam wurde zum ärmsten Land der Welt. Während andere asiatische Staaten – Japan, Taiwan, Südkorea, Hongkong, Singapur, aber auch Thailand – den kapitalistischen Weg gingen, große Wachstumsraten erzielten und der Armut entkamen, waren in Vietnam die meisten Menschen auch noch zehn Jahre nach dem Ende des Krieges bitterarm.

Die Zwangskollektivierungen der Landwirtschaft hatten ebenso wenig funktioniert wie in China oder Russland. 1980 produzierte Vietnam 14 Millionen Tonnen Reis, aber 16 Millionen Tonnen wären notwendig gewesen, um den Grundbedarf der Bevölkerung zu decken. Im Zeitraum des zweiten Fünfjahresplans (1976 bis 1980) musste das Land acht bis neun Millionen Tonnen Reis und andere Nahrungsmittel importieren.[66]

Die Produktion stagnierte, die staatliche Industrieproduktion ging von 1976 bis 1980 sogar um zehn Prozent zurück.[67] Bis 1988 waren in Vietnam nur kleine Familienbetriebe als Privatunternehmen erlaubt, ansonsten existierten nur Staatsbetriebe. Die Vietnamesen erkannten, dass sie in einer Sackgasse steckten. Auf dem VI. Parteitag im Dezember 1986 beschlossen sie die Reformen, die man als »Đổi-mới« (»Erneuerung«) bezeichnet. So wie in China unter Deng Xiaoping wurde Privateigentum erlaubt, und von nun an setzte die Partei zunehmend auf Marktwirtschaft. Đinh Minh Tuấn betont die besondere Rolle von Võ Văn Kiệt, der schon vor Beginn von Đổi mới ab 1983 in Ho Chi Minh City marktwirtschaftliche Reformen durchgeführt hatte. Vom 8. August 1991 bis zu seinem Rücktritt am 25. September 1997 war Võ Văn Kiệt Premierminister von Vietnam. Er zählte zu den treibenden Kräften der Đổi-mới-Wirtschaftsreform, unterstützte die Privatisierung und forderte das Ende der Sonderprivilegien für Armee- und Parteiführer. Unter seiner Ägide wurde auch Artikel 21 in die vietnamesische Verfassung eingefügt, wonach das Privateigentum an Produktionsmitteln vor Enteignung geschützt ist.

Heute ist Vietnam nicht wiederzuerkennen. Das BIP pro Einwohner hat sich seit den Reformen (in konstanten Dollar) versechsfacht, von 577 auf 3.373 Dollar.[68] Vietnam ist nach Indien und nur knapp hinter Thailand der drittgrößte Reisexporteur der Welt.[69] Doch Vietnam ist längst viel mehr als ein Land, das landwirtschaftliche Produkte oder Textilien exportiert. Es hat sich zu einem wichtigen Exporteur von Elektronikartikeln entwickelt und 2020 für 111 Milliarden Dollar Produkte aus dieser Sparte ausgeführt.[70]

»Die Armut in Vietnam ist von einem Mehrheitsproblem zu einem Minderheitsproblem geworden«,[71] stellt eine Analyse über Vietnams Transformationsweg fest. Mit einem Bruttoinlandsprodukt pro Einwohner von 98 Dollar war Vietnam 1990 das ärmste Land der Welt, noch hinter Somalia (130 Dollar) und Sierra Leone (163 Dollar).[72] Noch 1993 lebten 79,7 Prozent der Vietnamesen in Armut. Bis 2006 hatte sich die Quote auf 50,6 Prozent reduziert. 2020 lag sie bei nur noch fünf Prozent.[73]

Steigende Ungleichheit ist für die Vietnamesen kein Problem, sondern sogar ein Zeichen von mehr Gerechtigkeit. In einem Aufsatz der vietnamesischen Sozialwissenschaftler Nguyễn Trong Chuẩn, Nguyễn Minh Luan und Le Huu Tang in dem Buch »Socioeconomic Renovation in Viet Nam« heißt es zum Thema Ungleichheit in der Landbevölkerung: »Die Haushalte, die über gute Möglichkeiten, mehr Erfahrungen, Geschick im Arbeiten und Handeln und gesunde Arbeitskräfte verfügen, werden reicher sein. Daher stellt die Polarisierung keine Ungerechtigkeit, sondern vielmehr Gerechtigkeit dar: Wer hart und gut arbeitet, verdient mehr, während diejenigen, die faul sind und ineffizient und ineffektiv arbeiten, weniger verdienen.« Und die Wissenschaftler sprechen sich dezidiert gegen Umverteilungskonzepte aus: »Im Vergleich zum Subventionssystem mit seiner egalitären Verteilung zeigt die aktuelle Polarisierung zwischen Arm und Reich die Wiederherstellung der sozialen Gerechtigkeit.«[74]

Ungleichheit sei nicht kritikwürdig, und das Streben nach Reichtum solle gefördert werden: »Die Polarisierung ist selbst zu einer wichtigen Triebfeder des jüngsten beträchtlichen Wirtschaftswachstums geworden.« Es sei falsch, den Kurs der marktwirtschaftlichen Reformen zu verlassen, nur weil die Ungleichheit zwischen Arm und Reich zunehme, so die vietnamesischen Soziologen und Philosophen. Ähnliche Erkenntnisse von Soziologen in den USA und Europa wird man nicht oft finden.

Mit diesen Informationen und Eindrücken beginne ich meine zweite Reise nach Vietnam, von Mitte bis Ende September 2022. Ich habe mich dafür entschieden, wieder im Metropol-Hotel zu übernachten, dessen Service mir schon 2014 gut gefallen hatte. Ein Beispiel: Damals wollte ich abends mit meiner Freundin Trang eine DVD schauen, aber der europäische Standard passte nicht zum asiatischen Standard des DVD-Players: Noch um 22 Uhr besorgte das Hotel – ich weiß nicht woher – einen DVD-Player mit europäischem Standard. Am nächsten Morgen kam der Hoteldirektor persönlich und meinte, er wolle sich dafür entschuldigen, »was gestern passiert ist«. Ich erwiderte, dass es ein großartiges Hotel sei und ich mit allem glücklich wäre. Seine Antwort: »Das mit dem DVD-Player hätte nicht passieren dürfen, aber ich habe sofort eintragen lassen, dass Sie in jedem unserer Hotels stets einen DVD-Player mit europäischem Standard finden werden.« Typisch für den Service in vielen asiatischen Hotels. Davon können sich Europäer und Amerikaner eine Scheibe abschneiden.

Der erste Eindruck auf Vietnams Straßen: Ich muss vorsichtiger sein beim Überqueren. Zebrastreifen beispielsweise haben hier keinerlei Bedeutung. Auch wenn ein Fußgänger beginnt, die Straße zu überqueren, lässt sich kein Auto- oder Mopedfahrer davon beeindrucken. Ich frage meine Dolmetscherin, wie alte Menschen, die nicht schnell rennen können und vielleicht manchmal nicht mehr den gleichen Grad an Aufmerksamkeit haben, es auf die andere Seite schaffen. »Kein Problem, die jungen Leute helfen ihnen über die Straße.« Nach meinem Eindruck sind 80 Prozent der Verkehrsteilnehmer mit Motorrädern oder Mofas unterwegs, und laut Statistik sind es tatsächlich sogar noch etwas mehr.[75] Es wird mehr gehupt, als ich das je in Italien gehört habe.

Am zweiten Tag meines Aufenthaltes spreche ich vor mehr als 1.000 Menschen auf einer Veranstaltung, zu der ein Online-Immobilienmakler eingeladen hat. Thema meines Vortrages: »Psychologie der Superreichen«. Das Buch, das meine zweite Doktorarbeit war, ist gerade in Vietnam erschienen. Davor war es schon in Südkorea und China erfolgreich. Als ich den Saal frage, wer reich werden möchte, melden sich zuerst nur wenige, aber das liegt daran, dass nach wie vor viele ältere Menschen kein Englisch können. Nachdem meine Dolmetscherin die Frage übersetzt, melden sich die meisten.

Mittags gehe ich essen mit einigen Geschäftsleuten, unter anderem dem Gründer einer Private Equity-Firma, die in Hightech-Unternehmen in Vietnam investiert. Ich frage ihn, was er von den offiziellen Bekenntnissen zum Sozialismus hält. »Na ja, manche Leute reden vielleicht noch vom Marxismus-Leninismus, aber in Wahrheit handeln hier alle kapitalistisch.« Ich meine, man könne in China beobachten, dass nach Jahrzehnten, wo immer mehr auf den Markt gesetzt wurde, seit einigen Jahren eine Gegentendenz zu mehr Staat zu beobachten sei – ob das auch in Vietnam gelte? »Nein, auf keinen Fall. Wir setzen hier auf Marktwirtschaft, und derzeit beobachten wir sogar, dass manche Investoren, die früher China favorisiert haben, jetzt mehr auf Vietnam bauen.«

Ein Geschäftsmann aus Korea, mit dem ich mich zum Mittagessen in einem vegetarischen Restaurant verabredete, sagt: »Weil China in den vergangenen Jahren private Unternehmen immer stärker reguliert und denen das Leben schwer macht, kommen viele jetzt nach Vietnam. ›Escape from China‹ heißt die Parole.«

Mein Gesprächspartner Đinh Minh Tuấn, der einen kleinen liberalen Thinktank gegründet hat, bestätigt das: »Eine Tendenz, wieder weg von mehr Markt und hin zu mehr Staat zu gehen, wie man das in den vergangenen Jahren in China beobachten konnte, gibt es hier nicht.« Von den Steuersätzen für Besserverdiener kann man in Frankfurt oder New York nur träumen, der Spitzensteuersatz liegt bei 35 Prozent, und dafür muss man etwa 14-mal mehr verdienen als der Durchschnitt. Armutsbekämpfung, das lehrt auch Vietnam, geschieht nicht durch Reichensteuern und Umverteilung, sondern durch eine Stärkung der Marktwirtschaft.

Neid gegenüber Reichen ist Vietnamesen sowieso fremd. Hier wird Reichtum bewundert. Von 13 Ländern, in denen ich in Umfragen die Einstellung zu Reichen ermittelt habe, war nur in Polen die Grundhaltung noch ein wenig positiver als in Vietnam. Vietnamesen hegen keinen Groll gegen die Reichen, sondern wollen selbst reich werden – laut der bereits zitierten Umfrage.

Interessant ist aber auch, dass in allen Ländern, in denen ich die Befragung durchgeführt hatte, Männer häufiger sagten, es sei ihnen wichtig, reich zu werden, als Frauen. Nur in Vietnam wollen deutlich mehr Frauen als Männer reich werden. 72 Prozent der Männer und 80 Prozent der Frauen in Vietnam erklärten in der Umfrage, dies sei ihnen wichtig.[76]

Đinh Minh Tuấn betont die wichtige Rolle von Frauen in der Wirtschaft. Laut einer Befragung von Grant Thornton aus dem Jahr 2019 sind 36 Prozent der Führungskräfte in Vietnam Frauen, verglichen mit 19 Prozent in Thailand. In Deutschland sind es 29 Prozent.[77] »Im Unterschied zu Frauen in anderen südostasiatischen Ländern steht Vietnamesinnen die Tür zu allen Berufen und Hierarchiestufen weit offen«, schrieb die »Neue Zürcher Zeitung«.[78]

In Hanoi halte ich an mehreren Universitäten Vorträge, unter anderem an der renommierten NEU (National Economics University) und an der Foreign Trade University. An der Foreign Trade University bin ich zu einem Workshop über die Motivation zum Reichwerden eingeladen. Die Wissenschaftler dort haben meine Publikationen zu diesem Thema gelesen, aber auch eigene Forschungen durchgeführt. Das Motto des Workshops lautet: »Rich people, rich country«. Es geht darum, wie man das Image der Reichen verbessern kann. In den USA und Europa hat mich noch keine Universität zu einem Workshop mit dieser Fragestellung eingeladen.

An der Foreign Trade University studieren 20.000 Studenten, davon ca. zwei Drittel Frauen. Die Universität hat 850 Fakultätsmitglieder und Mitarbeiter, der Frauenanteil unter ihnen sei sogar noch etwas höher. Feminismus ist dazu nicht notwendig in Vietnam. Xuan sagt mir: »In Vietnam geht es weniger darum, irgendwelche Rechte für Frauen zu fordern, als selbst etwas dafür zu tun, dass man als Frau Erfolg hat. Wir wollen uns nicht auf die Männer verlassen, sondern auf uns selbst.« Das hatte ich schon in China beobachtet: Die aus europäischer Sicht vermeintlich »kollektivistischen« Asiaten sind in dieser Hinsicht viel individualistischer als die Europäer oder die Amerikaner: Fordere nicht, dass der Staat etwas für dich tun soll, sondern tue es selbst.

Xuan selbst ist ein gutes Beispiel dafür: Sie hat schon mit 23 Jahren ihre erste Firma gegründet, eine Kette für Sandwiches (ähnlich wie Subway). Sie besitzt zwölf dieser Restaurants in Vietnam und 20 in Koreas Hauptstadt Seoul. Danach hat sie eine Kette für Apotheken gegründet und vor drei Jahren einen Verlag für Audio-Bücher, der seitdem schon 700 Titel verlegt hat.

Heute gibt es sieben Milliardäre in Vietnam, und hier dominieren noch die Männer, aber immerhin befindet sich eine Frau darunter: Nguyễn Thi Phương Thảo. Zum Vergleich: In den USA gibt es unter den 20 reichsten Personen nur eine Frau, Alice Walton, und sie ist Erbin.

Nguyễn Thi Phương Thảo wurde 1970 geboren und gehört mit einem Vermögen von 2,8 Milliarden Dollar laut »Forbes« (März 2024) zu den 1.400 reichsten Menschen der Welt.[79] Sie verdiente ihre erste Million schon im Alter von 21 Jahren als Studentin in Moskau durch den Verkauf von Faxgeräten. 2011 gründete sie die Billigfluggesellschaft, VietJet Air. Sie hatte von Anfang an ein gutes Gespür für Marketing. 2012 kam ihre Fluggesellschaft in die Schlagzeilen mit Werbespots, die die Flugbegleiterinnen im Bikini zeigten. Die Flugbegleiterinnen konnten wählen, ob sie lieber in der traditionellen Uniform oder im Bikini fliegen, die meisten entschieden sich für Letzteres. Nguyễn Thi Phương Thảo sagt, sie habe kein Problem damit, wenn die Leute ihre Gesellschaft mit den Bikini-Stewardessen assoziieren: »Wenn das die Leute glücklich macht, sind wir glücklich.« Auf die Kritik, Frauen würden damit zu Sexsymbolen, antwortet sie: »Wenn ein schönes Image zum Glück unserer Kunden beiträgt, werden wir immer unser Bestes geben. Es gibt auf der Welt zahlreiche Schönheitswettbewerbe, bei denen die Teilnehmerinnen im Bikini antreten. Der Bikini bringt schöne Merkmale zur Geltung. Unsere Botschaft bei VietJet lautet: Wir haben im Sinne von Schönheit und Glück gehandelt.«[80]

2017 brachte sie die Gesellschaft in Saigon an die Börse und wurde damit Milliardärin. Außerdem hat die Unternehmerin im Bankenbereich (HD Bank) und im Immobiliensektor investiert, unter anderem besitzt sie drei Strandressorts.

Beim Streben nach Reichtum muss es nicht um Millionen oder gar Milliarden gehen. Auch im Kleinen schauen viele Vietnamesinnen, wie sie mehr Geld verdienen können. Kosmetikprodukte sind oft sehr teuer wegen Zöllen und Steuern. Ich habe das selbst gemerkt, als ich in einem Laden Sonnenspray kaufen wollte und umgerechnet 30 Dollar für eine winzige Dose zahlen sollte, viel mehr als in Deutschland. Meine Dolmetscherin Huong erklärt mir, dass sehr viele Frauen heute aus China oder den USA Kosmetikprodukte bestellen und sie dann im Internet verkaufen.

Ich dachte erst, dies geschehe im Rahmen der Schattenwirtschaft, also illegal, und würde nur nicht verfolgt. Trân Hứu Đúc, Vertreter eines Private Equity-Fonds, mit dem ich an meinem letzten Tag in Vietnam spreche, meint jedoch, dies sei durchaus legal und der Staat erhebe eine pauschale Steuer von sieben Prozent auf solche Verkäufe. Hauptsächlich würde auf Facebook, TikTok und auf vietnamesischen E-Commerce-Plattformen verkauft.

Stichwort E-Commerce: Der spielt auch in Vietnam eine immer größere Rolle. Amazon sei in Vietnam jedoch nicht aktiv. Es gebe vier größere E-Commerce-Plattformen, doch die ersten beiden seien inzwischen von den chinesischen Online-Riesen Alibaba und Tencent aufgekauft worden. Der drittgrößte Onlinehändler habe mit Büchern begonnen, so wie einst Amazon.

Trân Hứu Đúc hat einen Venture-Capital-Fonds gegründet, VIISA, der jedoch mit fünf Millionen Dollar ein sehr kleines Volumen hat. Überwiegend investiert der Fonds zunächst sehr überschaubare Beträge von 20.000 bis 25.000 Dollar, was jedoch in Vietnam viel sei. Als ich mit ihm spreche, bereitet er gerade einen zweiten Fonds vor, der ein etwas größeres Volumen von 20 Millionen Dollar haben soll.

Unternehmertum wird groß geschrieben an den Universitäten, sogar an der staatlichen VNU Vietnam University of Economics & Business. Hier wurde ich zu einem Vortrag im Rahmen der »Business Challenge Session« eingeladen. Der Wettbewerb wird zusammen mit Partnern ausgerichtet, unter anderem der Friedrich-Naumann-Stiftung aus Deutschland. Mehrere Teams von Studenten entwickeln über einige Monate hinweg Geschäftsideen, wobei ihnen Mentoren – Unternehmer oder ehemalige Unternehmer – zur Seite stehen. Am Ende gibt es für die Gewinner Geldpreise. So soll unternehmerisches Denken bei den Studenten gefördert werden.

Mischt sich der Staat zu stark in die Wirtschaft ein? Gesprächspartner von mir, die ich nicht mit Namen nennen möchte, berichten mir, dass der Staat nicht selten bestimmte Dinge von Unternehmen verlange, die sie »freiwillig« tun sollten. Doch wer da nicht mitmacht, bekommt Probleme, z.B. mit den Steuerbehörden. Eine andere Gesprächspartnerin erzählt mir, ein Freund sei sehr, sehr reich, habe es aber vermieden, eine große Firma aufzubauen, da er es für geschickter halte, »unter dem Radar« zu fliegen. Stattdessen habe er zehn mittelgroße Firmen. Auf meine Entgegnung, dass die Behörden das doch leicht erkennen könnten, meint sie: »Nein, die Leute sind sehr kreativ: Formell gehört ihm nur eine Firma, die anderen gehören anderen Familienmitgliedern bzw. Verwandten, denen man vertraut.«

Ein großes Problem in Vietnam ist die Korruption. Zwar hat sich in den vergangenen Jahren manches verbessert, aber der Filz ist immer noch stark verbreitet. Ein Geschäftsmann sagt mir: »In den Zeitungen werden die offiziellen Listen der Gehälter der Partei- und Staatsfunktionäre veröffentlicht, und viele bekommen nur 500 oder 1.000 Dollar im Monat. Trotzdem fahren sie dann einen teuren Mercedes und haben einen aufwendigen Lebensstil. Da fragt man sich natürlich: Woher kommt das Geld?«

Ein anderer Geschäftsmann, der die vietnamesische Niederlassung eines Unternehmens aus Korea leitet, beklagt, dass die IT-Infrastruktur, z.B. Datacenter, immer noch unzureichend sei. Auch würden Startups nach wie vor zu oft von Kindern reicher Eltern gegründet, die gute Beziehungen haben. Den anderen fehle das Geld dazu. Ich wandte ein, man brauche doch eher gute Ideen als Geld, weil es Geld für gute Ideen von Venture Capital- und Private Equity-Unternehmen gibt. »Ja«, sagte er, »aber da sind wir beim nächsten Problem. Es gibt Leute mit guten Ideen, aber oft sind deren Englischkenntnisse nicht ausreichend, und das ist natürlich die Voraussetzung, um bei einem Pitch bei Finanzierern teilzunehmen, die meist aus dem Ausland kommen.«

Ein anderes Problem, das mir schon in China begegnete, ist die in Asien weit verbreitete Einstellung, Investments mit Glücksspiel zu verwechseln. Das Motto lautet oft »Get rich quick«, und allzu viele versuchen ihr Glück mit Kryptowährungen oder Aktienspekulationen –

was vermutlich für die meisten nicht zu schnellem Reichtum führt, sondern sie ärmer macht.

Als ich bei einer Pressekonferenz zur Vorstellung meines Buches gefragt werde, wo man denn investieren solle, antworte ich: »Statt sich zu überlegen, wo man das wenige Geld, das die meisten Vietnamesen haben, investieren kann und dann am Ende mit windigen Kryptowährungen oder Aktienspekulationen Geld zu verlieren, habe ich eine andere Empfehlung: Investiert alles darin, Englisch zu lernen. Das wird euch mehr helfen als alles andere, das ist die beste Investition. Ihr müsst nicht perfekt Englisch können, das kann ich auch nicht und hatte nie ein Talent für Fremdsprachen, im Gegenteil. Aber ich weiß, dass jeder so gut Englisch lernen kann, dass man im Geschäftsleben damit gut auskommt.«

Sprachen lernen: Kwon Hyuck Jun, mein Gesprächspartner aus Südkorea, lebt seit 18 Jahren in Vietnam. Er kam hierher, weil er nicht zum Militär in Südkorea wollte. Es gab da eine Möglichkeit, für die südkoreanische Regierung im Ausland tätig zu werden, statt zum Militär zu gehen. Die Grundausbildung bei der Armee musste er dennoch in Korea absolvieren. »Dann haben die mir gesagt: So, du kannst, anstatt hier weiter in der Armee zu dienen – das waren damals mehr als zwei Jahre –, diesen Job in Vietnam machen, aber dafür musst du Vietnamesisch sprechen. Du hast drei Monate Zeit, es zu lernen. Wenn du es dann nicht kannst, musst du wieder nach Korea zum Militär.« Das war für ihn eine Horrorvorstellung. »Ich habe drei Monate nichts anderes gemacht, als Tag und Nacht Vietnamesisch zu lernen. Ich habe nur wenige Stunden geschlafen und kurz etwas gegessen, aber ich hatte ja einen guten Grund: Du willst auf keinen Fall wieder zurück in die Armee. Auf keinen Fall. Nach drei Monaten konnte ich Vietnamesisch und habe das Wort ›unmöglich‹ aus meinem Wörterbuch gestrichen.« Ich gebe zu: Ich habe mir vor Jahren mal von Trang erklären lassen, wie man Vietnamesisch schreibt und spricht und habe nach einer Stunde kapituliert. Ich hatte eben keinen so starken Grund wie der Geschäftsmann aus Korea.

Ich treffe in Hanoi mehrere Menschen aus anderen Ländern, die seit einigen Jahren hier leben, so etwa den ehemaligen deutschen

Botschafter in Vietnam, Christian-Ludwig Weber-Lortsch, der eine Vietnamesin geheiratet hat und jetzt hier lebt. Allerdings ist es nicht mehr so einfach, eine Aufenthaltsgenehmigung zu bekommen. Weil er mit einer Vietnamesin verheiratet ist, hat er eine Genehmigung für drei Jahre, die dann jeweils verlängert wird.

Inzwischen, so hört man, sind die Vietnamesen strikter geworden, selbst wenn die betreffende Person viel Geld hat. Sie fürchten nämlich, dass sich sonst zu viele reiche Chinesen hier niederlassen würden, und das wollen sie nicht. Und da man kein spezielles Gesetz erlassen kann, das Chinesen die Ansiedlung erschwert, muss man es für alle Ausländer gelten lassen.

In meinen Gesprächen geht es auch immer wieder um das Thema Meinungsfreiheit. Vietnam ist ein Ein-Parteien-System und es gibt keine Pressefreiheit, wie wir sie aus westlichen Ländern kennen. Die Zeitungen sind im Staatsbesitz, und dort wird die Regierungslinie vertreten. Ein YouTuber aus Saigon, der ein Interview mit mir machte, erklärt mir: »Früher habe ich beim staatlichen TV gearbeitet, da gab es sehr enge Vorschriften. Ich wollte mich freier äußern und habe meinen eigenen YouTube-Kanal eröffnet, dem heute 250.000 Menschen folgen. Ohnehin schauen junge Menschen in Vietnam kaum noch TV und kaufen auch keine Printausgaben von Zeitungen, sondern informieren sich auf YouTube und in den sozialen Medien.«

Eine Journalistin erklärt mir, dass normale Menschen sich im Internet und den sozialen Medien relativ frei äußern können, auch kritisch zur Regierung. »Doch wenn jemand prominent ist, z.B. ein prominenter Sportler oder Unternehmer, und der äußert sich kritisch zur Regierung, dann bekommt der sehr schnell Probleme.«

Die Bücher von mir, die in Vietnam erscheinen, müssen auch erst durch die Zensur. Bei Büchern wie »Setze dir größere Ziele« oder »Psychologie der Superreichen« ist das nur eine Formsache und gar kein Problem.

Für mein Buch »Kapitalismus ist nicht das Problem, sondern die Lösung« hatte ich in Vietnam einen Verlag gefunden, und der hatte es auch schon übersetzen lassen. Wir hofften, es genüge in Vietnam, das

Wort »Kapitalismus« durch »Marktwirtschaft« zu ersetzen. Aber nachdem alles schon vorbereitet war, erklärte mir der Verlag, die Zensur habe das Buch doch nicht genehmigt.

Vor einigen Jahren veröffentlichte ich einen Artikel über die Entwicklung der Wirtschaft in Vietnam. Die Tendenz des Artikels war positiv, obwohl ich auch negative Dinge anmerkte, wie z.B. dass beim Kampf gegen die Korruption und bei der Rechtsstaatlichkeit noch viel zu tun sei. Andererseits lobte ich Vietnam für die marktwirtschaftlichen Reformen. Diese positiven Sätze wurden interessanterweise gestrichen und mein Ansprechpartner in Vietnam meinte, manchmal wolle man nicht, dass die Regierung gelobt werde.

Insgesamt kann man festhalten: Vietnam ist bei der Presse- und Meinungsfreiheit weit entfernt von westlichen Maßstäben, aber gleichwohl freier als China. Man merkt das schon daran, dass in China Google, Facebook, X (Twitter) und ähnliche Plattformen gesperrt sind. Ohne VPN hat man keinen Zugang. In Vietnam dagegen hat man freien Zugang zum Internet und kann dort westliche Medien lesen und alle sozialen Netzwerke nutzen. Ich selbst hatte mehrere Jahre eine Facebook-Seite in Vietnam. Facebook ist dort das mit großem Abstand wichtigste Medium zur Kommunikation.

Am vorletzten Tag hielt ich einen Vortrag im deutschen Goethe-Institut. Es gibt angeregte Diskussionen und auch kritische Fragen. Ein Zuhörer fragte: »Ist Wohlstand mit Unfreiheit nicht auch eine Form der Sklaverei?« Offenbar wollte er zum Ausdruck bringen, dass wirtschaftliche Freiheit allein nicht reicht, wenn es keine geistige und politische Freiheit gibt. Das sehe ich auch so, andererseits wehre ich mich dagegen, die Bedeutung wirtschaftlicher Freiheit (auch wenn sie nicht von politischer Freiheit begleitet wird) kleinzureden. Für die Millionen Vietnamesen, die noch vor 20 oder 30 Jahren in bitterer Armut lebten, macht es eben schon einen erheblichen Unterschied, wenn sich ihr Lebensstandard durch die Wirtschaftsreformen stark verbessert hat.

Letzter Tag: Abendessen mit Oliver Massmann, der mir als der beste deutschsprachige Anwalt in Vietnam empfohlen wurde. Er hat auch die Zulassung in Deutschland und den USA, spricht aber – anders als seine Kollegen – perfekt Vietnamesisch. Vor 25 Jahren kam er nach Vietnam, weil er auf einer Party viele bildhübsche Asiatinnnen gesehen hatte und ihm sein Kumpel erklärte, die Frauen kämen aus Vietnam und dort seien alle so schön. Nun, das stimmt natürlich nicht. Aber in der Tat gibt es hier mehr schöne Frauen als in Deutschland. Eine traf ich bei einem Vortrag an der NEU Universität: Linh, 28 Jahre, hat mehrere Jahre in Boston Internationales Recht und Finanzen studiert, mit Auszeichnung. Sie ist die schönste und zugleich hochintelligente Frau, die ich auf meiner Weltreise getroffen habe. Schade, dass nur Zeit für ein Abendessen am vorletzten Tag war.

Zurück zu Massmann: Er erklärte mir, wie wichtig die Freihandelsabkommen und internationalen Handelsverträge für Vietnam waren, und er war maßgeblich an der Ausarbeitung beteiligt. Ein sympathischer Typ, der auch Bodybuilding betreibt, was verbindet.

Auf der Heimreise fühlte ich mich schlecht, angeschlagen. Zuerst dachte ich, es sei eine Erkältung. In Deutschland angekommen, stellte ich fest: Ich habe mich das zweite Mal mit Corona infiziert. Das Timing war ideal: Blöd wäre es gewesen, wenn ich bereits in den ersten Tagen in Vietnam krank geworden wäre. So muss zwar eine geplante Reise zur Mont Pèlerin-Tagung in Oslo ausfallen, doch bis zum Trip nach Miami zur Students-for-Liberty-Konferenz war ich wieder gesund. Und die Zwischenzeit konnte ich nutzen, meinen Teil eines Buches über das Image der Reichen in Chile zu schreiben, das ich mit Axel Kaiser herausgeben werde. Es erschien dann etwa ein Jahr später unter dem Titel »El Odio a los Ricos«.

Oktober 2022

Miami, USA

Zwei Wochen nach meiner Rückkehr aus Vietnam hatte ich meine zweite Corona-Infektion auskuriert und startete nach Miami zur Jahrestagung der Students for Liberty. Ich hatte schon im Februar 2018 in Washington bei einer früheren Jahrestagung dieser weltweit aktiven Organisation gesprochen.

Bei der Einreise in Miami kann ich die oft nervigen Warteschlangen umgehen, weil ich 1. Klasse geflogen bin – manchmal fliege ich Business-Class, aber da meine Freundin Alica dabei ist, hatte ich diesmal First Class gewählt. Wir wollten nach der Konferenz zusammen Urlaub in Miami machen. Mein letzter Urlaub liegt lange zurück, das war noch vor Corona.

Die Beamten bei der Einreise in die USA zeichnen sich meist nicht durch besondere Freundlichkeit aus, und das ist auch dieses Mal zunächst so. Das ändert sich, als mich der Beamte fragt, für was denn der »Dr.« im Reisepass sei, und sein Gesicht hellt sich auf, als ich erwähnte, dass ich Historiker bin. Er interessiere sich sehr für Geschichte und komme aus der Ukraine. Mit Alica, die fünf Sprachen spricht, darunter auch Russisch, kann er ein paar freundliche Sätze auf Russisch austauschen.

Ich war schon vor einigen Jahren in Miami, fand aber die Betonhotels am Strand hässlich, und auch diesmal ist mein erster Eindruck eher negativ. Im Vorfeld habe ich mich über das Hotel geärgert, das trotz eines stolzen Preises von mehreren 10.000 Dollar für zwei Wochen nicht in der Lage ist, einen Drucker für mein Zimmer zu besorgen. Keine Frage, der Service in Hotels ist in Asien deutlich besser als in den USA.

Die Veranstaltung der Students for Liberty ist international – in Miami treffen sich etwa 500 Teilnehmer aus 50 Ländern. Leider habe ich ein extrem schlechtes Gesichtergedächtnis – etwas peinlich, wenn Leute kommen mit Begrüßungen wie: »Hi, wir haben uns in Tiflis kennengelernt« oder »Wir haben uns vor einigen Monaten in São Paulo getroffen« oder »Ich habe dich bei einem Vortrag in Mailand kennengelernt«.

Die Veranstaltung beginnt am 14. Oktober mit einem Gespräch zwischen dem CEO der Students for Liberty, Wolf von Laer, und dem Gründer von Whole Foods Market, John Mackey. Ich hatte am Tag davor bei Whole Foods eingekauft und mir mein Abendessen geholt – eine tolle Auswahl von Gemüsesorten, wie man sie in nur wenigen Geschäften findet. John Mackey studierte mehrere Semester Philosophie und Religion und arbeitete nebenbei in einer vegetarischen Konsumgenossenschaft. 1978 gründete er zusammen mit seiner Freundin einen vegetarischen Supermarkt, SaferWay, aus dem zwei Jahre später durch einen Zusammenschluss Whole Foods Market entstand. Er berichtet, wie er nach Gründung der Firma zunächst von 200 Dollar im Monat lebte, und da er keine Wohnung hatte, wohnte er mit seiner Freundin in dem Laden. Da es keine Dusche gab, mussten sie sich im Waschbecken waschen. Aber er erinnert sich sehr gerne an die Zeit zurück, er war verliebt und die Gründung des Unternehmens ein großes Abenteuer, Geld brauchte er privat nicht. Später wurde er sehr vermögend, denn er brachte das Unternehmen an die Technologiebörse Nasdaq, und 2017 wurde es von Amazon für 13,7 Milliarden Dollar übernommen. Heute betreibt Whole Foods mehr als 500 Filialen in den USA, Kanada und Großbritannien.

Whole Foods war die erste große Lebensmittelkette, die sich dem Thema Tierschutz verschrieb. Mackey wurde von der Tierrechtsaktivistin Lauren Ornelas beeinflusst, die auf einer Aktionärsversammlung im Jahr 2003 die Tierschutzstandards von Whole Foods für Enten kritisierte. Mackey gab Ornelas seine E-Mail-Adresse, und sie korrespondierten zu dem Thema. Er beschäftigte sich mit den Problemen der Massentierhaltung und beschloss, auf eine überwiegend vegetarische Ernährung umzusteigen, die nur noch Eier von seinen eigenen Hühnern enthält. Seit 2006 ernährt er sich ausschließlich pflanzlich. Er setzt sich für strengere Tierschutznormen ein. Ein Vegetarier, Anhänger des Tierschutzes und begeisterter Kapitalismus-Fan – das ist mir sympathisch, denn das alles bin ich selbst auch.

Mackey ist ein glühender Anhänger des Kapitalismus. »Der Kapitalismus ist das Beste, was die Menschheit je hervorgebracht hat«, sagt Mackey bei der Veranstaltung. Er hat ein Buch zum Thema »Conscious Capitalism« geschrieben. Aber er löste einen Shitstorm aus, als er im August 2009 im »Wall Street Journal« einen Artikel gegen Obama Care veröffentlichte. Linke Gruppen riefen zum Boykott seiner Geschäfte auf.

Wolf von Laer zollt dem bescheiden auftretenden Unternehmer, der leise spricht, Respekt für seinen Mut, politische Positionen zu beziehen. Doch Mackey selbst sagt, er würde einen solchen Artikel nach diesen Erfahrungen nicht mehr schreiben, denn der Schaden für das Geschäft sei zu groß gewesen. Schade. Aber so ist es heute, nicht nur in den USA: Politische Äußerungen von Leuten aus der Wirtschaft werden nur geduldet, wenn sie sich kapitalismuskritisch oder »woke« geben. Andernfalls drohen ein Shitstorm und Boykottaktionen, so wie damals gegen Whole Foods. »Cancel Culture« nennt man diese Unkultur, die nichts anderes als ein Angriff auf die Meinungsfreiheit ist.

Ein anderer Redner bei der Veranstaltung ist Joe Walsh, der von 2011 bis 2013 den Bundesstaat Illinois im US-Repräsentantenhaus auf dem Ticket der Republikaner vertrat, aber inzwischen aus der Partei ausgetreten ist. Walsh hatte Trump zunächst unterstützt, wurde aber später zu einem seiner schärfsten Kritiker in der Republikanischen Partei. Nach Trumps Gipfeltreffen mit Putin im Juli 2018 in Helsinki erklärte er: »Ich werde Trump nie wieder unterstützen« und nannte ihn »eine Gefahr für dieses Land«. Walsh empfahl, das Twenty-fifth Amendment zu nutzen, um Trump aus dem Amt zu entfernen. Doch er meint, es sei falsch, das Problem allein bei Trump zu suchen. Auch wenn der derzeit zweitbeliebteste Republikaner, Floridas Gouverneur

Ron DeSantis – dem auch die Sympathien mancher Libertären gehören –, antreten werde, mache das keinen Unterschied, so Walsh.

Walsh sagt, er habe früher zu den ersten Aktivisten der 2009 entstandenen Tea-Party-Bewegung gehört, aber eigentlich habe es sich um zwei Bewegungen gehandelt: Die eine propagierte einen schlankeren Staat, niedrigere Steuern und weniger Schuldenaufnahme und die andere einen autoritären Staat, letztlich einen christlichen Gottesstaat, gar eine Theokratie. Diese zweite Richtung, die auch für einen extremen Nationalismus steht, habe sich in der Republikanischen Partei inzwischen durchgesetzt. Man solle sich keine Illusionen machen, so Walsh, der durchschnittliche Wähler der Republikaner habe die Idee der Demokratie aufgegeben. Auf Twitter schrieb er im Februar 2021: »Ich habe die Republikanische Partei vor fast genau einem Jahr verlassen. Jemand hat mich an diesem Tag nach meinem Grund für den Austritt gefragt. Ich sagte: ›Weil die GOP, die Grand Old Party, die Demokratie nicht mehr unterstützt. Sie hat sich dem Faschismus zugewandt. Sie glaubt an Verschwörungstheorien. Und sie ist eine Sekte. Ich will keiner Sekte angehören.‹«

So hart würden das sicher die meisten Libertären nicht formulieren, aber in einem spricht Walsh ihnen allen wohl aus der Seele: Er bezeichnet sich als »homeless« im amerikanischen Zwei-Parteien-System, und so sehen sich die meisten Libertären. Die Demokratische Partei mit Joe Biden kritisiert Walsh ebenso scharf, sie sei keine Alternative. Er gibt den Demokraten sogar die Schuld daran, dass sich die Republikanische Partei so entwickelt habe. Letztlich seien die Republikaner heute die Revanche der Rechten gegen die Linke.

Die Libertären sitzen zwischen den Stühlen – nach europäischen Maßstäben vereinen sie rechte und linke Elemente. Einerseits sind sie begeisterte Kapitalismusanhänger und scharf anti-sozialistisch, gegen den Wohlfahrtsstaat und Umverteilung. Andererseits setzen sie sich beispielsweise vehement für LGBTQ-Rechte oder für die Freigabe von Drogen ein.

Das Thema Drogenfreigabe markiere eine Scheidelinie zwischen Konservativen und Libertären, heißt es in einer Podiumsdiskussion zum Thema »It's Time to End the Drug War«. Eine Teilnehmerin, die früher gegen eine Drogenfreigabe war und sich heute für die Legalisierung von Drogen einsetzt, erklärt: Der Wendepunkt sei für sie die Einsicht gewesen, dass die Frage, was sie persönlich möge oder ablehne, nichts damit zu tun habe, was legal und was illegal sein solle. Der Staat habe den Kampf gegen die Drogen verloren, und eine Legalisierung von Drogen werde zu weniger Drogentoten und weniger Kriminalität führen – darin sind sich die Diskussionsteilnehmer hier einig.

Ein anderes Thema: Warum gleiten immer mehr Länder in Lateinamerika in den Sozialismus ab? Daniel Di Martino, ein Venezolaner, der wie ein Viertel der Bevölkerung aus dem sozialistischen Land geflüchtet ist und seit sechs Jahren in den USA lebt, spricht von einer »Epidemie des Neides« in Lateinamerika. Er kritisiert aber auch liberale und konservative Regierungen, die, wenn sie an der Macht waren, nicht die Gelegenheit für radikale marktwirtschaftliche Reformen genutzt hätten, die wirklich das Leben der Menschen verändern. Als Beispiel nennt er Mauricio Macri in Argentinien.

Die häufig auch von Libertären kritisierten US-Sanktionen gegen Venezuela findet er jedoch richtig: Sie hätten in der Tat dazu beigetragen, die Regierung in Venezuela zu Korrekturen zu zwingen, wodurch sich die Lage der Menschen wieder etwas verbessert habe. Die Behauptung der Sozialisten, die Sanktionen seien an den Problemen schuld, sei daher falsch – das Gegenteil sei richtig.

Martha Bueno, deren Eltern aus Kuba geflüchtet sind und die wie so viele ihrer Landsleute jetzt in Miami lebt, warnt: Junge Amerikaner, die für den Sozialismus sind, sollten sich nicht zu sicher sein, dass das, was in Venezuela passiert sei, nicht auch in ihrem Land geschehen könnte: »Venezuela war eine Demokratie und eines der Länder mit dem höchsten Lebensstandard der Welt. Zudem hat das Land die größten Ölreserven der Welt. Die Leute dachten: Dass ein solches Land in wenigen Jahren von Sozialisten in den Abgrund gewirtschaftet wird, seine Freiheit und seinen Wohlstand verliert, ist unmöglich. Aber genau das ist passiert. Es kann auch hier passieren, in unserem Land.«

Venezuela sollte uns in der Tat eine Warnung sein: 1970 war es das reichste Land Lateinamerikas und eines der 20 reichsten Länder der Welt. Das Bruttoinlandsprodukt pro Kopf war höher als das von Spanien, Griechenland oder Israel und nur 13 Prozent niedriger als das von Großbritannien.[81] Der Abschwung begann in den 70er-Jahren mit einem ungewöhnlich hohen Grad an staatlicher Regulierung des Arbeitsmarktes, die seit 1974 durch immer neue Vorschriften verschärft wurde. In kaum einem anderen Land Lateinamerikas (und weltweit) wurde der Arbeitsmarkt mit einem so engmaschigen Netz von Regulierungen überzogen. Während die Unternehmen 1972 noch das Äquivalent von 5,35 Monatslöhnen für die Lohnnebenkosten zahlen mussten, hatte sich diese Zahl bis 1992 auf 8,98 Monatslöhne massiv erhöht.[82]

Aber auch dies zeigt das Beispiel Venezuelas: Wenn die Probleme immer größer werden, führt dies keineswegs zwingend dazu, dass die Menschen lernen – Geschichte ist eben nicht wie ein Hollywood-Film mit garantiertem Happy Ending. Oder, um es anders zu sagen: Schlimmer geht immer.

Viele Menschen in Venezuela hofften, der charismatische Sozialist Hugo Chávez würde die Probleme des Landes lösen. Chávez wurde 1998 zum Präsidenten gewählt. 1999 rief er die »Bolivarische Republik Venezuela« aus, benannt nach seinem Landsmann Simón Bolívar (1783-1830), der vom südamerikanischen Freiheitskämpfer insbesondere gegen die Spanier zum Diktator wurde. Das Ende kennen wir: Venezuela verlor zuerst die wirtschaftliche, dann die politische Freiheit. Die Inflation stieg zwischenzeitlich auf absurde 1 Million Prozent. 7,5 Millionen Menschen, rund 25 Prozent der Bevölkerung, sind schon aus dem Land geflüchtet. Die UNHCR stellt fest: »Dies ist der größte Exodus in der jüngeren Geschichte Lateinamerikas und eine der größten Vertreibungskrisen der Welt (Stand Februar 2023).«[83]

Die Geschichte Venezuelas sollte uns eine Warnung sein: Auch wohlhabende, demokratische Länder sind nicht dagegen gefeit, binnen weniger Jahre ihren Wohlstand und ihre Freiheit zu verlieren. Freiheit, wirtschaftliche wie politische, ist nicht selbstverständlich, sondern muss immer wieder neu erkämpft werden.

Erschütternd sind in Miami auch die Berichte von Flüchtlingen aus der Ukraine, die auf der Veranstaltung von ihrem Leidensweg und ihren schlimmen Erlebnissen berichten. Doch wie sich die USA zu der russischen Invasion verhalten sollen, darüber gehen die Meinungen unter den Libertären in den USA auseinander. Zwei Lager stehen sich gegenüber: Die USA sollten sich nicht einmischen, es sei Sache der Europäer, nicht der Amerikaner, so die eine Position, die von einem Vertreter der konservativen Heritage Foundation vorgetragen wurde. Die Gegenposition: Die Geschichte des 20. Jahrhunderts habe gezeigt, dass die USA stets, wenn sie versucht hätten, sich aus Konflikten herauszuhalten, doch hineingezogen worden wären. Kritisiert wurde von mehreren Rednern die Haltung der Europäer, die sicherheitspolitische Trittbrettfahrer seien und sich auf die USA verließen, die Kartoffeln aus dem Feuer zu holen. Es gibt aber auch hierzu eine Gegenposition: Die Europäer seien manchmal vernünftiger als die Amerikaner, so beispielsweise als Deutschland vor dem Irak-Krieg – zu Recht – gewarnt habe.

Großes Unverständnis herrscht allerdings, wenn es um Fragen der Energiepolitik geht: Deutschland, Österreich und Tschechien, so meint ein Redner, würden gravierende Probleme mit der Gasversorgung bekommen, an denen sie aber selbst schuld seien. Und zwar nicht nur deshalb, weil sie sich von russischem Gas abhängig gemacht und – wie Deutschland – den Ausstieg aus der Kernkraft beschlossen hätten. »Für mich ist unverständlich«, so ein Redner, »warum die Deutschen Fracking verbieten, aber keinerlei Probleme haben, durch Fracking gewonnenes Gas aus den USA zu importieren.«

Fazit: Es hat sich gelohnt, nach Miami zu kommen. Eine Veranstaltung mit vielen interessanten Diskussionen. Wolf von Laer, dem CEO der Students for Liberty, ist es gelungen, die Organisation zum weltweit größten Netzwerk für libertäre Studenten zu machen. Dabei ist die Jahresveranstaltung, zu der auch aus Kostengründen weniger Studenten kommen können, als man sich wünscht, gar nicht das Wichtigste, sondern die Tausenden Veranstaltungen, die weltweit mit Studenten durchgeführt werden.

November 2022

Lissabon und Porto, Portugal

Anfang November 2022 reise ich nach Portugal. Es ist vier Jahrzehnte her, dass ich das letzte Mal in diesem schönen Land war. Auffällig ist für mich zunächst, wie viele Menschen hier gut Englisch sprechen. Kein Vergleich mit Spanien, Italien oder Frankreich. Ein Grund ist vermutlich, dass – wie in skandinavischen Ländern – fast alle Filme auf Englisch gezeigt werden mit portugiesischen Untertiteln.

Manche Menschen glauben, sie lernen ein Land kennen, wenn sie die Sehenswürdigkeiten besichtigen. Ich nutze die Zeit dagegen, um Menschen zu treffen. Am ersten Tag bin ich in Porto und führe dort Gespräche, am nächsten Morgen heißt es, um fünf Uhr aufzustehen und im Schnellzug nach Lissabon zu fahren, wo ich Termine habe mit Politikern, Vertretern eines liberalen Thinktanks und Journalisten. Natürlich habe ich zur Vorbereitung der Reise wieder einiges über die Geschichte des Landes gelesen.

Viele Menschen wissen heute nicht mehr, dass Portugal das am längsten bestehende Kolonialreich Europas war. Die Kolonialgeschichte begann mit der Eroberung von Ceuta (Nordafrika) im Jahr 1415 und endete mit der Rückgabe der letzten Überseeprovinz Macau an China im Jahr 1999. Das kleine Portugal war ein Weltreich, das sogar mehr als drei Jahrhunderte Brasilien beherrschte – ein Land, dessen Fläche heute fast 100-mal so groß ist wie die von Portugal. Heute erinnert nur noch die Tatsache daran, dass die Menschen in Brasilien – anders als im Rest Lateinamerikas, wo Spanisch vorherrscht – Portugiesisch sprechen.

Portugal ist eine vergleichsweise junge Demokratie, zuvor herrschte dort nach der Abschaffung der Monarchie im Jahr 1910 immer wieder das Militär. Im Mai 1926 gab es einen Putsch zur Beendigung der »Ersten Republik«. Mit den Vollmachten der Militärs regierte António de Oliveira Salazar von 1932 bis 1968 als Ministerpräsident. Er war ein entschiedener Anhänger der linken katholischen Soziallehre. Im September 1933 wurde ein »Nationales Arbeiterstatut« erlassen, das das Recht auf Arbeit und angemessenen Lohn, feste Arbeitszeitregelungen sowie einen bezahlten Jahresurlaub festlegte. 1935 wurde das »Gesetz über die Ökonomische Rekonstituierung« beschlossen – der Staat dominierte die Wirtschaft.[84]

Die wirtschaftlichen Ergebnisse waren entsprechend schlecht. »Portugal blieb hinsichtlich der Arbeitsproduktivität, des landwirtschaftlichen Sozialprodukts, des Mechanisierungsgrades oder Düngemitteleinsatzes am Ende der europäischen Skala. Trotz der hohen Beschäftigungsquote im Agrarsektor war daher die Nahrungsmittelversorgung nicht gewährleistet, Agrarimporte blieben erforderlich.«[85] Die Industrialisierung setzte erst in den 1950er- und 60er-Jahren ein, und das Bruttoinlandsprodukt pro Kopf lag 1970 bei nur 934 Dollar (Spanien 1.209 Dollar, Italien 2.100 Dollar, Frankreich 2.862 Dollar, USA 5.247 Dollar).[86] Zwischen 1971 und 1973 verließen etwa 1,4 Millionen Portugiesen das Land, um woanders Arbeit zu suchen[87] – ein hoher Anteil der Bevölkerung, wenn man bedenkt, dass in Portugal damals weniger als neun Millionen Menschen lebten.

Am 25. April 1974 kam es zu einem weiteren Militärputsch, der von einer linken Generalität gegen die autoritäre Staatsführung ausging und als »Nelkenrevolution« bezeichnet wurde. Angeführt wurde er von der Movimento das Forcas Armadas (Bewegung der Streitkräfte). »Zeitweilig schien der revolutionäre Prozess auch eine kommunistische Orientierung zu nehmen, und sämtliche Mitte- und Rechtsparteien gaben sich in den ersten Jahren nach dem Sturz des korporatistisch-diktatorialen Regimes im Hinblick auf die linksgerichtete ›Bewegung der Streitkräfte‹ ebenfalls ein ›linkes‹ Gepräge.«[88] Sogar die 1974 zunächst unter dem Namen Partido Popular Democrático gegründete Partei, die eher liberal-konservativ orientiert war, benannte sich 1976 in Sozialdemokraten (PSD, Partido Social Democrata) um. Für einen Nicht-Portugiesen ist das verwirrend.

Die neue Verfassung von 1976 definierte denn auch als Ziel des Staates, »den Übergang zum Sozialismus ... zu gewährleisten«.[89] Es blieb nicht bei Ankündigungen. »Ab Anfang 1975 war die Struktur der Eigentumsverhältnisse teilweise durch Nationalisierungen, staatliche Verwaltung von Unternehmen, Landbesetzungen und Enteignungen von Großgrundbesitz sowie durch die Übernahme von Betrieben in Arbeiterselbstverwaltung verändert worden.« 1975 beschloss der Revolutionsrat die Verstaatlichung der Banken, der Versicherungen, des Transport-, Verkehrs- und Energiesektors sowie der Grundstoffindustrien. Etwa 600 Unternehmen wurden auf diese Weise enteignet.[90]

Wie immer scheiterte auch in Portugal das sozialistische Experiment. Aufwärts ging es erst in den 80er- und 90er-Jahren. »Das war die gute Zeit in Portugal«, meint Manuel Pinkeiro von dem Thinktank »Mais Liberdade«, mit dem ich mich in Porto treffe. Wie in vielen anderen Ländern gab es in dieser Zeit marktwirtschaftliche Reformen. Von 1985 bis 1995 regierte Aníbal Cavaco Silva von der konservativ-liberalen »sozialdemokratischen« Partei PSD. Er nahm Verstaatlichungen zurück und betrieb eine marktwirtschaftliche Politik, die dem Land sehr gut tat.

Zwischen 1985 und 1995 wuchs die Wirtschaft des Landes jährlich um 3,2 Prozent, die Inflation sank von 20 auf vier Prozent, die Auslandsinvestitionen verzehnfachten sich und die Auslandsverschuldung ging zurück.[91] Der Begriff des Sozialismus wurde aus der revidierten Verfassung von 1988 gestrichen, die extreme Dominanz des Staates etwas zurückgedrängt. Und diese Politik verbesserte das Leben der Portugiesen: Mitte der 80er-Jahre betrug das Durchschnittseinkommen in Portugal nur 52,5 Prozent des EU-Durchschnitts, 1998 waren es 70 Prozent.[92]

Die Entwicklung der wirtschaftlichen Freiheit erfolgte in Portugal seit 1995 ähnlich wie im Nachbarland Spanien. Beide begannen 1995 im Index of Economic Freedom mit einem Indexstand von 62,4 (Portugal) beziehungsweise 62,8 (Spanien) und hatten sich bis

2022 auf 70,8 (Portugal) bzw. 68,2 (Spanien) verbessert. In den vergangenen Jahren hat Portugal nach Meinung der Heritage Foundation Fortschritte gemacht und zählt nun das erste Mal zu den Ländern, die als »mostly free« gelten – vor allem dank guter Bewertungen für Property Rights, Judicial Effectiveness und Monetary Freedom. Sehr schlechte Noten bekommt Portugal aber für den Bereich »Government Spending«, denn in den vergangenen drei Jahren betrugen die Staatsausgaben 45 Prozent des BIP. Zum Vergleich: In der Schweiz sind es nur 33 Prozent.[93] Die Staatsschulden erhöhten sich von 51 Prozent Ende der 90er-Jahre auf 127 Prozent im Jahr 2021! Die Vertreter der liberalen Bewegung, die ich in Porto und Lissabon treffe, wundern sich ein wenig darüber, dass Portugal in dem Rating der Heritage Foundation in den vergangenen Jahren zugelegt hat.

Insgesamt steht Portugal nicht schlecht da – in dem Index of Economic Freedom liegt es 2023 auf Platz 30, und damit vor Polen (40), Frankreich (57), Italien (69) und Griechenland (107).[94] In den vergangenen Jahren entwickelte sich die Wirtschaft in Portugal, obwohl seit 2015 von dem Sozialisten António Costa regiert, dank Tourismus und Immobilienboom positiv. Portugal ist in Europa eines der beliebtesten Länder für Touristen, die es vor allem an die Algarve zieht.

Der Immobilienboom in dem Land ist ungesund – so wie immer, wenn Steuern eine große Rolle für Immobilieninvestments spielen. Steuerliche Vorteile lockten Investoren an, aber es ist fraglich, wie nachhaltig der Aufschwung am Immobilienmarkt ist. Die Preise steigen seit Mitte 2013, wie die Daten des Nationalen Statistikinstituts (INE) zeigen. Seit fünf aufeinanderfolgenden Jahren liegen die Immobilienpreise über dem Wert, bei dem die Europäische Kommission davon ausgeht, dass ein Markt von einer Preisblase bedroht ist, wie Eurostat im August 2021 feststellte.[95]

Ein Thema, das in vielen Gesprächen, die ich in diesen Tagen führe, angesprochen wird, ist die staatliche Fluggesellschaft TAP. 2011 kündigte die portugiesische Regierung die Privatisierung an. Dies war Teil des 87 Milliarden Euro umfassenden Rettungspaketes der EU, das notwendig wurde, weil Portugal besonders stark von der Finanzkrise getroffen worden war. Nach mehreren Anläufen scheiterte im Dezember 2012 ein Versuch zur Privatisierung, die bis 2015 vertagt wurde. In jenem Jahr verkaufte der Staat 61 Prozent der TAP Portugal an zwei Unternehmer zum Preis von etwa 350 Millionen Euro. Doch danach kaufte der Staat wieder Anteile zurück, bis er 92 Prozent der TAP besaß.[96] Nun soll die Gesellschaft erneut privatisiert werden: ein absurdes Hin und Her. 3,2 Milliarden Euro hat der Staat in seine Luftfahrtgesellschaft gesteckt, die ständig Verlust macht. Was alles hätte man mit dem Geld machen können! Wofür braucht ein Staat überhaupt eine eigene Luftfahrtgesellschaft? Es gäbe bestimmt genug private Anbieter, die die Lücke rasch schließen würden, wenn man die TAP einfach dicht machte.

Ähnlich ist es mit der Bank. Das größte und wichtigste Finanzinstitut in Portugal, die Banco Comercial Português (BCP), gehört dem Staat. Warum eigentlich? Haben staatliche Banken in der Vergangenheit besser funktioniert als private?

Ich treffe Carlos Guimarães Pinto, der das Institut Mais Liberdade gegründet hat und zugleich Abgeordneter der liberalen Partei »Iniciativa Liberal« ist, sowie deren Vorsitzenden João Cotrim de Figueiredo. Ich bin im Parlament von Lissabon eingeladen, einem der schönsten Abgeordnetenhäuser, die ich je gesehen habe. Ich frage Carlos, der abends mein Buch bei einer Veranstaltung des Institutes vorstellt, was er in Portugal ändern würde: »Zuerst müssten die Steuern gesenkt werden. Schon jemand, der 30.000 Euro im Jahr verdient, zahlt einen Grenzsteuersatz von 38 Prozent, bei 50.000 Euro sind es 45 Prozent und bereits bei 80.000 Euro zahlt man 48 Prozent.« Zudem sollten nach Meinung der liberalen Partei der staatliche Fernsehsender und die staatliche Bank privatisiert werden.

Der Arbeitsmarkt in Portugal ist besonders stark reguliert. Extrem restriktive Kündigungsschutzbestimmungen führen dazu, dass Arbeitgeber hohe Abfindungen zahlen müssen, wenn sie sich von Mitarbeitern trennen wollen. Und Überstunden dürfen laut Gesetz nicht verrechnet werden mit Tagen, an denen weniger gearbeitet wird, sondern in dem Moment, wo jemand mehr als acht Stunden arbeitet, muss für jede Überstunde 300 Prozent des Lohnes gezahlt werden. In der Privatwirtschaft halten sich viele Unternehmen nicht daran. Der monatliche Mindestlohn in Portugal ist mit 822 Euro (2021) nicht besonders hoch, aber er ist in den Jahren 2002 bis 2019 um 72 Prozent gestiegen, während das Bruttoinlandsprodukt nominal nur um 49 Prozent zulegte.[97]

Eine weitere Forderung der liberalen Partei ist die Legalisierung von Cannabis, so Carlos. »Moment mal«, werfe ich ein, »ich dachte, Drogenbesitz sei schon seit zwei Jahrzehnten legalisiert?« Ich lasse mir erklären, dass zwar der Besitz von Drogen entkriminalisiert wurde, weshalb man nicht bestraft wird, wenn man bestimmte Mengen Cannabis (oder auch harter Drogen wie Heroin) besitzt, doch der Handel damit ist verboten. Absurd.

Wie stehen die Portugiesen, die – wie ich gezeigt habe – eine lange etatistische Tradition haben, heute zur Marktwirtschaft und zum Kapitalismus? Vom 27. Mai bis zum 6. Juni 2022 lasse ich durch das Meinungsforschungsinstitut Ipsos MORI eine Umfrage zum Image des Kapitalismus in Portugal durchführen. Zuerst stellten wir einige Fragen, die zeigen, was Portugiesen von Marktwirtschaft halten – und wir haben dabei absichtlich das Wort »Kapitalismus« gemieden. Die größte Zustimmung bei diesem ersten Fragenkomplex gab es in Portugal für die Aussage, der Staat solle die Preise für Lebensmittel und Mieten sowie Mindest- und Höchstlöhne festsetzen (40 Prozent), die geringste Zustimmung für die Meinung, private Unternehmen sollten alleine entscheiden, welche Produkte sie herstellen und welche Preise sie dafür verlangen – der Staat solle sich da nicht einmischen (17 Prozent). Zählt man die drei Aussagen pro Staat und die drei Aussagen pro Markt zusammen, so zeigt sich, dass Aussagen für einen stärkeren Einfluss des Staates 32 Prozent Zustimmung finden und Aussagen für mehr Markt 24 Prozent.

Allen Befragten wurden zudem 18 Aussagen zum Kapitalismus vorgelegt, davon waren zehn negativ und acht positiv. Ganz klar überwiegt die Zustimmung zu negativen Aussagen (durchschnittlich 33 Prozent) gegenüber der Zustimmung zu positiven Aussagen zum

Kapitalismus (durchschnittlich 16 Prozent). Die neun Aussagen, die die meiste Unterstützung erhielten, waren ausnahmslos negativ. Dem Kapitalismus wird steigende Ungleichheit (43 Prozent) bescheinigt; ebenfalls 43 Prozent sagen, Kapitalismus führe zu Egoismus und Gier. 42 Prozent sind überzeugt, der Kapitalismus werde von Reichen dominiert, die die Politik bestimmen. 38 Prozent kritisieren, Kapitalismus führe zu Monopolen. 33 Prozent meinen, der Kapitalismus verführe die Menschen zum Kauf von Produkten, die sie nicht bräuchten, und 30 Prozent machen den Kapitalismus für Umweltzerstörung und Klimawandel verantwortlich. Der Befund ist also ganz klar: In Portugal dominiert der Antikapitalismus in der Bevölkerung.

Von den Buchvorstellungen in Porto und in Lissabon wird mir vor allem der Beitrag einer Frau in Erinnerung bleiben: »Ich bin für den Kapitalismus, weil ich eine Frau bin«, sagt sie. »Frauen waren in der ganzen Geschichte immer von Männern wirtschaftlich abhängig. Erst der Kapitalismus hat es ermöglicht, dass wir Frauen finanziell auf eigenen Beinen stehen.« Eigentlich ist das offensichtlich. Aber manchmal sieht man das Offensichtliche gar nicht mehr.

In Lissabon treffe ich Zita Maria de Seabra Roseiro, eine der wichtigsten Persönlichkeiten der libertären Bewegung in Portugal. In der Zeit der Diktatur war sie im Widerstand und gehörte der Kommunistischen Partei an. Sie lebte mehrere Jahre im Untergrund und kämpfte gegen die Diktatur. Zita war sogar Mitglied des Politbüros der Partei. Doch sie war schon damals eine Nonkonformistin. Aufgrund ihrer Kritik an der Partei wurde sie 1988 aus dem Politbüro ausgeschlossen, anschließend aus dem Zentralkomitee und dann aus der Kommunistischen Partei geworfen. Im Jahr 1988 veröffentlichte sie ihre Autobiografie. Sie trat zunächst den konservativ-liberalen »Sozialdemokraten« bei und ist heute Mitglied der liberalen Partei und maßgebliche Initiatorin des liberalen Thinktanks Mais Liberdade. Auch Alexandra vom Verlag Alétheia Editores, die mein Buch verlegt hat, war früher in der Kommunistischen Partei. Da sitzen wir, drei ehemalige Kommunisten, gemeinsam beim Mittagessen und überlegen, wie wir den Kapitalismus in Portugal stärken können. Ich frage, welche Rolle heute die Kommunistische Partei in Portugal spielt und welche Positionen sie vertritt. Bei ihr hat sich wenig geändert. Ihr Vorbild ist Nordkorea. Zusammen mit der Grünen Partei, mit der sie in einer Liste antraten, gewann sie 2022 6,7 Prozent.

Ein Jahr nachdem ich in Portugal war, erschüttert ein Korruptionsskandal das Land. Die Ermittlungen im Zuge der »Operation Influencer« nehmen den sozialistischen Regierungschef Costa ins Visier, der seit 2015 regiert hatte. Nach mehr als 40 Hausdurchsuchungen und fünf Festnahmen Anfang November 2023 bot Costa seinen Rücktritt an. Sein Stabschef, sein wichtigster Berater sowie drei weitere Personen waren festgenommen worden.[98] Am 10. März 2024 gab es deshalb vorgezogene Neuwahlen in Portugal, die das konservative Bündnis Demokratische Allianz (AD) von Spitzenkandidat Luís Montenegro knapp mit 29,49 Prozent gewann. Nur auf Platz zwei landete die seit Ende 2015 regierende Sozialistische Partei (PS) mit ihrem Spitzenkandidaten Pedro Nuno Santos mit 28,66 Prozent. Die rechte Chega-Partei konnte ihren Stimmanteil im Vergleich zur letzten Wahl mit 18 Prozent mehr als verdoppeln.

November 2022

Prag, Tschechien

Das letzte Mal, dass ich in Prag war, ist schon fast zehn Jahre her – damals hatte ich mir eine internationale Bodybuilding-Meisterschaft angesehen, bei der als Gast auch Arnold Schwarzenegger anwesend war. Diesmal komme ich nach Prag, um mein Buch »Die 10 Irrtümer der Antikapitalisten« vorzustellen.

Mit der faszinierenden Stadt verbinde ich die brutale Niederschlagung des »Prager Frühlings« im August 1968. Damals war ich elf Jahre alt, aber schon sehr an Politik interessiert. Die Politiker Alexander Dubček und Ludvík Svoboda hatten versucht, einen »Sozialismus mit menschlichem Antlitz« in der Tschechoslowakei einzuführen. Die Antwort der Russen waren Panzer und das Niederwalzen der Freiheitsbestrebungen, so wie sie es 1953 in der DDR und 1956 in Ungarn getan hatten. Erst der Zusammenbruch der Sowjetunion eröffnete auch für die Tschechen und Slowaken eine Freiheitsperspektive. Doch anders als in Jugoslawien verlief die 1992 beschlossene Aufteilung des Landes in zwei Teile – Tschechien und die Slowakei – friedlich.

Das Unternehmertum und private Betriebe waren in der Tschechoslowakei von den Kommunisten noch radikaler beseitigt worden als in anderen sozialistischen Ländern. Schon im Jahr 1948 waren fast alle Privatunternehmen, die mehr als 20 Beschäftigte hatten, verstaatlicht worden.[99] Zwischen 1948 und 1953 wurden die selbstständige handwerkliche und gewerbliche Produktion und der Kleinhandel vollends verstaatlicht. »Mit diesem radikalen Eingriff in den kleingewerblichen privatwirtschaftlichen Sektor übertraf die tschechoslowakische Nationalisierungspolitik die aller anderen mittel- und südosteuropäischen Staaten. Von 383.000 Kleinunternehmen mit 905.000 beschäftigten Personen im Jahr 1948 bestanden 1956 nur mehr 47.000 Kleinunternehmen mit 50.000 Beschäftigten. Von Jahr zu Jahr wurde diese Zahl kleiner, 1972 wurden 2.000 vereinzelte selbständige Handwerker im Lande erfasst.«[100]

Zwar gab es in der Reformperiode in den 60er-Jahren Versuche, die Wirtschaft zu modernisieren, aber das Staatseigentum wurde dabei nicht angetastet. Die Reformen beschränkten sich darauf, den Betrieben größere Entscheidungsfreiheit einzuräumen.[101] Doch »im Laufe der Einführung der Reform verdeutlichte sich die Unvereinbarkeit des neuen ökonomischen Instrumentariums, das auf der Wechselwirkung von Plan und Markt beruhte, mit den beharrenden Bedingungen der bürokratisch-zentralistischen Planung im Partei- und Staatsapparat«.[102] Zwar verbesserte sich durch die Reformen die wirtschaftlichen Lage etwas,[103] aber die Niederschlagung des »Prager Frühlings« 1968 führte nicht nur zum Ende der politischen Reformen, sondern auch die Wirtschaftsreformen wurden gestoppt.

Ende 1990 lag der Anteil von privaten Betrieben in der Tschechoslowakei bei nur 1,5 Prozent – und war damit deutlich niedriger als in der DDR (8,5 Prozent), in Ungarn (14 Prozent) und in Polen (26 Prozent).[104] Stärker noch als in anderen ehemals sozialistischen Ländern stand daher nach dem Zusammenbruch des Sozialismus die Privatisierung der Staatsbetriebe im Vordergrund. Eine wichtige Rolle spielte dabei der 1941 geborene Wirtschaftswissenschaftler Václav Klaus, der 1989 bis 1992 Finanzminister und später Ministerpräsident und Präsident der Tschechischen Republik war. Klaus war ein entschiedener Anhänger von Hayek und Mises. Von den Illusionen eines »dritten Weges« zwischen Kapitalismus und Sozialismus hielt er nichts. Später erinnerte er sich: »Schon sehr früh erklärten wir ausdrücklich, dass wir den Kapitalismus haben wollten. Wir hatten keine Scheu davor, diesen Begriff zu verwenden. Wir lebten im Land von Ota Šik, dem wichtigsten tschechoslowakischen Reformer der 1960er-Jahre, der später einer der Hauptvertreter der Ideologie des sogenannten ›Dritten Weges‹ wurde. Er kehrte einige Tage nach der

Samtenen Revolution aus der Schweiz zurück. Wir trafen uns damals mit ihm und erklärten ihm gegenüber unser ›Nein‹ – wir waren nicht an irgendeiner Art von drittem Weg interessiert, sondern bereits eine Generation weiter.«[105] Natürlich, darüber waren sich die Reformer im Klaren, war es weder möglich noch erstrebenswert, alle Staatsfirmen zu retten – manche würden untergehen und Platz machen für junge und gesunde private Firmen. Klaus verfolgte einen pragmatischen Ansatz: Bei der Privatisierung ging es nicht um die Erzielung eines maximalen Kaufpreises für Unternehmen, und es ging auch nicht darum, einen »perfekten« Prozess aufzusetzen. Schnelligkeit war wichtiger als Perfektion. »Wir hielten es weder für sinnvoll noch für möglich, nach ›optimalen‹ Eigentümern Ausschau zu halten. Im Gegenteil: Von entscheidender Bedeutung war die Durchführung der Privatisierung, damit der Markt und nicht der Staat dann tatsächlich die besten Eigentümer ermitteln könnte.«[106]

Wie auch andere Länder durchlebt Tschechien in den ersten Jahren der ökonomischen Reformen eine »transformation recession«. »In den ersten drei Jahren nach dem Ende des Kommunismus büßte die tschechische Wirtschaft ein Drittel ihrer Industrieproduktion, ein Viertel ihrer Landwirtschaft und ein Fünftel ihres BIP ein. Dieser Produktionsrückgang machte den Weg frei für die wirtschaftliche Erholung und das Wachstum in den Folgejahren.«[107] Schon 1993 war das Wachstum des Bruttoinlandsprodukts wieder positiv, 1992 erreichte es 2,9 Prozent und drei Jahre später 6,2 Prozent.[108] Die Inflation, die nach der Abschaffung der Preiskontrollen 1991 auf zunächst fast 57 Prozent gestiegen war, sank bis 1996 auf unter neun Prozent.[109] Investitionen aus dem Ausland, die 1989 noch bei Null gelegen hatten, stiegen auf über eine Milliarde Dollar im Jahr 1992 und auf über 2,5 Milliarden Dollar 1995.[110]

Von 1995 bis 2022 hat Tschechien im Index of Economic Freedom von 67,8 auf 74,4 Punkte zugelegt, wenngleich es im Jahr 2023 auf 71,9 fiel. In dem Ranking steht es 2023 auf Platz 21 von 176, vor Großbritannien und den USA.[111] Positiv sind starke Eigentumsrechte, aber negativ schlagen zu hohe Staatsausgaben und eine zu große

Regulierung des Arbeitsmarktes zu Buche – in beiden Bereichen erzielt Tschechien unterdurchschnittliche Punktzahlen.[112]

Das BIP pro Einwohner hat sich in Tschechien seit 1990 fast vervierfacht[113], der Lebensstandard der Menschen massiv verbessert, auch in den letzten Jahren: Im Jahr 2019 lag der Durchschnittslohn in Tschechien bei 43 Prozent des durchschnittlichen Einkommens in der Europäischen Union. 2014 waren es nur 35 Prozent gewesen.[114] Die Lebenserwartung ist seit dem Ende des Sozialismus von 71,4 auf 78,1 Jahre gestiegen.[115]

Dementsprechend ist das Image des Kapitalismus in Tschechien so gut wie in nur wenigen Ländern. Eine 2021 von mir in Auftrag gegebene Umfrage über das Image der Marktwirtschaft ergab, dass von 35 Ländern nur in zwei Ländern – in Polen und den USA – die Marktwirtschaft ein besseres Image hatte als in Tschechien. Und auch dann, wenn man den (auch in Tschechien negativ belegten) Begriff »Kapitalismus« verwendete, war nur in fünf Ländern das Image des Kapitalismus besser als in Tschechien, aber in 29 Ländern war es schlechter.

Interessant ist in Tschechien übrigens, dass der Unterschied zwischen Männern und Frauen sowie zwischen Personen mit einfacher und höherer Bildung größer ist als in anderen Ländern. Fast in allen Ländern sind Frauen und weniger Gebildete weniger pro-kapitalistisch beziehungsweise antikapitalistischer als Männer und höher Gebildete, aber in Tschechien ist der Unterschied ganz besonders groß.

Ich traf in Prag den in Tschechien bekannten Publizisten und Buchautor Vladimír Pikora. Der 45-Jährige ist Finanzmarktanalyst und Chefökonom des Beratungsunternehmens Next Finance. Ich fragte ihn, wie er die Ergebnisse der Befragung deutet. Seine Antwort: Václav Klaus habe in den 90er-Jahren die Tschechen zum Kapitalismus »erzogen«. Damals sei Klaus sehr einflussreich gewesen, auch in den Medien. Viele hätten seiner wirtschaftspolitischen Kompetenz vertraut. »Doch das hat sich später geändert. Vielleicht liegt das daran, dass viele Tschechen überzogene Erwartungen hatten und dachten, in zehn Jahren ginge es uns so gut wie den Deutschen oder Österreichern.«

Sinnvoller wäre es, wenn die Tschechen ihre Situation nicht mit Deutschland verglichen, sondern mit vielen anderen ehemals sozialistischen Staaten. Und dann wird man feststellen, dass die Reformen in kaum einem ost- und mitteleuropäischen Land so erfolgreich waren und den Lebensstandard so sehr verbesserten wie in Polen und Tschechien. Daher wundert es nicht, dass – wie meine Befragung zeigt – die Zustimmung in diesen Ländern zum Kapitalismus besonders hoch ist, trotz mancher Enttäuschungen.

Die Gegner der Reformen in Tschechien haben jedoch jedes einzelne Beispiel, wo sich Einzelne zu Unrecht bereichert haben und Dinge bei der Privatisierung schief gingen, angeprangert, weil ihnen die ganze Richtung nicht passte. Und natürlich finden sich in einem Prozess, wo Hunderte Unternehmen privatisiert werden, immer wieder Beispiele für unrechtmäßige Bereicherung und andere Fehlentwicklungen.

Andrej Babiš, Multimilliardär und von 2017 bis 2021 Ministerpräsident, steht aus Sicht Pikoras für eine schlechte Politik: »Er ist mit einem geschätzten Vermögen von knapp vier Milliarden Dollar der zweitreichste Mann in Tschechien, aber er ist ein linker Populist. Er hat den Wählern alles versprochen, besonders den Älteren.«

Der Demokratischen Bürgerpartei Občanská demokratická strana, ODS, die als Mitte-Rechts gilt, wirft er vor, sich auf einen Überbietungswettbewerb mit Populisten eingelassen zu haben: »Einen solchen Wettbewerb kann man nur verlieren.«

Ausführlich spreche ich mit Professor Josef Šíma, dem wichtigsten marktwirtschaftlichen Ökonomen in Tschechien. In seinem Zimmer hängen Fotos von Ludwig von Mises und Murray Rothbard sowie des italienischen Ökonomen Bruno Leoni. Auch er steht Babiš kritisch gegenüber. Im Grunde habe dieser keine Überzeugungen, sondern sei ein Machiavellist und Populist, dem es nur um die Macht um der Macht willen gehe. Die meisten Anhänger der Marktwirtschaft sieht er in der Regierungspartei ODS, die zusammen mit Christdemokraten und Piraten regiert. Die ODS habe jedoch viele Reformen angekündigt und wenig umgesetzt, merkt er kritisch an.

Šíma lädt mich ein, vor seinen Studenten an der Metropolitan University zu sprechen. Die Metropolitan University Prague (MUP) gehört zu den ältesten und größten Privatuniversitäten in der Tschechischen Republik. Jedes Jahr schreiben sich etwa 1.500 Studenten für das erste Studienjahr an der MUP ein, gegenwärtig bildet die MUP etwa 3.000 Studenten aus. Auf die Frage, welche Reformen Šíma in Tschechien am wichtigsten finde, antwortet er: eine Schulreform. Die Schüler in Tschechien, dies zeigten auch die PISA-Tests, fielen immer weiter zurück, das Schulsystem sei schlecht.

Am nächsten Tag treffe ich mich in dem wunderschönen Palais Czernin, dem Sitz des tschechischen Außenministeriums, mit Marek Pyszko, dem Chief Economist. Er zeigt mir das historische Gebäude, das eines der schönsten ist, das ich je gesehen habe. Er meint allerdings, möglicherweise müsse man irgendwann in einen Neubau umziehen, wegen der schlechten Energieeffizienz.

Auch Pyszko konstatiert eine Enttäuschung bei vielen Unternehmern, dass die Mitte-Rechts-Regierung unter Führung der ODS Reformen angekündigt, aber nicht durchgeführt hat. Er macht sich Sorgen um die schnell steigende Verschuldung seines Landes. Tschechien galt bislang in Europa in dieser Beziehung als vorbildlich. Im Index of Economic Freedom 2023 bekommt das Land für das Kriterium »Fiscal Health« mit 73,5 Punkten immer noch eine gute Punktzahl. Doch »Government Spending« ist mit 39,5 Punkten die schlechteste Kategorie für Tschechien in dem Index. Pyszko sieht den Grund darin, dass der Populist Babiš mit immer neuen sozialen Versprechungen und entsprechenden Maßnahmen eine Wende zum Schlechteren eingeleitet habe. Die Mitte-Rechts-Regierung, die ihn 2021 ablöste, habe angesichts von Corona, Inflation und dem bald darauf von Russland gestarteten Krieg gegen die Ukraine nichts daran geändert.

Die Staatsschulden Tschechiens, so hieß es denn auch im März 2023, seien im Jahr 2022 auf den Rekordwert von knapp 2,9 Billionen Kronen (120 Milliarden Euro) gestiegen. Auf jeden Einwohner Tschechiens kommen somit theoretisch etwa 275.000 Kronen (11.730

Euro) Schulden. Im Vergleich zu 2021 nahmen die Staatsschulden 2022 um 429 Milliarden Kronen (18,3 Milliarden Euro) zu.[116]

Zwei Monate nach meinem Besuch in Tschechien wurde dort ein neuer Präsident gewählt. Es war die dritte direkte Wahl des tschechischen Staatsoberhauptes. In der Stichwahl zwischen Petr Pavel und Andrej Babiš wurde Pavel Ende Januar mit 58,3 Prozent der Stimmen zum neuen Staatspräsidenten gewählt. Pavel, der bis 2015 General war, steht – anders als Andrej Babiš – vor allem für eine konsequente Unterstützung der Ukraine. Er erklärte mehrfach, dass der Westen schon nach der Krim-Annexion und der Abspaltung des Donbass entschiedener hätte reagieren sollen. Unter bestimmten Umständen wäre er sogar mit einem Einsatz von NATO-Soldaten zum Schutz humanitärer Korridore in der Ukraine und zur Durchsetzung einer Flugverbotszone einverstanden.[117]

Dezember 2022

Sarajevo, Bosnien-Herzegowina

Für Anfang Dezember 2022 bin ich nach Sarajevo eingeladen. Ich war vorher noch nie dort – und auch nicht im einstigen Jugoslawien oder einem anderen seiner Nachfolgestaaten. Was fällt einem zuerst ein bei der Erwähnung dieser Stadt? Für mich sind es der Ausbruch des Ersten Weltkrieges und die sogenannten »ethnischen Säuberungen« während der Balkankriege in den 1990er-Jahren.

Wie es zu diesem Krieg kam, kann man nicht verstehen, ohne kurz auf die Geschichte und den Zerfall von Jugoslawien zu schauen. Den Name der heutigen Hauptstadt von Bosnien-Herzegowina hat jeder gehört, der sich auch nur vage mit dem ersten großen Waffengang des 20. Jahrhunderts befasst hat. Zwar hatte der Erste Weltkrieg viele Ursachen, aber als Auslöser gilt ein Attentat in Sarajevo am 28. Juni 1914. Dabei wurden der Thronfolger Österreich-Ungarns, Erzherzog Franz Ferdinand, und seine Frau Sophie Chotek, Herzogin von Hohenberg, von Gavrilo Princip, einem Mitglied der serbisch-nationalistischen Bewegung Mlada Bosna (Junges Bosnien), ermordet. Das Attentat von Sarajevo wurde von Österreich-Ungarn als Begründung für einen vorerst regional geplanten Militärschlag gegen Serbien benutzt. Als ich im Dezember 2022 in Sarajevo bin, besuche ich den Tatort: Auf dem Gehweg sind die Fußabdrücke des Attentäters markiert, genau an der Stelle, wo der Attentäter auf das Auto schoss, in dem der Herzog und die Herzogin saßen. Ein Museum erinnert an dieser Stelle an das Geschehen.

Nach dem Ersten Weltkrieg ging aus dem Zerfall von Österreich-Ungarn der jugoslawische Staat hervor, der 1918 als Königreich der

Serben, Kroaten und Slowenen (Kraljevstvo Srba, Hrvata i Slovenaca, abgekürzt auch SHS-Staat) konstituiert wurde. Der neue Staat vereinigte Serbien und Montenegro mit Gebieten der zerfallenen Habsburgermonarchie – Kroatien-Slawonien, Vojvodina, Dalmatien, Krain und Südsteiermark sowie Bosnien-Herzegowina. Doch das Königreich existierte nur 23 Jahre lang: 1941 überfielen Deutschland und Italien Jugoslawien, der Krieg dauerte ein Dutzend Tage, vom 6. bis zum 17. April. Jugoslawien zerfiel in ein Mosaik von angeschlossenen, besetzten und scheinunabhängigen Gebieten. Schon wenige Monate nach dem Überfall rief Josip Broz, der sich Tito nannte, den Aufstand aus und organisierte den Partisanenkampf gegen die Besatzer. Als Emblem wählten die Partisanen den fünfzackigen roten Stern, und an Stalins Geburtstag bildeten sie in Bosnien die Erste Proletarische Brigade, die sich als bewaffnete Macht der Kommunistischen Partei verstand.[118]

Während des Zweiten Weltkrieges kämpften nicht nur Jugoslawen gegen die italienischen und deutschen Besatzer, sondern innerhalb Jugoslawiens kam es zu heftigen Kämpfen und Gräueltaten zwischen Serben, Kroaten und anderen Gruppen des Vielvölkerstaates.

Der charismatische Führer Tito aber wurde zu einem Mythos, zumal es ihm gelang, Jugoslawien ohne maßgebliche Hilfe der Alliierten zu befreien. In den anderen osteuropäischen Ländern – Polen, Bulgarien, Rumänien, Tschechien usw. – setzten die Sowjets kommunistische Regierungen ein. Doch Jugoslawien war, nach der Sowjetunion, das zweite Land, in dem der Kommunismus aus eigener Kraft an die Macht kam – obwohl die Rote Armee auch bei der Befreiung Serbiens eine wichtige Rolle gespielt hatte.

In Titos Volksbefreiungsarmee verloren 305.000 Kämpfer ihr Leben, und von den ursprünglich 12.000 Mitgliedern der Kommunistischen Partei starben 9.000.[119] Am 15. Mai 1945 konnte Jugoslawien die Okkupation beenden. Nun war Tito endgültig ein Volksheld.

Seine Taktik war die gleiche wie die von Kommunisten in vielen anderen Ländern: Er versprach eine »Volksdemokratie«, vermied Begriffe wie »Diktatur des Proletariats« oder »Klassenkampf«, aber

Stück für Stück wurden alle Nicht-Kommunisten zurückgedrängt und Tito übernahm mit seiner Partei die gesamte Macht.

Nach den heftigen Kämpfen zwischen den einzelnen ethnischen Gruppen während des Krieges wollte Tito alle versöhnen. Jugoslawien bestand darum aus sechs Republiken: Slowenien, Kroatien, Bosnien-Herzegowina, Serbien, Montenegro und Makedonien.

Auch wirtschaftlich ging Tito zunächst den Weg, den auch andere kommunistische Länder gingen: Unternehmen wurden verstaatlicht, und auf den Dörfern begannen sie mit der Kollektivierung. Die Ergebnisse der Kollektivierungen waren ähnlich katastrophal wie in allen anderen Ländern.

Tito war eigensinnig und selbstbewusst und wollte sich Stalin nicht unterordnen, was zu einem immer schärferen Konflikt führte. Die Jugoslawen lebten fortan in der Angst, die Sowjets könnten einmarschieren, um – wie etwa in Ungarn 1956 – die Gefolgschaft zu erzwingen. Tito gelang es, geschickt zwischen dem Westen und der Sowjetunion zu balancieren, wodurch er erhebliche Finanzmittel aus dem Westen erhielt. Allein zwischen 1948 bis 1960 flossen 1,5 bis 2,4 Milliarden Dollar in das Land.[120] Wirtschaftlich half Jugoslawien auch, dass über eine Million »Gastarbeiter« – Menschen, die im Sozialismus keine Arbeit fanden – in den kapitalistischen Westen gingen und Geld in ihre Heimat überwiesen.[121] Und in den 1970er-Jahren nahmen die Jugoslawen Milliardenkredite im kapitalistischen Ausland auf, was vorübergehend zu einem künstlichen Boom führte, aber auch zu einer massiven Verschuldung und Inflation.[122] 1982 musste das Land 1,8 Milliarden Dollar allein für den Schuldendienst aufbringen.[123]

Titos Jugoslawien folgte einem besonderen Weg zum Sozialismus, der auf der sogenannten Arbeiterselbstverwaltung der Betriebe basierte. Von einer solchen »Arbeiterselbstverwaltung« träumen auch heute manche Linke in Europa oder den USA. Aber tatsächlich war die »Arbeiterselbstverwaltung« nur eine Schimäre, denn »die wahre Macht lag bei einer selbstherrlichen Politkaste aus Funktionären, Fabrikdirektoren, Managern und Experten, während die Arbeiterkollektive nur eine scheindemokratische Kulisse für technokratische Beschlüsse abgaben«.[124]

Auch diese Variante des Sozialismus führte zu einer Bürokratie, die wie ein Krebsgeschwür wucherte: Bis Ende der 1970er-Jahre entstanden 1,5 Millionen neue Umsetzungsverordnungen. Die Verwaltung wuchs auf das Acht- bis Elffache von Ländern vergleichbarer Größe. Im ganzen Land tagten 94.415 »basisdemokratische Einheiten«. »Das jugoslawische System präsentierte lediglich eine höhere Form institutionalisierter Ineffektivität, das politische Opportunität vor wirtschaftliche Rationalität stellte, Marktgesetze und unternehmerische Professionalität aushebelte, den Verwaltungsapparat aufblähte und zu Verantwortungslosigkeit, Verschwendung und Bereicherung verführte.«[125]

Auch von dem sozialistischen Ideal der Gleichheit konnte keine Rede sein. Tito herrschte wie ein König und residierte in 17 Schlössern. Er besaß Villen, Jagdreviere, eine Flotte von Staatskarossen und Jachten und bereiste regelmäßig in dem »Blauen Zug« das Land.[126] Die Bevölkerung hingegen war arm – das Pro-Kopf-Jahreseinkommen lag 1985 bei 1.850 Dollar und betrug damit nur etwa ein Drittel von dem in der DDR.[127]

Doch die wirtschaftlichen Probleme waren nur das eine. Auch der Versuch der Kommunisten, verschiedene Nationalitäten und Ethnien in einen Einheitsstaat zu pressen, misslang, und nachdem der Volksheld Tito 1980 gestorben war und damit die Integrationsfigur fehlte, brachen die alten Animositäten auf. Mit dem Scheitern des sozialistischen Systems steigerten sich die Feindschaften zu Hass und in barbarische Kriege. Das Jahr 1991 sah den Zerfall Jugoslawiens.

Man muss wissen, dass nur 60 Prozent der Serben in der Teilrepublik Serbien lebten; die anderen wohnten vor allem in Bosnien und Kroatien. Serbiens Präsident Slobodan Milošević, zuerst Führer der Kommunistischen und später der Sozialistischen Partei, strebte ein »Großserbien« durch den Anschluss der mehrheitlich serbisch besiedelten Gebiete an.

Um einen »großserbischen« Staat errichten zu können, vertrieb Milošević Bosniaken und Kroaten aus jenen Teilen Bosniens und Kroatiens, die er beanspruchte, viele wurden bestialisch ermordet. Als Bezeichnung für diese Vorgänge entstand der Begriff der »ethnischen

Säuberungen«. 1999 wurde Milošević als erstes Staatsoberhaupt in der Geschichte, noch während er im Amt war, wegen Völkermordes angeklagt. Er starb, bevor das Urteil eines Internationalen Kriegsverbrechertribunals in Den Haag verkündet wurde.

Nicht allein von Serbien gingen Gräueltaten aus, auch Kroaten und Bosnier gingen grausam vor. Aber die Verbrechen der Serben waren systematisch geplant. Man kann die gesamte Geschichte der Kriege, die ein Jahrzehnt lang, von 1991 bis 2001 andauerten, hier nicht referieren. In dem unübersichtlichen Kampf zwischen verschiedenen Nachfolgestaaten Jugoslawiens starben 200.000 Menschen.

Die Stadt Sarajevo wurde fast vier Jahre lang belagert. Die Belagerung begann mit der Einnahme des internationalen Flughafens im Vorort Ilidža durch die jugoslawische Volksarmee in der Nacht vom 4. auf den 5. April 1992 und endete am 29. Februar 1996 durch das Eingreifen westlicher Staaten. Sie war mit 1.425 Tagen die längste Belagerung im 20. Jahrhundert. Die Luftbrücke, die zur Versorgung von Hunderttausenden eingeschlossener Menschen aufrechterhalten wurde, dauerte länger als die Berliner Luftbrücke.

In die Geschichte eingegangen ist das Massaker der Serben in Srebrenica. UN-Gerichte klassifizierten es gemäß der Konvention über die Verhütung und Bestrafung des Völkermordes als Genozid. Das Massaker zog sich über mehrere Tage im Juli 1995 hin und verteilte sich auf eine Vielzahl von Tatorten in der Nähe von Srebrenica. Mehr als 8.000 Bosniaken wurden ermordet, fast alles waren Jungen und Männer. Frauen und Mädchen wurden hingegen systematisch vergewaltigt. In Sarajevo besuche ich das Museum, das an diese Massaker mit erschütternden Fotos und Filmen erinnert.

Zu Beginn des 21. Jahrhunderts war das ehemalige Jugoslawien in sieben Nachfolgestaaten zerfallen: Slowenien, Kroatien, Bosnien-Herzegowina, Serbien, Montenegro, Makedonien (inzwischen Nordmakedonien) und Kosovo. Bosnien-Herzegowina und Kosovo wurden unter internationale Aufsicht gestellt. Aber bis heute flackern der Hass und die Konflikte zwischen den verschiedenen Volksgruppen und Ländern immer wieder auf.

Angesichts all der Kämpfe, Verwüstungen, des Leids und des wirtschaftlichen Niedergangs kann man verstehen, dass sich Menschen in Jugoslawien nach der vermeintlich guten »heilen« Vergangenheit unter Tito sehnen, und er wird bis heute von vielen verehrt. Über die Gründe sollte ich mehr in Sarajevo erfahren.

Professor Damir Bećirović holt mich vom Flughafen ab. Er spricht sehr gut Deutsch, hat drei Jahre in Graz Medizin studiert und danach Wirtschaftswissenschaften. Er ist ein Anhänger der Österreichischen Schule und hat eine private Universität gegründet, die Internacionalna poslovno-informaciona akademija in Tuzla, der drittgrößten Stadt von Bosnien-Herzegowina. Er meint, besonders in Bosnien-Herzegowina werde Tito bis heute verehrt, weil er gegen den Nationalismus gestanden habe und es in seiner Zeit Frieden gab. »Viele Menschen in Ex-Jugoslawien sind stolz auf Tito, aber nicht, weil er ein Kommunist war, sondern weil er Jugoslawien zum Sieg über Hitler geführt hat. Zudem ist er so etwas wie eine Ikone – jemand, dem Affären mit Filmstars nachgesagt werden und der mit den Prominenten und Mächtigen der Welt auf Augenhöhe verkehrte.«

Laut Damir sind bis heute nur etwa 25 Prozent der Unternehmen in Bosnien wirklich privat und unabhängig vom Staat. Unabhängig seien insbesondere einige Unternehmen in der IT-Branche und Automobilzulieferer. Zwar sei die Quote der Privatunternehmen deutlich höher, aber viele lebten nur von Regierungsaufträgen. Bei der Privatisierung sei vieles schief gelaufen, und ein echter Kapitalismus habe sich nie etablieren können. Es wäre Zeit für professionelle Privatisierungen, beispielsweise der Telefongesellschaften, die dem Staat gehören.

Professor Faruk Hadžić ist der bekannteste Ökonom in Bosnien-Herzegowina. 2008 begann er seine berufliche Laufbahn in der Direktion für europäische Integration. Im Jahr 2010 wechselte er in die Privatwirtschaft, wo er als Direktor zweier Unternehmen und später als Unternehmensberater für ein IT-Unternehmen tätig war. Derzeit arbeitet er als freiberuflicher makroökonomischer Analyst und Berater. Seine Forschungsschwerpunkte liegen in den Bereichen

Makroökonomie, Wirtschaftspolitik, internationale Wirtschaft, Datenanalyse und Visualisierung.

Er lud mich zu einem Vortrag in die University Sarajevo School of Science and Technology ein. Die Gründung dieser privaten Universität wurde unterstützt von Margaret Thatcher, nach der deshalb auch der Hörsaal benannt ist. 95 Prozent der Studenten wollen später einmal Unternehmer werden, während die Mehrheit der Studenten in staatlichen Universitäten am liebsten für den Staat oder staatliche Unternehmen arbeiten würde.

Hadžić sieht die zu hohen Steuern als großes Problem in seinem Land an. Im Index of Economic Freedom bekommt das Steuersystem fast ein Spitzenrating, weil die Einkommenssteuer nur zehn Prozent beträgt und nicht progressiv ist. Dort heißt es: »Der Spitzensteuersatz für Einkommens- und Körperschaftssteuer beträgt zehn Prozent; allerdings verfolgen die verschiedenen Regierungsstellen unterschiedliche Steuerpolitiken. Die Gesamtsteuerbelastung liegt bei 20,1 Prozent des gesamten Inlandseinkommens.«[128] Doch der niedrige Steuersatz täuscht, so der Ökonom: »Tatsächlich kommen zu den zehn Prozent noch 42 Prozent andere Abgaben dazu, zum Beispiel für die Rentenkasse. Rechnet man alles zusammen, ist man bei einer Abgabenlast von 52 Prozent. Und bei den Konsumgütern gibt es außer der Mehrwertsteuer noch andere spezielle Steuern, so dass im Ergebnis die Abgabenlast sehr hoch ist«, erklärt mir Hadžić. »Unser Wirtschaftssystem«, so meint er, »ist sehr, sehr weit entfernt vom Kapitalismus, der Staat mischt sich überall ein.«

Deshalb wundert es ihn auch nicht, dass bei der von mir in Auftrag gegebenen internationalen Befragung von Ipsos MORI zum Image des Kapitalismus Bosnien-Herzegowina eines der Schlusslichter war. Von den 35 Ländern, in denen wir die Befragung durchführten, war nur in der Türkei das Image des Kapitalismus so schlecht wie in Bosnien-Herzegowina. Die Befragung zeigte auch: Es ist nicht nur das Wort »Kapitalismus«, das die Mehrheit der Menschen hier abstößt, sondern sie befürworten auch extrem starke Staatsinterventionen und erwarten alle Leistungen vom Staat. Auch wenn wir das Wort »Kapitalismus«

nicht verwendeten, ergab sich ein ähnliches Bild: Nur in Russland war das Image der Marktwirtschaft schlechter als in Bosnien-Herzegowina. Die Befürworter der Marktwirtschaft haben hier also noch sehr, sehr viel zu tun.

Ich treffe mich mit Danijal Hadžović von der führenden Tageszeitung »Dnevni Avaz«. Wir sprechen lange, und zwei Tage später veröffentlicht die Zeitung ein großes, zwei Seiten umfassendes Interview. Danijal Hadžović hat 2015 auch den libertären Thinktank Liberalni Forum gegründet. Die Arbeit des Liberalen Forums stützt sich auf zwei Programmbereiche. Der erste betrifft die Aufklärung über die Philosophie des Liberalismus und liberale Politik. Das Forum veranstaltet Bildungsseminare für junge Menschen oder Wirtschaftsjournalisten, macht aber zweitens auch Lobbyarbeit, um die Politik zu wirtschaftlichen Reformen zu bewegen. Besonders stolz ist Hadžović darauf, ein Handwerksgesetz in Bosnien und Herzegowina initiiert zu haben, das schließlich auch verabschiedet wurde und nun eines der liberalsten Handwerksgesetze in Europa ist.

Noch etwas älter als das Liberale Forum ist ein weiterer libertärer Thinktank, Multi, gegründet 2011 von Admir Čavalić. Er ist mein erster Ansprechpartner in Bosnien-Herzegowina und hat mir geholfen, dass mein Buch »Die 10 Irrtümer der Antikapitalisten« dort veröffentlicht wurde. Admir ist der erste libertäre Abgeordnete im Parlament von Bosnien. Der 36-Jährige gehört einer kleinen Partei an, die vier Abgeordnete in das Parlament entsendet hat.

Als Student der Wirtschaftswissenschaften begann Čavalić, die Werke von Milton Friedman zu lesen, was ihn dazu motivierte, einen Dokumentarfilm mit dem Titel »Economy« zu drehen, den ersten bosnischen Dokumentarfilm, der für liberale wirtschaftliche Ideen im Land warb. Čavalić versammelte angesehene Universitätsprofessoren aus dem ganzen Land und präsentierte in 60 Minuten eine liberale Wirtschaftsagenda für sein Land. Er hat Dutzende Veranstaltungen mit mehr als 10.000 Teilnehmern initiiert, die die Ideen der Freiheit fördern.

Ein Thema, das Čavalić besonders interessiert, ist die Verbindung zwischen dem Islam und der Idee der Marktwirtschaft. Er hat dazu ein Buch geschrieben (»Islam i slobodno tržište« – Islam und der freie Markt). In dem Buch vertreten er und sein Ko-Autor Dženan Smajić die These, dass zur Zeit des Propheten Mohammed so etwas wie ein Minimalstaat bestanden habe: »Die Steuerlast betrug damals nur 2,5 Prozent bzw. zehn Prozent für Nicht-Muslime. Preiskontrollen waren verboten und Steuereintreiber verhasst, und zwar aus religiösen Gründen.«

In diesem Zusammenhang ist auch ein Treffen mit dem Übersetzer meines Buches, Resul Mehmedovic, interessant für mich. Er hat Islamwissenschaften studiert, ist sehr gläubig und zugleich ein überzeugter Anhänger des Kapitalismus. Er meint, Islam und Kapitalismus passten besonders gut zusammen. Warum? Seine Antwort: »Mekka, die Geburtsstadt unseres Propheten Mohammed, war seinerzeit eine Marktwirtschaft. Benedikt Koehler hat das in seinem Buch ›Early Islam and the birth of Capitalism‹ nachgewiesen. Beispielsweise kamen Gläubige zu Mohammed und baten ihn, wegen steigender Preise Preiskontrollen zu verhängen. Mohammed lehnte Preiskontrollen ab und begründete dies damit, dass die Höhen und Tiefen der Preise in Gottes Hand seien.«

Ich denke an Professor Martin Rhonheimer, der zum katholischen Opus Dei gehört und ein überzeugter Anhänger der Österreichischen Schule der Nationalökonomie, ein glühender Verfechter des Kapitalismus ist. Er meint, Christentum und Kapitalismus passten besonders gut zusammen. Das Schöne am Kapitalismus ist, dass er offenbar zu ganz unterschiedlichen Religionen und Weltanschauungen passt. Mich würde mal ein Dialog zwischen Benedikt Koehler und Martin Rhonheimer interessieren: »Islam, Christentum und Kapitalismus«.

Muslime stellen die Mehrheit der Bevölkerung in Bosnien-Herzegowina und, so lerne ich in vielen Gesprächen, es sind vor allem junge Menschen – und nicht die Alten –, für die der Glaube immer wichtiger wird. Angesichts schwieriger sozialer Verhältnisse suchen sie Halt im Islam. Junge Menschen sind es jedoch auch, die in immer größerer Zahl das Land verlassen. Viele gehen nach Deutschland. Die Gesamtbevölkerung von Bosnien und Herzegowina schrumpft oder stagniert jetzt schon das 19. Jahr in Folge und betrug im Jahr 2022 rund 3,23 Millionen Einwohner.[129] Die Fertilitätsrate in Bosnien-Herzegowina ist eine der niedrigsten weltweit. In vielen osteuropäischen Ländern habe ich das gesehen, etwa in Albanien oder Bulgarien, wo immer mehr Menschen das Land verlassen, weil ihnen die Perspektive fehlt.

Januar 2023

Bratislava, Slowakei

Meine erste Reise im Jahr 2023 führt mich gleich im Januar in die slowakische Hauptstadt Bratislava. Die Slowakei grenzt an Österreich, Tschechien, Polen, die Ukraine und Ungarn, hier leben 5,5 Millionen Menschen. Wer von Deutschland nach Bratislava reist, sollte über Wien fliegen, denn von da aus brauche ich nur 45 Minuten mit dem Taxi nach Bratislava. Im Hotel treffe ich mich mit Peter Gonda. Peter ist mir sofort sympathisch und erinnert mich irgendwie an John Lennon. Er hat eine sehr unkonventionelle Frisur, die schwerer zu beschreiben wäre als die des Beatles-Musikers – man erkennt gleich den sympathischen Nonkonformisten.

Peter leitet einen Thinktank, der sich »Conservative Institute of M.R., Stefánik« nennt, betont aber gleich, dass er eher klassisch-liberal als konservativ im heutigen Verständnis sei. »Der erste Schritt auf meiner Reise zum liberalen Wirtschaftsdenken und zu den klassischen liberalen Ideen war die Lektüre der tschechischen Ausgabe von Milton und Rose Friedmans Buch ›Free to Choose‹ in meinen frühen Zwanzigern«, sagt er mir. Er hat mehrere Bücher geschrieben und herausgegeben, so etwa »Eurozone and Alternatives of European Economic Integration«, und er organisierte Vorträge renommierter ausländischer Referenten im Rahmen der »Conservative Economic Quarterly Lecture Series«. Das Programm wurde 2009 mit dem Templeton Freedom Award in der Kategorie »Ethik und Werte« ausgezeichnet.

Später treffe ich Richard Ďurana, der vor 18 Jahren den libertären Thinktank Iness gegründet hat – ich hatte ihn zuvor in Warschau kennengelernt. Die beiden repräsentieren die wichtigsten libertären Thinktanks in der Slowakei.

Die Innenstadt von Bratislava – eine Stadt mit 480.000 Einwohnern – ist sehr schön, aber klein. Peter meint, viele Gebäude der Altstadt seien durch die Kommunisten zerstört worden. Nach einem Vortrag vor etwa 100 Leuten und einer Stunde Diskussion gehen wir Abendessen. Irgendwie bin ich bei den Libertären auf eine Gruppe eingefleischter Heavy-Metal-Fans getroffen, einer davon hat sogar zusammen mit seinen beiden Söhnen eine Band gegründet: »Capitalism and Heavy Metal« ist ihr Slogan. Natürlich werde ich nach meinem Musikgeschmack gefragt, und ich bin etwas verlegen, als ich erkläre, dass ich seit 20 Jahren jeden Abend die gleiche Musik höre, nämlich Ennio Morricone.

Zu meiner Überraschung war der Heavy-Metal-Bandleader (übrigens ein studierter Mathematiker) auch bei einem Morricone-Konzert, und Peter klärt mich auf, dass die Band Metallica ihre Konzerte sogar mit einem Song von Morricone beginnt. Bei Heavy Metal kann ich nicht richtig mitreden, die härteste Rockband, die ich in meiner Jugend gehört habe, war Grand Funk Railroad und ich war vor allem Pink Floyd-Fan. Doch alles gut, es stellt sich heraus, dass auch die slowakischen Kapitalismus- und Heavy-Metal-Anhänger Pink Floyd mögen. Peter meint: »Pink Floyd ist Rockmusik, und Rock ist nun einmal die Grundlage des Metal.« Wieder etwas gelernt. Der Abend wird lustig, als die Gruppe von sieben Männern alle mit Bier anstoßen und ich mein Milchglas zum Prosit erhebe.

Peter Gonda hat alles super für mich organisiert, meine Tage sind von morgens bis abends mit Interviews verplant – für TV und Tageszeitungen. Dazwischen habe ich trotzdem Zeit, im Hotel zu schlafen.

Doch nun ein wenig zu Politik und Wirtschaft des Landes: Der Sozialismus hatte das Land heruntergewirtschaftet. Peter sagt: »Während 1948 das Pro-Kopf-BIP in der Tschechoslowakei höher war als in Österreich (121 Prozent), sank es bis 1989 auf 58 Prozent, selbst nach den offiziell übertriebenen Daten.«

Nach dem Ende des Sozialismus vollzog sich, anders als in Ex-Jugoslawien, die Aufspaltung der Tschechoslowakei in Tschechien und die Slowakei friedlich. Am 1. Januar 1993 entstand die unabhängige Slowakische Republik. Die Slowakei gehörte seit 1867 zu Österreich-Ungarn und war ab 1918 Teil der neu gegründeten Tschechoslowakei.

Die slowakische Wirtschaft war in der sozialistischen Zeit auf die Schwerindustrie ausgerichtet. Der Fokus lag auf Metallurgie, Rüstungsindustrie, Energiewirtschaft und chemischer Industrie. Der Übergang zur Marktwirtschaft führte zunächst zu massiven Produktionseinbrüchen, da die Staatsbetriebe nicht konkurrenzfähig waren. Auch die Trennung von Tschechien 1993 brachte Nachteile mit sich: In vielen Wirtschaftszweigen war die Slowakei weniger entwickelt als Tschechien.[130]

Mikuláš Dzurinda, Ministerpräsident von 1998 bis 2006, verfolgte einen marktwirtschaftlichen Kurs und führte eine Flat Tax von 19 Prozent ein. Die Weltbank zeichnete die Reformpolitik der Slowakei als weltweit führend aus, und Steve Forbes bezeichnete das Land als »Investorenparadies«. Die Regierung setzte vor allem auf Privatisierungen. Schon 2002 wurden 88,9 Prozent des Bruttoinlandsprodukts im Privatsektor erwirtschaftet, 2009 waren es 93 Prozent. Einen Höhepunkt erreichte das slowakische Wirtschaftswachstum im Jahr 2006 mit 8,3 Prozent.[131]

Robert Fico, bis 1990 Mitglied der Kommunistischen Partei und danach Chef der linkspopulistischen Smer-SD, gewann die Wahl 2006 und war bis 2010 sowie von 2012 bis 2018 Ministerpräsident – und ist es übrigens seit Oktober 2023 wieder. Fico ist ein bekennender Etatist.

Im Index of Economic Freedom legte die Slowakei zwischen 1995 und 2008 um etwa zehn Punkte zu, von 60,4 auf 70. Seitdem gab es jedoch kaum noch eine Entwicklung: Nach Schwankungen lag der Indexwert 2023 praktisch auf dem gleichen Niveau wie 2008, bei 69.[132] Zum Vergleich: Tschechien startete 1995 mit 67,8 und hatte bis 2022 sieben Punkte zugelegt (74,4). 2023 steht es bei 71,9 Punkten.[133]

Lobend erwähnt die Heritage Foundation für die Slowakei unter anderem

- Eigentumsrechte
- Steuerbelastung

- Monetäre Freiheit
- Finanzpolitische Verfasstheit

Negativ bewertet werden:

- Integrität der Regierung
- Arbeitsfreizügigkeit
- Regierungsausgaben

Ein 2020 veröffentlichter Vergleich der Arbeitsmarktregulierungen in der Slowakei mit 40 anderen OECD-Staaten sieht das Land auf Platz 36, mithin ist der Arbeitsmarkt nur in vier Ländern noch stärker reguliert (Schlusslicht ist Frankreich), in 35 Ländern ist er freier. Tschechien steht sehr viel weiter oben auf Platz acht.[134]

Die weltweite Wirtschaftskrise führte 2009 auch in der Slowakei zu einem Konjunktureinbruch. In den Jahren 2011 bis 2013 wuchs die Wirtschaft wieder, allerdings konnten die hohen Wachstumsraten aus der Zeit vor der Finanzkrise nicht wieder erreicht werden.

Der Außenhandel mit Ländern der EU gilt als Stärke der slowakischen Wirtschaft. Das Land hat einen relativ hohen Industrieanteil von etwa 35 Prozent am BIP (Vergleich: Deutschland 27, USA 18, Frankreich 17 Prozent). Die Industrie in der Slowakei ist stark vom Export geprägt, wobei insbesondere die Automobilproduktion eine wichtige Rolle spielt. So beträgt der Anteil der Kfz-Industrie an den Exporten 40 Prozent. Verschiedene europäische und asiatische Hersteller besitzen große Produktionsstätten in der Slowakei, darunter sind rund 500 deutsche Unternehmen. Nirgendwo auf der Welt werden pro Kopf der Bevölkerung mehr Autos hergestellt als in der Slowakei.[135]

Meine im Juli 2022 durchgeführte Ipsos-MORI-Umfrage in der Slowakei ergab, dass die Einstellung zu Marktwirtschaft und Kapitalismus in der Slowakei eher negativ ist. Von 35 Ländern, in denen die Befragung durchgeführt wurde, steht die Slowakei auf Platz 19. Es gibt also 16 Länder, die noch etwas antikapitalistischer sind. Aber es gibt 18 Länder, die eine positivere Einstellung haben (unter anderem Tschechien auf Platz sechs).

Die Umfrage zeigt auch: Slowaken, die sich als moderat oder weit rechts stehend bezeichnen, sind klar pro-kapitalistisch. Und man sieht in der Slowakei zudem größere Unterschiede als in anderen Ländern bei den Einkommensgruppen: Besserverdiener in der Slowakei sind positiv zur Marktwirtschaft eingestellt.

Bedenklich ist indes die insgesamt verbreitete Sozialismus-Nostalgie. Eine 2018 von der Focus-Agentur in der Slowakei durchgeführte Umfrage ergab, dass 55 Prozent der Slowaken glauben, der Lebensstandard im Sozialismus sei besser gewesen als heute. 77 Prozent sagten, dass es genug sinnvolle Jobs für jeden gab, und 59 Prozent meinten, der Sozialismus sei wirtschaftlich erfolgreich gewesen.[136]

Ich frage Peter, Richard und meine anderen Gesprächspartner, wie sie die großen Unterschiede zwischen Tschechien und der Slowakei erklären. Nach ihrer Ansicht gibt es in der Slowakei – anders als in Tschechien – einfach keine unternehmerische Tradition, und zudem sei bei der Privatisierung vieles schief gelaufen. Wie auch in manchen anderen ehemals sozialistischen Ländern bedeutete Privatisierung oft nur, dass sich die (ehemaligen) Kommunisten gegenseitig Firmen zu einem Spottpreis verkauften. Keine gute Reklame für die Marktwirtschaft. In Tschechien gab es diese Probleme auch, aber nicht im gleichen Ausmaß.

Januar 2023

Belgrad, Serbien

In Serbien sehnen sich viele Menschen nach der Zeit zurück, als Josip Broz Tito herrschte. Nicht, weil sie Kommunisten wären, sondern weil es sich im sozialistischen Jugoslawien nicht so schlecht lebte wie in anderen sozialistischen Ländern und weil die Transformation zum Kapitalismus und zur Demokratie in Serbien – anders als etwa in Polen und Tschechien – nie gelungen ist. Und sicher auch, weil in der Rückschau vieles verklärt wird, wenn man Schlechtes vergisst und Gutes in Erinnerung behält. Tito steht in den Augen dieser Menschen für eine Zeit, in der Jugoslawien groß und sein Präsident international geachtet war und in der Frieden und soziale Sicherheit herrschten. Die »Privatisierung«, die nach dem Zusammenbruch des Systems und des Landes kam, bedeutete in Serbien noch mehr als in anderen Ländern, dass sich die Eliten ehemals staatliche Firmen billig unter den Nagel rissen.

Man kann von einer ausgeprägten »Tito-Nostalgie« sprechen, von einer verbreiteten Sehnsucht nach der »guten, alten Zeit«. Am 7. Mai, Titos Geburtstag, finden in seinem Geburtsort Kumrovec Feiern statt, zu denen mehrere tausend Besucher aus vielen Teilen des ehemaligen Jugoslawien kommen. Titos Mausoleum Kuća cveća (Haus der Blumen) in Belgrad ist ein beliebtes Ziel für Touristen und Tito-Verehrer.

Das Wort »Kapitalismus« hat in Serbien einen extrem schlechten Klang. Unsere Ipsos-MORI-Befragung ergab, dass Serben keine dezidiert anti-marktwirtschaftliche Einstellung haben, aber auch keine dezidiert pro-marktwirtschaftliche. Bei den Fragen zur Marktwirtschaft (also ohne Verwendung des Wortes »Kapitalismus«) fiel die Zustimmung zu positiven, pro-marktwirtschaftlichen und zu negativen, anti-marktwirtschaftlichen Statements etwa gleich hoch aus. Vielleicht hat das auch etwas damit zu tun, dass Marktwirtschaft in der jugoslawischen Variante des Sozialismus nicht grundsätzlich verpönt war.

Aber als wir den Serben 18 Statements zum »Kapitalismus« vorlegten, war die Meinung so negativ wie in kaum einem anderen Land. Die Diskrepanz bei den Fragen, je nachdem ob man das Wort »Kapitalismus« verwendet oder nicht, gab es in vielen Ländern, aber kaum irgendwo war sie so groß wie in Serbien.

Ich vermute, das hat auch etwas mit einem verbreiteten Anti-Amerikanismus und einer kritischen Einstellung zum Westen zu tun. »Kapitalismus« wird mit den USA und dem Westen assoziiert, und viele Serben sind – anders als Polen oder Albaner – besonders antiwestlich und antiamerikanisch. Als mich der Fahrer vom Flughafen abholt, zeigt er mir ein Gebäude, das die Amerikaner zerstört haben.

Um diesen Anti-Amerikanismus zu verstehen, muss man zurückgehen bis in die Zeit Ende der 90er-Jahre. Tausende Menschen kamen damals ums Leben, als zwischen dem 24. März und dem 12. Juni 1999 NATO-Truppen Kosovo besetzten und Belgrad bombardierten. Die im Wesentlichen von den Vereinigten Staaten geführte Militäroperation war der erste Krieg, den die NATO sowohl außerhalb eines Bündnisfalls, dessen Ausrufung bis dahin als Grundlage eines NATO-weiten Vorgehens galt, als auch ohne ausdrückliches UN-Mandat führte. Insgesamt warfen die im Rahmen der Operation eingesetzten Flugzeuge 28.018 Sprengkörper ab; 83 Prozent dieser Abwürfe erfolgten durch Flugzeuge der USA.

Im Oktober 2000 wurde der Kriegsverbrecher Slobodan Milošević gestürzt, Vojislav Koštunica wurde Staatspräsident, und die »Demokratische Opposition Serbiens« gewann wenig später vorgezogene Parlamentswahlen. Doch eine Demokratie wurde Serbien nicht. Seit 2017 ist Aleksandar Vučić Präsident Serbiens. Seine »Serbische Fortschrittspartei« (SNS) dominiert fast das gesamte Leben, zuletzt wurde er am 17. Dezember 2023 wiedergewählt. Wer einen Job will oder als Unternehmer einen Auftrag möchte oder als Lokalpolitiker Steuermittel für seine Gemeinde braucht, muss sich mit der Partei arrangieren. Mit ihren 730.000 Mitgliedern ist die SNS die größte Partei in ganz Europa – nicht relativ, sondern absolut. Im Korruptions-Wahrnehmungsindex von Transparency International belegte Serbien 2022 Platz 101 von 180 Ländern.

Laut Heritage Foundation hat sich die wirtschaftliche Freiheit in den vergangenen Jahren in Serbien verbessert, aber es liegt nur auf Platz 34 von 44 Ländern in der Region Europa und weltweit auf Platz 58.[137] Positiv ist die extrem niedrige Steuerbelastung in Serbien, aber der größte Schwachpunkt ist der unterentwickelte Rechtsstaat.

Im Januar 2023 laden mich der Helik-Verlag, der in Serbien »Die 10 Irrtümer der Antikapitalisten« veröffentlichte, und der Libertäre Club Libek ein.

Ich treffe Petar Čekerevac und Mihailo Gajic, die mir berichten, dass Libek von Studenten als Alternative zur politischen Linken einerseits und zu rechten Nationalisten andererseits 2008 gegründet wurde. Sie kritisieren vor allem, dass Vučić und seine Partei fast die gesamte Medienlandschaft unter Kontrolle gebracht haben.

Es gibt aber Ausnahmen wie den Fernsehsender N1, der mich zu einem Interview über mein Buch einlädt. Die Redakteurin, die mich interviewt, ist gewiss keine linke Ideologin, aber die Fragen, die sie stellt, lassen mich vermuten, dass sie irgendwann eine marxistische Ausbildung genossen haben muss, weil sie auf marxistische Theorieelemente wie etwa die Mehrwerttheorie zurückgreift.

Die Libek-Leute versuchen, marktwirtschaftliche Ideen in Medien und Politik zu verbreiten – angesichts der beschriebenen Gleichschaltung der Medien eine schwierige Aufgabe. Sie haben 2018 das Online-Magazin »TALAS« gegründet, das inzwischen einen gewissen Einfluss in Serbien erreicht hat. Täglich kommentieren dort die Macher das politische Geschehen. Ihr Magazin wird von Journalisten und Politikern gelesen.

Ich traf den Handelsminister von Serbien, Tomislav Momirović. Er kommt aus einer sehr vermögenden Unternehmerfamilie und zählt zu den Unterstützern der libertären Bewegung. Er ist insbesondere im Hotelbusiness aktiv und besitzt mehrere Hotels in Serbien. Er verweist auf die wirtschaftlichen Erfolge des Landes. In den vergangenen Jahren habe die Regierung viel privatisiert, nur noch eine kleine Bank sei im Staatsbesitz. Seit 2005 ist das durchschnittliche Monatsgehalt von 210 Euro über 418 Euro (2018) auf inzwischen 642 Euro gestiegen. Das Bruttoinlandsprodukt hat sich von 37 Milliarden Euro im Jahr 2016 auf 53 Milliarden 2021 erhöht, und die Auslandsinvestments (FDI) haben sich von 2016 bis 2022 von zwei Milliarden auf etwa 4,5 Milliarden Euro mehr als verdoppelt. An der Spitze stehen Investitionen aus Deutschland. Der nächste wichtige Schritt sei, zusammen mit den anderen Ländern Ex-Jugoslawiens (außer Kroatien und Slowenien, die zur EU gehören) sowie mit Albanien eine Wirtschaftszone »Open Balkan« zu gründen.

Natürlich sprachen wir auch über den Ukraine-Krieg, und hier waren unsere Meinungen gegensätzlich. Momirović meinte, Serbien werde im UN-Sicherheitsrat in Bezug auf den Kosovo nur von Russland und China unterstützt, daher könne man sich nicht gegen Russland stellen und versuche, eine neutrale Haltung einzunehmen. Zudem sei man zu 100 Prozent von russischem Gas abhängig.

Der Konflikt zwischen Serbien und Kosovo flammt immer wieder auf, und im Herbst 2023 zogen die Serben Truppen an der Grenze zum Kosovo zusammen. Mein Freund Adri, der im Kosovo politisch aktiv ist, führt dies auf Russland zurück und meint, Russen und Serben wollten testen, wie stark der Westen sei.

Januar 2023

Warschau und Danzig, Polen

Nachdem mein erster Film »Life behind the Berlin Wall« 2022 ein Erfolg war, nahm ich mir vor, weitere Filme zum Thema Sozialismus/Kapitalismus zu produzieren. Ich fand dafür einen ausgezeichneten Partner in Polen, Tomasz Agencki, ein Film-Profi, der Movie production und Movie direction studiert und zahlreiche Filme produziert hat. Sein Film »Where the directives grow«, eine kritische Dokumentation über das EU-Parlament, wurde 2020 beim Anthem Film Festival ausgezeichnet. Tomasz ist 41 Jahre alt und gehört zur libertären Bewegung in Polen. Wir verabreden uns für sechs Tage im Januar 2023, zunächst in Warschau, dann in Danzig und dann wieder in Warschau.

Einen Film zu produzieren ist anstrengend, besonders im Winter. Diesmal ist es sehr kalt, teilweise regnet es auch – und der eisige Wind lässt die Temperaturen noch kälter erscheinen. Zum Glück bin ich mit einer langen Unterhose ausgerüstet. Und ich habe gebeten, dass jemand mit einem Auto dabei ist, so dass ich zwischen den einzelnen Aufnahmen, während Tomasz alles vorbereitete, im warmen Auto sitzen und noch einmal die Sätze üben kann, die ich in die Kamera sprechen würde.

Ich bin froh, in Tomasz einen so erfahrenen Filmprofi gefunden zu haben, der vor allem auch eine Menge Geduld mitbringt, denn ich selbst habe ja kaum Erfahrung mit Filmen. Ich merke, dass er ein richtiger Perfektionist ist, der nichts dem Zufall überlässt und alles mehrfach absichert. Ich glaube, das viele Material, das wir gedreht haben, würde ohne Probleme für einen 90-minütigen Film reichen, aber wir haben uns für einen Kurzfilm von 35 Minuten entschieden.

Basis des Films ist mein Buch »Der Aufstieg des Drachen und des Weißen Adlers« über Polen und Vietnam, für das ich auch im Nachbarland intensiv recherchiert hatte. Inzwischen habe ich ein sehr gutes Netzwerk in Polen, und viele Menschen helfen mir dabei, vor allem mein Verleger Krzysztof Zuber.

In Polen stellt sich das Problem, dass die Rechte zur Nutzung von Archivaufnahmen sehr teuer sind, aber Tomasz hat eine gute Idee, nämlich neben den Außenaufnahmen auch in Museen zu filmen. Wir sind in Warschau im Museum of Life in PRL und in Danzig im Europejskie Centrum Solidarności sowie dem SALA BHB, einem weiteren Solidarność-Museum. Besonders beeindruckend ist das riesige Europejskie Centrum Solidarności, das Europäische Solidarność-Zentrum. Es besteht aus einem Museum über die Gewerkschaft, ihrem Zentralarchiv, einer Multimedia-Bibliothek sowie einem Bildungszentrum. Auf dem Gelände sind geschichtsträchtige Orte wie der Plac Solidarności mit dem Denkmal für die gefallenen Werftarbeiter und dem berühmten Werfttor sowie das Gebäude der Arbeitsschutzhalle der Danziger Werft, das den Gewerkschaftsaktivisten als Konferenzsaal diente. Das Museum wurde am 31. August 2014 eröffnet.

Ende Januar 2019 forderte der polnische Minister für Kultur und Nationalerbe, Piotr Gliński, das Museum solle Elemente in die Ausstellung einfügen, die der Geschichtspolitik der PiS entsprechen, sowie einen vom Ministerium benannten stellvertretenden Direktor einstellen. Im Falle der Absage, so drohte er, sollte die jährliche Subvention von sieben auf vier Millionen Złoty gekürzt werden. Das Museum lehnte die Erfüllung der Forderungen ab, und der daraufhin gestrichene Betrag von drei Millionen Złoty wurde in einer Spendenaktion gesammelt.

Die Danziger Werft ist ein besonderer historischer Platz, denn hier begann das Ende des Kommunismus. Die gesamte Nachkriegsgeschichte in Polen ist durchzogen von immer neuen Streiks und Protesten der Arbeiterschaft, die oft brutal niedergeschlagen wurden. Ein Beispiel sind die Streiks, die am 14. Dezember 1970 in der Danziger Werft begannen. In der Nacht vom 15. auf den 16. Dezember wurden die streikenden Arbeiter von Armeeeinheiten mit Panzern umzingelt. Als sie den Betrieb verließen, wurde auf sie geschossen, und Soldaten marschierten auf das Betriebsgelände. Am 15. Dezember brachen auch in der Werft der Nachbarstadt Gdingen (Gdynia) Streiks aus. Es gab Todesopfer und Verletzte. In den Gefängnissen und in provisorischen Haftanstalten wurden Demonstranten bis zur Bewusstlosigkeit geschlagen und schwer verletzt. Auch in vielen anderen Städten kam es in dieser Dezemberwoche zu Streiks und Demonstrationen, bei denen nach offiziellen Angaben 45 Personen getötet wurden. Von ihnen waren zwölf unter 20 und 24 unter 30 Jahren alt gewesen. 1.100 Menschen wurden verwundet, die meisten waren Arbeiter. Das Land stand am Rande eines Bürgerkriegs.

Im August 1980 gab es eine weitere Streikwelle. Die Arbeiter der Lenin-Werft in Danzig forderten neben höheren Löhnen die Zulassung freier Gewerkschaften. Es ist eine von Linken leider selten registrierte Ironie der Geschichte, dass ausgerechnet die Arbeiterschaft, die ja angeblich in der »Diktatur des Proletariats« die herrschende Klasse ist, sich immer wieder gegen die tatsächlich Herrschenden auflehnte und ihrem Unmut durch Streiks und Demonstrationen Nachdruck verlieh. Die kommunistische Regierung musste schließlich dem Druck nachgeben und die Gewerkschaft zulassen – bald schon traten rund zehn Millionen Polen der Solidarność bei. Immer mehr Menschen sagten sich von der Kommunistischen Partei los. Bis 1981 verließen 350.000 Mitglieder die PZPR, vor allem Arbeiter.

An der Werft sind Gedenktafeln mit den Namen und dem Alter der getöteten Arbeiter angebracht. Einige waren erst 15, 16 oder 17 Jahre alt. Es ist bezeichnend, dass eine Ideologie, die von Intellektuellen erdacht wurde und deren Ziel ein Paradies für die Arbeiter war, durch Arbeiteraufstände zu Fall gebracht wurde.

Abends treffe ich in Danzig Maria und ihren Mann, der ebenfalls Tomasz heißt. Beide gehören zur libertären Szene, und Maria übersetzt gerade mein Hitler-Buch vom Deutschen ins Polnische. Wir sprechen über das Image des Sozialismus in Polen. Nicht nur Kommunismus, sondern auch Sozialismus ist in Polen ein Wort, das für die allermeisten Menschen einen negativen Klang hat. Man empfindet dieses System als ein fremdes, den Polen durch die Russen aufgedrängtes System. Trotzdem gibt es auch in Polen – wie in anderen Ländern – so etwas wie eine Nostalgie und Verklärung der Vergangenheit, die hier besonders durch die (damals noch) regierende PiS-Partei betrieben wird. Aber den Sozialismus wünscht sich kaum jemand zurück.

Ich bin auch wieder im KARTA-Museum und treffe Alicja, die von dem Kartensystem in Polen berichtete. Immer neue Details erfahre ich, die die Absurdität des Systems verdeutlichen. So musste man beispielsweise, wenn man zwei Wochen Urlaub machte, vorher im Hotel seine Lebensmittelkarten abgeben und bekam dann neue Karten, damit man dort Mahlzeiten zu sich nehmen konnte. Wer seine Karten verlor, musste einige Tage eine Nulldiät einlegen.

Wir wollen unseren neuen Film beim Anthem Film Festival einreichen, das im Juli 2023 in Memphis im Rahmen des Freedom Fest stattfand. Ich hoffe, wieder einen Award zu erhalten, so wie 2022 beim Freedom Fest in Las Vegas. Im Mai bekommt Tomasz die Nachricht, dass der Film nicht angenommen wurde. Er ist sehr enttäuscht und traurig. Ich bin auch enttäuscht, meine aber zu Tomasz: »Lass uns lieber überlegen, was wir machen können, um den Film auch ohne das Freedom Fest zu promoten.« Ihm kommt die Idee, den Film bei einer Veranstaltung der Aspiro-Universität in Warschau am 24. Juni uraufzuführen.

Und das wird ein schöner Erfolg: 400 Studenten sehen den Film, und Leszek Balcerowicz hält eine Rede. Was er sagt, macht mich sehr stolz: »Rainer Zitelmann edukuje na temat Polski tak jak kiedyś edukował na temat Stanów Zjednoczonych Alexis de Tocqueville.« (»Rainer Zitelmann klärt über Polen auf, wie einst Alexis de Tocqueville über die Vereinigten Staaten aufklärte.«) Ich finde übrigens später doch noch einen Weg, den Film am 13. Juli in Memphis auf dem Freedom Fest in einer gekürzten Fassung zu zeigen, wenn auch außerhalb des Wettbewerbs. Und ich hoffe, in Zukunft mit Tomasz weitere Filme zu produzieren.

Februar 2023

London, Großbritannien

Als ich am 6. Februar in London ankomme, erfahre ich, dass Madsen Pirie, Präsident des Adam Smith Institutes, und Eamonn Butler – sicherlich die zwei bekanntesten Vertreter der libertären Bewegung in Großbritannien – mich zum Dinner in den ehrwürdigen Carlton Club einladen wollen. Der Carlton Club ist einer der renommiertesten Londoner Gentlemen's Clubs. 1832 gegründet, war er stets ein Anlaufpunkt insbesondere für Politiker der Tories, wie das Synonym für die Conservative Party bis heute lautet. Zu seinen Mitgliedern zählten unter anderem Benjamin Disraeli, Robert Peel, Winston Churchill, Harold Macmillan und Margaret Thatcher – die »eiserne Lady« ist allerdings das einzige weibliche Vollmitglied, das der Carlton Club bis heute akzeptierte.

Das Problem: So wie meistens, habe ich nur meine Jeans und ein Polohemd dabei. So kommt man nicht in den ehrwürdigsten Club Londons rein. Nun ja, eine Krawatte kann man sich bekanntlich in solchen Clubs leihen, aber was ist mit den Jeans? Meine britische PR-Agentin Claire Barry, mit der ich seit vielen Jahren zusammenarbeite, ruft dort an und tröstet mich anschließend: Es gebe auch jede Menge Hosen, Hemden etc. zum Ausleihen dort. In der Tat hat der Club einen begehbaren Kleiderschrank von der Größe eines Zimmers. So ziehe ich mich um und muss über mein eigenes Outfit lachen – mit einer Hose, die nicht richtig passt, einem Polohemd und einer Krawatte.

Ich bin in Berlin Mitglied im Chinaclub, dem exklusivsten Club der Stadt. Die wirklich Reichen, die dort hingehen, kommen oft in Jeans und Polohemd. Aus ihrer Sicht ist Anzug und Krawatte etwas für Versicherungsvertreter, Bankangestellte und Politiker – was nicht heißt, dass sie (und ich auch) nicht auch mal Anzug tragen.

Madsen Pirie ist ein ebenso sympathischer wie hochintelligenter Mann, er war von 1979 bis 1992 Sekretär von Mensa International, der Organisation für Leute mit weit überdurchschnittlichem IQ. Ich lernte ihn vor einigen Jahren kenne, weil er der erste war, der die englische Ausgabe meines Buches »The Power of Capitalism« besprochen hat. Das empfinde ich als große Ehre, vor allem weil der Meinungsführer, der Margaret Thatcher, Friedrich August von Hayek usw. persönlich kannte, in seiner Rezension schreibt: »Er hat ein faszinierendes Kapitel über ›Warum Intellektuelle den Kapitalismus nicht mögen‹ geschrieben, das sich nicht nur einfach darauf beschränkt, Hayeks frühere Erkenntnisse wieder aufzugreifen.«[138]

Bei unserem Treffen macht mir der heute 82-Jährige wieder ein Kompliment: Er hat gerade mein Buch »Die Kunst berühmt zu werden« gelesen und meint, dass ich schreibe, wie man spricht. Schon andere Leute haben mir gesagt, dass sich meine Bücher lesen, als hätte ich sie diktiert, was jedoch nicht stimmt. Ich finde, die Schriftsprache sollte sich nicht zu sehr unterscheiden vom gesprochenen Wort, daher hat mich das Kompliment gefreut.

Ich frage Madsen, ob er mir ein paar Hintergründe zur Gründung des Adam Smith Institutes sagen könne, und das tut er dann auch:

»Als sich der Winter 1976 dem Ende zuneigte, lag sowohl in Großbritannien als auch in Amerika ein Wandel in der Luft. Ronald Reagan kämpfte damals um die Nominierung der Republikaner, die er schließlich drei Jahre später gewinnen sollte. Margaret Thatcher war Vorsitzende der Konservativen in Großbritannien. Aber da war noch mehr. Die Vereinigten Staaten standen ganz im Zeichen des 200. Jahrestags ihres Bestehens und bereiteten sich auf die Feier zu ihrem 200. Unabhängigkeitstag vor.

Ich schrieb eine meiner Zeitungskolumnen zu diesem Thema und machte darin darauf aufmerksam, dass das Jahr 1776 in mehrfacher Hinsicht ein bedeutendes Jahr war. So war es das Todesjahr von David Hume, dem Philosophen, dessen Ideen mich am meisten ansprachen.

Im selben Jahr wurde auch der erste Band von Edward Gibbons' ›Verfall und Untergang des Römischen Reiches‹ veröffentlicht und James Watt stellte der Welt in Glasgow die erste moderne, effiziente Dampfmaschine vor. Am 4. Juli erklärten die amerikanischen Kolonisten ihre Unabhängigkeit. Und nicht zuletzt veröffentlichte der schottische Aufklärer Adam Smith im Jahr 1776 sein Werk ›Der Wohlstand der Nationen‹ – das Buch, das praktisch den Grundstein der modernen Wirtschaftswissenschaft legte.

Smith vertrat die Ansicht, dass sich der Reichtum eines Landes nicht auf dem von seinen Herrschern gehorteten Gold und Silber begründet, sondern vielmehr auf der produktiven Arbeit seiner Menschen. So legte er dar, wie Wohlstand durch Arbeitsteilung geschaffen und durch Handel vermehrt werden kann. Er beschrieb die Aktivitäten von Investoren, Unternehmern und Regierungen und kam zu dem Schluss, dass Regierungen in der Regel eher Verschwendung als Effizienz in das Wirtschaftsgeschehen einbringen. Sein Angriff auf Subventionen, Monopole und alles, was mit staatlichen Eingriffen zu tun hat, schien Lehren für die moderne Welt und insbesondere für Großbritannien zu beinhalten.

Doch theoretische Argumentationen zu gewinnen war ja schön und gut. Aber danach schien nichts mehr zu passieren. Die Regierungen wandelten weiterhin auf ihren Abwegen, während sich die akademische Welt neue Torheiten ausdachte, um sie auf die Trümmer der alten zu setzen. Wir wollten die Realität verändern; wir wollten Einfluss auf das Geschehen nehmen. Wir wollten Politik machen.

Auch wenn Adam Smith einen starken Einfluss auf unser Denken hatte, so gab es doch darüber hinaus auch andere. Einer davon war James Buchanan, der Nobelpreisträger, der zusammen mit Gordon Tullock, William A. Niskanen und anderen das entwickelte, was später als Public-Choice-Theorie bekannt wurde. Im Wesentlichen wandte diese Theorie die Ideen der Wirtschaftswissenschaften auf den Politik- und Verwaltungsbereich an. Demnach werden Politiker und Beamte nicht mehr als Personen betrachtet, die selbstlos nach dem Gemeinwohl streben, sondern als gewöhnliche Wirtschaftsakteure, die wie andere Menschen auch darauf aus sind, den größtmöglichen eigenen Vorteil zu erzielen. Diese Theorie erwies sich als sehr fruchtbar, um Ergebnisse zu erklären, die ansonsten unverständlich gewesen wären.

Sie erklärte uns, wie Interessengruppen von Minderheiten die politische Agenda an sich reißen können, um sich selbst Vorteile zu verschaffen. Und sie machte deutlich, wie Politiker auf den Druck lautstarker Gruppen reagieren, nicht aber auf den Druck der breiten Öffentlichkeit, die sich der Auswirkungen der politischen Maßnahmen auf sie selbst möglicherweise nicht bewusst ist. Die Public-Choice-Theorie stellte im Kern eine Kritik dar, doch wir begannen uns zu fragen, ob es ein kreatives Gegenstück dazu geben könnte. So wie die Public-Choice-Theorie uns zeigte, warum bestimmte politische Maßnahmen, so wirtschaftlich solide sie auch sein mochten, zum politischen Scheitern verurteilt waren: Könnte sie dann nicht auch dazu genutzt werden, politische Maßnahmen zu fördern, die diesen Beschränkungen nicht unterliegen würden? Könnte die Politik neue marktwirtschaftliche Maßnahmen entwickeln, die mit der politischen Realität in Einklang stehen, indem sie sich die Unterstützung der Interessengruppen sichert, die sie sonst zum Scheitern bringen könnten?

Wir gründeten das *Adam Smith Institute*, um politische Initiativen zu entwickeln und zu erforschen, die es den Gesetzgebern ermöglichen würden, die Interessengruppen zu beschwichtigen, die ihre Ziele andernfalls vereiteln könnten. Wir bezeichneten diesen Ansatz als ›Mikropolitik‹, weil er der Mikroökonomie entsprach, allerdings nicht auf dem Gebiet der Wirtschaft, sondern dem der öffentlichen Politik. Es überrascht nicht, dass sich viele Politiker für politische Maßnahmen erwärmten, mit denen sie ihre Ziele erreichen konnten, ohne an Popularität zu verlieren. Auf diese Weise begann das *Adam Smith Institute*, die Ereignisse zu beeinflussen. Und das war sein Ziel.«

Mein zweiter Gastgeber bei diesem nicht nur kulinarisch anregenden Abendessen, Eamonn Butler, gehörte ebenfalls zu den Mitgründern des Adam Smith Institutes. Er ist bekannt durch unzählige Bücher zum klassischen Liberalismus, die weltweit in viele Sprachen übersetzt wurden. Zuletzt habe ich ihn auf der Atlas-Konferenz in Warschau getroffen, und er hat mir immer wieder geholfen, mein Netzwerk auszubauen.

Ich erzähle den beiden von den Ergebnissen meiner Umfrage zum Image des Kapitalismus, unter anderem in Großbritannien. Zum Hintergrund: Ich habe zwei große internationale Umfragen in Auftrag gegeben – eine zum Image der Reichen (in 13 Ländern) und eine zum Image des Kapitalismus (in 35 Ländern). In den meisten Ländern, in denen das Image der Reichen relativ positiv war, war auch das Image des Kapitalismus positiv, beispielsweise in den USA, Polen, Korea oder Japan. Den umgekehrten Fall, dass also Reiche ebenso wie der Begriff Kapitalismus ein schlechtes Image hatten, gab es unter anderem in Deutschland und Frankreich. Nur bei einem Land war ich überrascht. Die Umfrage zum Image der Reichen, die ich vom 24. Mai bis zum 10. Juni 2018 durch Ipsos MORI in Großbritannien durchführen ließ, ergab, dass der Sozialneid in Großbritannien geringer war als in allen anderen europäischen Ländern (mit Ausnahme von Polen). Der Sozialneidkoeffizient war in Großbritannien mit 0,37 sogar noch ein wenig niedriger als in den USA (0,42). Und auch der Rich Sentiment Index, der ein Gesamtbild über das Image der Reichen zeigt, war nur in Japan, Vietnam und Polen noch niedriger als in Großbritannien.

Doch ganz anders fiel das Ergebnis bei der Umfrage in Großbritannien zum Image des Kapitalismus aus, die Ipsos MORI dort vom 30. Juli bis zum 9. August 2021 durchführte: Nur in 13 Ländern war das Image des Kapitalismus schlechter, in 21 Ländern dagegen besser als in Großbritannien. Ja, zwischen beiden Umfragen lagen etwa drei Jahre, aber es ist unwahrscheinlich, dass der zeitliche Abstand diese Unterschiede erklärt. Wie erwähnt: In den meisten Ländern korrespondierten das Image der Reichen und das des Kapitalismus, nirgendwo sonst gab es eine so große Diskrepanz wie in Großbritannien.

Eine überzeugende Erklärung für diese Diskrepanz haben die beiden auch nicht, aber sie sind davon überzeugt, dass der Befund stimmt: In Großbritannien dominiert mehr und mehr eine antikapitalistische Stimmung.

Ich treffe Iain Martin – der Schotte gibt das Online-Magazin »Reaction« heraus und schreibt jede Woche für die »Times«. Wie er sich die Diskrepanz in den Umfragen erklärt? Er meint, die Briten verbänden reiche Menschen weniger mit »Kapitalismus« als vielleicht mit dem Fußballspieler David Beckham oder der Queen – und die seien ihnen ja sympathisch. Aber wirtschaftlich gesehen sei ganz klar: Großbritannien werde mehr und mehr antikapitalistisch und kollektivistisch.

Das sieht auch Kristian Niemietz so, Head of Political Economy bei dem zweiten bedeutenden libertären Thinktank in London, dem Institute for Economic Affairs. Niemietz kommt aus Deutschland, lebt aber seit fast 20 Jahren in London. Er hat das großartige Buch »Sozialismus – die gescheiterte Idee, die niemals stirbt« geschrieben, das ich jedem empfehle. Sein Befund: Die Löhne sind in Großbritannien seit zehn Jahren kaum gestiegen, dafür jedoch die Mieten und die Hauspreise, die förmlich explodiert sind. Die Briten rechneten das dem »Kapitalismus« zu, weil Großbritannien seit Thatcher das Image eines – im Vergleich etwa zu Kontinentaleuropa – ausgesprochen kapitalistischen Landes habe. »In Wahrheit verhält es sich natürlich ganz anders«, so Niemietz. »Die steigenden Hauspreise und Mieten sind nicht ein Ergebnis von zu viel, sondern von zu wenig Kapitalismus. Das Baurecht ist extrem restriktiv, dadurch ist der Wohnungsmangel entstanden. Aber die Interpretation der Probleme durch die Medien hier ist eine andere. Sogar die ›Financial Times‹ ist zu einer linken Zeitung geworden – sozusagen der ›Guardian‹ für Leute, die sich auch für Aktienkurse interessieren.«

Erstmals seit der Zeit vor Thatcher gibt es wieder eine größere Streikbewegung. Niemietz findet es bemerkenswert, dass diese Streiks – anders als früher – in den Medien eher wohlwollend betrachtet werden oder doch zumindest auf viel Verständnis stoßen. Dagegen war das Medienecho, gerade auch in der »Financial Times«, auf die Steuersenkungen, die Liz Truss (vom 6. September bis 24. Oktober 2022 Premierministerin) durchsetzen wollte, extrem negativ. Kurz und gut: Die Deutungsdominanz haben inzwischen auch in Großbritannien eher die Antikapitalisten als die Prokapitalisten.

Neben dem Adam Smith Institute ist das Institute for Economic Affairs, für das Niemietz arbeitet, der wichtigste Thinktank in Großbritannien. Hier einige Fakten zur Geschichte dieses wichtigen Institutes, zusammengestellt von Kristian Niemietz:

»1949 veröffentlichte Friedrich Hayek sein Thesenpapier ›The Intellectuals And Socialism‹, welches als das indirekte Gründungsdokument des späteren Institute of Economic Affairs (IEA) angesehen werden kann. In diesem Paper ging es darum, wie und warum sich politische Ideen verbreiten und zur politischen Realität werden.

Hayeks These lautet in etwa wie folgt: In einer arbeitsteiligen Gesellschaft stellen wir fast nichts von dem, was wir konsumieren, selbst her. Wir beziehen Güter und Dienstleistungen auch nicht direkt von deren ursprünglichen Produzenten, sondern von spezialisierten Intermediären. Ebenso verhält es sich im Bereich der politischen Ideen. Wir entwickeln nicht unsere eigenen politischen Ideen, und wir beziehen diese auch nicht direkt von den Denkern, die diese ursprünglich entworfen haben, sondern wir beziehen sie von spezialisierten ›Ideenhändlern‹. Das sind bei Hayek vor allem diejenigen, die etwa im Mediensektor, im Bildungssektor und im Kulturbereich tätig sind. Die Ideen, die diese Leute sich zu eigen machen, werden nach und nach von den allermeisten Leuten akzeptiert. Sie werden zu dem, was man den ›Zeitgeist‹ nennt.

Die Politik ist in diesem Modell flussabwärts angesiedelt. Große politische Umwälzungen finden nicht statt, weil ein besonders visionärer Politiker daherkommt und der Gesellschaft seinen Stempel aufdrückt. Politiker handeln vielmehr innerhalb des Zeitgeistes, den sie vorfinden, den sie aber selbst nicht wesentlich beeinflussen können.

Anthony Fisher, der spätere Gründer des IEA, wollte ursprünglich selbst in die Politik gehen, wovon Hayek ihm allerdings abriet. Wichtiger sei es, den Zeitgeist zu ändern. Hierzu müsse man eine kritische Masse von ›Ideenhändlern‹ erreichen und diesen die liberale Marktwirtschaft wieder schmackhaft machen.

1955 gründete Fisher zu diesem Zweck das IEA, welches, unter der Leitung der beiden klassisch-liberalen Ökonomen Arthur Seldon und

Ralph Harris, zwei Jahre später seine Tätigkeit aufnahm und das sich durch qualitativ hochwertige Studien bald einen Namen machte. In der intellektuellen Einöde des etatistischen Nachkriegskonsenses gab es jetzt eine entschieden liberale Gegenstimme.

Der Einfluss von Thinktanks lässt sich schlecht messen, aber sowohl Gegner als auch Anhänger des Institutes stimmen darin überein, dass das IEA seinen Anteil daran hatte, in den 70er-Jahren den Nachkriegskonsens ins Wanken zu bringen. Auch die Oppositionsführerin Thatcher war nun des Öfteren auf Veranstaltungen des Instituts anzutreffen.

In den 80er- und 90er-Jahren wurde dann vieles von dem, was das Institut seit Langem propagiert hatte, in die Tat umgesetzt, etwa die Abschaffung von Kapital- und Wechselkurskontrollen sowie die Privatisierung von Staatsbetrieben. Das war zweifellos die Zeit, in der der Einfluss des Instituts am größten war, was sich in dieser Form allerdings leider nicht wiederholen lässt.

Die Thatcher-Revolution war notwendig, aber nicht hinreichend. Es gibt wesentliche Politikbereiche, die von den Reformen der Thatcher-Zeit praktisch unberührt blieben, etwa das staatliche Gesundheitswesen und das extrem restriktive Baurecht, dem das Land heute seine chronische Wohnraumknappheit verdankt. Auch neigt der Staat dazu, sich stets neue Tätigkeitsfelder zu suchen, etwa wenn es um den Schutz von angeblich benachteiligten Minderheiten geht oder um die Regulierung privater Lebensgewohnheiten im Namen der Volksgesundheit.

Ende der 2000er-Jahre begann das Institut, seine Medienpräsenz durch TV- und Radiointerviews drastisch zu erhöhen. Mitte der 2010er-Jahre kamen neue Medien hinzu: ein hauseigener Podcast, ein YouTube-Kanal sowie Präsenz auf Facebook und Twitter. Auch wird, mit Gastvorträgen an Schulen und Universitäten, der ›Zwischenhändler‹ nun häufig umgangen, und der Endverbraucher wird direkt angesprochen.

Hayek selbst war in dem Institut formal nie beschäftigt, aber er blieb dem IEA, das ja auf seine Anregung hin entstanden war, zeitlebens verbunden. Könnte er es heute noch einmal besuchen, so würde ihn sicher manches überraschen, aber er würde auch vieles wiedererkennen.« Soweit der Bericht von meinem Freund Kristian Niemietz.

Und wie sieht es heute aus? Großbritannien ist eines von vielen traurigen Beispielen, dass die Menschen wenig aus der Geschichte lernen und wie vergesslich die meisten sind. Ein Blick zurück in die jüngere britische Geschichte:

Die Beatles veröffentlichten 1966 ihren Song »Taxman«. Der begann so:

»Let me tell you how it will be
That's one for you, 19 for me ...
Should 5 percent appear too small,
Be thankful I don't take it all.«

Der Song war ein Protest gegen die extreme Besteuerung in Großbritannien, die einer Enteignung von sehr gut verdienenden Menschen gleichkam. Der Spitzensteuersatz lag bis in die 70er-Jahre hinein bei 83 Prozent. Briten mit sehr hohen Kapitaleinkünften wurden seinerzeit sogar mit einem Spitzensteuersatz von 98 Prozent belastet.

In Großbritannien hatte die linke Labour Party 1945 die Wahlen gewonnen und begann unter Premierminister Clement Attlee einen demokratischen Sozialismus zu implementieren. Kern war ein gigantisches Verstaatlichungsprogramm. Die zivile Luftfahrt, die Kohleindustrie und das Fernmeldewesen wurden verstaatlicht. Es folgten die Eisenbahnen, Schifffahrtskanäle, der Güter- und Lkw-Transport, Strom und Gas. Schließlich wurden auch verarbeitende Industrien wie die Eisen- und Stahlindustrie verstaatlicht. Insgesamt wurde etwa ein Fünftel der britischen Wirtschaft sozialisiert. Oft blieben die Manager sogar auf ihren Posten, aber sie arbeiteten nun als Staatsbeamte.

Das Ergebnis war so wie immer, wenn ein Land auf mehr Staat setzt. Holger Schmieding, ein deutscher Ökonom, erinnert sich, wie er als junger Mann Ende der 70er-Jahre Großbritannien besuchte und schockiert war »von der miserablen Lebensqualität im Lande. Vielen

Haushalten fehlten die Geräte, die ich aus Küche, Waschboden und Wohnzimmer von daheim kannte. Weite Teile des Landes machten einen pittoresk-heruntergekommenen Eindruck. Dazu kamen ein völlig überaltertes Verkehrssystem und eine grottenschlechte Qualität vieler Güter und Dienstleistungen. Von den Standards, die ich von daheim gewohnt war oder die ich einige Jahre zuvor als Schüler in den USA hatte erleben dürfen, war Großbritannien damals meilenweit entfernt. Wären mir nicht die vielen britischen Soldaten vor Augen gestanden, die damals in der Nähe meines Elternhauses bei Osnabrück campierten, hätten mir bei meinem ersten Besuch auf der Insel Zweifel kommen können, welches Land eigentlich den Krieg gewonnen hatte.«[139]

Die Krise spitzte sich in den 70er-Jahren immer mehr zu, und im Mai 1979 wurde Margaret Thatcher Premierministerin. Als eine der ersten Maßnahmen senkte Thatcher den Eingangssteuersatz von 33 auf 30 Prozent und den Spitzensteuersatz von 83 auf 60 Prozent (1988 reduzierte sie dann den Eingangssteuersatz weiter auf 25 und den Spitzensteuersatz auf 40 Prozent). Zugleich startete sie Maßnahmen zur Entbürokratisierung: Genehmigungsverfahren für Industrie- und Bürobauvorhaben und eine Reihe von Erlassen und unnötigen Planungskontrollen wurden vereinfacht oder ganz abgeschafft.[140]

Kein Politiker in Europa hat jemals so konsequent ein marktwirtschaftliches Programm umgesetzt wie Thatcher. In ihrer zweiten Amtszeit forcierte sie die Privatisierung bisher staatlicher Unternehmen. »Privatisierung«, so Thatcher, »war eine der zentralen Maßnahmen, um die korrumpierenden und zerstörerischen Folgen des Sozialismus zu beheben.«[141] Es sei ganz falsch, Staatseigentum als »Besitz der Allgemeinheit« zu bezeichnen, wie die Sozialisten das tun. Staatseigentum heiße vielmehr, dass der Eigentümer eine unpersönliche juristische Körperschaft sei, über die letztlich Politiker und Beamte die Kontrolle ausübten. »Durch Privatisierung hingegen – insbesondere die Art Privatisierung, bei der Aktien an einen möglichst großen Teil der Bevölkerung ausgegeben werden – wird die Macht des Staates verringert und die des Volkes vergrößert.«[142]

Die Produktivität der Unternehmen stieg nach der Privatisierung erheblich. Ein Jahrzehnt nach der Privatisierung waren die Kosten für Telekommunikation um 50 Prozent gesunken, ebenso sanken die Preise für Produkte und Dienstleistungen anderer privatisierter Unternehmen. Gleichzeitig verbesserte sich die Servicequalität, wie Untersuchungen belegen. Vor der Privatisierung mussten die Briten manchmal Monate auf einen Telefonanschluss warten oder die Beamten bestechen, damit es schneller ging. In dem Jahrzehnt nach der Privatisierung stieg der Anteil der Service-Anrufe, die innerhalb von acht Tagen erledigt wurden, von 59 auf 97 Prozent.[143]

In ihrer Autobiografie bekannte Thatcher, sie hätte sogar »gerne noch wesentlich mehr unternommen«, fügte aber hinzu: »Doch immerhin wurde Großbritannien unter meiner Amtszeit als Premierministerin zum ersten Land, das den Vormarsch des Sozialismus stoppte. Als ich mein Amt zur Verfügung stellte, hatte sich der Anteil der staatseigenen Betriebe in der Industrie um rund 60 Prozent verringert. Etwa ein Viertel der Bevölkerung besaß Aktien. Über 600.000 Arbeitsplätze waren vom Staat in den Privatsektor übergegangen.«[144] Zudem konnte sie darauf verweisen, dass zwischen März 1983 und März 1990 in Großbritannien 3,32 Millionen neue Arbeitsplätze geschaffen worden waren.[145]

Die hohen Steuereinnahmen, die dadurch generiert wurden, trugen zum Abbau der Staatsverschuldung bei. 1976 hatte Großbritannien kurz vor dem Staatsbankrott gestanden und musste wie ein Entwicklungsland einen Kredit beim Internationalen Währungsfonds (IWF) aufnehmen.[146] 1978 betrug das Haushaltsdefizit 4,4 Prozent des Bruttosozialproduktes (in Deutschland waren es damals 2,4 Prozent). Zehn Jahre später, 1989, schloss der Haushalt Großbritanniens mit einem Überschuss von 1,6 Prozent. Die Staatsschulden, die 1980 noch 54,6 Prozent des BIP ausmachten, waren bis 1989 auf 40,1 Prozent gesunken.[147]

War Großbritannien vor Thatcher das Land in Europa mit dem höchsten Spitzensteuersatz (von bis zu 98 Prozent), so war es nach Thatcher das europäische Land mit dem niedrigsten Spitzensteuersatz (40 Prozent), wenn man von Steueroasen wie Liechtenstein oder Monaco absieht. Die stickige sozialistische Neidkultur wich einem Umfeld, das Marktwirtschaft und Unternehmertum bejahte. Das trug dazu bei, dass die Zahl der Unternehmen und der Selbstständigen kräftig wuchs. 1979 gab es in Großbritannien 1,89 Millionen kleine Unternehmen, 1989 waren es über drei Millionen. Die Zahl der Selbstständigen wuchs im gleichen Zeitraum von 1,9 auf 3,5 Millionen.[148]

Denkt man daran zurück, wie es den Briten vor Margaret Thatcher ging und was ihre Reformen Positives bewirkt haben, dann reibt man sich die Augen, dass heute trotzdem wieder der Antikapitalismus dominiert. Das bestätigt meine These, dass die Menschen nach einer gewissen Zeit vergessen, was die Gründe für den Wohlstand sind, in dem sie leben.

Februar 2023

Washington und New York, USA

Bevor ich mich Mitte Februar wieder auf den Weg in die USA mache, lese ich eines der bemerkenswertesten Bücher über die soziale Situation in den USA, das ich in den vergangenen Jahren gelesen habe. In Europa gibt es das Vorurteil, in den USA herrsche der pure Kapitalismus und es gebe dort keinen Wohlfahrtsstaat. Das Gegenteil ist richtig. Inzwischen haben der Wohlfahrtsstaat und die Umverteilung in den USA solche Ausmaße erreicht, dass man sich die Frage stellen muss, ob es sich für Personen, die zur Mittelschicht gehören, überhaupt noch lohnt zu arbeiten.

Eine Analyse der Einkommen in den USA zeigt, dass ein Mitglied eines durchschnittlichen Haushalts des untersten Quintils (also die unteren 20 Prozent der Einkommensbezieher) nach Transferleistungen und Steuern pro Kopf über zehn Prozent mehr Geld zur Verfügung hat als der durchschnittliche Haushalt des zweiten Quintils und sogar drei Prozent mehr als der durchschnittliche Haushalt mit mittlerem Einkommen.[149]

Dies ist eines der verstörenden Ergebnisse der Analysen von Phil Gramm, Robert Ekelund und John Early in ihrem Buch »The Myth of American Inequality«. Ein Angehöriger einer amerikanischen Mittelschicht-Familie, in der der Mann und die Frau beide arbeiten, hat am Ende nicht mehr als ein Angehöriger einer Familie, in der beide nicht arbeiten.

Es gibt in den USA allein 100 landesweite Transferprogramme mit jährlich mehr als 100 Millionen Dollar pro Programm, dazu unzählige ähnliche Programme auf der Ebene der einzelnen Bundesstaaten und Kommunen.[150] Auf der anderen Seite stehen, je nach Bundesstaat unterschiedlich, federal, state und local taxes, was das Gestrüpp aus Steuerzahlungen einerseits und Transferleistungen andererseits undurchschaubar macht. Das absurde Ergebnis ist, dass ein typischer Mittelschicht-Haushalt vom Staat fast so viel staatliche Transferleistungen bekommt (17.850 Dollar), wie er Steuern zahlt (19.314 Dollar).[151]

Natürlich verschlingt die Bürokratie dafür eine Menge Geld. Viele Amerikaner der Mittelschicht spüren, dass mit diesem System etwas nicht in Ordnung ist. Finanziert wird das Ganze zu einem Großteil von den oberen 20 Prozent der Einkommensbezieher, die 295.904 Dollar Haushaltseinkommen haben, aber fast 107.000 Dollar Steuern bezahlen.[152] Das widerlegt die populäre Meinung, die Oberschicht in Amerika drücke sich vor Steuerzahlungen.

Nein, mehr als jeder dritte Dollar, den diese Haushalte verdienen, geht an den Staat. Und die oberen 20 Prozent der Haushalte bezahlen auf diese Weise mehr als 60 Prozent der Einkommenssteuern. Schaut man allein auf die federal income tax, die noch stärker progressiv ausgestaltet ist, bezahlen die obersten 20 Prozent der Einkommensbezieher in den USA sogar 83 Prozent![153]

Das System schröpft also die Besserverdiener und entmutigt die Mittelschicht, für die es sich nicht mehr lohnt zu arbeiten. Und das Absurde: Es nützt auch nicht im Kampf gegen die Armut, denn als Mitte der 60er-Jahre in den USA der »War on Poverty« mit Staatsprogrammen begann, die immer größer wurden, ist die Armut mit leichten Schwankungen praktisch gleich hoch geblieben. In den beiden Jahrzehnten vor Beginn des sogenannten Krieges gegen die Armut hingegen war die Armut in den USA stetig von 32,1 auf 14,7 Prozent zurückgegangen.[154]

Die Einzigen, die von dem gesamten System profitieren, sind Politiker, die den Amerikanern das Geld erst abnehmen, um dann im Wahlkampf zu versprechen, was sie davon der eigenen Klientel zurückgeben.

Doch nun zu meiner Reise: Als ich in Washington, DC ankomme und meinen Reisekoffer auspacke, stelle ich fest, dass ich mein Ladegerät für meinen Laptop vergessen habe, das erste Mal. Ich bin diesmal wieder mit Alica unterwegs, die mich schon bei vielen Reisen begleitet hat. Sie hilft mir, einen Best Buy-Laden zu finden, wo ich ein Ladegerät kaufe, doch mein Fehler ist, dass ich es nicht ausprobiere. Es stellt sich im Hotel dann heraus, dass die 180 Watt nicht ausreichen. Ich rufe noch nachts meinen IT-Fachmann in Deutschland an, der einen Laden googelt, der auf dem Weg zum Flughafen John Foster Dulles liegt, wo ich am nächsten Tag zum Weiterflug nach NYC muss, und die haben genau noch ein Gerät mit 300 Watt. Ohne Laptop geht es einfach nicht, zumal ich zwischendurch Interviews über Zoom, Skype oder andere Tools mit Journalisten führe und täglich etwas schreibe.

In Washington bin ich eingeladen, im Cato Institute über meinen Film »Life Behind the Berlin Wall« zu sprechen. Cato gilt als einer der einflussreichsten libertären Thinktanks in den USA und sogar weltweit. Er wurde von Edward H. Crane, Murray Rothbard und Charles G. Koch 1977 in San Francisco gegründet.

Ich hatte schon viel über Cato gehört, aber beim ersten Kontakt kommt mir der Zufall zu Hilfe: Die »Students for Liberty«, eine weltweit aktive Vereinigung libertärer Studenten, luden mich ein, im Januar 2019 auf dem Jahreskongress in Washington zu sprechen. Als ich mit dem Taxi vom Flughafen zum Hotel fuhr und aus dem Fenster schaute, sah ich die Aufschrift »Cato« auf dem Bürohaus direkt gegenüber von meinem Hotel. Ich hatte schon davor die Idee, dort ein Buch zu veröffentlichen und mit Cato zusammenzuarbeiten. Jetzt hatte mir der Zufall geholfen! Kaum im Hotel angekommen, schrieb ich eine Mail an Cato, stellte mich kurz vor und erklärte, dass ich als Referent beim Jahreskongress »LibertyCon« gegenüber im Hotel sei. Ich fragte nach einem Termin am nächsten Tag, um ein Buchprojekt zu präsentieren. Cato bestätigte einen Termin am nächsten Vormittag bei dem für Buchveröffentlichungen zuständigen Mitarbeiter, und ihm stellte ich mein Buch »Die Gesellschaft und ihre Reichen« vor – das Buch erschien später bei Cato unter dem Titel »The Rich in Public Opinion«.

Diesmal geht es – wie erwähnt – um meinen Film, den Cato auch in der Fortbildungsarbeit für Studenten einsetzen will. Für viele der

Zuschauer ist es neu, was über die Realität des Sozialismus in der DDR in dem Film gezeigt wird.

In Washington schaue ich natürlich auch bei meinen Freunden von »Americans for Tax Reform« vorbei, treffe Grover Norquist und Andreas Hellmann. Hellmann baut gerade ein Haus außerhalb von Washington: Grund ist die Kriminalität in der amerikanischen Hauptstadt, die, so sagt er, unerträglich hoch geworden sei. Auch andere Leute, die ich in Washington treffe, bestätigen, dass die Kriminalität stark gestiegen ist. Zum Vergleich: Die Kriminalitätsrate in New York City liegt neun Prozent unter dem nationalen Durchschnitt; die Kriminalitätsrate in Washington, DC liegt dagegen um 87 Prozent über dem nationalen Durchschnitt, wobei die Gewaltverbrechen um 147 Prozent höher sind (2022). Selbst tagsüber werden Autos auf der Straße von bewaffneten Kriminellen angehalten und »entführt« oder die Fahrer ausgeraubt.

Etwas stressig ist, dass es schon kurz nach dem Film weiter geht nach New York. Alica, die dort eine Zeitlang gelebt hatte und absoluter New-York-Fan ist, zeigt sich richtig glücklich, als wir dort landen. Ich freue mich für sie mit, wenngleich mit gemischten Gefühlen, weil ich denke, dass sie irgendwann ganz nach New York ziehen wird. Ich selbst war früher oft in New York und besitze seit 2012 zwei Apartments, direkt neben dem Rockefeller-Center, die ich seit einigen Jahren vermietet habe. Seit Corona war ich jedoch nicht mehr in der Stadt.

In New York treffe ich unter anderem den bekannten amerikanischen Kolumnisten Deroy Murdock, die Publizistin und enge Vertraute von Steve Forbes, Elizabeth Ames, sowie die Filmproduzentin und Journalistin Kelly Jane Torrance.

Murdock ist ein Libertärer. Er ist schwarz und schwul – und er ist gegen die »woke« Identitätspolitik. Manchmal werde er verwechselt mit dem bekannten Buchautor und Journalisten Jason L. Riley, dessen Buch »Please Stop Helping Us: How Liberals Make It Harder for Blacks to Succeed« ich mit Begeisterung gelesen habe. Die Leute kämen manchmal zu ihm zu, lobten ihn für eine Kolumne, die Riley geschrieben habe. »Nun, wir sind beide schwarz, tragen eine Brille, haben unsere Köpfe kahl rasiert und vertreten ähnliche Positionen«, sagt Murdock lachend. Seine Kolumnen erscheinen in »The New York Post«, »The Boston Herald«, »The Washington Times«, »National Review«, »The Orange County Register« und vielen anderen Zeitungen und Zeitschriften in den Vereinigten Staaten und im Ausland. Er ist zudem Mitarbeiter von Fox News. Murdock ist außerdem Senior Fellow beim Atlas Network in Washington, DC und emeritierter Media Fellow bei der Hoover Institution an der Stanford University. Er ist schon lange in der libertären Bewegung und war bereits bei den »Reagan-for-President«-Kampagnen von 1980 und 1984 dabei.

Aber er kritisiert auch, dass viele Libertäre sich wohlfühlten in ihrer Minderheitenposition und lieber der »reinen Lehre« im kleinsten Kreis huldigten, als wirklich gesellschaftlichen Einfluss zu gewinnen. Später wird sich zeigen, dass der Kontakt mit ihm für mich besonders wertvoll war.

Kelly Jane Torrance ist Redakteurin bei der »New York Post«. Zuvor war sie leitende Redakteurin beim »Washington Examiner« und stellvertretende Chefredakteurin beim »Weekly Standard«. Zu Beginn ihrer Karriere hatte sie auch einmal bei Cato gearbeitet. Die »New York Post« hat nicht das intellektuelle Image vom »Wall Street Journal« oder von der »New York Times«, aber sie ist sehr einflussreich und wird – wie in Deutschland die »BILD-Zeitung« – von Menschen aus allen Schichten gelesen. Nur die Intellektuellen rümpfen die Nase über diese Zeitung. »Aber die Intellektuellen haben auch nie verstanden, warum Arbeiter einen Milliardär als Präsidenten wählten«, meint Torrance. Ich denke, auch viele Libertäre ignorieren allzu oft die Arbeiter und sprechen lieber andere Intellektuelle an, als zu versuchen, Arbeiter für ihre Ideen zu gewinnen. Dabei waren es gerade die Arbeiter, deren Lage durch den Kapitalismus verbessert wurde – nicht durch den Sozialismus. Und Arbeiter waren es, die in Polen den Sozialismus zu Fall brachten.

Elizabeth Ames ist eine bekannte Kommentatorin und Autorin. Sie hat gemeinsam mit Steve Forbes an mehreren Büchern gearbeitet, darunter »Money«. Sie ist Co-Produzentin und Autorin des preisgekrönten TV-Dokumentarfilms »In Money We Trust?«. »Wir haben die gleiche Mission«, so begrüßt sie mich. Es ist immer wieder schön zu sehen, dass es Menschen wie Elizabeth gibt, die solidarisch und hilfsbereit sind – im Bewusstsein, dass wir nur wenige sind, die aber für eine gemeinsame Sache eintreten.

Derzeit arbeitet Ames zusammen mit Steve Forbes an einer Serie für Free to Choose mit Porträts über bedeutende und vergessene Persönlichkeiten aus der amerikanischen Geschichte. Forbes ist ein großartiger Verfechter des Kapitalismus und ich bin sehr stolz, dass er über mein Buch »In Defence of Capitalism« geschrieben hat: »Eines der wichtigsten Bücher seit Jahrzehnten zur Verteidigung des Kapitalismus. Das sorgfältig recherchierte und gut geschriebene Buch ist nicht nur ein Plädoyer für freie Märkte, sondern demontiert auch Thomas Pikettys viel beachtetes Traktat, in dem er den Kapitalismus verdammt. Adam Smith wäre beeindruckt gewesen – und stolz.«

Von New York geht es nach West Palm Beach, wo ich mit Alica die Sonne genieße und mich etwas erholen kann. Hier gibt es nur einen Vortrag vor Studenten der Palm Beach Atlantic University. Von dort geht es wieder nach Washington, DC, wo mich die Federal Society zu einem live gestreamten Vortrag über meinen Film »Life Behind the Berlin Wall« eingeladen hat und die Vorstellung meines Buches »In Defense of Capitalism« bei einer Veranstaltung der Americans for Tax Reform stattfindet.

Davor findet die wöchentliche Mittwochsitzung der Americans for Tax Reform statt, bei der ich mehrmals schon als Gast aus Deutschland zugeschaltet war. Ein interessantes Format: Politiker, Vertreter von Thinktanks und Personen aus der Wirtschaft kommen zusammen, um aktuelle Themen, insbesondere der Steuerpolitik, zu diskutieren. Auch viele Leute aus dem Ausland sind online zugeschaltet – auf diese Weise sehe ich auch meinen Freund Gia aus Georgien wieder. Ein Gast berichtet über die Steuerpläne in Italien, ein anderer über die verrückte Energiepolitik in Deutschland. Geleitet wird die Sitzung von Grover Norquist persönlich.

Untergebracht bin ich in Washington im vornehmen, kaum fünf Gehminuten vom Weißen Haus entfernten »University Club«-Hotel, das altehrwürdig eingerichtet ist, aber zur Enttäuschung wird. Mein Zimmer ist viel zu kalt und bleibt kalt, auch nachdem jemand versucht, das Problem zu beheben. Das Wasser aus der Dusche tröpfelt schwach. Ich habe Ähnliches schon manchmal in altehrwürdigen Hotels mit großem Namen erlebt, so im vornehmen »Le Negresco« in Nizza. Bei diesen Hotels ist das Entrée beeindruckend, aber der Service lässt sich nicht vergleichen zum Beispiel mit asiatischen Hotels.

In den USA habe ich täglich mehrere Interviews mit Radiosendern. Am Ende erzählt man immer wieder die gleichen Geschichten, oftmals mit den gleichen Formulierungen und Beispielen. Manchen Autoren wird das langweilig und sie denken, sie müssten auch mal etwas Neues bringen. Nein, ich bin sicher, die meisten Radiohörer in den USA haben noch nie etwas von mir und meinen Büchern gehört, und auch wenn ich es schon so oft erzählt habe, dann weiß ich: Für sie ist es neu, sie hören es das erste Mal. Das Gleiche gilt natürlich für die meisten Länder.

März 2023

Athen, Griechenland

Am 10. März 2023 treffe ich in Athen ein. Eigentlich soll ich dort zusätzlich zu Interviews mit dortigen Zeitungen über die griechische Ausgabe meines Buches »Die 10 Irrtümer der Antikapitalisten« Vorträge an der Uni halten, doch wegen gewaltsamer linksextremer Ausschreitungen ist dies nicht möglich. Teile der Universität sind von linken Extremisten besetzt worden. Hintergrund: Auf der Strecke zwischen Athen und Thessaloniki sind zwei Wochen zuvor, am 28. Februar kurz vor Mitternacht, ein Personenzug und ein auf demselben Gleis entgegenkommender Güterzug frontal zusammengestoßen. Mindestens 57 Menschen starben, von über 80 Verletzten wurden 14 Personen zum Zeitpunkt meines Griechenland-Besuchs noch im Krankenhaus behandelt. Es ist das schwerste Zugunglück in der Geschichte des Landes. Ein Bahnhofsvorsteher, der eingeräumt hatte, die Umleitung der Züge versäumt zu haben, wird inhaftiert und angeklagt. Medienberichten zufolge hatte der 59-Jährige den Posten erst 40 Tage inne, im Anschluss an ein dreimonatiges Training.

Linke geben dem Kapitalismus, genauer der Privatisierung der Bahn, die Schuld an dem Unglück, was abwegig ist. Der Unfall hätte jederzeit passieren können, auch in den vergangenen Jahren, als die Bahn staatlich war. Zudem ist das Streckennetz ja weiter in staatlichem Besitz. Aber der Kapitalismus ist in Griechenland noch verhasster als in anderen Ländern, und das Zugunglück aktivierte nur die ohnehin starken antikapitalistischen Stimmungen. Bei unserer Befragung in 35 Ländern zum Image des Kapitalismus zeigt sich, dass nur in vier Ländern der Kapitalismus ein noch schlechteres Image hat als in

Griechenland. Das hat nicht in erster Linie etwas mit dem Begriff zu tun. Zwar steigt auch in Griechenland die Zustimmung zum Kapitalismus etwas, wenn man das Wort nicht verwendet. Aber selbst wenn das Wort bei den Fragen gemieden wurde, war die Einstellung zur Marktwirtschaft in Griechenland klar negativ, ähnlich wie in Frankreich oder Spanien.

Die linke Gewalt spitzt sich in den Tagen vor meinem Besuch zu, und mein Verleger Phaedon Kidoniatis (Eurasia Publications) berichtet mir am Tag nach meiner Ankunft, dass der marxistische Ökonom Yanis Varoufakis von Extremisten krankenhausreif geschlagen worden war. Varoufakis war vom Januar bis Juli 2015 Finanzminister im Kabinett des ultralinken Alexis Tsipras, doch Tsipras' Partei Syriza war ihm nicht links genug und er gründete im Februar 2016 die paneuropäische antikapitalistische Bewegung DiEM25. Bei der Parlamentswahl vom 7. Juli 2019 wurde er mit dem griechischen Ableger seiner Bewegung, der Partei MeRA25, erneut ins griechische Parlament gewählt.

Varoufakis bestritt auf Twitter Berichte, wonach es sich bei den Angreifern um Autonome, Anarchisten oder Linke handelte. Es seien vielmehr beauftragte Schläger gewesen, die ihn beschuldigt hätten, Griechenland in der Schuldenkrise 2015 während seiner Amtszeit als Finanzminister ans Ausland verscherbelt zu haben. Ich habe meinem Verleger Phaedon am Abend davor noch vorgeschlagen, ob er Varoufakis nicht zu einer kontroversen Diskussion über den Kapitalismus einladen könne, und er gibt ihm ein Buch mit Widmung. Aber die Anfrage nach der Teilnahme an einem Streitgespräch beantwortet der Wirtschaftswissenschaftler nicht.

Mein Verleger meint, er habe überlegt, wegen der chaotischen Situation meinen Besuch komplett zu verschieben, aber ich bin dagegen. Die Interviews mit den Zeitungen können trotzdem stattfinden, der Verlag verlegt die Veranstaltung in die führende Buchhandlung im Zentrum der Stadt.

Die Einführung zu der Buchvorstellung macht Alexander Skouras, die wichtigste Persönlichkeit der libertären Bewegung in Griechenland. Alexander hat Marketing am American College of Greece und Political

Administration an der George Washington University studiert. Er hat wichtige Positionen in den nationalen Wahlkämpfen in Griechenland sowie im Präsidentschaftswahlkampf der Republikanischen Partei in den USA bekleidet. Bevor er Präsident des libertären griechischen Thinktanks KEFíM wurde, war er sechs Jahre lang stellvertretender Direktor für internationale Beziehungen beim Atlas Network in der US-Hauptstadt Washington.

Am Sonntag kann ich zusammen mit meiner Freundin Jenna, die mich für zwei Tage begleitet, vom Balkon unseres Zimmers im Hotel Grande Bretagne eine friedliche Demonstration von einigen Tausend Linken vor dem Parlament beobachten. Die Reden werden immer wieder von emotional bewegender Musik unterbrochen, und ich sage zu Jenna: »Siehst du, warum uns die Antikapitalisten im Marketing überlegen sind? Wir haben nur die Fakten, die Linken haben die Musik und die Emotionen. Warum haben wir Liberale keine bewegenden Lieder für die Freiheit?«

Bevor ich nach Griechenland reise, informiere ich mich über die Wirtschaft und Geschichte Griechenlands. Laut Index of Economic Freedom 2023 steht Griechenland sehr schlecht da. In dem Bericht heißt es: »Griechenlands wirtschaftliche Freiheit liegt bei 56,9 Punkten und ist damit die 107. freieste Wirtschaft im Index 2023 ... Griechenland liegt auf Platz 42 von 44 Ländern in der Region Europa, und seine Gesamtbewertung liegt unter dem weltweiten und regionalen Durchschnitt. In Bereichen wie den Staatsausgaben und der Freiheit des Arbeitsmarktes sind mutige Anpassungen erforderlich. Das Haushaltsdefizit ist mit einer Staatsverschuldung von fast 200 Prozent des BIP weiterhin nicht tragbar. Die mangelnde Wettbewerbsfähigkeit und das schwindende Vertrauen der Unternehmen sind ernsthafte Hindernisse für die wirtschaftliche Wiederbelebung. Der starre Arbeitsmarkt hemmt Produktivitätssteigerungen und dynamische unternehmerische Aktivitäten.«

Griechische Politik ist verwirrend. Denn gleichgültig, wie viele Jahre man in die Geschichte zurückgeht, der Ministerpräsident heißt fast immer Mitsotakis, Karamanlis oder Papandreou. Mal gewinnt ein

Vertreter der einen Familie, mal ein Vertreter der anderen Familie. Was gleich bleibt, ist die Klientelpolitik. Gewinnt der Vertreter einer Familie die Macht, dann erwarten die Günstlinge, mit Posten versorgt zu werden. Schon 2010 schrieb Petros Markaris (Athen) unter der Überschrift »Griechenland. Wo alles ›sozialistisch‹ ist«: »Griechenland ist tatsächlich der letzte Staat des real existierenden Sozialismus in Europa.« Dabei gebe es keinen Unterschied zwischen rechten und linken Politikern. Die Rechte baute ein Abhängigkeitssystem auf, das »den zentral gelenkten Machtapparaten sowjetischer Prägung viel näher war als einem demokratischen Rechtsstaat ... Sammelbecken für die Privilegierten dieses Systems war der Staatsapparat. Jede junge Frau und jeder junge Mann lebte in dem Traum, nach dem Studium eine Stelle beim Staat zu bekommen ... Sogar als Gärtner oder Putzfrau beim Apparat eingestellt zu werden, war ein Privileg. Jedes Parteimitglied, jeder Leiter einer Behörde und die gesamte Regierung von den Staatssekretärinnen bis zum Ministerpräsidenten dürften ihre Günstlinge – ›unsere Kinder‹, wie sie sie nannten – unbegrenzt und unkontrolliert im öffentlichen Dienst unterbringen.«[155]

Daran änderte sich auch nach der sozialdemokratischen Wende 1981 nichts, als Andreas Papandreou, Gründer der Panhellenischen Sozialistischen Bewegung Pasok, Ministerpräsident wurde. 59 Prozent der Griechen stimmten für linke Parteien, wobei die Pasok mit 48,1 Prozent die stärkste Partei wurde und die Kommunisten mit 10,9 Prozent immerhin auf den dritten Platz kamen.

Jetzt platzierte die Pasok massenhaft ihre eigenen Leute im Staatsapparat, mit dem schlagenden Argument: »Die Rechte hat jahrelang vom Staat profitiert. Jetzt sind unsere Leute an der Reihe.«[156] Papandreou begann direkt nach dem Regierungsantritt mit dem Aufbau eines Parteiklientelsystems. »Eine neue Dimension erreichte ... die Durchdringung des öffentlichen Dienstes; sie beruhte nicht allein auf der auch schon in früheren Zeiten praktizierten Postenvergabe an eigene Anhänger, sondern darüber hinaus auf einer grundsätzlichen Neubestimmung des Verhältnisses von Staat und Partei, was viel weitreichendere Konsequenzen hatte.«[157] Partei und Staat verschmolzen immer mehr, und allein zwischen 1982 und 1988 wuchs die Zahl der im öffentlichen Dienst Beschäftigten um 82.000 Personen, was nahezu 60 Prozent der gesamten Beschäftigungszunahme im gleichen Zeitraum bedeutete. »Erschwerend kam hinzu, dass gleichzeitig die Bezüge und Vergünstigungen kontinuierlich anschwollen, womit Versorgungsbedingungen geschaffen wurden, die im umgekehrten Verhältnis zur stetig abnehmenden Leistungsfähigkeit des öffentlichen Sektors standen. Ein weiterer Negativfaktor lag schließlich in der wettbewerbsfeindlichen Grundtendenz der Wirtschaftspolitik, die sich unter anderem in einem ausgeprägten Hang zur Verstaatlichung maroder Unternehmer äußerte und durchaus ideologische Dimensionen hatte.«[158]

2011 hatte ich einen eigenen Verlag gegründet, den Ambition-Verlag. Eines der ersten Bücher, das ich dort herausbrachte, war das von Wassilis Aswestopoulos: »Griechenland – eine europäische Tragödie«. Wenn man das Buch liest, wundert man sich nicht, dass es in Griechenland so attraktiv war, beim Staat zu arbeiten. Denn neben dem Bonus der Unkündbarkeit erhielten die Beamten in der Regel einen fast doppelt so hohen Lohn wie ihre privatwirtschaftlich tätigen Kollegen gleicher Qualifikation. »Sie hatten eine Krankenversicherung, die im Krankheitsfall einen geringeren Patientenanteil an den Kosten erforderte. Sie genossen mehr Urlaub, längeren Mutterschutz und konnten früher in den Ruhestand treten. Mütter, die nach dem 50. Lebensjahr bei mindestens drei Kindern einen minderjährigen Sprössling vorweisen konnten, gingen ebenso in Pension wie Polizeibeamte über 40.« Und das griechische Rentensystem garantierte Pensionen in Höhe von bis zu 80 Prozent des letzten Gehaltes.[159]

Es gab Servicetechniker, die bei staatlichen Verkehrsbetrieben fünfstellige Monatsgehälter bezogen. »Geschichten von Toten kursierten, die weiterhin ihre Renten kassieren. Untersuchungen brachten zum Vorschein, dass verstorbene Geistliche Schwangerschaftstests vornehmen ließen. Ebenso kurios waren Rezepte, die bewiesen, dass Friedhofsinsassen nach ihrem angeblichen Ableben noch einen Bypass erhalten hatten.«[160]

Der überwiegende Teil der Privatwirtschaft, schreibt Aswestopoulos, lebte von öffentlichen Aufträgen.[161] »Wer immer in Politik, Wirtschaft

Mit »Free to Choose«-Gründer Bob Chitester vor der Sommerresidenz von Milton Friedman in den Bergen von Vermont, USA

Vortrag vor Studenten an der HSBC Business School in Shenzhen, China

Filmaufnahmen in Berlin für die Dokumentation »Life behind the Berlin Wall«

Mit Alica in Tiflis, Georgien

Mit Andrea in Tiflis, Georgien

Mit dem Ökonomen
Professor Gia Jandieri in Tiflis

Tiflis, die Hauptstadt von Georgien

Vor einem der 200.000 Bunker, die Enver Hoxha in Albanien errichten ließ

Die »Pyramide von Tirana« wurde von seiner Tochter als Gedenkstätte für den Diktator Enver Hoxha entworfen und ist heute ein IT Hub.

Gespräch mit Sali Berisha, ehemaliger Ministerpräsident von Albanien

Lustige Libertäre in Chile

Nach seiner Wahl küsste Chiles Präsident Gabriel Boric dieses Denkmal für Salvador Allende.

Mit Eduardo Tassano, Bürgermeister von Corrientes, Argentinien

Montevideo, die Hauptstadt Uruguays, wirkt europäisch

São Paulo, Brasilien: Mit dem Multimilliardär Salim Mattar, dem Gründer von Localiza Rent a Car, Lateinamerikas größter Autovermietung

Mit Alica auf dem Freedom Fest in Las Vegas

Mit dem Ökonomen Shawn Miller auf dem Freedom Fest in Las Vegas

Mein Film »Life Behind the Berlin Wall« gewinnt den »Audience Choice Award for Short Films« auf dem Anthem Film Festival, dem größten libertären Filmfestival der Welt.

Mit Marek Tatala, CEO der Economic Freedom Foundation, und meinem polnischen Verleger Krzysztof Zuber (Wydawnictwo Freedom Publishing)

In Warschau mit dem großen Reformer Leszek Balcerowicz, der Polen auf den Weg zur Marktwirtschaft führte

Vortrag vor rund 1.000 Immobilienmaklern in Hanoi

Workshop »What motivates people to become wealthy« an der Foreign Trade University in Hanoi

Hanoi: In der Zitadelle von Thăng Long, die der Kaiserhof mehrerer vietnamesischer Kaiser-Dynastien war

In Miami mit Whole Foods-Gründer John Mackey, der sich für Tierschutz und Kapitalismus einsetzt

Am Strand von Miami

In Porto, Portugal, bei der Vorstellung meines Buches

Hier stehe ich in Sarajevo am Schauplatz des Attentats auf Prinz Ferdinand am 28. Juni 1914, das den Ersten Weltkrieg auslöste.

Mit meinen libertären Freunden in Bratislava. Alle trinken Bier, ich trinke meine Milch.

In Bratislava: Das Motto der Libertären hier ist »Capitalism and Heavy Metal« – Mario Blaščák und Peter Gonda.

Filmaufnahmen mit Tomasz Agencki in Danzig für meinen Film »Poland. From Socialism to Prosperity«

In Belgrad mit Tomislav Momirović, serbischer Unternehmer und Minister für Innen- und Außenhandel

Mit Jenna in Athen, im Hintergrund die Akropolis

Vortrag beim »Weekend of Capitalism« in Warschau

Mit Steve Forbes und Elizabeth Ames in Manhattan, New York City

Mit Deroy Murdoch in New York City

In Bukarest, Rumänien, mit Tudor Smirna, Präsident des Ludwig von Mises Institutes

In Seoul an der 1906 gegründeten buddhistischen Dongguk University, einer angesehenen Privatuniversität in Korea

In Bukarest, Rumänien, im »Haus des Volkes«, nach dem Pentagon das größte Regierungsgebäude der Welt, das Nicolae Ceaușescu bauen ließ, als sein Volk in bitterer Armut lebte

Wenn man in Korea nach einem Messer fragt, bekommt man oft eine Schere.

Vor der größten Reiterstatue der Welt mit Dschingis Khan, in der Nähe der mongolischen Hauptstadt Ulaanbaatar

Dieses Foto veröffentlichte die Tageszeitung in der Mongolei – mit drei Büchern, die ins Mongolische übersetzt wurden.

Puerta del Sol in Madrid mit meinem Freund Diego Sánchez de la Cruz, der fünf meiner Bücher ins Spanische übersetzt hat

Zwei Tage nach dem Wahlsieg von Javier Milei, im Hauptsitz seiner Partei in Buenos Aires

Mit Axel Kaiser bei der Vorstellung unseres gemeinsames Buches »El Odio a los Ricos« in Santiago de Chile

Mit meinem Freund Basanta Adhikari auf dem Hanuman Dhoka Durbar Square in Kathmandu

Kathmandu, Nepal: Zu viel Staat führt immer zu bitterer Armut.

Ein typischer Laden in Kathmandu, Nepal

Das Haus des ehemaligen Diktators Enver Hoxha in Tirana, Albanien

Zum Abschluss meiner Reise mit Jenna auf der Silvesterfeier in Monaco

oder auch nur im einfachen Arbeitsleben etwas werden wollte, war auf Beziehungen angewiesen. Bereicherte sich im Gegenzug der Mentor an öffentlichen Geldern, so konnte er auf die Solidarität seiner Protegés hoffen. So entstanden im Laufe der Zeit fast überall nahezu undurchdringbare und beinahe mafiöse Strukturen.«[162]

Der Staat in Griechenland ist einerseits viel zu schwach und andererseits viel zu stark. Zu schwach, weil es zu wenige Leute in der Verwaltung gibt – beispielsweise Finanzbeamte –, und zu stark, weil sich ein Wust von Vorschriften und bürokratischen Regeln entwickelt hat, wie es sie in kaum einem anderen Land gibt. Wassilis Aswestopoulos berichtet in seinem Buch: »Länger als Odysseus für seine zehnjährige abenteuerliche Heimreise nach Ithaka brauchte die Firma Temes, um eine Hotelanlage in Messenien auf dem Peloponnes genehmigen zu lassen. Die ›Costa Navarino‹-Anlage ist eine 1,2 Milliarden-Euro-Investition des Reeders Vassilis Konstantopoulos. Von 1997 bis 2009 sammelte er mehr als 3.000 Unterschriften von Ministern, Amtsvorständen und einfachen Angestellten. Konstantopoulos wollte keine Unterschriftenaktion starten, sondern lediglich seine Investition genehmigen lassen. Mehr als 20 ministerielle Erlasse waren notwendig, 600 verschiedene Einzelgenehmigungen wurden erteilt und 80 Planungsbüros beschäftigten allein für die Genehmigungsphase 1.200 Fachleute. Mehr als 60-mal mussten die Gerichte entscheiden. Die Präfektur Messinia tagte 25-mal zum Thema Costa Navarino.«[163]

2002 wurde der Euro in Griechenland eingeführt, aber später stellte sich heraus, dass dies nicht hätte geschehen dürfen, weil die griechischen Politiker die Statistiken gefälscht hatten, um die Beitrittskriterien zu erfüllen. Da das Geld jetzt auf einmal billig war, nahmen die Verschuldungsorgien erst richtig Fahrt auf. Griechenland richtete 2004 die Olympischen Spiele aus. Bei der Bewerbung waren 7,7 Milliarden Euro an Kosten veranschlagt worden, offiziell wurden später elf Milliarden angegeben, aber Schätzungen sprachen von 20 bis 30 Milliarden Euro.[164] Der Umbau des Olympiastadions in Athen sollte laut Planung 3,1 Millionen Euro kosten, tatsächlich waren es 399 Millionen, also eine Kostenüberschreitung von 12.771 Prozent.[165]

Gigantische Verschwendung von Steuermitteln, überbordende Korruption, ein zugleich ineffizienter und sich andererseits überall einmischender Staat und eine immer extremere Verschuldung führten zu einer untragbaren Situation. Griechenland konnte nur durch mehrere sogenannte »Euro-Rettungspakete« in Höhe von 278 Milliarden Euro vor der Staatspleite gerettet werden.[166]

Griechenland war schon davor viermal bankrott. Im Prinzip war das Land bereits 1827 pleite, also vor der Staatsgründung 1830. 1843 kam es zum zweiten Bankrott. 1893 und 1932 folgten weitere Pleiten – zahlungsunfähig zu sein ist für Griechenland so normal wie Inflation für Argentinien.

Zahllose Konferenzen und immer neue Milliardenzahlungen führten dazu, dass Griechenland in der Euro-Zone blieb. Man muss sich die Frage stellen, ob all die Zeit und Energie richtig eingesetzt waren: Hätten die damalige deutsche Bundeskanzlerin Angela Merkel und die anderen europäischen Länder nur halb so viel Mühe und Geld darauf verwandt, den Brexit, also den Austritt Großbritanniens aus der EU, zu verhindern, wäre das sicher sinnvoller gewesen. So sind die Briten raus aus der EU und die Griechen weiter in der Eurozone. Für die Briten und die Griechen, aber auch für den Rest Europas wäre es vielleicht besser gewesen, wenn Griechenland die Eurozone verlassen hätte und die Briten in einer reformierten EU geblieben wären.

Ich traf ich Athen eine Reihe von Journalisten und Leuten aus der Wirtschaft, die meinten, unter der seit 2019 amtierenden konservativen Regierung seien manche Dinge etwas besser geworden. Die Bürokratie und die Regulierung des Arbeitsmarktes seien immer noch erdrückend, aber die Zustände nicht mehr so krass wie früher. Doch der Staat wird nach wie vor als der große »Versorger« betrachtet, ähnlich wie in Argentinien. Die erste Reaktion der Regierung auf das Zugunglück war, den Überlebenden und ihren Angehörigen Stellen im öffentlichen Dienst als Entschädigung anzubieten. Wohl in kaum einem anderen Land der Welt wäre man auf eine solche Idee gekommen.

Ich führe in diesen Tagen viele Gespräche, und ich habe es mir zur Angewohnheit gemacht, in den Interviews mit Tageszeitungen nicht nur Fragen zu beantworten, sondern auch Fragen zu stellen. Eine Frage, die ich immer wieder den Vertretern der Wirtschaft, Wissenschaft und Medien stelle, ist die nach der Einstellung der Griechen zum Staat. Einer meiner Gesprächspartner nennt das Verhältnis eine »Hassliebe«, und viele stimmen zu. Auf der einen Seite lieben Griechen den Staat und erwarten sehr viel von ihm, aber weil der Staat diese Erwartungen nicht erfüllen kann, hassen sie ihn auch immer wieder. Es sei wie bei einem Kind, das alles von seinen Eltern erwarte, aber dann enttäuscht werde, wenn die Eltern übergroße Erwartungen nicht erfüllen könnten. Dieses Bild gebrauchen mehrere meiner Gesprächspartner.

Viele Griechen sind frustriert darüber, dass die Korruption eine so große Rolle in ihrem Leben spielt. Die Korruption hat zwei Ursachen: kulturelle und traditionelle einerseits und zu viele staatliche Regulierungen andererseits. Da die kulturellen Prägungen und Traditionen schwerer zu ändern sind, ist es umso wichtiger, staatliche Regulierungen massiv zu reduzieren.

Immerhin sagen mir viele, die Korruption sei nicht mehr ganz so schlimm wie früher. Damals, so erklärt man mir, konnte man zu keinem Arzt gehen, ohne einen »Briefumschlag« mitzubringen – also Bargeld zu übergeben. Das habe sich geändert. Aber in manchen Bereichen, zum Beispiel in der Baubranche, sei es nach wie vor unmöglich, sich durch das Gestrüpp von Genehmigungen und Vorschriften zu kämpfen, ohne Beamte zu bestechen.

Die Mehrheit der Griechen ist durch die katastrophale Politik der Linken desillusioniert. Drei Monate nachdem ich in Athen war, wurde wieder gewählt. Kyriakos Mitsotakis, seit 2019 im Amt, wurde für weitere vier Jahre bestätigt. Seine konservative Nea Dimokratia (ND) gewann die absolute Mehrheit. Erfreulich: Die linke Syriza, die 2004 als Wahlbündnis von Kommunisten, Maoisten, Trotzkisten und anderen Linken gebildet und bei den Wahlen 2015 mit über 36 Prozent die mit Abstand stärkste Partei geworden war,[167] bekam bei den Wahlen 2023 nur noch halb so viele Stimmen (17,8 Prozent), die sozialdemokratische Pasok kam auf 11,9 Prozent.[168]

März 2023

Warschau, Polen

Der Kapitalismus hat nirgendwo ein positiveres Image als in Polen – so das Ergebnis der von mir beauftragten Umfrage in 35 Ländern.[169] Dies spiegelt sich auch darin, dass es eine Vielzahl von Veranstaltungen und Initiativen gibt, die man in anderen europäischen Städten nicht finden wird, sondern allenfalls in den USA. Im März 2023 bin ich Referent bei zwei dieser Veranstaltungen und kann mir einen Eindruck von der Stärke der libertären Szene in Polen und deren Aktivitäten machen. Anfang März bin ich als Referent auf einer Veranstaltung der Asbiro University in Warschau eingeladen. Die private Universität wurde 2006 gegründet und bietet Kurse für Unternehmertum, Bachelor-Abschlüsse in Management, Vertrieb und Marketing sowie MBA-Aufbaustudiengänge in Wirtschaft und Immobilien an. Ihr Alleinstellungsmerkmal ist, dass sie die einzige Universität in Polen ist, an der alle Dozenten Unternehmer oder CEOs sind.

Im Unterschied zu vielen MBA- und BWL-Studiengängen, die sehr theoretisch sind und bei denen Studenten viel über Finanzmathematik und Theorien erfahren, ist diese Hochschule ausgesprochen praxisorientiert. Es gibt auch Grundkurse für Studenten, die erst noch Unternehmer werden wollen, aber die meisten, die dort eingeschrieben sind, haben bereits ihre eigene Firma. Die Universität organisiert Reisen in verschiedene Länder der Welt, wo die Teilnehmer neue Geschäftsideen sammeln und Kontakte knüpfen können. Während der Reisen treffen die Studenten einheimische Unternehmer oder auch Anwälte, Wirtschaftsprüfer usw. So wurden beispielsweise Reisen nach Deutschland und China organisiert. Ausdrücklich beruft sich die Universität auf den liberalen Ökonomen Ludwig von Mises und ist eng verflochten mit der libertären Szene in Polen.

Diese libertäre Szene des Landes trifft sich alle zwei Jahre zum »Weekend of Capitalism«, wo ich Ende März 2023 den Einführungsvortrag vor mehreren Hundert Teilnehmern halte. Ich finde den Titel der Veranstaltung bemerkenswert, denn auch in der libertären Szene meiden etliche das Wort »Kapitalismus«, weil es für viele Menschen einen negativen Klang hat. Ich erinnere mich an eine andere libertäre Konferenz in Warschau, bei der – außer mir – kaum ein Referent das Wort »Kapitalismus« in den Mund nahm.

Ich halte das für falsch. Wenn es nur das Wort wäre, das die Leute stört und sie ohne das Wort für eine freie Marktwirtschaft wären, dann könnte man darüber diskutieren. Aber so ist es nicht. Meine Umfrage in 35 Ländern ergab, dass zwar die Zustimmung zum Kapitalismus (wie erwartet) in den meisten Ländern steigt, wenn das Wort »Kapitalismus« in den Fragestellungen nicht verwendet wird. Aber wichtiger war der Befund: Auch wenn das Wort nicht verwendet wurde, überwogen nur in sieben von 35 Ländern prokapitalistische Meinungen. Wenn das Wort verwendet wurde, waren es sechs Länder. Ich denke, wenn man das Wort »Kapitalismus« meidet, zeigt man Unsicherheit und Schwäche, und daher begann ich meinen Vortrag mit der Bitte, niemals den Namen der Veranstaltung zu ändern.

Ich treffe bei dem Kapitalismus-Weekend viele Bekannte, mit denen ich im Jahr zuvor eng zusammengearbeitet habe. Leider kann ich den meisten Vorträgen nicht folgen, da sie überwiegend in polnischer Sprache gehalten werden.

Einer der Referenten, der auf Englisch spricht, ist Remigijus Šimašius. Er war acht Jahre lang Bürgermeister der Hauptstadt von Litauen, Vilnius, und gibt sein Amt jetzt erst auf. Der 49-Jährige kommt aus der libertären Szene, war 2006 bis 2008 Vorstand eines libertären Thinktanks und bezeichnet sich bei dem Vortrag auch selbst als Libertärer. Bevor er 2015 zum Bürgermeister von Vilnius gewählt wurde, war er von 2008 bis 2012 Justizminister Litauens und von 2016 bis 2017 Parteivorsitzender der Lietuvos Respublikos liberalu sajudis (LRLS; Liberale Bewegung der Republik Litauen). 2019 wurde er ein zweites Mal Bürgermeister der Hauptstadt. Man handelte ihn auch als möglichen Bewerber für die Präsidentschaftswahl in Litauen 2019, er entschied sich jedoch gegen eine Kandidatur. Im Juni 2019 beteiligte sich Šimašius mit einer Gruppe von LRLS-Abweichlern an der Gründung der neuen liberalen Laisves partija (Freiheitspartei) und ist ihr stellvertretender Vorsitzender.

Die meisten Menschen seien wohl der Auffassung, ein Bürgermeister habe pragmatisch Tagesentscheidungen zu treffen und Ideen oder weltanschauliche Überzeugungen spielten keine oder kaum eine Rolle, so beginnt er seinen Vortrag. Das sei jedoch ein großer Irrtum. Bürokratieabbau war eines seiner Markenzeichen. Stolz berichtet er, dass Uber, drei Wochen nachdem das Unternehmen einen Antrag gestellt hatte, die Erlaubnis in Vilnius bekam. Das sei eine Rekordzeit, die es sonst nirgendwo gegeben habe, die schnellste Genehmigung der Welt. Auch die Ergebnisse einer liberalen Wohnungspolitik in Vilnius könnten sich sehen lassen: In acht Jahren seien dort die Mieten zwar um 70 Prozent gestiegen, die Löhne jedoch um 100 Prozent, während in vielen anderen Städten die Mieten im gleichen Zeitraum schneller gestiegen seien als die Löhne. Mieter haben also relativ gesehen nach acht Jahren weniger Miete gezahlt als davor.

In der libertären Szene gibt es, wie in allen politischen Bewegungen, Realpolitiker, zu denen Šimašius gehört, und Fundamentalisten, denen die reine Lehre wichtiger ist und die in jedem Pragmatismus einen Verrat an Prinzipien sehen. Ein Teilnehmer, der sich bereits bei meinem Vortrag gemeldet hat und zu erkennen gibt, dass er ganz generell gegen Politik und Politiker sei, fragt denn auch Šimašius kritisch, wie er es mit libertären Grundsätzen vereinbaren könne, Politiker zu sein, da Politik doch Herrschaft über Menschen bedeute, was Libertäre ablehnten. Ich gebe zu, dass mir solche libertären Fundamentalisten suspekt sind. Sie wollen nicht wirklich etwas bewegen, fühlen sich oft wohl in der Rolle der Gralshüter der reinen Lehre und erinnern mich manchmal an die dogmatischen Marxisten, die ich in meiner Jugend kennengelernt habe.

Vielleicht ist das eines der Grundübel bei Libertären in vielen Teilen der Welt: Sie fühlen sich wohl in der Außenseiter- und Minderheitenrolle. Im Grunde wollen sie gar nicht irgendetwas verändern, weil praktische Politik mit Kompromissen verbunden ist und Kompromisse nicht zu ihrem utopischen Denken passen.

Ich habe nach dem Vortrag die Gelegenheit, einige Worte mit Šimašius zu wechseln. Er ist empört darüber, dass es auch in der libertären Szene der USA Leute gibt, die nicht auf der Seite der Ukraine stehen oder gar Sympathien für Putin haben. Wie kann man für Freiheit sein und sich nicht entschieden gegen einen Freiheitsfeind wie Putin stellen? In Polen gibt es solche Haltungen nicht, dort stehen die Libertären klar auf der Seite der Ukraine.

April 2023

Washington, New York und Boston, USA

Im März und April habe ich mehrfach in der Woche, mitunter gar mehrfach täglich Interviews mit amerikanischen Radiostationen. Vermittelt hatten mir diese Interviewtermine die PR-Agentur Publius von A. J. Rice. Die Kooperation ist für mich etwas Neues, denn ich habe davor mit vier verschiedenen PR-Agenturen in den USA zusammengearbeitet, die alle Folgendes verband: viel versprochen, viel gekostet und nichts geliefert. Da ich selbst Inhaber einer der führenden PR-Agenturen in Deutschland war, kann ich beurteilen, was eine gute und was eine schlechte PR-Agentur ist. Leider sind 95 Prozent der Agenturen schlecht, vermutlich überall auf der Welt.

Wegen der Zeitverschiebung finden diese Interviews – wenn ich sie aus Deutschland führe – oft sehr spät statt, manchmal erst nach Mitternacht. Als ich A. J. Rice mal sage, Termine um 3 Uhr früh in Deutschland wolle ich nur ausnahmsweise wahrnehmen, antwortete er kurz: »The fight for Western civilization doesn't end at midnight.« Das hat mir gefallen.

Überwiegend, aber nicht nur, spreche ich mit konservativen bzw. rechten Talkshows. US-Talkshows kenne ich bis dahin nur aus dem Fernsehen, sogar einer meiner Lieblingsfilme, den ich Dutzende Male gesehen habe, handelt von einem solchen amerikanischen Hörfunkformat: »Talk Radio« von Oliver Stone.

Konservative Talkshows spielen seit der Reagan-Zeit eine große Rolle in den USA. Davor gab es die »Fairness Doctrine« der Federal Communications Commission, die Radiosender zu einer politischen Ausgewogenheit verpflichtete. Diese wurde aber 1987 abgeschafft.

Während in den großen Zeitungen in den USA eher linke Meinungen dominieren, ist das bei den Radiostationen anders. Linken Radiosendern gelang es nicht im gleichen Maße, Zuspruch beim Publikum zu finden, wie rechten. In den etwa 50 Interviews, die ich führte, merkte ich zweierlei: Erstens waren meine Gesprächspartner überwiegend »prokapitalistisch«. Zweitens hinderte sie das nicht, teilweise populistischen Anti-Big-Business-Thesen zu folgen. Manche Interviewer behaupten, die Milliardäre seien heute in den USA auch links. Ich versuche ihnen klarzumachen, dass das nur eine kleine Minderheit ist – Leute wie George Soros, die zwar in den Medien viel Gehör finden, deren Meinungen jedoch keineswegs repräsentativ sind für erfolgreiche Unternehmer oder Investoren in den USA. Manche hängen offensichtlich den – auch unter Konservativen und einigen Libertären – populären Verschwörungstheorien an, wonach es ein großes Komplott zur Etablierung einer »New World Order« unter Leitung von Klaus Schwab gebe, dem Chef des Weltwirtschaftsforums (WEF). Ich selbst halte nichts von Verschwörungstheorien, da diese die Rolle von Planung und Absicht für den Verlauf politischer und geschichtlicher Entwicklungen maßlos überschätzen. Um politische Entwicklungen zu verstehen, brauche ich keine Verschwörungserklärungen. Mir genügen die Macht der Ideologie, die Macht der Dummheit und die Macht des Konformismus als Erklärung.

Der Affekt gegen Reiche und Superreiche ist in den USA nicht auf die politische Linke beschränkt, sondern reicht weit in das rechte Lager. Zweifellos trifft das auch für manche der Talkshows zu, wie ich den Fragen der Interviewer entnehme. Aber keineswegs auf alle. Viele sind einfach erfrischend prokapitalistisch – so, wie wir Europäer uns manchmal Amerikaner vorstellen. Es gibt diese Amerikaner noch, die an Kapitalismus und Unternehmertum glauben und dem Staat (»Big Government«) skeptisch gegenüberstehen.

Nachdem ich im März schon einmal in den USA (und zwei Mal in Polen) war, mache ich mich Anfang April wieder auf den Weg in die Vereinigten Staaten. Die Reise beginnt schwierig: Der Flug von Frankfurt nach Washington wird erst mehrfach verschoben, um zwei

Stunden, drei Stunden und dann um fünf. Schließlich ist unklar, ob wir an dem Tag überhaupt fliegen können. Vorsichtshalber lasse ich mir von den sehr netten Lufthansa-Mitarbeiterinnen in der Senator-Lounge am Flughafen Frankfurt einen Ersatzplan machen, wie ich am Folgetag über Amsterdam nach Washington fliegen kann, um rechtzeitig zu meinem Vortrag zu kommen. Schließlich heißt es, der Flug gehe jetzt doch ab. Wir steigen ein. Ich ziehe meinen Schlafanzug an. Die Ansage für den Start läuft durch die Lautsprecher: Und dann kommt der Kapitän in die Erste Klasse, entschuldigt sich und meint, es sei ein weiteres Problem aufgetreten. Man habe das elektronische Bordbuch vergessen, noch mal die Tür geöffnet und als Folge sei der Notausstieg automatisch ausgefahren worden. Jetzt könne man das Flugzeug erstmal nicht mehr verwenden, alle müssten aussteigen. Also: Kleidung wieder anziehen, aussteigen, Übernachtung im Sheraton-Hotel am Flughafen mit dem Versprechen, am nächsten Tag um 11 Uhr nach Washington zu fliegen und dort vor 14 Uhr anzukommen. Das sollte reichen, denn mein Vortrag in Washington sollte um 17 Uhr beginnen. Aber leider hat auch dieser Flug zwei Stunden Verspätung, und dann muss ich noch 90 Minuten bei der Einreise in der Schlange stehen. Schließlich geht alles gut, ich komme nur 20 Minuten zu spät – und habe telefonisch gebeten, bis zu meinem Eintreffen meinen Film »Life behind the Berlin Wall« zu zeigen.

Früher habe ich mich ziemlich aufgeregt über solche Dinge, aber irgendwann habe ich mir klargemacht, dass die Aufregung nichts verändert außer meiner Gemütslage und dass man Flugverspätungen leider so akzeptieren muss wie das Wetter. Zudem hatte ich in den vergangenen zwölf Monaten sehr viel Glück mit den Flügen, die meist pünktlich waren. Wenn man so viel unterwegs ist, gehören solche Dinge einfach dazu.

Zu dem Vortrag kam auch Ralph Benko, der seit ein paar Jahren alle meine englischen Beiträge postet und verbreitet. Er hat 2020 die Schrift »The Capitalist Manifesto: The End of Class Warfare, Toward Universal Affluence« verfasst. Benko kennt die libertäre Szene in den USA sehr gut, sieht sie aber kritisch. Er meint, ich selbst brauche jemanden, der meine Aktivitäten nachhaltig mit erheblichen Mitteln finanziell unterstützt. Richtig ist, dass ich das, was ich in den vergangenen Jahren gemacht habe, nämlich all meine Forschungen sowie die Vortragsreisen privat aus eigenen Mitteln zu finanzieren, dauerhaft nicht werde leisten können. Aber ich kenne leider keinen Unternehmer, der mir das Geld geben würde. Vielleicht hat ja ein Leser dieses Buches eine Idee?

Zwei Wochen nach dem Treffen veröffentlichte Benko in dem Medium »Newsmax« einen sehr schmeichelhaften Artikel über mich und mein Buch und nannte mich »den amtierenden öffentlichen intellektuellen Verfechter des Kapitalismus. Er ist der Thomas Piketty des Kapitalismus. Die Werke des Antikapitalisten Piketty werden ausgiebig besprochen und stehen auf den Bestsellerlisten. Zitelmanns Arbeit ist rigoros datengestützt. Nicht dogmatisch. Auch wenn sich die Linke eine gute Geschichte, clevererweise, nie durch Fakten verderben lässt, so werden ihre Argumente von Zitelmann vollständig demontiert. Alle (im doppelten Sinne) rechtdenkenden Menschen sollten ihn enthusiastisch unterstützen.«[170]

Am zweiten Tag in New York schreibe ich John Fund, den ich auf dem Freedom Fest in Las Vegas kennengelernt habe, und frage ihn, ob er Zeit für ein Treffen habe. Er ist einer der wichtigsten Journalisten in der libertären Szene der USA und hat 26 Jahre für das »Wall Street Journal« geschrieben. Heute arbeitet er unter anderem für das libertär-konservative Magazin »National Review«. Wir trafen uns um 17 Uhr und sprachen fast fünf Stunden. Er erzählte mir viele Geschichten über Personen, die mich interessieren, so etwa über Arnold Schwarzenegger oder Donald Trump. Ich habe den Eindruck, er kennt so ziemlich jeden, der irgendwie wichtig ist in den USA. Eine beeindruckende Persönlichkeit.

In New York treffe ich Mary O'Grady. Sie arbeitet seit 28 Jahren beim »Wall Street Journal«, der größten und wichtigsten prokapitalistischen Zeitung, die es gibt (die »Financial Times« ist eher kapitalismuskritisch). Die zentrale Frage, die nicht nur sie, sondern auch mich bewegt: Warum sind die Antikapitalisten so viel erfolgreicher als wir?

Sie meinte: »Wir argumentieren, das BIP pro Einwohner ist um x Prozent gestiegen, und die erzählen die herzzerreißende Geschichte einer Familie, deren Kinder in Armut leben …« Wir müssten lernen, viel emotionaler zu werden: Sie war in Kuba, und das schlimme Schicksal der Menschen dort hat sie sehr beeindruckt: Das müsste man verfilmen, die Menschen wissen einfach nichts darüber.

Mittags schaue ich mir das Geschehen in der 5th Avenue vor dem Trump-Tower an. Ich habe noch nie so viele Hundert (oder waren es mehr als 1.000?) Fotografen gesehen wie an diesem Tag. Sie alle warten auf Trump, der am 3. April hier erwartet wurde, weil er am 4. April seine Aussage vor Gericht machen sollte. Der erste Präsident der USA, der nach seiner Amtszeit angeklagt wurde und vor dem Richter erscheinen musste. Später sollte es noch viele ähnliche Vorladungen geben, aber dies hier war die erste.

Am gleichen Abend findet das Treffen mit Steve Forbes statt, das Elizabeth Ames vermittelt hatte. Forbes ist seit Jahrzehnten die bekannteste Persönlichkeit in der libertären Szene der USA. Wir treffen uns in einem italienischen Restaurant in der 54. Straße und sprechen über viele Menschen, die er persönlich kennt, und ich bin interessiert zu hören, was er über sie denkt. So wie ich, ist er kein Trump-Fan. Er erzählt, Trump habe ihn jedes Jahr angerufen, wenn das »Forbes«-Ranking der reichsten Menschen erschien, weil er behauptet, viel reicher zu sein, als das Ranking es ausweist. Aber belegen konnte Trump das nie. Es zeigt jedoch den kulturellen Unterschied zwischen den USA und Deutschland: In den USA macht sich Trump viel reicher, als er ist, weil er glaubt, das könne ihm nützen. In Deutschland macht sich der CDU-Vorsitzende Friedrich Merz viel ärmer, als er ist, weil er glaubt, dass es ihm schade, wenn publiziert werde, dass er mehrfacher Millionär ist.

Ich versuche Forbes zu überreden, dass er seine Autobiografie schreibt. Er hat Zweifel, ob ein solches Buch genügend Leser finden werde. Ich meine: »Wer ein interessantes Leben hatte, kann auch eine interessante Autobiografie schreiben und sollte es tun.« Dazu kommt noch, dass er so viele Menschen persönlich kennt und sicher eine Menge Geschichten über diese Menschen erzählen könne. Am Schluss gibt mir Forbes seine persönliche E-Mail-Adresse, und wir vereinbaren, in Kontakt zu bleiben. Zudem verspricht er, zwei Tage später zu dem Pressetreffen zu kommen, das Deroy Murdock organisiert. Seit dem Treffen hilft er mir immer wieder mit Kontakten.

Von New York geht es nach Boston, wo ich vom Intercollegiate Studies Institute zu zwei Vorträgen eingeladen bin, an der Northeastern University sowie am Boston College. Das Intercollegiate Studies Institute wurde 1953 gegründet und veranstaltet jährlich etwa 100 bis 150 Vorträge an Universitäten mit Gastdozenten aus dem libertären und konservativen Umfeld. Auf meine Frage, ob solche Veranstaltungen nicht öfter von Linken gestört würden, meint Thomas Sarrouf, der mich eingeladen hat, das sei insbesondere der Fall, wenn es um Themen wie »Transgender« gehe. Die Gruppe am Boston College gehört zu den Young Republicans, einer Jugendorganisation der Republikaner. Die meisten sind Trump-Fans, ein paar waren auch DeSantis-Anhänger. Natürlich haben diese Studenten es schwer an ihren Universitäten, denn sie bilden eine kleine Minderheit. Man kann diese Leute, auch wenn man ihre Meinungen nicht immer teilt, für ihre Standfestigkeit nur bewundern, denn an den Unis befinden sie sich wie im Feindesland. Es sind nur kleine Grüppchen von Studenten, vor denen ich in Boston spreche.

Ich merke immer wieder in Gesprächen mit Trump-Anhängern und Rechtskonservativen in den USA, dass es auch bei ihnen starke Ressentiments gegen Reiche und »Big Business« gibt. Thomas Sarrouf meint, dass die meisten Milliardäre heute die Demokraten unterstützten und viele Unternehmen die »woke«-Ideologie teilten. Auch in den Radiointerviews, die ich täglich führe, ist oft dieser Affekt zu spüren: Kapitalismus ja, Big Business nein.

In Boston treffe ich Phil Gramm. Er ist 80 Jahre alt, aber hoch aktiv und hellwach. Gramm hat gerade einen Vortrag zum Thema des Buches »The Myth of American Inequality« gehalten, das ich bereits erwähnt habe. Er zeigt darin, dass die offiziellen Statistiken in den USA zum Thema Ungleichheit methodisch eine Katastrophe sind und die Realität nicht einmal annähernd abbilden. Er wolle eine Initiative zu diesem Thema im Kongress anregen – mal schauen, ob die Partei der Republikaner die Wichtigkeit des Themas begreift.

Gramm begann seine politische Karriere als Demokrat, wechselte aber 1983 zu den Republikanern. Er kandidierte bei den Präsidentschaftsvorwahlen der Republikanischen Partei 1996 gegen den späteren Kandidaten Bob Dole. Als Senator forderte er häufig Steuersenkungen. Er wandte seinen »Dickey-Flatt-Test« an (»Lohnt es sich, Dickey das Geld aus der Tasche zu ziehen?«), um festzustellen, ob Bundesprogramme sinnvoll waren. Richard »Dickey« Flatt ist Inhaber eines von seinem Vater und seiner Mutter gegründeten Familienunternehmens für Druckereierzeugnisse in Mexia, Texas. In den Augen von Gramm verkörperte Flatt die Belastungen, denen ein typischer unabhängiger Kleinunternehmer ausgesetzt war.

Gramm ist einer der vehementesten Streiter in den USA für Steuersenkungen und Deregulierung. Der linke Ökonom und Nobelpreisträger Paul Krugman nannte ihn »the high priest of deregulation«,[171] und ich begrüße ihn mit den Worten: »Es ist mir eine Ehre, den Mann zu treffen, den der linke Ökonom Paul Krugman als den Hohepriester der Deregulierung bezeichnet hat. Ich denke, darauf sollten Sie stolz sein und Ihre Autobiografie danach betiteln.«

Am Abend des 5. April lädt Deroy Murdock – der bekannte libertär-konservative Publizist, den ich zuletzt in New York kennengelernt hatte – zu einem Dinner mit der Vorstellung meines Buches »In Defense of Capitalism« ein. Gekommen sind 20 hochrangige Vertreter konservativer und libertärer Medien, unter anderem James Taranto, der verantwortlich für die Meinungsseite beim »Wall Street Journal« ist, Steve Forbes vom »Forbes«-Magazin, Liz Peek von Fox News, John Fund von »National Review«, James T. C. Moore, der Vizepräsident des Medienunternehmens »Newsmax«, Kelly Torrance von der »New York Post« und Guy Benson von townhall.com. Ich stelle mein Buch vor, und danach diskutieren wir zwei Stunden darüber. Solche Gelegenheiten sind Gold wert, um wichtige Kontakte zu knüpfen. Ich lerne Stück für Stück die wichtigsten Protagonisten der libertären und konservativen Medienszene in den USA kennen.

John Fund hilft mir, den Kontakt zu Roger Kimball herzustellen, den Herausgeber von »The New Criterion« und Verleger von Encounter Books. Ich wollte immer schon bei diesem Verlag veröffentlichen, weil mir Bücher wie etwa »Becoming Europe« von Samuel Gregg oder »Please Stop Helping Us« von Jason Riley sehr gefallen haben. Ich treffe mich mit Kimball, der zugleich ein sehr politischer Mensch, aber auch ein Kunstexperte ist. Er verkörpert für mich den Typus des konservativ-libertären Intellektuellen, von denen es nicht so viele gibt. Ich finde auch im Gespräch mit ihm etwas, das mir in den USA immer wieder begegnet: die scharfe Kritik an den großen Unternehmen in den USA, die als Gegner wahrgenommen werden, weil sie mit Milliardenbeträgen Gruppen wie »Black Lives Matter« und andere linke Organisationen unterstützen. Er schenkt mir viele Bücher, unter anderem »The Dictatorship of Woke Capital. How Political Correctness Captured Big Business« von Stephen R. Soukup, das ich sofort lese.

Soukup zitiert Salesforce-Gründer Marc Benioff, dessen Vermögen auf 7,6 Milliarden Dollar geschätzt wird: »Doch als Kapitalist denke ich, dass es an der Zeit ist, laut auszusprechen, was wir alle wissen, wenn auch sehr bedauern: Der Kapitalismus, wie wir ihn kennen, ist tot ... Der Kapitalismus, wie er in den letzten Jahrzehnten praktiziert wurde – mit seiner Besessenheit für die Maximierung der Aktionärsgewinne – hat auch zu einer fürchterlichen Ungleichheit geführt.«[172] Ray Dalio, mit einem Nettovermögen von etwa 19 Milliarden Dollar einer der reichsten Hedgefonds-Manager in den USA, schrieb, dass der Kapitalismus am Ende sei, dass »er reformiert werden muss, um mehr Chancengleichheit zu schaffen und produktiver zu sein«.[173]

Die Medien zitieren gern kritische Äußerungen über den Kapitalismus von Hedgefonds-Manager George Soros und anderen reichen Amerikanern, die danach verlangen, höher besteuert zu werden. Aber sind das nicht Ausnahmen? Vermutlich ja, denn der öffentliche Druck gegen pro-kapitalistische und für linke Positionen ist so stark, dass sogar Milliardäre davon betroffen sind – und oft lieber schweigen. Während die Stimmen von Kapitalismuskritikern wie Benioff, Soros oder Tom Steyer lautstark zu hören sind, melden sich die Befürworter des Kapitalismus nur selten öffentlich zu Wort. Die amerikanischen Politikwissenschaftler Benjamin Page and Martin Gilens sprechen in ihrem Buch »Democracy in America?« über die »public silence of most billionaires«. Der 2019 verstorbene David Koch, der libertäre Initiativen und Thinktanks finanziell unterstützte, hat sich in einem Zeitraum von zehn Jahren selbst nur einmal öffentlich zur Steuerpolitik geäußert; sein Bruder Charles Koch hat zu diesen Themen noch nie etwas gesagt.

»Das öffentliche Schweigen der meisten Milliardäre«, so Page und Gilens, »steht im krassen Gegensatz zur Bereitschaft einer kleinen, atypischen Gruppe von Milliardären – darunter Michael Bloomberg, Warren Buffett und Bill Gates –, sich zu bestimmten politischen Themen öffentlich zu äußern … Alle drei haben sich für ein umfangreiches soziales Sicherheitsnetz, progressive Steuern und eine moderate Regulierung der Wirtschaft ausgesprochen. Ein amerikanischer Normalbürger, der Bloomberg, Buffett oder Gates zuhört und dabei versucht, sich ein Urteil über das politische Denken und Tun von US-Milliardären zu bilden, würde schwer in die Irre geführt werden.«[174]

Ich habe bisher Äußerungen wie die oben zitierten von Benioff oder Dalio oder von dem mächtigen Blackrock-Gründer Larry Fink für Außenseiterpositionen gehalten. Aber das Buch von Stephen R. Soukup gibt mir zu denken. »Aktivisten« in den USA beschränken sich nicht mehr darauf, die Redefreiheit an Universitäten niederzuschreien (Cancel Culture), sondern sie sind längst in der Finanzwirtschaft angekommen. Politischer Aktivismus auf Hauptversammlungen von Unternehmen kommt fast immer von links – die Zahl derer, die sich dem aktiv widersetzen, könne man an einer Hand abzählen.[175]

Und die Politisierung des Business wird ein immer größeres Problem. Sogar jemand wie Warren Buffett, der selbst moderat links steht, hat schon 2019 vor der Politisierung der Wirtschaft und der Finanzindustrie gewarnt. »Es war von Unternehmen nicht richtig«, sagte er in einem Interview mit der »Times«, »der Gesellschaft ihre eigenen Ansichten über ›Gutes tun‹ aufzuzwingen. Wieso glaubten sie, es besser zu wissen?« Er fügte hinzu: »Es ist das Geld der Aktionäre. Viele Unternehmenslenker beklagen, dass die Regierung das Geld der Steuerzahler verteilt, verteilen aber selbst mit Begeisterung das Geld der Aktionäre.«[176]

ESG, »Environmental, Social und Governance« ist längst mehr als ein Modewort. Es ist zur Parole geworden, mit der sogenannte Aktivisten, aber auch Fondsmanager und Unternehmensführer bestimmte Vorstellungen von »Nachhaltigkeit«, »Diversity« usw. durchsetzen. Die Stichwortgeber sind linke Ideologen, die überall »Rassismus« oder »Sexismus« wittern, aber viele Unternehmen haben inzwischen kapituliert. Vermutlich haben sich die Manager zuerst äußerlich angepasst, und dann folgte die innerliche Anpassung. In der Psychologie nennt man das »kognitive Dissonanz«: Menschen halten es nicht lange aus, anders zu sprechen, als sie denken. Zuerst übernehmen sie linke Parolen aus Opportunismus und Bequemlichkeit, schließlich passen sie die innere Haltung der äußeren an.

Milliardäre wie Jeff Bezos oder Apple-Chef Tim Cook haben viele Millionen für »social justice organizations« wie Black Lives Matter gespendet – nicht selten vom Geld ihrer Aktionäre! Viele Manager und Unternehmer hoffen, sich freizukaufen und von Kampagnen linker »Aktivisten« verschont zu werden, wenn sie Millionenbeträge an linke Organisationen spenden oder öffentliche Kritik am Kapitalismus äußern und sich für höhere Steuern für die Reichen aussprechen. Aber die Rechnung geht keineswegs immer auf. Wer einmal Erpressern nachgibt, von dem werden künftig immer größere Summen gefordert.

Sogar Teile der Werbebranche folgen inzwischen der linken »woke«-Ideologie. Werbung, um zu verkaufen und den Profit zu steigern: In einer Zeit, in der Profit als unmoralisch gilt, ist dies ein Ziel, das viele Leute aus der Werbebranche ablehnen. Offensichtlich geht es bei der Werbung heute oft nicht mehr darum, den Nutzen eines Produkts zu kommunizieren, um den Absatz zu steigern. Nein, die Werbung muss politische Botschaften verkünden und die Menschen umerziehen.

Besondere Aufmerksamkeit erregte vor einigen Jahren die Firma Gillette mit einer Kampagne gegen »toxische Männlichkeit«. Wegen des seit Jahrzehnten bestehenden toxischen Männlichkeitsbildes mobbten Kinder einander, belästigten Männer Frauen sexuell und ließen die Kollegen ihre Kolleginnen nicht zu Wort kommen. Die Werbung fand zwar große Aufmerksamkeit und wurde in Zeitungen wie der »taz« in höchsten Tönen gelobt, aber trug mit Sicherheit nicht dazu bei, mehr Produkte zu verkaufen.

Die Marke Calvin Klein, die früher mit attraktiven Frauen und Männern mit toller Figur warb, passte sich ebenfalls dem woken Trend an und zeigte stattdessen einen übergewichtigen Mann und eine übergewichtige Frau – der Mann hat einen Bart und trägt BH. Die Reaktionen fielen überwiegend negativ aus. Sieben Millionen Mal aufgerufen wurde der Tweet »Calvin Klein will pleite gehen«, formulierte die Medizinerin Anastasia Maria Loupis in einem Tweet zu dem Foto, das neben dem Plus-Size-Model Jamilla Grannetia den niederländischen Transmann Bappie Kortram zeigt. Beide werben für einen Sport-BH der Modemarke. Die Kampagne wurde ganz überwiegend negativ kommentiert: »Welche Frauen soll das bitte ansprechen?«, wurde auf Social Media tausendfach gefragt.

Die amerikanische Biermarke Bud Light sorgte für ein Werbedesaster durch eine politisch korrekte und »woke« Werbekampagne: Die Verkaufszahlen und der Aktienkurs sanken nach der Kampagne massiv. Man hatte zwar das Ziel erreicht, viel Aufmerksamkeit zu generieren, aber Aufmerksamkeit an sich ist kein Wert, wenn man die eigentliche Zielgruppe, die mit dem Produkt erreicht werden soll, vor den Kopf stößt.

Am letzten Tag meiner US-Reise bin ich von einer libertären Gruppe innerhalb der Young Republicans eingeladen. Die Young Republicans wurden 1912 in New York gegründet, aber bis vor einigen Jahren waren sie eine bedeutungslose, weitgehend inaktive Gruppe von nur 50 Leuten (in New York), die übrigens meist gar nicht mehr jung waren. Inzwischen haben sich ihnen mehr als 1.200 junge New Yorker angeschlossen – etwa zur Hälfte dürften sie Anhänger von Trump und von Floridas Gouverneur Ron DeSantis sein. Die libertäre Gruppe in den Young Republicans kämpft innerhalb der Republikaner gegen den Antikapitalismus, der auch in der politischen Rechten immer stärker werde, wie mir Frank Filocomo erklärt, der mich eingeladen hat.

April 2023

Bukarest, Rumänien

Das Pitești-Experiment war eine vom rumänischen Geheimdienst Securitate (damals offiziell Direcția Generală a Poliției de Siguranță, DGPS) initiierte Umerziehungsmaßnahme in den Jahren 1949 bis 1952, bei der versucht wurde, politische Gefangene mit Gehirnwäsche und Folter zu Kommunisten zu machen: »Hier wurde die ganze Bandbreite vorstellbarer und unvorstellbarer Quälereien praktiziert: verschiedene Stellen des Körpers wurden mit Zigaretten verbrannt; bei manchen Gefangenen bestand das Gesäß nur noch aus nekrösem Gewebe, so dass sich ihr Fleisch wie bei Leprakranken auflöste, manche wurden gezwungen, eine ganze Schüssel Exkremente zu essen, und wenn sie sich übergaben, so flößte man ihnen ihr eigenes Erbrochenes ein.« Gläubige Christen, die sich weigerten, Gott zu verleugnen, wurden auf folgende Weise »getauft«: »Man tauchte ihren Kopf in den mit Urin und Exkrementen gefüllten Fäkalieneimer, während andere Häftlinge eine Tauformel psalmodierten. Damit der Gefolterte nicht ertrank, zog man seinen Kopf von Zeit zu Zeit heraus und ließ ihn kurz Luft schnappen, bevor man ihn wieder in die ekelerregende Brühe steckte.«[177] Gefangene wurden aufgefordert, ihren besten Freund »umzuerziehen«, ihn eigenhändig zu foltern und selbst einer der Schinder zu werden.[178]

Dies war der Beginn der kommunistischen Schreckensherrschaft in Rumänien. Auch wenn diese extremen Foltermethoden später nicht mehr angewandt wurden, so blieb die Securitate bis zum Ende der kommunistischen Herrschaft eine der gefürchtetsten Geheimpolizeien der Welt. Am Ende der kommunistischen Herrschaft beschäftigte die

Securitate 14.259 hauptamtliche Mitarbeiter, die Zahl der Informanten wird auf 400.000 bis 800.000 geschätzt.[179] Seit März 1984 wurde jede Schreibmaschine, die sich in Privatbesitz befand, mit Schriftprobe bei der Polizei registriert. Und wer ein Gespräch mit einem Ausländer nicht binnen 24 Stunden meldete, machte sich strafbar.[180]

Die Securitate rekrutierte ihr Personal gerne schon im Kindes- und Jugendalter aus Waisenhäusern. »Waisenkinder wurden dressiert wie Tiere und kannten keinen anderen ›Vater‹ als den sie ausbildenden Offizier und natürlich ›Vater Ceaușescu‹, für den sie selbst das Töten lernten.«[181]

Professor Johannes Kneifel bat für sein Buch »Rumäniens steiniger Weg von der Ceaușescu-Diktatur bis zur fragilen Demokratie« Studenten in Rumänien aufzuschreiben, wie ihre Eltern und Großeltern die sozialistische Zeit erlebt hätten. Die Berichte ähneln sich alle, in einem heißt es: »Strom und Heizung gab es nur ein paar Stunden pro Tag; riesengroße Schlangen vor den Geschäften, um Lebensmittel zu besorgen, die rationiert waren; Geld hatte man, konnte sich aber nichts davon kaufen ... Das (TV-)Programm beinhaltete eine Lektion des Diktators über alle erreichten Errungenschaften Rumäniens, Nachrichten, Volksmusik und einen kurzen russischen Zeichentrickfilm für Kinder.«[182]

Ein typischer Sendeverlauf im Fernsehen sah so aus: 20 Uhr Nachrichten, 20.20 Uhr: »Wir rühmen den Führer des Landes« (Gedichte, eine ehrende Anthologie, in Farbe), 20.40 Uhr: »Der strahlende Theoretiker und Stifter des Kommunismus« (Dokumentarfilm, gewidmet dem theoretischen Wirken des Genossen Ceaușescu, in Farbe), 21 Uhr: »Ehre dem Oberkommandierenden« (Fernsehspiel, realisiert mit Hilfe des künstlerischen Ensembles der Armee); 21.30 Uhr: Nachrichten, danach: Sendeschluss.[183]

In einem anderen Bericht heißt es: »Die Rumänen wurden ständig aufgefordert, Elektrizität zu sparen. Schüler und Studenten mussten am Abend mit Petroleumlampen lernen und Hausaufgaben machen ... Auch die Nutzung der Kühlschränke und der Waschmaschinen war begrenzt, da die Elektrizität knapp war. Im Winter wurden die Lebensmittel auf dem Balkon oder dem Hof kalt gehalten ... Auch warmes Wasser gab es nur begrenzt für einige Stunden am Tag.«[184]

Die schwierigste Zeit war für die Rumänen in den 80er-Jahren, weil Ceaușescu das Ziel verkündet hatte, die hohen Auslandsschulden vorzeitig zurückzuzahlen. Das drastische Sinken des Lebensstandards wurde offiziell damit begründet, dass man sich entschlossen habe, das Lebensmittelangebot für die Bevölkerung aufgrund wissenschaftlicher Erkenntnisse herabzusetzen. Ceaușescus Leibarzt erarbeitete angesichts der Versorgungskrise ein »Programm zur rationalen Ernährung«. Den »wissenschaftlichen Forschungen« folgend, ließ Ceaușescu seit 1982 jährliche Lebensmittelrationen für jeden Rumänen festlegen.[185]

Seit 1984 verschärfte sich die Energiekrise in Rumänien. »Bald hungerten die Rumänen nicht nur, sie froren auch. Die Strom- und Gassperren gehörten zur Tagesordnung. Die Straßenbeleuchtung wurde nachts nicht mehr eingeschaltet, von einigen Ausnahmen in Bukarest einmal abgesehen. Seit 1986 durfte im Winter die Temperatur in den rumänischen Plattenbauten 12 Grad Celsius nicht überschreiten.«[186]

Bis 1989 bestand ein teilweises Sonntagsfahrverbot. An einem Sonntag durften Autos mit Kennzeichen mit gerader Nummer fahren, am nächsten Sonntag mit ungerader. Besonders beliebt war der Trabi aus der DDR, weil sein Motor billiges Waschbenzin vertrug. »Der öffentliche Personennahverkehr wurde drastisch eingeschränkt. Wer seinen Arbeitsplatz nicht nahe am Wohnort hatte, gelangte oft nur in seinen Betrieb, indem er per Anhalter fuhr.«[187]

Aber nur fünf Prozent der Rumänen besaßen ein Auto. Übrigens hatten auch nur 7,6 Prozent einen Staubsauger, 19,1 Prozent einen Fernseher, 14,7 Prozent eine Waschmaschine und 17,6 Prozent einen Kühlschrank. Trotzdem behauptete Ceaușescu noch im Jahr 1989: »Wir müssen mit allem Nachdruck unterstreichen, dass ausschließlich der Sozialismus den Völkern Bedingungen für die Beseitigung der Rückständigkeit, der Armut, für die wahre sozial-ökonomische Unabhängigkeit, für Wohlstand und Glück ... sichert.«[188]

Die Kommunisten zerstörten viele Dörfer, um die Menschen in Gemeinschaftsunterkünften besser überwachen zu können. Die Dörfer bestanden zu 90 Prozent aus Kollektiven, aber auf den übrigen, privat bewirtschafteten zehn Prozent wurden mehr Nahrungsmittel produziert als in diesen Kollektiven.[189] Noch 1988 lief ein Programm an, von den verbliebenen 13.123 Dörfern etwa die Hälfte zu zerstören und die Bewohner in Agro-Industrielle Zentren umzusiedeln. »Die Wohnungen bestanden aus zwei Zimmern und einer vier Quadratmeter großen Küche ohne Wasserleitung, die sich mindestens sechs Personen teilen mussten ... Ein Badezimmer gab es nicht. Im Hof befand sich das einzige WC des Wohnblocks. Im Erdgeschoss wohnte der Securitate-Beamte. Seine Aufgabe bestand darin, die Bewohner morgens zu wecken, Spaten, Sensen und Heugabeln zu verteilen und sie zur Arbeit zu fahren. Am Abend schloss er die Tür hinter ihnen ab.«[190]

Nicolae Ceaușescu herrschte bis Ende 1989. Er und seine Frau Elena (die nur vier Jahre die Schule besucht hatte, aber zur »Vorsitzenden des Obersten Rates für Wissenschaft und Erziehung« ernannt wurde[191]) wohnten in einer Luxusvilla, und im Land standen ihnen etwa 80 Villen und Jagdhäuser zur Verfügung.[192]

Die Bilanz des Sozialismus in Rumänien: Rund zwei Millionen unschuldige Häftlinge wurden in 100 Haftanstalten willkürlich festgehalten, etwa 100.000 Rumänen wurden ermordet. Etwa 90.000 Häftlinge verhungerten oder starben beim Bau des Schwarzmeerkanals.[193]

Ceaușescu war ständig unterwegs auf Auslandsreisen, aber verstand nie die Kulturen anderer Länder. Als er 1978 zu einem Staatsbesuch in den USA weilte, fanden Demonstrationen gegen ihn statt. Ceaușescu forderte den US-Präsidenten Jimmy Carter auf, die Demonstranten auf der Stelle inhaftieren zu lassen. Carter versuchte ihm zu erklären, dass in den USA Demonstrationsfreiheit herrsche und es auch Menschen gebe, die gegen ihn demonstrierten. Der rumänische Diktator reiste empört ab und ließ in seiner Heimat 800.000 Rumänen mit Bussen zum Flughafen bringen, die ihn begeistert zu begrüßen hatten.[194]

Ceaușescu ließ sich offiziell Conducător nennen. Diesen Titel hatte sich schon der faschistische Diktator Ion Antonescu während des Zweiten Weltkrieges gegeben. Ceaușescu wurde als »der Auserwählte, unser irdischer Gott oder Genie der Karpaten« gepriesen. Der berühmte Dichter Adrian Păunescu schrieb: »Ich wage es nicht, Ihren Namen zu nennen. Aus Angst, Ihre Größe zu schmälern, wenn ich von Ihnen spreche. Doch die Geschichte verlangt es von mir. Wir alle sollten Sie lieben: Sie, die den Sieg in der Schlacht für die Menschen verkörpern.«[195] Andere Dichter bezeichneten ihn als »Obersten Verkörperer des Guten«, »Garant des Reichtums Rumäniens«, und es hieß, Alexandrina, Ceaușescus Mutter, habe einen Sohn geboren, um die Welt vom Elend zu befreien.[196] Ceaușescu, so hieß es, war der »tiefgründigste soziale Denker aller Zeiten« und der »Titan unter den Titanen«.[197]

Ende Dezember 1989 kam es zu einer Revolution gegen Ceaușescu, viele Revolutionäre waren Arbeiter. Ceaușescu und seine Frau flüchteten mit einem Hubschrauber aus der Parteizentrale in Bukarest, wurden aber im knapp 100 Kilometer entfernten Târgoviște festgenommen und nach einem kurzen »Prozess« vor einem Militärtribunal erschossen. Noch vor seiner Hinrichtung intonierte der Diktator *das* kommunistische Kampflied, »Die Internationale«.

Nach der Revolution blieben die Eliten teilweise die Gleichen, denn der neue Staatspräsident war der Ex-Kommunist Ion Iliescu, die Kommunisten nannten sich fortan Sozialdemokraten. Die sozialdemokratische PSD ist mit mehr als einer halben Million Mitgliedern die stärkste Partei im Land, gefolgt von der Nationalliberalen Partei, die etwa halb so viele Mitglieder hat.

Doch in den 2000er-Jahren setzte sich eine marktwirtschaftliche Politik durch. Die progressive Einkommenssteuer wurde abgeschafft und durch eine Flat Tax ersetzt. Die persönliche Einkommenssteuer beträgt in Rumänien heute einheitlich nur zehn Prozent, die Unternehmenssteuer 16 Prozent. Daher hat Rumänien im Index of Economic Freedom der Heritage Foundation von 2023 fast die maximale Punktzahl für die Steuerpolitik (94,4 von 100 Punkten). Auch beim Kriterium Property Rights steht Rumänien mit 81 Punkten gut da. Schlechte Bewertungen erhält das Land für Fiscal Health (14,7) und für Government Integrity (47,2). Insgesamt steht Rumänien 2023 auf Platz 53 des weltweiten Rankings.[198]

Damit ist Rumänien schlechter als Polen (Rang 40), aber besser als beispielsweise Frankreich oder Italien. Doch wichtiger als der absolute Rang ist die Veränderung seit 1995, als der Index erstmals erstellt wurde. Damals lag die Punktzahl bei 42,9 und erreichte 2021 ein Hoch von 69,5.[199] Eine solche Zunahme von 26,6 Punkten ist sensationell und übertrifft sogar noch Polen und Vietnam!

Cornel Ban zeigt in seinem Buch »Ruling Ideas. How Global Neoliberalism Goes Local« (2016), dass Rumänien einen schwächeren Wohlfahrtsstaat hat, einen weniger regulierten Arbeitsmarkt[200] und niedrigere Steuern als viele andere Länder. So gab Spanien 2007 für Sozialausgaben 20 Prozent des BIP aus, während Rumänien mit nur 13 Prozent »die geringsten Sozialausgaben pro Einwohner in der EU«[201] verzeichnete.

Ban kritisiert diese Entwicklung und meint, dass die rumänischen Politiker in puncto Steuern und Arbeitsmarktreform radikal »neoliberalen« Ansätzen gefolgt seien.[202] Es passiere nicht häufig, dass Politiker den Direktor des IWF als linken Ideologen kritisieren, der von seiner kommunistischen Jugend geprägt sei – aber genau dies sei 2010 in Rumänien geschehen.[203]

Aber die marktwirtschaftliche Orientierung hat sich ausgezahlt. Von 1991 bis 2021 hat sich das Bruttoinlandsprodukt pro Einwohner (in konstanten Dollar) in Rumänien fast verdreifacht.[204] Das BIP nahm zwischen 2008 und 2018 jährlich real um 2,1 Prozent zu. Nur Polen und die Slowakei hatten unter den östlichen EU-Staaten in diesem Zeitraum eine höhere Wachstumsrate.[205]

In Rumänien befragte Ipsos MORI vom 17. bis 21. Juni 2022 eine repräsentative Stichprobe von 1.000 Personen zum Image des Kapitalismus. Ergebnis: In unserer Umfrage in 35 Ländern gibt es 22 Länder, die mehr antikapitalistische Tendenzen aufweisen als Rumänien, und zwölf Länder, die eine positivere Einstellung zum Kapitalismus haben. Also: Rumänen sehen den Kapitalismus zwar nicht so positiv wie Polen oder Tschechen, aber positiver als die Menschen in sieben anderen osteuropäischen Ländern, in denen die Befragung durchgeführt wurde.

Anfang April hielt ich zwei Vorträge in Bukarest und stellte die Ergebnisse der Umfragen vor. Nach meinem Vortrag an der Bucharest University of Economics sprach ich mit mehreren Ökonomen über die Situation in Rumänien. Ich fragte Tudor Smirna, welche weiteren liberalen Reformen in Rumänien dringend notwendig wären.

Tudor Smirna ist Präsident und Mitbegründer des Ludwig von Mises Instituts Rumänien und Assistenzprofessor an der Fakultät für Internationale Wirtschaftsbeziehungen der Akademie für Wirtschaftsstudien. Seine Antwort:

»Eigentum: Der Schutz und die Sicherung des Privateigentums sind die Grundlagen der Gesellschaft. Ich wäre dafür, parallele, wettbewerbsfähige Justizdienste zuzulassen sowie einen freien Markt für private Sicherheitsdienste, die beim Schutz von Personen und Eigentum mit der traditionellen Polizei in Wettbewerb treten.

Geld: Inflation und Krisen sind entscheidende Faktoren bei der Untergrabung von Wohlstand und Vertrauen in das kapitalistische System. Ich bin dafür, Zahlungsmittel in jeder Währung zuzulassen, auch Kryptowährungen. Dies würde für die Zentralbank und das Bankensystem einen starken Anreiz schaffen, für ein Höchstmaß an Geldwertstabilität zu sorgen.

Bildung: Das rumänische Bildungssystem ist in einem sehr schlechten Zustand; die Leistungen werden von Jahr zu Jahr schlechter. Ich plädiere dafür, einen wirklich freien Markt im Bildungswesen zuzulassen und Familien Bildungsfreiheit zu gewähren. Für jeden Schüler, der sich für private Bildungseinrichtungen entscheidet, soll dem staatlichen Bildungshaushalt Geld abgezogen werden. Auf diese Weise wird man Defizite senken und eine größere Nachfrage nach privaten, kapitalistischen Bildungsangeboten schaffen.

Arbeit: Man sollte staatliche Mindestlöhne abschaffen, durch die gering qualifizierte Arbeitskräfte arbeitslos oder zur Schwarzarbeit animiert und Investitionen am rumänischen Markt behindert werden. Die sehr komplizierte Arbeitsgesetzgebung sollte vereinfacht und die Macht der Arbeitsaufsichtsbehörden erheblich eingeschränkt werden. Ich bin dafür, Teilzeitverträge zu erlauben und die Lohnsteuern zu senken. Damit kann man Korruption und Schwarzarbeit im Beschäftigungsbereich vermindern. Schafft den Lohnsteuereinbehalt ab und ermöglicht es, dass Arbeitnehmer den vollen Lohn erhalten, ehe sie individuell Steuern zahlen müssen. Die Forderung nach Nullsteuern auf den Mindestlohn, wie sie hier diskutiert wird, ist zwar nicht so gut wie die Abschaffung des Mindestlohns. Die Abschaffung der Steuern auf den Mindestlohn wäre aber ein guter erster Schritt zu mehr Arbeitsfreiheit und hat zudem den Vorteil, dass dies kurzfristig eher akzeptiert würde.

Gesundheit: Die Gesundheitssteuer macht zehn Prozent des Lohns aus. Ich bin für Deregulierung im Gesundheitswesen und die Zulassung von privaten Gesundheitsdiensten. Erlaubt es den Steuerpflichtigen, mit dem Geld, das sie bisher als Gesundheitssteuer gezahlt haben, diese Dienste zu bezahlen, wenn sie diese anstelle der staatlichen Gesundheitsversorgung wählen.

Renten: Die Beiträge für die Renten belaufen sich auf 25 Prozent des Lohns. Das umlagefinanzierte Rentensystem ist nicht leistungsfähig, und die Zeichen deuten auf einen künftigen Zahlungsausfall hin. Ermöglicht mehr Freiheit bei der privaten Altersvorsorge. Letztendlich muss jeder Einzelne die Freiheit haben, so viel für seinen Ruhestand zu sparen und zu investieren, wie er möchte.« Soweit die Gedanken von Tudor Smirna.

Libertäre findet man manchmal an Stellen, wo man sie nicht erwartet. In Bukarest lädt mich Cristian Popa ein, Vorstandsmitglied der National Bank of Romania, also der Zentralbank. Er und sein Mitarbeiter, mit denen ich mich unterhalte, sind große Fans von Friedrich August von Hayek und Milton Friedman, sie haben alle Teile der »Free to Choose«-Serie gesehen. Sie führen mich durch das Gebäude mit wertvollen historischen Gemälden, in dem es auch ein Museum mit historischen Münzen und Goldbarren gibt.

Auf der Webseite der Bank heißt es stolz: »Der alte Palast der Nationalbank, den der Architekt Ion Mincu als ›das schönste Gebäude Bukarests‹ bezeichnete, beeindruckt durch seine Monumentalität, Regelmäßigkeit, Vornehmheit und Größe. Das kontrastreiche

Interieur mit einer ›großzügigen und spektakulären Konfiguration, die sehr gut ausgestattet ist‹ (Architekt Nicolae Lascu), entspricht den ästhetischen und funktionalen Bedürfnissen einer Zentralbank am Ende des 19. Jahrhunderts. Es ist das erste bedeutende Bankgebäude in Bukarest, das imposanteste Gebäude einer Finanzinstitution, das sich mit anderen großen Bauten jener Zeit in europäischen Hauptstädten messen lassen kann.« Und es stimmt: Es ist eines der schönsten Gebäude, das ich je gesehen habe.

Ein anderes beeindruckendes Gebäude ist das »Haus des Volkes«, in dem am 26. April eine weitere Vorstellung meines Buches stattfindet. Gastgeber ist Claudiu Năsui von der Partei USR. Die USR erhielt bei den letzten Parlamentswahlen 2020 15 Prozent der Stimmen, Năsui selbst kam in der Hauptstadt Bukarest auf 30 Prozent. Die Partei bezeichnet sich als »progressiv«, aber einige Abgeordnete wie Năsui (er ist Vizepräsident der Partei) versuchen, sie in eine libertäre Partei zu verwandeln. Der sympathische 37-Jährige, der in Paris studiert hat, war früher selbst links – heute ist er ein Anhänger von Mises, Hayek und Friedman.

Als Veranstaltungsort habe ich bewusst das »Haus des Volkes« vorgeschlagen. Das Gebäude ist nach dem Pentagon das zweitgrößte Regierungsgebäude der Welt. Der größte Saal im »Haus des Volkes« ist 16 Meter hoch und 2.200 Quadratmeter groß, insgesamt hat es eine Geschossfläche von 336.000 Quadratmetern. Es ist 86 Meter hoch und 92 Meter im Untergrund, wo es ein gigantisches Tunnelsystem gibt. Die Länge beträgt 275 Meter, die Breite 235 Meter.

Es ist einer der prunkvollsten Paläste, die ich in meinem Leben gesehen habe. Aber seine Geschichte ist charakteristisch für den Sozialismus. Ceaușescu ließ den Prachtbau in den 80er-Jahren errichten, als sein Volk in bitterster Armut lebte. Die Baukosten verschlangen etwa 40 Prozent des jährlichen Bruttosozialproduktes von Rumänien. Um Platz für den Bau zu schaffen, wurden 40.000 Wohnungen, ein Dutzend Kirchen und drei Synagogen abgerissen. Heute wird es vom rumänischen Parlament und den politischen Parteien genutzt.

April 2023

Tiflis, Georgien (Treffen mit Exil-Russen)

Im April bin ich eingeladen, mit einer Rede das Kacha Bendukidse Forum in Tiflis zu eröffnen. Kachaber »Kacha« Bendukidse war ein georgisch-russischer Unternehmer und Politiker, der von 2004 bis 2007 maßgeblich die Wirtschaft in Georgien reformierte, das Steuersystem vereinfachte und zahlreiche Regulierungen abbaute. Nach ihm ist jener Kongress benannt, bei dem sich Russen in Georgien treffen.

Zu Beginn meines Vortrages frage ich, wie viele der etwa 250 Teilnehmer Georgier sind und wie viele Russen. Es meldet sich kein einziger Georgier. Nach dem russischen Krieg gegen Georgien 2008, teilweise auch schon davor, ist etwa die Hälfte der Anhänger der Libertären Partei aus Russland geflohen, viele davon nach Georgien. Manche der Kongressteilnehmer sind aus Russland angereist, so etwa der Vorsitzende der Hayek-Stiftung in St. Petersburg, der dort auch regelmäßig meine Artikel veröffentlicht und meine Bücher in russischer Sprache vorstellt.

Ich hatte Kontakt zu dem ehemaligen Vorsitzenden der Libertären Partei, Sergej Boyko, der mir wiederum den Kontakt zu meinem russischen Verleger Alexander Kouryaev vermittelte, welcher inzwischen vier Bücher von mir in Russland herausgebracht hat und weitere verlegen wird. Boyko war die Einreise zu dem Kongress verwehrt worden. Teilnehmer der Veranstaltung berichten mir, dass Georgien prominenten Oppositionellen oft die Einreise verweigere, weil die Regierung Angst habe, dass Russland dann Auslieferungsanträge stellen würde, um diese zu verhaften: Komme die georgische Regierung diesen Anträgen nach, führe das zu Unmut in Georgien, komme man ihnen nicht nach, bedeute das Ärger mit Russland. Daher gehe die Regierung in Georgien den »bequemen« Weg und lasse bekannte Oppositionelle gar nicht erst einreisen.

Ich nutze die Veranstaltung, um am Rande mit vielen Exil-Russen zu sprechen. Artem, ein junger Russe, der wenige Tage vor der Mobilmachung auswanderte, berichtet mir, wie er 13 Kilometer über die Berge zu Fuß ging, um die Grenze zu erreichen. Es gibt viele Russen, die nach Georgien geflohen sind, offiziell waren es im April 2023 112.000, aber in Wahrheit sind es vielleicht doppelt so viele. Sie sind nicht immer willkommen, auch wenn es Oppositionelle sind, die gegen Putin sind. Schließlich sieht man ihnen die Gesinnung nicht an, hört aber auf der Straße, dass sie Russisch sprechen. Man darf nicht vergessen, dass Russland mehrfach Krieg gegen Georgien geführt hat und immer noch 20 Prozent des Landes besetzt hält.

Manche Migranten aus Russland verdienen sehr gut, weil sie für amerikanische Unternehmen arbeiten. Sie sind in Georgien willkommen und haben maßgeblich zu dem Wirtschaftsaufschwung beigetragen. Ich treffe Maxim, einen Software-Entwickler, der seit zehn Jahren für eine amerikanische Firma arbeitet, zuerst in Russland, jetzt in Tiflis. Er verdient etwa 4.000 bis 5.000 Dollar im Monat, was etwa das Zehnfache des Durchschnittsverdienstes eines Georgiers ist. Aber, so berichtet mir Ute Kochlowski-Kadjaia von der Friedrich-Naumann-Stiftung: Es kann auch Neid und böses Blut geben, wenn manche Russen ihren Wohlstand demonstrativ zeigen – und die Mieten gleichzeitig in Tiflis massiv steigen. Die FDP-nahe Stiftung, die früher in Moskau ansässig war, wurde im April 2022, anderthalb Monate nach dem russischen Angriff auf die Ukraine – wie alle Büros deutscher Parteistiftungen – von einem Tag auf den anderen geschlossen. Jetzt unterstützt sie liberale und libertäre Russen von Tiflis aus, so etwa das Kacha Bendukidse Forum.

Ein libertärer Russe, Fima, berichtet mir, dass er zehn Jahre lang Demonstrationen gegen Putin in Russland organisiert hat. Er ist ins Exil gegangen, weil er irgendwann frustriert war: »70 bis 80 Prozent der Russen sind für Putin. Ich habe es nach Hunderten Diskussionen irgendwann aufgegeben, mit ihnen zu diskutieren.« Er hat Russland nicht wegen Putin verlassen, sondern weil er glaubt, dass die Mehrheit seiner Landsleute nicht überzeugt werden kann, und er müde ist nach all den Jahren.

Fima hat noch keinen gut bezahlten Job gefunden. Ob er Frau und Familie hat? Nein, er lebt allein. Er berichtet, viele Beziehungen von Migranten gingen in die Brüche. »Als Migrant lebt man einsam«, sagt er. Er wünscht sich natürlich auch eine Frau oder Freundin, aber fast alle Exilanten aus Russland sind Männer. Und eine Partnerin aus Georgien zu finden sei schwer – wegen der Sprachbarriere, weil die Eltern der Frauen in Georgien dagegen sind und weil man finanziell nichts zu bieten hat. Eine traurige Geschichte. Mir gehen die Worte danach noch oft durch den Kopf: »Als Migrant lebt man einsam.«

Ein anderer Russe, Ivan, meint, viele seiner Landsleute lebten in der Vergangenheit, besonders die älteren. Sie seien frustriert, dass es die große, militärisch mächtige Supermacht Sowjetunion nicht mehr gebe. »Revanche« für die Niederlage im Kalten Krieg sei ihnen wichtiger als die Wirtschaft. Bei den Jüngeren sei das teilweise anders: »Sie sehen ja im Internet, wie die Menschen im Westen leben.« Ivan ist ein Anhänger von Michail Swetow, einem 38-jährigen erfolgreichen Blogger, der 2019 in Moskau eine Konferenz mit dem libertären Anarchisten Hans-Hermann Hoppe durchgeführt hat – 1.500 Zuhörer kamen damals.

Die meisten, mit denen ich spreche, sind Mitglieder der Libertären Partei in Russland. Als ich das erste Mal in einem Zoom-Call mit Sergej Boyko spreche, frage ich ihn, ob er keine Probleme in Russland habe. Das Gespräch findet noch vor dem Krieg statt. »Probleme?«, fragt er zurück. »Na ja, ich habe vor einigen Monaten im Gefängnis gesessen.« Die Oppositionellen berichten mir, dass der russische Staat formell meist nicht mit politischer Begründung gegen sie vorgeht, sondern irgendwelche angeblichen Wirtschaftsvergehen als Vorwand nimmt, wie etwa Veruntreuung oder Steuerhinterziehung.

Auch Dmitry ist Mitglied der Libertären Partei. Er ist sehr frustriert über mangelnden Rückhalt durch die libertäre Weltbewegung. In den USA gibt es sogar sogenannte Libertäre, die sich offen gegen die Ukraine wenden und vielleicht sogar Sympathien für Putin zeigen. »Wie kann man für Freiheit sein und für Putin? Wie kann man für Freiheit sein und nicht für die Ukraine?« Zudem, so klagt er, würden oppositionelle Exil-Russen von anderen NGOs unterstützt, zum Beispiel mit Arbeitsverträgen, aber von der libertären Bewegung komme keine Unterstützung.

Bei meinem Vortrag zeige ich, wie stark antikapitalistisches Denken in Russland verbreitet ist. Unsere Umfrage in Russland wurde genau einen Tag vor Kriegsausbruch beendet, danach wäre sie wohl so nicht mehr möglich gewesen. Das Ergebnis: Russland war das Land, bei dem es in unserer Befragung in 35 Ländern die geringste Zustimmung zur Marktwirtschaft gab – in Polen die höchste. Der Vergleich der Umfragen in beiden Ländern zeigt die großen Unterschiede: In Polen sind die Menschen für wirtschaftliche Freiheit, in Russland für staatliche Regulierung.

Am Beispiel Russlands kann man sehr gut den Zusammenhang von wirtschaftlicher und politischer Freiheit sehen. Der Ausgangspunkt für die Abschaffung aller Freiheiten war in der russischen Geschichte zwei Mal der Angriff auf das Privateigentum: 1917 und 2003. Beim ersten Mal schafften die Bolschewiki nach ihrer Machtergreifung das Privateigentum ab und Zug um Zug auch alle anderen Freiheiten.

Nach dem Zusammenbruch der Sowjetunion wurde das Privateigentum wieder eingeführt. Putin, der Anfang 2000 an die Macht kam, erschien damals vielen als Politiker, der sowohl für Reformen als auch für Ordnung stand. In der Tat begann seine Herrschaft mit einer positiven Entwicklung. Der schwedische Ökonom Anders Åslund, einer der besten Experten für die russische Wirtschaftsentwicklung, schreibt in seinem Buch »Russia's Crony Capitalism. The Path from Market Economy to Kleptocracy«: »Der Zeitraum 2000-2003 stellte die Blütezeit der russischen Marktwirtschaft dar. Es war eine Zeit des makroökonomischen Gleichgewichts und der wettbewerbsfähigen Märkte. Der private Sektor florierte wie nie zuvor oder danach. Die staatlichen Subventionen wurden auf ein Minimum reduziert, und das

Ergebnis war eine hohe Wachstumsrate von durchschnittlich sieben Prozent pro Jahr von 1999 bis 2008. Russland war noch nie so schnell gewachsen.«[206]

Doch diese Phase der freien Marktwirtschaft dauerte nicht lange. Wirtschaftshistoriker sehen Putins hartes Vorgehen gegen Michail Chodorkowski, den damals reichsten Mann Russlands, als Wendepunkt an. Putin beschloss, gegen diesen mächtigen Kritiker vorzugehen, um zu demonstrieren, dass man, egal wie reich und scheinbar einflussreich man ist, alles verlieren kann, wenn man ihn kritisiert. Chodorkowski wurde 2003 verhaftet und saß zehn Jahre im Gefängnis. Sein Unternehmen Yukos wurde enteignet, seine Vermögenswerte wurden in geschlossenen Auktionen zu niedrigen Preisen größtenteils an das staatliche Unternehmen Rosneft übertragen.

Dieses Vorgehen des Staates setzte ein wichtiges Signal: Es begann die zweite Phase der Abschaffung des Privateigentums in der russischen Geschichte.

Anders als in der Oktoberrevolution wurde aber das Privateigentum nicht durch formelle Dekrete abgeschafft, sondern formal blieb es bestehen. In seinem Buch »Property Rights in Post-Soviet Russia« schreibt Jordan Gans-Morse, Professor in Berkeley und einer der besten Kenner der russischen Wirtschaft:

»Nach dem Chodorkowski-Vorfall erhöhten Bürokraten und Vollzugsbeamte aller Ebenen ihren Druck auf Firmen. Zu diesen Drohungen gehörten die Beschlagnahme von Firmenvermögen, die Erleichterung illegaler Firmenübernahmen, Erpressung, unrechtmäßige Geldstrafen und unrechtmäßige Verhaftungen von Geschäftsleuten.«[207] Immer mehr Unternehmen gerieten unter Kontrolle des Staates – besonders Banken und Unternehmen der Energieindustrie. Joshua Kurlantzick vom Council on Foreign Relations (CFR) schrieb schon 2016 in seinem Buch »State Capitalism. How the Return of Statism is Transforming the World«: »In Russland erdrosseln staatliche Unternehmen alle potenziellen Konkurrenten des Privatsektors. Unter Putin beherrschen nur ein oder zwei Staatsunternehmen fast alle bedeutenden Industriezweige, wobei jedes Unternehmen mit Putin-

Loyalisten besetzt ist. Unternehmen, die sich der staatlichen Übernahme widersetzt haben, wurden mit enormen Steuerforderungen konfrontiert, bis sie verkauften. Viele der vielversprechendsten Jungunternehmer Russlands sind aus dem Land geflohen.«[208] Die Begriffe »Staatskapitalismus« oder »Crony Capitalism« sind in diesem Zusammenhang irreführend. Es gibt »Staatskapitalismus« ebenso wenig wie einen eckigen Kreis. Kapitalismus beruht auf Privateigentum, und die Zerstörung des Privateigentums bedeutet die Zerstörung des Kapitalismus.

Was in Russland geschah, erinnert eher an das Wirtschaftssystem des Nationalsozialismus, wo zwar das Privateigentum formal bestehen blieb, aber innerlich immer mehr ausgehöhlt wurde, bis nur noch der formale Rechtstitel übrig blieb. Mises beschrieb das Phänomen ausgesprochen klarsichtig: »Das deutsche Modell des Sozialismus (Zwangswirtschaft) zeichnet sich dadurch aus, dass es, wenn auch nur nominell, einige Einrichtungen des Kapitalismus beibehält. Die Arbeit ist natürlich keine ›marktgängige Ware‹ mehr; der Arbeitsmarkt ist feierlich abgeschafft worden; die Regierung legt die Lohnsätze fest und weist jedem Arbeiter den Ort zu, an dem er arbeiten muss. Das Privateigentum ist nominell unangetastet geblieben. Tatsächlich aber sind die ehemaligen Unternehmer auf den Status von Betriebsführern reduziert worden. Die Regierung schreibt ihnen vor, was und wie sie zu produzieren haben, zu welchen Preisen und von wem sie einkaufen und zu welchen Preisen und an wen sie verkaufen sollen. Die Unternehmen können gegen unbequeme Anordnungen protestieren, aber die endgültige Entscheidung liegt bei den Behörden.«[209]

Mai 2023

Mailand und Rom, Italien

In den vergangenen Jahren war ich mehrmals in Mailand und Rom, eingeladen hatte mich stets der libertäre Thinktank Istituto Bruno Leoni (IBL), benannt nach dem bedeutenden italienischen Rechtsphilosophen. Ich erinnere mich noch gerne an eine Einladung im Mai 2022 im Haus des Präsidenten des Institutes, des 1933 geborenen Franco Debenedetti. Er war früher Unternehmer und Mitglied im Senato della Republica.

Die wichtigste und beeindruckendste Persönlichkeit in der libertären Bewegung Italiens ist Professor Alberto Mingardi. Alberto leitet das angesehene Istituto Bruno Leoni seit seiner Gründung vor 20 Jahren. Über seine politische Entwicklung sagt er:

»Ein alter Freund, ein Wirtschaftsprofessor, pflegte zu scherzen, dass er in Italien nur zwei Arten von Menschen kenne, die nie Marxisten waren: ihn selbst, weil er zu alt war, und mich, weil ich zu jung war. Aber mit nun 42 Jahren bin ich nicht mehr jung.«

Albertos Interesse für Politik entwickelte sich schon sehr früh, das haben wir beide gemeinsam. »Als Junge im Alter von acht oder zehn Jahren las ich die Zeitung ›Il Giornale‹, die meine Eltern jeden Tag kauften (was heute niemand mehr macht, auch meine Eltern nicht). ›Il Giornale‹ wurde von Indro Montanelli herausgegeben und stand rechts von allen anderen verfügbaren Angeboten, obwohl man sie treffender als ›gemäßigt‹ oder ›zentristisch‹ bezeichnen würde.«

Einer der prominentesten Kolumnisten der Zeitung war der Ökonom Sergio Ricossa. Er war (zusammen mit Antonio Martino, der später mit Berlusconi in die Politik gehen sollte) der wichtige klassische Liberale in Italien. Ricossa war auch ein Schulfreund von Albertos Großeltern. »Sie waren von ihrem 5. bis 19. Lebensjahr eng befreundet und haben sich dann aus den Augen verloren. Doch mein Großvater erinnerte sich immer an diesen Freund, der es zu einer gewissen Berühmtheit gebracht hatte. Mein Großvater war nicht gerade wohlhabend, aber er wusste noch, dass Sergio als Kind wirklich arm war. So arm, dass er im Unterricht mitschrieb, weil sich seine Familie keine Schulbücher leisten konnte. Und nicht etwa, um die Zeit totzuschlagen, wie es die meisten Schüler tun. Das hat mich von Anfang an gegen die Vorstellung geimpft, dass der freie Markt nur den Rechten zugutekommt. Im Gegenteil: Ein freierer Markt schafft Chancen für diejenigen, deren Eltern mittellos sind.«

Im Alter von 14 Jahren, als ich die Werke von Marx, Lenin und Mao verschlang, las Alberto Milton Friedman und mit 15 die Bücher von Friedmans Sohn, David Friedman. So wurde er ein Libertärer. »Wir befanden uns damals in den Anfängen des Internets. Dadurch war es mir möglich, die Handvoll italienischer Libertärer kennenzulernen. Einige von ihnen zählen noch immer zu meinen besten Freunden. Mit zweien von ihnen, Carlo Lottieri und Carlo Stagnaro, gründete ich 2003 das Istituto Bruno Leoni. Ich hatte ein Praktikum bei der Heritage Foundation in Washington absolviert und träumte davon, in Italien etwas Ähnliches zu gründen. Wir reichten nie an die Größe der amerikanischen Thinktanks heran, konnten uns aber 20 Jahre lang halten und haben Hunderte von Beiträgen und Büchern veröffentlicht. Einige unserer ehemaligen Mitarbeiter landeten in der Politik, andere wurden zu anerkannten Autoritäten auf ihren jeweiligen Gebieten. Die öffentliche Meinung und die führenden Zeitungen sind heute sicherlich offener gegenüber klassisch-liberalen Ideen als zu unserer Anfangszeit, doch das Land (und Europa) sind heute weit weniger liberal. Ich bin von Haus aus kein Ökonom. Nach der Gründung von IBL habe ich einen Abschluss in politischer Philosophie gemacht und später in Politikwissenschaft promoviert. Jetzt bin ich ordentlicher Professor für Geschichte des politischen Denkens.«

Alberto lud mich mehrfach nach Mailand ein, um die italienischen Ausgaben meiner Bücher »Kapitalismus ist nicht das Problem, sondern die Lösung« und »Die Gesellschaft und ihre Reichen« vorzustellen. Im Mai 2023 bin ich eingeladen, in Mailand und Rom die italienische Ausgabe von »Die 10 Irrtümer der Antikapitalisten« zu präsentieren. Die Italiener haben sich oft besonders interessante Buchcover ausgedacht, so etwa für dieses Buch, dem sie in Italien den Titel »Elogio del Capitalismo« gaben: ein farbenfrohes und fröhliches Cover mit Schokolade und einem Regenbogen. Albertos Institut hat gute Kontakte zu den wichtigsten Medien – meine Bücher wurden stets in der auflagenstärksten italienischen Tageszeitung »Corriere della Sera« positiv besprochen, und über das aktuelle Buch durfte ich eine ganze Seite in diesem angesehenen Medium schreiben.

Einige Worte zur jüngeren Geschichte Italiens: Der Faschismus in Italien hatte linke Wurzeln. Benito Mussolini war, bevor er seine faschistische Partei gründete, Chefredakteur von »Avanti!«, dem Zentralorgan der Partito Socialista Italiano (PSI). Auch viele seiner Anhänger kamen aus dem linken Lager. Die italienische politische Kultur wurde nach dem Zweiten Weltkrieg lange Zeit von Kommunisten geprägt, die den Diskurs beherrschten. Ihre Legitimation bezog die Partito dei Comunisti Italiani (PCI) vor allem aus dem Widerstand gegen den Faschismus. Auch wenn die Christdemokraten (DC) regierten, dominierten die Kommunisten den Diskurs. »Die DC begnügte sich mit der Macht, die kulturelle Führung ging an die Linke«, so bringen es Rudolf Lill und Wolfgang Altgeld auf den Punkt.[210]

Die PCI konnte über viele Jahre etwa ein Drittel der Stimmen auf sich vereinen und war die mit Abstand stärkste Kommunistische Partei in einem westlichen Land. Neben den Kommunisten gab es zahlreiche maoistische oder anarchistische Gruppen, teilweise auch terroristischer Art, wie etwa die Brigate Rosse, die von Anfang der 70er- bis Ende der 80er-Jahre 73 Mordanschläge und zahlreiche Banküberfälle und Entführungen durchführten. Ihr gemeinsames Ziel: die Abschaffung des verhassten Kapitalismus.

1978 ermordeten die linksextremen Terroristen den ehemaligen italienischen Ministerpräsidenten Aldo Moro, nachdem sie ihn entführt und zwei Monate lang gefangen gehalten hatten. Durch seine Ermordung endete auch die Zusammenarbeit zwischen den beiden damals stärksten Parteien Italiens, den nach links abgedrifteten Christdemokraten und den Kommunisten.

Korruption, die weite Teile der politischen Klasse in Italien erfasste, eine zunehmende Macht der Mafia, dauernde Regierungskrisen und das immer größer werdende Gefälle zwischen dem produktiven Norden und dem konsumierenden Süden führten zur Destabilisierung Italiens. Hinzu kamen die ausufernde Staatsverschuldung und in den vergangenen Jahren eine immer stärkere illegale Einwanderung. Heute spielen Linke und Kommunisten in Italien keine große Rolle mehr. 1994 bis 2011 war der Milliardär und Medienunternehmer Silvio Berlusconi mit seinem rechten Bündnis vier Mal Ministerpräsident, und im Oktober 2022 wurde Giorgia Meloni von der rechten Fratelli d'Italia als Regierungschefin vereidigt.

Man merkt die Prägung der älteren Generation durch linkes Denken immer noch in den Umfragen. Besonders deutlich wurde dies bei meiner Umfrage zum Image der Reichen. In den USA sind die jungen Amerikaner viel kritischer gegenüber den Reichen als die Älteren – in Italien ist es genau umgekehrt, wie die von mir beauftragte Ipsos-MORI-Befragung ergab: Junge Italiener stehen den Reichen sehr viel positiver gegenüber als ältere Italiener.

In allen Ländern unterschieden wir anhand der Antworten auf die Fragen zwischen den Gruppen der Sozialneider, die vor allem Neid gegen Reiche hegen, und der Nicht-Neider, für die das nicht zutrifft. Die Unterschiede zwischen den Generationen in Italien sind frappierend: Die Mehrheit der jungen Italiener (52 Prozent) gehört zur Gruppe der Nicht-Neider, nur 16 Prozent der Befragten unter 30 Jahren zählen zur Gruppe der Sozialneider. Und der Anteil des »harten Kerns« der Neider beträgt bei jungen Italienern sogar nur ein Prozent. Bei Befragten über 60 Jahren gehört dagegen nur ein Drittel (34 Prozent) zur Gruppe der Nicht-Neider, während fast die Hälfte (45 Prozent) zur Gruppe der Neider zählt.

Dementsprechend unterscheidet sich auch der Sozialneidkoeffizient (mit dem wir messen, wie ausgeprägt der Sozialneid gegen Reiche ist) für die Jungen und die Alten: Im Durchschnitt der Gesamtbevölkerung Italiens beträgt er 0,62, was geringer ist als in der Gesamtbevölkerung von Deutschland und Frankreich, aber höher als in der Bevölkerung von Großbritannien, den USA oder gar Polen. Für die jungen Italiener liegt er bei 0,31, was ungefähr auf dem Niveau der Länder mit dem geringsten Sozialneid (Polen, Japan, Südkorea) liegt. Für ältere Italiener beträgt der Sozialneidkoeffizient 1,32 und ist damit höher als der im internationalen Vergleich höchste Sozialneidkoeffizient für die Gesamtbevölkerung eines Landes (Frankreich 1,26).

Schaut man sich die Zustimmung zu positiven und negativen Aussagen über Reiche an, so fällt bei jüngeren Italienern generell eine höhere Zustimmung zu positiven Aussagen auf und eine geringere Zustimmung zu negativen Aussagen. Bei Älteren ist es umgekehrt. Von neun positiven Aussagen über Reiche stimmen Jüngere bei sieben häufiger zu als Ältere, und bei zwei Aussagen ist die Zustimmung gleich. Bei keiner einzigen positiven Aussagen stimmen in Italien mehr Ältere als Jüngere zu.

Junge und ältere Italiener sehen auch die Persönlichkeitsmerkmale von Reichen sehr unterschiedlich. Allen Befragten wurde eine Liste mit 14 Persönlichkeitsmerkmalen vorgelegt, manche davon waren positiver und manche negativer Natur. Es wurde gefragt, welche davon am ehesten auf Reiche zuträfen. Von den jungen Italienern bezeichnen 29 Prozent die Reichen als gierig, bei den Älteren sind es 44 Prozent. Neun Prozent der jungen Italiener meinen, Reiche seien kaltherzig, bei den Älteren sind es mehr als doppelt so viele (19 Prozent). 20 Prozent der jungen Italiener sagen, Reiche seien fleißig, während nur elf Prozent der Älteren diese Ansicht teilen. Und 30 Prozent der jungen Italiener meinen, Reiche seien »kühn, wagemutig«, aber nur 17 Prozent der Älteren. Es gibt deutlich weniger Persönlichkeitsmerkmale, bei denen Ältere eine positivere Bewertung abgeben als Jüngere –

so bezeichnen 36 Prozent der Personen unter 30 Jahren Reiche als arrogant, hingegen sagen dies bei den Personen über 60 Jahren nur 32 Prozent.

Bei unserer zweiten großen Befragung, der zum Image des Kapitalismus, bestätigte sich allerdings der Unterschied zwischen jungen und alten Italienern nicht. Insgesamt zeigte diese Befragung eine skeptische Einstellung der Italiener zum Kapitalismus – vergleichbar mit dem Niveau in Deutschland: Die sechs Aussagen zum Kapitalismus, die in Italien die meiste Unterstützung erhielten, waren ausnahmslos negativ. Dem Kapitalismus wird steigende Ungleichheit (43 Prozent) bescheinigt; 42 Prozent sagen, »Kapitalismus ist von Reichen dominiert, sie bestimmen die Politik«; 36 Prozent behaupten, »Kapitalismus führt zu Monopolen, also dass einzelne Unternehmen den ganzen Markt beherrschen«; 35 Prozent meinen, »Kapitalismus befördert Egoismus und Profitgier«; 34 Prozent fürchten, »Kapitalismus verführt Menschen zum Kauf von Produkten, die sie nicht brauchen«; und 29 Prozent machen den Kapitalismus für Umweltzerstörung und Klimawandel verantwortlich. Der Befund ist also ganz klar: In Italien dominiert der Antikapitalismus in der Bevölkerung.

Ja, es gab in den 90er-Jahren, als fast überall auf der Welt kapitalistische Reformen durchgeführt wurden, auch in Italien eine Reformphase, die Alberto so beschreibt: »In Italien gab es eine Phase der fiskalischen Integrität. Nachdem eine ganze Führungsschicht durch die Ermittlungen im Rahmen der Aktion ›Saubere Hand‹ in Mailand aus dem Weg geräumt worden war, war das Land im Jahr 1994 schwach und galt als wirtschaftlich hoffnungsloser Fall … Italien machte seine Hausaufgaben. Im Laufe von sechs Jahren führte die Regierung 14 ›Haushaltskorrekturen‹ und zwei grundlegende Reformen des Sozialversicherungssystems (1992 und 1995) durch. Außerdem stellte Italien ein umfangreiches Privatisierungsprogramm auf die Beine, das von der staatlichen Telefongesellschaft über Autobahnen bis hin zu Banken und Versicherungsgesellschaften reichte.«[211]

Doch das ist lange her. Heute ist Italien eines der wirtschaftlich unfreiesten Länder in Europa. Im Index of Economic Freedom steht es auf Platz 36 von 44 Ländern in Europa und im weltweiten Vergleich auf Rang 69. Sogar Frankreich steht etwas besser da als Italien (in Europa Platz 33, weltweit Platz 57). Die schlechtesten Wertungen erhält Italien in den Kategorien Government Spending, Fiscal Health und Tax Burden.[212] Die Staatsverschuldung beträgt mehr als 140 Prozent, und von allen europäischen Ländern ist sie nur in Griechenland noch höher. Und im Korruptionswahrnehmungsindex von Transparency International steht Italien traditionell auf einem schlechten Platz.[213]

Ich treffe mich mit mehreren Journalisten in Mailand, unter anderem mit Stefano Magni, der mich für die katholische Zeitung »La Nuova Bussola Quotidiana« interviewte. Ich habe es mir zur Angewohnheit gemacht, in Interviews mit Journalisten nicht nur Fragen zu beantworten, sondern auch Fragen zu stellen, um das Land besser zu verstehen. Magni sieht eine Quelle des Antikapitalismus in Italien in einem »Kathocommunism«, also einer Mischung aus Katholizismus und Kommunismus, wie er in den 60er- und 70er-Jahren auch in Lateinamerika populär war. In der extremen Variante sehe man das sogar bei dem Gründer der Brigate Rosse, Renato Curcio, der aus einem katholischen Milieu stammte. Das sei natürlich eine extreme Erscheinungsform, aber die Kombination von Katholizismus und Antikapitalismus spiele in Italien eine große Rolle. Ich fragte ihn auch, wie er die heutigen Parteien in Italien mit Blick auf ihre Stellung zur Marktwirtschaft einschätze. Giorgia Melonis Partei sei überwiegend anti-marktwirtschaftlich eingestellt, was jedoch für sie selbst nicht zutreffe. Sie denke jedenfalls marktwirtschaftlicher als ihre Anhänger und sei stark durch ihre Verbindungen in den USA geprägt.

Bei der Lega Nord von Salvini sei es umgekehrt: Er selbst sei anti-marktwirtschaftlich eingestellt, doch in seiner Partei gebe es durchaus Kräfte, die der Marktwirtschaft positiv gegenüberstehen. Auch die von Berlusconi gegründete Forza Italia und die Neugründung Azione seien gemäßigt marktwirtschaftlich. Aber eine wirklich liberale, marktwirtschaftliche Partei gebe es seit 2018 nicht in Italien. Die antikapitalistischste Partei sei die Fünf-Sterne-Bewegung mit ihrem Führer Guiseppe Conte, der von 2018 bis 2021 Premierminister war.

In Rom führt mich mein Weg zuerst ins Parlament. Das Parlamentsgebäude ist von außen und auch von innen sehr schön, aber da ich kurz davor in Rumänien war, kann es mich nicht sonderlich beeindrucken. Ich treffe Giulia Postorella, die mich zum Mittagessen einlädt. Sie sitzt für die Partei Azione im Parlament. Man findet selten Italiener, die so perfekt Englisch sprechen, aber kein Wunder, sie hat in Oxford studiert und wurde 2017 vom »Forbes«-Magazin als eine der 30 einflussreichsten Personen unter 30 Jahren in Europa im Bereich Recht und Politik genannt.

Bei den Parlamentswahlen 2022 kandidierte sie für die Liste Azione-Italia Viva im Wahlkreis Lombardei der Abgeordnetenkammer (informell als Milano Centro bekannt) und erzielte 23 Prozent, während das Parteienbündnis bei landesweiten Wahlen bei knapp acht Prozent landete. Interessant fand ich: Ihre Partei setzt sich klar für Kernkraft ein und sammelt damit vor allem bei jungen Italienern Punkte.

Warum sind die Kräfte, die für Marktwirtschaft eintreten, in Italien so schwach? Ich spreche darüber in Rom auch mit dem Journalisten Giorgio Rutelli von dem Magazin »Formiche«. Der 40-Jährige ist der Sohn des ehemaligen Bürgermeisters von Rom und kennt die Geschichte der liberalen Bewegung in Italien aus eigenem Erleben.

In den 90er-Jahren habe Silvio Berlusconi (er starb, einen Monat nachdem ich in Italien war) die Anhänger der Marktwirtschaft vereint, darunter einige exzellente Ökonomen wie etwa Antonio Martino, der bei Milton Friedman studiert hat. Später habe sich Berlusconi aber mehr und mehr in eine populistische Richtung entwickelt. Jedenfalls wurden in der Regierungszeit Berlusconis keinerlei marktwirtschaftliche Reformen durchgeführt.

Es gab 2012 einen weiteren Versuch, eine libertäre Bewegung zu initiieren. Oscar Giannino gründete FARE Fare per fermare il declino (Handelt, um den Niedergang zu stoppen) und kündigte an, dass er bei den italienischen Wahlen 2013 mit seiner Bewegung für das Amt des Ministerpräsidenten kandidieren werde. Es sei ein vielversprechender Aufbruch gewesen, und er habe einige exzellente Ökonomen um sich sammeln können. Alles brach aber in sich zusammen, nachdem aufgedeckt worden war, dass Giannino seinen Lebenslauf gefälscht und zum Beispiel seinen Jura-Abschluss erfunden hatte.

Ein weiterer Hoffnungsträger war Matteo Renzi, von 2013 bis 2018 Vorsitzender der Partito Democratico und von Februar 2014 bis Dezember 2016 Präsident des Ministerrats der Italienischen Republik. Während seiner Amtszeit setzte Renzi eine Arbeitsmarktreform durch, die eine Lockerung des Kündigungsschutzes und Steuererleichterungen für Unternehmen vorsah, wenn diese neue Festanstellungen schaffen. Eine von ihm angestrebte Verfassungsreform scheiterte aber im Referendum am 4. Dezember 2016 mit 41 Prozent Ja- gegenüber 59 Prozent Nein-Stimmen, woraufhin er zurücktrat. 2019 gründete er seine eigene Partei, Italia Viva. Es gab also durchaus Ansätze, Italiens System zu reformieren und auch in Italien mehr Marktwirtschaft durchzusetzen, aber bislang blieben sie alle ohne nachhaltigen Erfolg.

Und die wirtschaftliche Bilanz nach dem ersten Jahr der Regierung von Meloni? »Anders als bei der letzten Koalition, an der die rechtspopulistische Lega beteiligt gewesen war, hat Meloni als Regierungschefin die Umsetzung teurer Wahlversprechen wie etwa die Herabsetzung des Rentenalters größtenteils unterbunden«, konstatiert »Die Welt«. Positiv: Das Bürgergeld, in Italien »Reddito di Cittadinaza« genannt, das 2022 acht Milliarden Euro gekostet hatte, wurde größtenteils gestrichen. Zweitens hat sie den Sanierungsanreiz »Superbonus 110 %« stark begrenzt, der die Abschreibung zu 110 Prozent für Maßnahmen im Bereich Energieeffizienz ermöglichte. Aber dieser Bonus erwies sich in Zeiten von Ukraine-Krieg und Inflation als Fass ohne Boden und hat den Staat allein bis zum Oktober 2023 fast 80 Milliarden Euro gekostet.[214]

»Das erste Jahr der Meloni-Regierung war für italienische Standards finanzpolitisch ein ruhiges Jahr, das besser als erwartet lief«, urteilt Lorenzo Castellani, Politologe an der LUISS Universität in Rom. Grund dafür sei das starke Wachstum nach der Covid-Pandemie gewesen. »Doch nun stehen mit den hohen Zinsen, dem geringeren Wachstum und den hohen Staatsschulden deutlich größere Probleme an.«[215]

Nach den Vorträgen und Gesprächen in Mailand und Rom gönne ich mir mit Jenna einige Tage in Capri – einem Ort, den ich sehr mag. Ich schätze vor allem die kleinen, exklusiven Hotels, in denen man persönlich begrüßt wird und wo Service groß geschrieben wird, diesmal war ich im JK Capri.

Mai 2023

Seoul und Gangwon, Korea

Korea – jedenfalls die Hauptstadt Seoul – wirkt europäischer, als zumindest ich es vor meinem ersten Besuch dort, im Jahr 2019, erwartet hatte. Hochmoderne, riesige Shoppingcenter, die zum Teil moderner wirken als in Deutschland. Mein Hotel, das Fairmont Ambassador, liegt neben dem größten Shoppingcenter, und kaum, dass ich es betreten habe, kommt mir ein Roboter entgegengefahren, mit dem junge Menschen kommunizieren. Er fährt die ganze Zeit in dem Center hin und her, vielleicht ersetzt er auch teilweise Bewachungspersonal.

Was mir gefallen hat: Koreaner putzen sich viel häufiger die Zähne als Deutsche. Ich tue dies sowieso stets nach dem Essen, auch wenn ich nicht daheim bin, und manchmal schauen mich Leute in Deutschland in einer öffentlichen Toilette etwas befremdet an, wenn sie mich dabei beobachten. Wenn man in Korea in einem Büro ist und auf Toilette geht, findet man an den Waschbecken häufig Zahnbürsten und Zahnseide der Mitarbeiter, und immer wieder trifft man jemanden, der sich gerade die Zähne putzt.

Wenn ich im Ausland bin, gehe ich gerne auch mal in typische, günstige Restaurants, nicht nur in die Hotel-Gastronomien. Da ich nicht mit Stäbchen essen kann, frage ich nach Messer und Gabel. Als ich das erste Mal eine riesige Schere statt eines Messers bekam, dachte ich, das sei ein sprachliches Missverständnis. Beim zweiten Mal verstehe ich, dass es in manchen Restaurants tatsächlich keine Messer gibt, und wenn man etwas zerkleinern will, macht man es mit der riesigen Schere.

Was auch auffällt in Korea: Der Anteil der schönen Frauen ist deutlich höher als etwa in Deutschland oder gar den USA oder Großbritannien. Koreanerinnen sind sehr auf ihr Aussehen bedacht, und schon in den 80er-Jahren wurden Schönheits-OPs dort zum Massenphänomen. Allein in Seoul soll es mehr als 500 Kliniken dafür geben. Ich vermute aber, auch ohne diese vielen Operationen gäbe es in Korea besonders viele schöne Frauen.

Im Mai 2023 führt mich mein Weg das zweite Mal nach Seoul; das erste Mal war ich im Mai 2019 auf Einladung einer meiner Verlage in Korea. Diesmal lädt mich mein Verlag ein, in dem die koreanische Ausgabe von »Die 10 Irrtümer der Antikapitalisten« erschien. Der Verleger spricht jedoch kein Englisch, und ich bin dankbar, dass mich Professor Sooyoun Hwang, der mein Buch übersetzt hat, die ganze Zeit begleitet. Sooyoun hat sich sehr verdient gemacht in der Verbreitung marktwirtschaftlicher Ideen in Korea und bis heute insgesamt 56 Bücher übersetzt, u.a. von Gordon Tullock, Randall Holcombe und Eamonn Butler.

Sooyoun ist 72 Jahre alt und unterrichtete früher an der Kyungsung-Universität in Busan Public Choice und Austrian Economics. Er wurde besonders von dem Public-Choice-Theoretiker Gordon Tullock beeinflusst, den er als Exchange Scholar kennenlernte. »Gordon stand unter dem Einfluss von Ludwig von Mises' *Human Action*, und so begann ich, Mises und die Austrian School of Economics zu lesen.« Später war er Präsident der Korea Hayek Society und erhielt als erster den Market Economy Education Award des Thinktanks Center for Free Enterprise (CFE). Dieser Thinktank wurde 1997 von Choi Jong-hyun, dem damaligen Präsidenten des koreanischen Industrieverbands, gegründet. Seitdem ist das CFE eine führende Institution bei der Verbreitung der Ideen der freien Marktwirtschaft in der südkoreanischen Öffentlichkeit. Die CFE hat Dutzende von Universitäten dabei unterstützt, alljährliche Vorlesungen zur Marktwirtschaft zu veranstalten. Im Rahmen dieses Programms konnte jede Universität etwa zehn externe Dozenten aus dem von der KSE bereitgestellten Fonds einladen, die über Unternehmertum, wirtschaftliche Regulierung usw. sprachen. Dabei musste mindestens ein praktizierender Unternehmer unter den Dozenten sein. Das CFE versorgt auch das Fraser Institute mit koreanischen Daten und hilft ihm bei der Erstellung des Economic Freedom of the World Index. Besonders gefreut habe ich mich, dass es das CFE mir als erstem ausländischen Wissenschaftler ermöglicht, in einer eigenen Rubrik regelmäßig meine Beiträge auf der Webseite zu veröffentlichen – Sooyoun übersetzt diese Artikel.

Südkorea ist ein besonders eindrucksvolles Beispiel dafür, was der Kapitalismus leisten kann. In den 60er-Jahren waren die beiden 1948 getrennten Koreas noch sehr arme Länder. So arm, wie es heute die ärmsten afrikanischen Länder sind.

Nordkorea ging den Weg der staatlichen Planwirtschaft, Südkorea entschied sich für den kapitalistischen Weg. In Nordkorea hungern die Menschen noch heute bei Missernten. In einem Lagebericht des UN-Kinderhilfswerks Unicef von Ende 2020 heißt es, dass für mehr als zehn Millionen Menschen in Nordkorea keine Nahrungssicherheit bestehe. Allein 2,67 Millionen Kinder benötigten humanitäre Hilfe. Kurz vor meiner Reise nach Südkorea gibt es erneut Berichte über eine Hungersnot in Nordkorea.

Dabei war die Ausgangslage für Südkorea nach dem Zweiten Weltkrieg sogar schwieriger als im Norden: Das Land bekam zunächst keinerlei Hilfe von den USA, während Nordkorea von der Sowjetunion und China massiv unterstützt wurde. Südkorea war ein reines Agrarland ohne nennenswerte Bodenschätze, während fast alle Bodenschätze der Halbinsel wie Eisenerz, Gold, Kupfer, Blei, Zink, Grafit, Molybdän, Kalkstein und Marmor in Nordkorea konzentriert sind.[216] Die Bevölkerung Südkoreas wuchs sehr rasch, weil viele Menschen aus dem kommunistischen Norden flüchteten. Allein in den Jahren 1945 bis 1947 nahm die Einwohnerzahl von 16 auf 21 Millionen Menschen zu. Viele Bewohner des Südens fristeten ein Leben am oder unterm Existenzminimum.[217]

Die japanische Regierung vertrat im Juli 1961 die Meinung, es werde für Südkorea aus sieben Gründen unmöglich sein, eine unabhängige Wirtschaft zu entwickeln: Überbevölkerung, Mangel an Ressourcen, unterentwickelte Industrie, schwere militärische Lasten, schwache politische Geschicklichkeit, Mangel an Kapital, Fehlen an administrativer Fähigkeit.[218] In den 50er-Jahren, nach dem Koreakrieg, gab es in der Tat kaum ökonomische Fortschritte in Südkorea. Das Pro-Kopf-Einkommen war 1960 mit 79 Dollar immer noch eines der niedrigsten weltweit.

Das änderte sich erst, als 1961 Park Chung-hee an die Macht kam. Park, der bis zu seiner Ermordung durch den eigenen Geheimdienstchef 1979 Südkorea autokratisch beherrschte, wurde zum Vater des koreanischen Wirtschaftswunders. Zunächst neigte Park einer zentralen Staatswirtschaft zu. Es wird berichtet, dass Lee Byungchull, der Begründer der Samsung-Gruppe (die heute weltweit unter anderem durch ihre Mobiltelefone bekannt ist), Park davon überzeugte, »dass nur eine relativ liberale Marktwirtschaft die notwendigen unternehmerischen Initiativen und die erforderliche Kreativität freisetzen würde, um internationale Wettbewerbsfähigkeit und die Versorgung der Bevölkerung mit modernen Gütern zu erreichen«.[219]

Südkorea ist heute eine der führenden Exportnationen (Platz 6 nach Japan), und Marken wie LG oder Samsung genießen weltweit hohes Ansehen. Laut dem Index der wirtschaftlichen Freiheit 2023 rangiert Südkorea auf Platz 15 der Liste der wirtschaftlich freiesten Länder der Welt, weit vor Großbritannien (Platz 28) und den Vereinigten Staaten (Platz 25). Zum Vergleich: Nordkorea rangiert auf Platz 176, das ist der letzte Platz in dem Ranking. Besonders gute Punktzahlen erhält Südkorea in den Bereichen Fiscal Health, Property Rights und Business Freedom, Reformbedarf besteht insbesondere im Bereich Labour Freedom, weil es zu viele Regulierungen des Arbeitsmarktes gibt.

Das Image des Kapitalismus in Südkorea ist sehr positiv. Bei unserer Befragung in 35 Ländern war das Image des Kapitalismus nur in Polen und den USA noch besser als in Südkorea (der Pro/Antikapitalismus-Koeffizient beträgt 1,23).

In allen Altersgruppen überwiegen positive Einstellungen zum Kapitalismus, aber bei den Befragten über 45 oder gar über 60 Jahren war die Zustimmung zum Kapitalismus noch größer als bei den Jüngeren. Sogar unter Personen, die sich als politisch linksstehend bezeichneten, gab es keine stark antikapitalistische Prägung – bei denen, die rechts stehen, gab es eine sehr starke Zustimmung zum Kapitalismus.

Auch der Sozialneid ist in Korea deutlich geringer als in anderen Ländern. Mit 0,33 war der Sozialneidkoeffizient SEC bei unserer Befragung, die wir in 13 Ländern durchführten, ausgesprochen niedrig – nur in Polen und Japan war er noch geringer.

In Korea – und nicht nur dort – ist mir aufgefallen, dass meine Gesprächspartner in Ländern, in denen der Kapitalismus ein vergleichsweise gutes Image hat und der Sozialneid eher niedrig ist, die Ergebnisse nicht so ganz glauben wollten. Viele meiner Gesprächspartner halten die Mitbürger in ihrem eigenen Land für die neidischsten und antikapitalistischsten. In Ländern wie der Türkei, wo es die meisten Antikapitalisten gibt, glauben das meine Gesprächspartner sofort, und niemand zweifelt das Ergebnis der Befragung an. In Ländern wie Polen dagegen, wo es die wenigsten Antikapitalisten gibt, bleiben meine Gesprächspartner skeptisch und sind von den Ergebnissen nicht so recht überzeugt.

Die Befragungen wurden jedoch in fast allen Ländern von dem gleichen Institut (Ipsos MORI) nach den gleichen Methoden und mit dem gleichen Fragebogen durchgeführt. Ich glaube, der Grund, warum meine Gesprächspartner in Ländern wie Korea oder Polen zweifeln, ist der, dass es sich meist um ganz besonders enthusiastische Kapitalismus-Anhänger handelt, die ihre eigenen Meinungen mit denen ihrer Mitmenschen vergleichen. Zudem verwechseln sie oft die öffentliche Meinung (die durch Umfragen gemessen wird) mit der veröffentlichten Meinung (also dem Tenor der Medien).

Als ich 2019 nach Korea reise, wird es von einer eher linken Regierung unter Präsident Moon Jae-in regiert. Seit 2022 ist hingegen Yoon Suk-yeol an der Macht, ein Politiker, der sich häufig auf Milton Friedman und Ludwig von Mises beruft.[220] Meine Gesprächspartner in Korea sind jedoch enttäuscht, dass Yoon wenig in der Wirtschaft verändert habe. Der marktwirtschaftlichen Rhetorik seien keine Taten gefolgt, obwohl eine Liberalisierung des Arbeitsmarktes dringend notwendig sei. Die strikten Kündigungsschutzregeln beispielsweise verhinderten Neueinstellungen. Aber Yoon hat nicht die Mehrheit im Parlament, und das schränkt seinen Handlungsspielraum ein. In Korea gibt es praktisch ein Zwei-Parteien-System, ähnlich wie in den USA, im Wesentlichen mit einer Yoon unterstützenden konservativen Partei und der linken Demokratischen Partei. Die Parteien verschmelzen gelegentlich mit anderen Listen ihres jeweiligen Spektrums oder benennen sich um. Was hingegen fehlt, ist eine liberale Partei.

Auch die libertäre Bewegung in Korea ist leider noch schwach. Offenbar hatte die linke Moon-Regierung Druck auf die großen Unternehmen (Chaebols) ausgeübt, einige libertäre Thinktanks nicht mehr finanziell zu unterstützen, was diese in Schwierigkeiten brachte. Es gibt jedoch manche Medien und Wissenschaftler, die sehr aktiv darin sind, den Kapitalismus in Südkorea zu promoten. Ich treffe in Seoul Professor Byungtae Lee vom KAIST Business College sowie Professor John Junggun Oh, der die »Citizens Action for True Media« (CATM) gegründet hat. Beide sind leidenschaftliche Verfechter des Kapitalismus in Korea und halfen mir auch, mein Buch »In Defense of Capitalism« zu promoten.

Die Organisation Citizens Action for True Media hat es sich zur Aufgabe gemacht, Fake News und ideologisch verzerrte Berichte in den Medien – insbesondere zum Thema Kapitalismus – aufzudecken und zu korrigieren. Bemerkenswert sind vor allem die Youtuber in Korea, was ich schon bei meinem ersten Aufenthalt im Mai 2019 gemerkt hatte. Damals war ich Gast bei Pen and Mike, einem YouTube-Kanal, der wie eine professionelle TV-Show ausgestattet ist und 800.000 Abonnenten in Südkorea hat. Byungtae Lee führte diesmal ein Interview mit mir für diesen Kanal, das 90 Minuten dauerte.

Die Tage auf diesen Reisen sind manchmal anstrengend. An einem der Tage in Korea bin ich 18 Stunden aktiv: morgens früh ein Vortrag an der renommierten Korea University und dann zwei Stunden Fahrt in die Provinz Gangwon, wo ich einen Vortrag vor Wissenschaftlern des Gangwon Institute halte. Danach noch ein weiterer Vortrag an der National Gangwon University vor Studenten.

Die Themen der Vorträge sind die Irrtümer der Antikapitalisten und außerdem die »7 Laws of Financial Success«. Der zweite Vortrag, den ich auch in China und Vietnam schon häufiger gehalten habe, macht mir besonders Spaß: jungen Menschen zu sagen, wie wichtig es ist, sich große, ambitionierte Ziele zu setzen (und diese auch aufzuschreiben). Leider ist es mit dem Englischen manchmal problematisch: An der Top-Universität Korea University war das Englisch der Studenten gut, aber an anderen Universitäten musste ein Übersetzer übersetzen.

Zum Glück habe ich die Gabe, jederzeit und überall schlafen zu können – und wenn das nicht geht, mache ich Autogenes Training, beispielsweise auf der Autofahrt, oder ich bitte darum, mir einen ruhigen Raum dafür zur Verfügung zu stellen, den ich zwischen den Vorträgen aufsuche. Anstrengend ist, dass ich zwischendurch und dann am Abend bzw. in der Nacht oder am frühen Morgen Dutzende E-Mails beantworte oder schriftliche Interviews oder auch Telefoninterviews gebe, z.B. in den USA und Deutschland. Man hat dann mit drei verschiedenen Zeitzonen zu tun: New York liegt, abhängig von Sommer- oder Winterzeit, um 13 oder 14 Stunden zurück, d.h. für meine Reisezeit, wenn ein Interview dort für abends 19 Uhr anberaumt ist, dann ist es in Korea bereits 8 Uhr des nächsten Morgens.

Als ich an der buddhistischen Dongguk University in Seoul spreche, fällt mir auf, dass die Stühle fest mit den Tischen verbunden sind. Ich empfinde das als sehr einschränkend, weil ich mich gerne auf und mit dem Stuhl bewege und manchmal schaukele. Ich fühle mich regelrecht eingezwängt und frage mich, wie man frei denken kann, wenn man nicht einmal frei mit dem Stuhl wippen kann. Bei vielen Vorträgen wird mein Film »Life behind the Berlin Wall« gezeigt, der gerade für Koreaner, die ja auch in einem geteilten Land leben, interessant ist. Zu dem Film gibt es inzwischen Untertitel in 16 Sprachen, und ich habe dafür gesorgt, dass vor meiner Korea-Reise auch koreanische Untertitel erstellt werden. Professor John Junggun Oh meint aber zu mir, dass es einen großen Unterschied zu Deutschland gebe: Insbesondere viele junge Koreaner stünden der Idee einer Wiedervereinigung skeptisch gegenüber, da sie eine große wirtschaftliche Belastung ihres Landes befürchteten.

Am nächsten Tag treffe ich Taekyu Lee vom Korea Economic Research Institute, ein marktwirtschaftlich ausgerichtetes Forschungsinstitut, das Politikberatung betreibt. Er erklärt mir, dass viel in Korea davon abhänge, wie man zu den USA steht. Wie in Deutschland gibt es Pro- und Antiamerikaner. Und wie in Deutschland gilt auch für die Antiamerikaner in Korea: »Der Feind meines Feindes ist mein Freund.« So erklärt er, dass es in Südkorea sogar Menschen gibt, die Kim Jong-un und Nordkorea gut finden. Eigentlich kaum zu glauben. Aber es ist der gleiche Reflex, der Antiamerikaner in Deutschland zu Putin-Freunden macht. Natürlich ist das eine kleine Minderheit in Südkorea, aber beispielsweise in den mächtigen Gewerkschaften seien sie keineswegs ohne Einfluss. Da ich, wie schon erwähnt, in den zahlreichen Interviews mit Journalisten nicht nur deren Fragen beantworte, sondern auch meinerseits Fragen stelle, möchte ich am letzten Tag meiner Korea-Reise vom Chefredakteur von »Asia Today« wissen, ob es wirklich Menschen gibt, für die Nordkorea das Vorbild sei. Er bejaht. Zwar sei das natürlich eine Minderheit, aber besonders stark sei sie in der koreanischen Lehrergewerkschaft.

Mai/Juni 2023

Ulaanbaatar, Mongolei

Auf die Mongolei bin ich besonders neugierig. Ich weiß über das Land nicht viel, obwohl ich eine Zeitlang eine Freundin aus der Mongolei hatte. Das Land, gelegen zwischen Russland und China, ist fast fünf Mal so groß wie Deutschland. Aber mit 3,3 Millionen Einwohnern leben dort weniger Menschen als in Berlin. Man sollte denken, dort gibt es genug Platz für jeden, doch auf der Fahrt vom Flughafen Dschingis Khan zu meinem Hotel stehe ich in einem Stau, wie ich ihn selbst in Manhattan noch nicht erlebt habe. Fast die Hälfte der Einwohner der Mongolei lebt in der Hauptstadt Ulaanbaatar. Da es keine U-Bahn oder Straßenbahn gibt, drängt sich der gesamte Verkehr in den Straßen. Laut einer Studie ist es auf der ganzen Welt nur in Mumbai noch schlimmer.[221]

Alle, die ich treffe, klagen über die endlosen Staus, die immer schlimmer werden und viel Zeit und Nerven kosten. Einige meiner Gesprächspartner meinen, der Grund sei, dass es extrem billige Autos aus Japan gebe, auch die Benzinpreise seien sehr günstig, und daher könne sich jeder ein Auto leisten. Man müsse das Autofahren teurer machen, so wie etwa in Singapur. Überzeugt hat mich das nicht.

Am zweiten Tag meines Besuches bin ich eingeladen auf der Buchmesse, wo drei meiner Bücher in mongolischer Sprache vorgestellt werden. Es ist eine sehr große Messe, aber sie findet draußen statt, im Zentrum der Stadt in unzähligen Zelten, in denen die Verlage ihre Bücher ausstellen. Mein Verlag Nepko ist der größte in der Mongolei. Ich denke, Mongolen müssen wirkliche Buchliebhaber sein: Man stelle sich vor, ein deutscher Verlag könnte seine Bücher ausschließlich in Berlin verkaufen! Wie viele Verlage würden dann überleben?

Mein Verleger Boldbaatar Batamgalan ergänzt: »Eigentlich ist die Zielgruppe noch kleiner, denn die Hälfte der Bevölkerung lebt weit entfernt, manche 2.000 Kilometer, in ländlichen Gebieten. Wir verkaufen über 90 Prozent der Bücher in der Hauptstadt.«

Hier, auf der Buchmesse in Ulaanbaatar, gibt es Stände von 200 Verlagen, Druckereien, Buchhandlungen usw. Einige Hundert Autoren sind anwesend, und Boldbaatar schätzt die Zahl der Besucher auf 100.000 bis 200.000.

95 Prozent der Besucher kaufen nach Angaben der Messe ein Buch. Das Motto der Buchmesse: »Let's read more!« Obwohl mein Verleger gerade erst drei Bücher von mir herausgebracht hat (»Setze dir größere Ziele«, »Kapitalismus ist nicht das Problem, sondern die Lösung«, »Die 10 Irrtümer der Antikapitalisten«), hat er inzwischen noch Lizenzen für zwei weitere Bücher erworben.

An einem der Stände sind die Bücher von Friedrich August von Hayek, Ludwig von Mises, Ayn Rand und Milton Friedman zu finden – in Übersetzungen ins Mongolische. Ein Schwerpunkt der Messe sind diesmal aber Kinderbücher. Der Chef eines Verlages zeigt mir sein erfolgreichstes Kinderbuch: Es erklärt den Kindern mit Bildern und kurzen Texten, wie die Verdauung und der Stuhlgang funktionieren. Auf dem Cover sieht man eine Zeichnung eines Kindes, wie es sein Geschäft verrichtet. Es gibt ein anderes, ebenfalls sehr erfolgreiches Kinderbuch, das den Kindern erklärt, es sei keine Schande zu furzen und ungesund, einen Furz zu unterdrücken.

Die dreitägige Messe findet vor dem Parlamentsgebäude statt, das wie ein Palast aussieht. Vor dem Gebäude befinden sich drei riesige Denkmäler von Dschingis Khan – eine Statue zeigt ihn im Sitzen, die anderen beiden auf dem Pferd. Dschingis Khan ist allgegenwärtig in der Mongolei. Etwa 50 Kilometer entfernt von der Hauptstadt wurde 2008 das größte Reiterstandbild der Welt zu Ehren von Dschingis Khan errichtet, auf einem Platz, an dem er der Legende zufolge eine goldene Gerte gefunden haben soll.

Am vierten Tag meines Aufenthalts besuche ich diese Gedenkstätte, die auch ein Museum enthält. Wir machen dort für eine Tageszeitung Fotos mit meinen Büchern und dem Reiterstandbild im Hintergrund. Am Eingang des Museums hängt ein Zertifikat: »Das höchste Reiterstandbild der Welt, der Dschingis Khan Statue Komplex, wurde im Jahr 2016 in das Guinness-Buch der Rekorde aufgenommen. Es ist 40 Meter hoch und wurde 2006 fertiggestellt.«

Für die 50 Kilometer Rückfahrt brauchen wir fast drei Stunden wegen des Verkehrs. Ich kann mir nicht vorstellen, dass es für die Mongolei einfach sein wird, internationale Investoren anzuziehen, wenn diese Tag für Tag genervt sind, weil sie im Stau stehen müssen. Anders als beispielsweise in Hanoi oder anderen asiatischen Städten gibt es kaum Motorräder, Mofas und Fahrräder und nur wenige uralte Busse. Das liegt daran, dass es im Winter eiskalt ist, die Temperatur kann dann bis zu minus 40 Grad sinken. Im Winter kommt, so berichtete man mir, noch ein schlimmer Smog dazu, weil alle Haushalte mit Kohleöfen heizen. Straßenbahnen gibt es in der Stadt auch keine. Man ist mit dem Auto unterwegs oder zu Fuß. Ein Geschäftsreisender, den ich am Flughafen traf, meinte, sein Kollege sei ca. 1,5 Kilometer vor dem Ziel aus dem Auto ausgestiegen und zu Fuß zum Treffpunkt gegangen, wo er dann 45 Minuten auf die Autofahrer warten musste.

Doch zurück zu Dschingis Khan, nach dem nicht nur der Flughafen benannt ist, sondern auch Hotels und viele andere Orte. Ein großes Museum, das erst vor Kurzem eröffnet wurde, heißt Dschingis Khan Museum. Ich besuche das Museum und denke vorher, es sei dem mongolischen Herrscher gewidmet. Der spielt natürlich eine große Rolle, doch es ist ein allgemeines Museum zur Geschichte des Landes, das nach Dschingis Khan benannt ist.

Der Begründer der Mongolei, der eigentlich Temüjin hieß, machte sich zwischen 1184 und 1204 in nur 20 Jahren die auf dem mongolischen Plateau siedelnden mongolischen und türkischen Völker untertan. Danach eroberte er die Territorien weiterer Nachbarvölker. 1206 gehörten seinen Truppen 95.000 Mann an.

1227, im Jahr seines Todes, umfassten seine Eroberungen eine riesige Landfläche, die von China bis nach Europa reichte. Die Truppenstärke wird für dieses Jahr auf 123.000 Mann beziffert. Psychologische Kriegsführung spielte für Dschingis Khan eine große Rolle. Berichte über seine besondere Grausamkeit und Massaker an Bewohnern von Städten, die sich ihm widersetzten, dienten dazu, die Bevölkerung in den nächsten Städten, die er erobern wollte, dazu zu bewegen, sich kampflos zu ergeben, so dass eine Belagerung nicht notwendig würde.[222]

700 Jahre später: Im November 1924 wird die Mongolische Volksrepublik gegründet. Nach der zwei Jahre zuvor ausgerufenen Sowjetunion war die Mongolei der zweite Staat, der den Marxismus-Leninismus zur Staatsideologie erhob. Die Hauptstadt benannten die Kommunisten um in »Roter Held« (Ulaanbaatar). Wie auch in der Sowjetunion beseitigten die Kommunisten das Privateigentum. Die Zwangskollektivierung hatte ähnlich katastrophale Folgen wie in anderen Ländern. Der Viehbestand sank rapide von 24 Millionen Nutztieren 1930 auf nur noch 16,2 Millionen im Jahr 1932. Gegen die Kollektivierung gab es Volksaufstände, die oft von Mönchen angeführt, aber blutig niedergeschlagen wurden.[223]

Auch sonst orientierten sich die Kommunisten an ihrem Vorbild Stalin, der Marschall Choibalsan als Statthalter einsetzte. »1937 gründete er nach sowjetischem Vorbild eine Kommission, die im Schnellverfahren ›Konterrevolutionäre‹ aburteilte. In den Jahren der ›Großen Säuberung‹ zwischen 1937 und 1939 ... fielen Zehntausende dem Staatsterror zum Opfer. In diesen Jahren säuberte Choibalsan auch die eigene Partei von sogenannten ›Klassenfeinden‹ und Konterrevolutionären. Fast die gesamte neue mongolische Elite wurde vernichtet.«[224] Von den mehr als 700 Klöstern und Tempeln wurden fast alle zerstört und über 20.000 Mönche ermordet.[225]

Die Kommunisten herrschten bis 1990. Ende Dezember 1989 kam es zu den ersten Demonstrationen. Im Juli 1990 fanden dann demokratische Wahlen statt. Ich sprach mit Canbold Davaadorj, der damals einer der wichtigsten Anführer der antikommunistischen Oppositionsbewegung war, aus der auch die Mongolische Demokratische Partei hervorging. Von 1990 bis 1992 war er stellvertretender Premierminister und für die Wirtschaftsreformen verantwortlich. »Im Mittelpunkt standen damals die Privatisierungen«, meinte er. »Es gab aber in unserer Sprache nicht einmal ein Wort dafür, wir mussten eines erfinden.« Heute sieht er die Situation skeptisch: »Während nach den Privatisierungen vielleicht 30 Prozent der Unternehmen in staatlicher Hand waren und 70 Prozent privat, ist es heute wieder umgekehrt. Der Staat hat viele neue Staatsunternehmen gegründet. Und unser heutiger Präsident und ehemaliger Premierminister Ukhnaagiin Khürelsükh erklärte vor Jahren ganz offen, dass er gegen die Marktwirtschaft ist.«

In der Mongolei gibt es heute faktisch ein Zwei-Parteien-System. Die meiste Zeit regierte die ehemalige kommunistische Partei MRPP, die sich 2011 in MPP (Mongolian People's Party) umbenannte. Sie vertritt sozialdemokratische bzw. sozialistische Positionen. Die Oppositionspartei ist die Demokratische Partei DP, die von 1996 bis 2000 regierte und dann noch mal (in einer Koalition mit kleineren Parteien) von 2012 bis 2016. Eine liberale Partei gibt es nicht, aber auch in der Mongolei gibt es libertäre Gruppen.

Ich traf Amartuvshin Dorj, der 2017 das Mises-Institut gründete und dort mehrere Bücher von Mises und Murray Rothbard verlegte. Dorj hat 114.000 Follower auf Facebook und einen erfolgreichen YouTube-Kanal. Was in der Mongolei geändert werden sollte? »Wir haben zu viele große Staatsfirmen, besonders im Bergbau, wo die größten Kohle- und Kupferunternehmen nach wie vor in Staatshand sind. Es gibt jetzt aber eine Diskussion in der Mongolei über deren Privatisierung.«

Er hat etwas Tolles auf die Beine gestellt, nämlich ein libertäres Café, Liberty Hub, wo sich die Libertären aus Ulaanbaatar treffen. An den Wänden Bilder von Hayek, Mises, Rothbard und der Slogan »Laissez faire«. Als ich davon auf Twitter berichte, fragt ein User arrogant, ob es mehr als drei Libertäre in Ulaanbaatar gibt. Nun, bei meinem kleinen Vortrag in dem Café sind etwa 50 da.

Am dritten Tag treffe ich mich im kleinen Kreis mit Unternehmern aus unterschiedlichen Sektoren, z.B. Banken und Immobilien. Was muss sich ändern, frage ich sie. Es müsse ausländischen Banken erlaubt werden, in der Mongolei aktiv zu sein, sagt einer. Die Rechtsstaatlichkeit sei völlig unzureichend, kritisiert ein anderer. Und alle klagen über zu viel Regulierung, aber diese Klage höre ich ja überall auf der Welt – völlig zu Recht!

In dem Index of Economic Freedom 2023 heißt es: »Die Mongolei hat im Index of Economic Freedom 2023 einen Wert von 61,7 und liegt an der 73. Stelle unter allen Ländern ... Unter den 39 Ländern in der Region Asien-Pazifik belegt die Mongolei Platz 15, wobei ihr Gesamtwert über dem weltweiten und dem regionalen Durchschnitt liegt. Die Wirtschaftsreformen haben das Wirtschaftswachstum und die Verringerung der Armut gefördert. Der Unternehmenssektor profitiert von einer offenen Handelsordnung, wobei jedoch Korruption und die schwache Rechtsstaatlichkeit die Entwicklung behindern. Justizreformen und eine straffere öffentliche Verwaltung würden dazu beitragen, das Wirtschaftswachstum zu erhalten und den Lebensstandard weiter zu verbessern.«

Als mich eine Journalistin einer mongolischen Tageszeitung fragt, was ich ihrem Land empfehlen würde, meine ich: Ihr müsst die Abhängigkeit von Kohle und Kupfer dringend reduzieren. Jedes Land braucht eine Vision. Gerade für ein (nach der Bevölkerungszahl) kleines Land wie die Mongolei könnte es eine Vision sein, zu den wirtschaftlich freiesten Ländern der Welt aufzuschließen. Freilich wäre es bis dahin ein sehr langer Weg, denn noch liegt hier vieles im Argen. Dennoch: Von den sieben Ländern auf der Welt, die die größte wirtschaftliche Freiheit haben, zählen vier Länder nur fünf Millionen Einwohner oder sehr viel weniger, nämlich Singapur, Irland, Luxemburg und Estland. Warum nehmen sich die Mongolen nicht ein Land wie Singapur als Vorbild?

Übrigens habe ich meine Umfrage zum Image von Marktwirtschaft und Kapitalismus auch in der Mongolei durchführen lassen, was nicht so einfach war, da Ipsos MORI dort keine Umfragen durchführt. Wir fanden jedoch schließlich ein Institut, das die Befragung in die Hand nahm, und das Ergebnis war, dass die Mongolen (egal ob man das Wort

»Kapitalismus« verwendet oder nicht) eine eher neutrale Sicht auf Marktwirtschaft und Kapitalismus haben, also weder ausgesprochen positiv noch negativ (Gesamtkoeffizient 0,91).

Das Interessante an meinen Reisen ist, dass ich mit sehr unterschiedlichen Menschen zusammenkomme. Vor meinem Treffen mit Unternehmern habe ich einen der Vorträge an einer Universität gehalten, in diesem Fall an der University of Finance & Economics. Bei Vorträgen vor Studenten geht es oft um die Themen »Erfolg« und »Finanzielle Freiheit«.

Ich gewinne bei meinen Auftritten sehr schnell ein Gespür dafür, welche Studenten später erfolgreich sein werden. Meist sitzen sie in der ersten Reihe, sprechen gut Englisch, und wenn ich frage, ob sie sich ihre Ziele aufschreiben, dann gehören sie zu den wenigen, die sich melden. Wenn noch dazu kommt, dass jemand bereits Erfahrungen im Verkauf hat oder Leistungssport treibt, dann ist mein Gefühl: Der wird es eher schaffen als der oder die andere, die sich in der letzten Reihe verstecken, kaum Englisch verstehen und noch nie neben der Schule oder der Uni irgendetwas Ambitioniertes gemacht haben. Denjenigen, von denen ich das Gefühl habe, dass sie es später schaffen, sage ich das auch – und das motiviert sie meistens sehr.

Meine Tage sind vollgepackt mit Vorträgen bei Vertretern der politischen Opposition (Demokratische Partei), Unternehmern und Studenten sowie Interviews mit Tageszeitungen und Fernsehen. Die Tageszeitung »Daily News« berichtet sogar auf der ersten Seite groß über meinen Besuch und ich gebe mehrere Fernsehinterviews, so etwa mit Bloomberg TV Mongolia. Der News Director, der mich interviewt, Ankhbayar Enkh-Amar, verrät mir, dass er selbst gerade an einem Buch über erfolgreiche Menschen auf der Welt arbeite, und fragt mich nach dem Gespräch, ob er mir für sein Buch einige Fragen schicken könne.

Für den Fernsehsender NTV Mongolia interviewt mich Jargalsaikhan Dambadarjaa, dessen Namen man sich schwer merken kann und der sich deshalb einfach »Jargal Defacto« nennt. Er ist Moderator der TV-Sendung »Interview DeFacto« und Moderator der Radiosendung »Defacto«. In der Mongolei kennt ihn fast jeder, und er hat mir auch seinerzeit den Kontakt zu meinem Verlag gemacht. Wir haben uns gleich gut verstanden, und eine der ersten Sachen, auf die er mich anspricht, ist das Bodybuilding, weil er früher Bodybuilder war und an Meisterschaften teilnahm. Er ist ein Jahr jünger als ich und vertritt ähnliche politische Ansichten. Ich wollte ihn eigentlich schon 2022 bei der Tagung der libertären Mont Pèlerin Society in Oslo treffen, aber damals hatte mir eine Corona-Erkrankung einen Strich durch die Rechnung gemacht.

Ein beeindruckender Unternehmer, den ich kennenlerne, ist Tsenguun Purevjav, dem zahlreiche Firmen gehören, insbesondere in der Lebensmittelindustrie. Er wurde in den 90er-Jahren in Prag, wo er 15 Jahre lang lebte, ein überzeugter Anhänger des Kapitalismus, als er Reformer wie Václav Klaus kennenlernte, der ihn sehr beeindruckte. Er hat einige klassisch-liberale Bücher übersetzen lassen und zuletzt ein großes Filmprojekt über die Geschichte der Mongolei finanziert, das insbesondere jungen Menschen Wissen über die kommunistische Zeit vermitteln soll. Man wünscht sich mehr Unternehmer, die sich so stark für den Kapitalismus engagieren.

Der Rückflug gestaltet sich schwierig, weil mein Flug kurzfristig gestrichen wird. Es gibt auch zunächst keine Informationen über einen Ersatzflug. In einem kleinen Land wie der Mongolei sind die Wege jedoch kurz, jeder kennt jeden. Mein Verleger meint: »Kein Problem, ich rufe den Verkehrsminister an.« Eine halbe Stunde später habe ich die Bestätigung für meinen Flug am nächsten Tag.

Auch bei dieser Reise lebe ich wegen meiner Interviews zwischendurch mit Journalisten sowohl in den USA als auch in Europa in drei Zeitzonen. Das reduziert die nächtlichen Ruhestunden massiv. Aber zum Glück kann ich jederzeit schlafen. Ich starte dann mit dem Autogenen Training und schlafe in zwei oder drei Minuten ein. Und wenn ich nachts nicht genug Schlaf finde, schlafe ich zwei oder manchmal sogar drei Mal am Tag zusätzlich jeweils eine Stunde, so dass ich immer ausgeschlafen bin.

In vielen Ländern schließe ich Freundschaften, so auch in der Mongolei, wo ich Tsenguun kennenlerne, eine ebenso kluge wie schöne Frau Mitte 20, die eine Zeitlang in Wien lebte und Deutsch spricht. Sie hat einen Verlobten in Wien und ich frage sie, warum sie in die Mongolei zurückgekehrt ist: Sie arbeitet hier in dem erfolgreichen Familienunternehmen mit, will aber auch politisch etwas bewegen, für mehr Demokratie und mehr Kapitalismus. Ein Jahr später berichtet sie mir, sie habe begonnen, sich politisch zu engagieren und sei jetzt in der oppositionellen Demokratischen Partei aktiv und arbeite an einem Wahlprogramm für die nächsten Wahlen im Juli 2024.

Juni 2023

Madrid, Spanien

Ich war schon öfter in Madrid, bin diesmal aber überrascht, wie toll sich die Stadt in den vergangenen Jahren entwickelt hat. Schon der Flughafen, der ja so etwas wie eine Visitenkarte einer Stadt ist, wirkt modern und sauber. Madrid ist anders als viele andere spanische Städte. Das zeigt sich auch in Zahlen: Das Bruttoinlandsprodukt pro Einwohner in der Region Madrid beträgt 35.876 Euro, in der Stadt Madrid 46.715 Euro und in Gesamtspanien nur 26.438 Euro.

Zudem ist Madrid eine sonnige Stadt: Während es in Berlin 1.730 Sonnenstunden im Jahr gibt und in Rom 2.615, sind es in Madrid 3.220. Ich hatte allerdings diesmal Pech – nach einem wunderschönen Sonnentag mit 27 Grad regnet es an den anderen Tagen fast ununterbrochen.

Die Spanier sind als besonders gastfreundliches Volk bekannt, und das trifft auch auf meinen Freund Diego Sánchez de la Cruz zu, der mich nach Madrid eingeladen hatte. Diego hat bereits fünf meiner Bücher ins Spanische übersetzt und wertvolle Kontakte für mich hergestellt – nicht nur in Spanien, sondern auf der ganzen Welt. So lerne ich durch ihn beispielsweise den CEO des Atlas Networks, Brad Lips, kennen.

Der sympathische Spanier ist körperlich nicht von großem Wuchs, aber umso größer in seinem Fleiß und seinem Engagement für den Kapitalismus. Diego ist mit erst 35 Jahren bereits einer der einflussreichsten Wirtschaftskommentatoren in Spanien. Er hat sich verdient gemacht, indem er inzwischen 20 pro-marktwirtschaftliche Bücher ins Spanische übersetzt hat. Diego unterrichtet an verschiedenen

Universitäten und Wirtschaftsschulen, arbeitet in den Forschungsabteilungen von drei liberalen Thinktanks in Spanien mit und berät eine Reihe von nationalen und internationalen Unternehmen.

Auf meine Frage, wie er zur libertären Bewegung kam, berichtet er: »Mein Vater kam aus ärmlichen Verhältnissen und hat sich dank seines Unternehmergeistes durchs Leben geschlagen. Ich erinnere mich, dass sein Beispiel mich dazu inspirierte, mich mit den Wurzeln und Ursachen von Armut und Reichtum zu befassen. Dies führte mich zu bekannten spanischen liberalen Denkern wie Pedro Schwartz und Carlos Rodríguez Braun. In ihren Konferenzen und Seminaren gewann ich unschätzbare Erkenntnisse. Im Laufe der Jahre knüpfte ich auch Kontakte zu bedeutenden internationalen Persönlichkeiten des Wirtschaftsliberalismus, wie Mario Vargas Llosa, Arthur Laffer, Johan Norberg ... Ihr Einfluss war ausschlaggebend.«

Noch während seines Studiums gründete Diego sein eigenes Beratungsunternehmen. Gleichzeitig begann er über die Finanzkrise von 2008 zu schreiben und kritisierte die Fehler in der Geldpolitik und der Finanzregulierung, die den Zusammenbruch des Bankensystems auslösten. Er wendet sich gegen die antikapitalistische Legende, »Marktversagen« und »Deregulierung« hätten die Krise verursacht. »Meine Generation trat zu einer Zeit in den Arbeitsmarkt ein, als die Arbeitslosenquote bei über 25 Prozent lag. Ich suchte nach Antworten – und fand sie, indem ich einen Einblick in die Ökonomie gewann und mich mit dem liberalen Gedankengut auseinandersetzte«, so Diego.

Wie immer bei meinen Besuchen, hatte ich mich vorher noch einmal mit der Geschichte des Landes befasst. Hier einige Fakten:

1936 putschte Francisco Franco gegen die linke Volksfrontregierung und löste damit den spanischen Bürgerkrieg aus. Franco wurde vom faschistischen Italien und vom nationalsozialistischen Deutschland unterstützt, die Linken von der sozialistischen Sowjetunion. Franco sollte bis zu seinem Tod im Jahr 1975 an der Regierung bleiben. Nach seiner Machtergreifung führte er eine staatliche Planwirtschaft ein, um das Ziel einer Autarkie zu erreichen. »Das Ergebnis dieser Politik der Wirtschaftslenkung war ein Sinken des allgemeinen Lebensstandards, eine laufende Erhöhung der (offiziell inexistenten) Arbeitslosigkeit, Fehlinvestitionen großen Stils, Mängel in der Qualität der Industrieerzeugnisse, Stagnation von Forschung und Entwicklung, ein ungenügendes Niveau der Produktion und Produktivität sowie – durch Schwarzmärkte, Privilegierungen und Spekulationen – Untergrabung der Wirtschaftsmoral. Bis Ende der 50er-Jahre blieb Spanien ein Agrarland mit einer auf dem internationalen Markt konkurrenzunfähigen Industrie.«[226]

In der »Neuen Zürcher Zeitung« schilderte im Mai 1950 ein Augenzeuge anschaulich die Auswirkungen der staatlichen Planwirtschaft: »Unvergesslich ist mir der Eindruck der Büroräume eines Großbetriebes geblieben, in dem die der Berechnung und Abführung der Lohnabgaben dienende Abteilung beinahe so viel Platz einnahm wie die gesamte übrige Buchhaltung ... Nachteiliger noch ist die Gesamtsumme der Lähmungen, Verzögerungen, Geschäftsvereitelungen, Fehllenkungen, die dieses bürokratische Wirtschaftssystem im Gefolge hat, deren Einzelposten sich aber jeder Aufzählung entziehen.« Ein Beispiel sei die staatlich verordnete Entlassungssperre, die von Neueinstellungen abschreckte und damit »zum Musterbeispiel einer die gute Absicht ins Gegenteil verkehrenden, weil die Arbeitslosigkeit erhöhenden Sozialmaßnahme geworden ist«.[227]

Eine Wende gab es freilich noch in der Franco-Zeit, als das 1928 gegründete katholische Opus Dei maßgeblich die Wirtschaftspolitik bestimmte. Das Opus Dei verband den katholischen Glauben mit einem Bekenntnis zur Marktwirtschaft, beendete die Autarkie-Politik und begann mit marktwirtschaftlichen Reformen. Der Wendepunkt hin zu mehr Marktwirtschaft war das Jahr 1959. Wie so oft in der Geschichte führten die Reformen zwar vorübergehend zu einer Verschlechterung, weil beispielsweise die vorher versteckte Arbeitslosigkeit nun offen zutage trat. Doch schon nach zwei bis drei Jahren begannen sich die Reformen auszuzahlen. »Die Maßnahmen im außenwirtschaftlichen Bereich beseitigten die Autarkie und führten zur Eingliederung Spaniens in das internationale kapitalistische System ... Für Spanien hatte das Jahrzehnt des ›Wirtschaftswunders‹ begonnen.«[228]

Die durchschnittliche Wachstumsrate in den Jahren 1961 bis 1974 betrug sieben Prozent. Nur Japan konnte in diesen Jahren eine noch höhere Quote erreichen. Innerhalb von 15 Jahren wandelte sich Spanien vom Entwicklungs- zum Industrieland. Die Stahlproduktion stieg um das Fünffache, die Autoproduktion von 40.000 Fahrzeugen (1960) auf 700.000 (1974).[229]

Mitte der 70er-Jahre endete diese positive Phase, und weltwirtschaftliche Probleme wurden verstärkt durch eine interventionistische Wirtschaftspolitik. Doch Anfang der 80er-Jahre kehrte Spanien zu einer marktwirtschaftlicheren Politik zurück; der Arbeitsmarkt wurde dereguliert, und es kam zu umfangreichen Privatisierungen. Diese Politik wurde bemerkenswerterweise von der sozialdemokratischen PSOE-Partei durchgeführt. Auch in den 90er-Jahren betrieb der Sozialdemokrat Felipe González – dem damaligen weltweiten Zeitgeist gemäß – eine teilweise marktwirtschaftliche Politik.

Unter dem Konservativen José María Aznar (1996 bis 2004) wurden die marktwirtschaftlichen Reformen verstärkt vorangetrieben, es gab weitere Privatisierungen und Liberalisierungen des Arbeitsmarktes. In nur wenigen Jahren legte Spanien im Index of Economic Freedom von 59,6 (1996) auf 68,9 (2004) zu.

Doch trotz verschiedener Reformmaßnahmen bleibt der Stand der wirtschaftlichen Freiheit in Spanien bis heute unbefriedigend. Von 1995 bis 2023 schwankte die Punktzahl im Index of Economic Freedom zwischen 58,6 (1997) und 70,1 (2009) und lag 2023 mit 65 Punkten nur unwesentlich über dem Stand des Jahres 1995.[230] Spanien platziert sich mit Rang 51 zwar deutlich vor Italien (69) und auch Frankreich (57), doch andererseits klar hinter Ländern wie Polen (40), Portugal (30) oder gar Schweden (10).

Im Index 2023 heißt es: »Spaniens wirtschaftliche Freiheit liegt bei 65,0 und ist damit die 51. freieste Wirtschaft im Index 2023 … Unter den 44 Ländern in der Region Europa landet Spanien an 29. Stelle und liegt mit seinem Gesamtwert über dem weltweiten und regionalen Durchschnitt. Die Fortschritte, die Spanien auf dem Weg zu größerer wirtschaftlicher Freiheit erzielte, waren begrenzt und nicht stetig.

Zwar wurden die Effizienz der Regulierung und die Rechtsstaatlichkeit relativ gut aufrechterhalten, doch die langfristigen Fortschritte waren bescheiden. Auf den Gebieten Steuern, Staatsausgaben und Geldpolitik gibt es erhebliche Herausforderungen. Die Haushaltsdefizite und die hohe Staatsverschuldung weisen auf einen Reformbedarf beim Finanzmanagement hin.«[231]

Auch die Einstellung der Spanier ist stark antikapitalistisch. Mit einem Pro-/Antikapitalismuskoeffizient von 0,70 zählt Spanien zu den sieben antikapitalistischsten Ländern unserer Befragung – auf einem ähnlichen Stand wie die Franzosen. In 28 Ländern ist die Einstellung zum Kapitalismus weniger negativ oder sogar positiv. Spanier verbinden mit Kapitalismus vor allem steigende Ungleichheit, Egoismus und Gier und glauben, Kapitalismus bedeute Herrschaft der Reichen.

Dabei ist der Unterschied zwischen den politischen Lagern noch größer als in anderen Ländern: Die gemäßigten Rechten sind in Spanien deutlich pro-kapitalistisch (Koeffizient 1,38), und diejenigen, die weit rechts stehen, haben eine sehr stark ausgeprägt pro-kapitalistische Einstellung (2,05). So beklagen etwa 67 Prozent der Spanier, die weit links stehen, Kapitalismus führe zu steigender Ungleichheit, aber bei denen, die moderat oder weit rechts stehen, sind es nur 25 bzw. 23 Prozent. Jeder zweite Spanier, der weit links steht, macht den Kapitalismus für Umweltzerstörung und Klimawandel verantwortlich, während das von denen, die weit rechts stehen, nur jeder zehnte unterstellt.

Auch in Spanien gibt es mehrere Thinktanks, die sich für die Marktwirtschaft engagieren. Der älteste unter den spanischen Thinktanks ist das von dem Ökonomen Gregorio Izquierdo geleitete Institute of Economic Studies (IEE). Es wurde in den frühen 1980er-Jahren gegründet und wird vom Unternehmerverband CEOE finanziert. Die wirkungsvollsten Reformen, die von José María Aznar und Mariano Rajoy durchgeführt wurden, tragen die Handschrift des IEE.

Spanische Unternehmer finanzieren auch andere marktwirtschaftliche Foren, wie den Círculo de Empresarios und den Madrider Verband der Familienunternehmen, der sich auf die Hauptstadtregion konzentriert. Die Heimat der klassisch Liberalen und Libertären ist das Juan de Mariana Institute (IJM), das Studien zu Themen wie der Dekarbonisierung erstellt hat, die vor dem US-Kongress diskutiert und präsentiert wurden. Die Organisation veranstaltet zahlreiche Konferenzen und eine sehr erfolgreiche Sommerschule, die Teilnehmer aus dem ganzen Land und sogar aus Lateinamerika anzieht, wo das IJM großen Einfluss hat.

Die konservative Partei Partido Popular (PP) hat die FAES-Stiftung ins Leben gerufen, die nun unabhängig von der Partei arbeitet. Von dieser Plattform aus hat der ehemalige Präsident José María Aznar jahrzehntelang die Verbreitung liberaler Ideen vorangetrieben. Andere Thinktanks, die ebenfalls einen aktiven Beitrag zur intellektuellen Landschaft Spaniens leisten, sind Fundalib, das die Steuerbelastung verschiedener Regionen des Landes unter die Lupe nimmt, und das Diego de Covarrubias Center, eine Organisation mit liberal-konservativer Ausrichtung.

Die rechte Vox-Partei, die 2013 von ehemaligen Mitgliedern der Partido Popular gegründet wurde, verband ursprünglich eine migrationskritische und antifeministische Positionierung mit einer pro-kapitalistischen Orientierung. Ich sprach mit Manuel Llamas und Juan Manuel López Zafra von der in Madrid regierenden Partido Popular, die meinten, Vox habe sich ähnlich entwickelt wie viele andere rechte Parteien in Europa: Zunächst begann sie mit einer eindeutig marktwirtschaftlichen Orientierung, aber im Laufe der Zeit bekamen kapitalismuskritische Kräfte mehr Einfluss, die sahen, dass sie ehemalige linke Wähler (von Podemos) so für sich gewinnen könnten. Gleichwohl sehen beide Politiker nur in einem Bündnis mit Vox die Möglichkeit, ihre Positionen durchzusetzen. In einer großen Koalition mit den Sozialisten werde dies auf keinen Fall möglich sein.

Daniel Lacalle, ein bekannter spanischer Ökonom, meinte, es handle sich bei Vox um eine Partei, die zwar für Steuersenkungen eintrete, andererseits aber »gegen Globalismus«, was bedeutet: gegen freien Handel, für Protektionismus. In dieser Hinsicht ähnelten die Positionen der Partei denen von Politikern wie Trump.

Ich frage die bekannte Journalistin Maite Rico (früher »El Pais«, jetzt »El Mundo«) nach ihrer Einschätzung. Sie meint, die Vox-Partei sei eine Mischung sehr unterschiedlicher politischer Positionen, aber sie teilt die Ansicht, dass die Pro-Marktwirtschaftler im Vergleich zur Gründungszeit deutlich an Einfluss verloren hätten.

Ich treffe auch Eduardo Fernández Luiña, der zum Zeitpunkt meines Gespräches noch »Head of Studies« des Thinktanks Disenso ist. Es steht der Vox-Partei nahe. Kurz nach unserem Gespräch hat er den Thinktank verlassen, ein weiterer Indikator für die Abkehr der Partei von der Marktwirtschaft. Luiña ist seit zehn Jahren Professor for Political Science an der Universidad Francisco Marroquín.

Zurück zur Partido Popular: Die PP mit ihren Wirtschaftsexperten Manuel Llamas Fraga und Juan Manuel López Zafra wollen die Region Madrid zu einer Art kapitalistischen Sonderzone in Spanien machen. Die Vermögenssteuer, die Erbschaftssteuer und die Schenkungssteuer haben sie in dieser Region komplett abgeschafft, der Eingangssteuersatz ist mit 8,5 Prozent der niedrigste in Spanien. Der Höchststeuersatz ist mit 45 Prozent immer noch hoch, beträgt aber in anderen spanischen Regionen bis zu 54 Prozent. Sondersteuern, wie es sie in zahlreichen anderen Regionen Spaniens für alles und jedes gibt, wurden komplett abgeschafft, die Grunderwerbssteuer für Immobilien reduziert.

Manuel Llamas Fraga rechnet vor, dass die Einwohner der Region Madrid durch diverse Steuererleichterungen seit 2004 mehr als 74 Milliarden Euro gespart hätten. Seit die pro-kapitalistische Isabel Díaz Ayuso Präsidentin der Autonomen Regionalregierung von Madrid ist – Diego bewundert sie sehr und betont immer wieder, was sie für die Region Madrid geleistet habe –, zahlten die Bewohner dort 24 Milliarden Euro weniger Steuern. Und die Steuersenkungen haben Wachstum bewirkt: »Seitdem die Autonome Gemeinschaft Madrid 2004 mit einer Politik der Steuererleichterungen begann, hat sich das regionale BIP-Wachstum bis 2021 auf 29 Prozent erhöht und liegt damit 16 Prozentpunkte über dem nationalen Durchschnitt von 13 Prozent«, so Llamas Fraga.

Zudem haben die niedrigeren Steuersätze dazu beigetragen, die Schattenwirtschaft, ein großes Problem Spaniens, zurückzudrängen. In allen anderen Regionen des Königreichs ist sie viel stärker ausgeprägt.

Es hat sich in Madrid wieder erwiesen, dass Steuersenkungen zu deutlich höheren Steuereinnahmen führen – was Linke nie verstehen werden. Jede Senkung der Einkommenssteuersätze hat zu mehr Steuereinnahmen geführt. Arthur Laffer darf sich freuen, dass seine Theorie wieder einmal eine Bestätigung fand.

Nicht nur im Bereich der Steuern verfolgt Madrid eine marktwirtschaftlichere Politik, sondern es wurden auch viele Bereiche dereguliert. So wurden Investitionsschnellverfahren eingeführt, die eine wesentlich schnellere administrative Bearbeitung von Projekten ermöglichen und die Verfahrensdauer um ein Drittel verkürzen. Ein wichtiger Schritt: Madrid ist die erste Region Spaniens, in der Unternehmen aus dem ganzen Land ihre Tätigkeit aufnehmen können, ohne Genehmigungen oder Lizenzen beantragen zu müssen, die sie bereits in ihren Mutterregionen besitzen.

Interessant war ein Gespräch mit José Luis Moreno, ein Wirtschaftsberater, der unter anderem für das Projekt »Madrid Nuevo Norte« tätig ist. Es handelt sich um ein gigantisches Immobilienentwicklungsprojekt mit einem Volumen von 25 Milliarden Euro auf einer Fläche von 2,36 Millionen Quadratmetern. Unter anderem sollen 20 Hochhäuser entstehen – eines soll sogar das 310 Meter hohe »The Shard« in London überragen. Aber es geht ihm nicht nur um das Immobilienprojekt, sondern die Investoren, so erklärt Moreno, möchten Spanien zum »neuen Miami« machen und insbesondere Unternehmer aus Mexiko, Peru, Kolumbien und anderen lateinamerikanischen Ländern anziehen. Mit niedrigen Steuern und mehr persönlicher Freiheit soll Madrid noch attraktiver gemacht werden. Moreno verweist darauf, dass Madrid in der Covid-Zeit eine weniger restriktive Politik verfolgt habe als viele andere spanische und europäische Städte.

Obwohl die Regionen eine gewisse Autonomie besitzen, können natürlich grundlegende Änderungen in Spanien nur erfolgen, wenn es einen Regierungswechsel gibt. Doch dazu kommt es nicht. Einen Monat nach meinem Besuch in Spanien wird dort gewählt. Die konservative PP erhält 33 Prozent der Stimmen (2019: 21 Prozent), gefolgt von der PSOE, die mit 28 Prozent den zweiten Platz belegt (2019: 28 Prozent). Die von Santiago Abascal Conde geführte Vox landet mit zwölf Prozent auf dem dritten Platz. Anders als von manchen erwartet, kann sie ihre Position nicht ausbauen, sondern verliert im Vergleich zu den Wahlen von 2019, wo sie 15 Prozent erzielte. Das mag auch daran liegen, dass die PP manche Positionen von Vox übernommen hat. Das linksradikale Bündnis Sumar kommt auf den vierten Platz (zwölf Prozent). Eine bürgerliche Mehrheit in dem Parlament mit 350 Abgeordneten wird knapp verfehlt – um nur vier Mandate.

Im November 2023 wurde Pedro Sánchez erneut zum spanischen Regierungschef gewählt. Bei der Abstimmung im Abgeordnetenhaus erhielt der Sozialist 179 Stimmen. Die absolute Mehrheit, die er im ersten Wahlgang benötigte, lag bei 176 Stimmen. 171 Abgeordnete stimmten gegen Sánchez. Im Vorfeld gab es in vielen Orten Spaniens Demonstrationen, weil sich Sánchez mit Linksextremisten und separatistischen Parteien aus Katalonien verbündet hatte: Er sicherte ihnen die Amnestie für Hunderte Separatisten zu, die im Zusammenhang mit dem gescheiterten Abspaltungsversuch Kataloniens von der Justiz verfolgt werden. Zu ihnen gehört auch Separatistenführer Carles Puigdemont, der 2017 Katalonien vom Rest Spaniens abspalten wollte.

Juni 2023

Adam Smith hat Geburtstag

Dass Adam Smith im Juni 2023 seinen 300. Geburtstag hätte, daran erinnert mich im April 2023 Ralph Benko, den ich in Washington traf. Er empfiehlt mir, Smiths Tauftag, den 16. Juni 1723 (seinen genauen Geburtstag kennen wir nicht), zu nutzen, um nicht nur an Adam Smith zu erinnern, sondern diesen Tag zum Anlass zu nehmen, um die Überlegenheit der Marktwirtschaft zu zeigen.

Das Erste, was ich nach diesem Gespräch tue, ist, mir mehr als ein Dutzend Biografien und Studien über Adam Smith zu bestellen und nochmal seine beiden Hauptwerke gründlich zu lesen. Und dann entwickle ich einen Plan, weltweit auf diesen Tag aufmerksam zu machen. Mir ist klar, dass sich auch jene zu Wort melden würden, die versuchen, Adam Smith als einen Linken darzustellen – deshalb schreibe ich einen Beitrag mit der Überschrift »Was the King of Free Market Economics Left-Wing?«

Ich verfasse mehrere weitere Beiträge und nutze mein weltweites Netzwerk, um zehn Ökonomen aus neun Ländern zur Bedeutung von Adam Smith zu befragen. Mir antworten u.a. Professor Leszek Balcerowicz aus Polen und der Präsident des Londoner Adam Smith Institute, Eamonn Butler. Der chinesische Ökonom Weying Zhang von der Peking University schreibt mir: »Der wichtigste Beitrag, den Adam Smith zum wirtschaftlichen Denken leistete: Eigennützige Fremde in einer großen Gesellschaft können durch ein arbeitsteiliges Marktsystem zusammenarbeiten, voneinander profitieren und in Harmonie leben. Einzelne können nur dann profitieren, wenn sie am Markt zuerst den anderen dienen. Das Streben nach Eigennutz auf dem Markt ist nicht unmoralisch. Für Adam Smith ist der Markt eine Ordnung, die sich spontan entwickelt, und nicht eine, die geplant ist. Die rasante wirtschaftliche Entwicklung Chinas in den vergangenen vier Jahrzehnten stellt einen Sieg von Adam Smiths Idee des Marktes dar. China braucht Adam Smith, nicht John M. Keynes.«

Alberto Mingardi, Associate Professor for History of Political Thought an der IULM University in Mailand, antwortet so: »Meiner Ansicht nach kann die Bedeutung von Smith gar nicht hoch genug eingeschätzt werden. Natürlich haben andere schon vor ihm über wirtschaftliche Themen geschrieben. So gibt es viele wichtige Beiträge aus dem frühen 18. Jahrhundert, die von Richard Cantillon bis zu den Physiokraten reichen. Und sicherlich haben auch die Essays von Hume den Samen für die klassische Ökonomie gesät und Autoren wie Montesquieu brillante Erkenntnisse über den Handel geliefert.

Allerdings fehlte der Wirtschaftswissenschaft die Art von gewichtiger Abhandlung, die als ein wirklich grundlegender Text angesehen werden kann. Smith lieferte sie mit einem Buch, das deshalb einzigartig ist, weil es vieles Verschiedenes auf einmal darstellt – aber alles auf brillante Weise. Es ist ein theoretisches Werk, da es die Grundlagen einer Wissenschaft legt. Gleichzeitig ist es aber auch ein historisches Werk und eine Art Reportage. Es wurde von einem Mann geschrieben, dessen Leidenschaft es war, zu verstehen und zu erklären. Aber das Buch konnte auch überzeugen – und hat in der Tat viele überzeugt, indem es ihnen die Augen öffnete für die Vorzüge des freien Austauschs und die Unzulänglichkeiten des merkantilen Systems.«

Die meisten Stimmen heben Smiths Verdienste hervor, aber es gibt auch ein dezidiert negatives Statement – von Professor Jesús Huerta de Soto, Professor of Political Economy an der King Juan Carlos University Madrid: »Die Bedeutung von Adam Smith wird übertrieben. Nicht er war der Begründer der Wirtschaftswissenschaften, sondern Richard Cantillon und die spanischen Scholastiker. All seine richtigen Gedanken kamen nicht von ihm, sondern er hat sie von seinen Vorgängern übernommen. Was von ihm selbst stammte, war falsch: seine Unterstützung der Schifffahrtsgesetze, seine Steuerideen und vor allem seine Analyse des langfristigen Gleichgewichts auf der Grundlage der Herstellungskosten (Arbeit). Smiths Analyse bildet die Grundlage des Marxismus (Arbeitswerttheorie) und des Interventionismus. Mit Freunden wie Adam Smith brauchen Marktliberale keine Feinde (Adam Smith reicht aus!).«

In der Tat; Smith hat sich in vielen Dingen geirrt. Seine Arbeitswerttheorie, auf der später Marx aufbaute, war falsch. Und, wie Murray N. Rothbard zeigte, fiel er sogar in mancher Hinsicht hinter die Erkenntnisse von Ökonomen wie Richard Cantillon zurück, der die wirtschaftliche Funktion des Unternehmers viel besser verstand als Smith.[232] Dennoch ist es falsch, Adam Smith als Linken zu bezeichnen. Dagegen spricht vor allem sein Misstrauen gegen den Staat. Wenn die Wirtschaft ruiniert werde, dann, so Smith, niemals durch Unternehmer und Kaufleute, sondern stets durch den Staat: »Große Nationen werden niemals durch private, doch bisweilen durch öffentliche Verschwendung und Misswirtschaft ruiniert«, schrieb er in seinem Hauptwerk »Der Wohlstand der Nationen.«[233]

Und er fügte optimistisch hinzu: »Das gleichmäßige, fortwährende und ununterbrochene Streben der Menschen nach besseren Lebensbedingungen, Ursache und Quelle des öffentlichen und nationalen wie des privaten Wohlstands, ist durchweg mächtig genug, trotz Unmäßigkeit der Regierung und größter Fehlentscheidung in der Verwaltung den natürlichen Fortschritt zum Besseren hin aufrecht zu erhalten. Es wirkt ähnlich wie die Abwehrkräfte im menschlichen Organismus, die den Körper wieder gesunden lassen, trotz unsinniger Anweisungen des Arztes.«[234]

Das Bild sagt viel aus: Die privaten Wirtschaftsakteure stehen für eine gesunde, positive Entwicklung, die Politiker behindern die Wirtschaft durch ihre unsinnigen Anweisungen. Adam Smith wäre heute sehr skeptisch gewesen, wenn er sehen könnte, wie in Europa und den Vereinigten Staaten der Staat immer mehr in die Wirtschaft eingreift und wie Politiker glauben, sie seien klüger als der Markt. »Der einzelne«, so schrieb Smith in seinem Hauptwerk, »ist stets darauf bedacht, herauszufinden, wo er sein Kapital, über das er verfügen kann, so vorteilhaft wie nur irgend möglich einsetzen kann. Und tatsächlich hat er dabei den eigenen Vorteil im Auge und nicht etwa den der Volkswirtschaft. Aber gerade das Streben nach seinem eigenen Vorteil ist es, das ihn ganz von selbst oder vielmehr notwendigerweise dazu führt, sein Kapital dort einzusetzen, wo es auch dem ganzen Land den größten Nutzen bringt.«[235] Der Gesetzgeber »sollte es daher stets dem einzelnen überlassen, seine Interessen wahrzunehmen, da dieser gewöhnlich besser in der Lage ist, die örtlichen Umstände zu beurteilen, als es der Gesetzgeber kann«.[236]

Vielleicht hat die Deutung von Smith als Linkem auch damit zu tun, dass er sich in seinem Werk immer wieder dezidiert für die Verbesserung der Lebensbedingungen der Arbeiter aussprach. Aber die Verbesserung der Lage der einfachen Menschen sollte nicht durch Umverteilung und exzessive Staatseingriffe erfolgen, sondern ergebe sich laut Smith einfach durch das Wirtschaftswachstum, das wiederum vor allem eines brauche: wirtschaftliche Freiheit. In dem Maße, wie sich wirtschaftliche Freiheit durchsetze und die Märkte sich ausdehnten, werde sich auch der Lebensstandard der Menschen erhöhen. 300 Jahre nach der Geburt von Smith und etwa 250 Jahre nach Erscheinen seines Hauptwerkes wissen wir, dass der Moralphilosoph und Ökonom damit recht behalten hat.

Ich bereite mich zwei Monate lang auf den 16. Juni 2023 vor. Ich schlage zwei Abgeordneten des Deutschen Bundestages, Oliver Luksic von der FDP und Christian von Stetten von der CDU vor, eine Gedenkveranstaltung im Deutschen Bundestag zu organisieren, bei der ich eine Gedenkrede zu Ehren von Smith halten würde. Die Veranstaltung findet am 12. Juni statt. Für das »Wall Street Journal« schreibe ich einen Artikel, der am 16. Juni erscheint und große Aufmerksamkeit findet. Der amerikanische Sender Fox News bringt eine Zusammenfassung und lädt mich einige Tage später zu einem Interview über Adam Smith ein. Die britische Tageszeitung »City AM« veröffentlicht an diesem Tag sogar drei ganzseitige Artikel von mir – meinen Essay »Was the King of Free Market Economics Left-Wing?«, ein Interview von mir mit dem Präsidenten des Adam Smith Institute sowie die gesammelten Zitate aus meiner oben erwähnten Umfrage bei Ökonomen aus neun Ländern. Auch in 14 weiteren Ländern erscheinen an diesem Tag insgesamt 34 Beiträge von mir zu Adam Smith, unter anderem in China, Korea, Vietnam, Frankreich, Deutschland, Italien, Spanien, Portugal, Polen und Schweden.

Mein Lieblingszitat von Adam Smith stammt aus einem Vortrag, den er 1755, also zwei Jahrzehnte vor der Veröffentlichung von »The Wealth of Nations«, hielt und in dem es hieß:

»Menschen werden üblicherweise von Staatsmännern und Projektemachern als Material einer Art politischer Mechanik betrachtet, obwohl nichts anderes erforderlich ist, als die Natur sich selbst zu überlassen, damit sie ihre eigene Ordnung verwirklichen kann … Jede Regierung, die diesem natürlichen Lauf entgegenarbeitet, die Dinge in eine andere Richtung zwingt oder die bestrebt ist, den Fortschritt des Gemeinwesens an einem bestimmten Punkt aufzuhalten, muss zwangsläufig, um sich selbst zu erhalten, unterdrückend und tyrannisch sein.«[237]

Das waren prophetische Worte. Der größte Irrtum der Planer war schon stets ihre Illusion, man könnte eine Wirtschaftsordnung auf dem Papier planen: Ein Buchautor sitzt in seinem Zimmer und denkt sich eine ideale Wirtschaftsordnung aus. Dann müssen nur noch Politiker überzeugt werden, diese Wirtschaftsordnung in die Praxis umzusetzen.

Juli 2023

Memphis, USA

Ich habe mich mit dem Film »Poland. From Socialism to Prosperity« beim Anthem Film Festival beworben, das im Rahmen des Freedom Fest 2023 in Memphis stattfand. Leider vergeblich. Durch einen Kontakt habe ich zudem versucht, eine Einladung als Speaker zum Freedom Fest in Memphis zu bekommen, aber auch dies blieb ohne Erfolg.

Umso mehr freue ich mich, als mir Ende Juni Mark Skousen persönlich schreibt und mich als Redner zum Freedom Fest einlädt. Steve Forbes hatte mich als Redner empfohlen. Und nun lerne ich Skousen persönlich kennen. Als der Ökonom und Initiator des Freedom Fest mich einlädt, steht das Programm bereits, aber er meint spontan: »Ich eröffne die Veranstaltung und gebe dir die Hälfte der Zeit ab, du kannst direkt nach mir sprechen.« Wow!

Skousen ist eine beeindruckende Persönlichkeit und hat viel bewegt. Er studierte Wirtschaft, weil dieses Fach seine Interessen – Politik, Finanzen und Mathematik – vereinte. »Glücklicherweise hatte meine Universität gerade einen neuen Doktoranden von der University of Chicago, Larry Wimmer, eingestellt, der Paul Samuelsons keynesianische Wirtschaftstheorie ablehnte und mein Mentor wurde. Er ermutigte mich, Milton Friedmans Buch ›Kapitalismus und Freiheit‹ zu lesen, das ich verschlang. Obwohl ich der Meinung war, dass Friedmans Wirtschaftslehre in die richtige Richtung ging, war ich mit der Chicagoer Schule nicht ganz zufrieden.«

In den frühen 1970er-Jahren, als Skousen als Wirtschaftsanalyst bei der CIA arbeitete, sein erster Job nach dem College, entdeckte er die Schriften von Murray Rothbard, insbesondere seine Bücher »America's Great Depression« und »Man, Economy and State«. »Ich hielt Rothbards Schriften für weitaus schlüssiger und verständlicher als die von Mises oder Hayek.« Seine Doktorarbeit an der George Washington University befasste sich mit dem hundertprozentigen Goldstandard und war stark von Rothbards Denken beeinflusst.

1980 startete er mit dem monatlichen Investment-Newsletter Forecast & Strategies, den er in den 90er-Jahren um eine Hotline ergänzte. Die Wahl von Ronald Reagan war ein Wendepunkt für Skousen und seinen Newsletter. Er prophezeite: »Die Reaganomics werden funktionieren! Verkaufen Sie Ihr Gold und Silber, und kaufen Sie Aktien und Anleihen.« Diese Vorhersage erwies sich als zutreffend, aber sie machte ihn bei der Bewegung für den Goldstandard nicht beliebt.

Skousen gründete 2007 die FreedomFest, Inc. als gewinnorientiertes Unternehmen. »Die Idee hinter dem Freedom Fest ist«, so Skousen, »dass ich das Gefühl habe, wir verlieren den Kampf um die Freiheit schon seit einiger Zeit. Langsam aber sicher wird im Laufe der Zeit und als Folge verschiedener Krisen immer mehr von allem entweder vorgeschrieben oder verboten. So kam ich auf die Idee, ein nationales Treffen von Freiheitsliebenden ins Leben zu rufen, bei dem wir uns einmal im Jahr treffen, um voneinander zu lernen, Netzwerke zu pflegen und die Freiheit (oder das, was von ihr übrig ist) zu feiern. Wir alle haben viel zu tun, aber wenn wir einmal im Jahr zusammenkommen, können wir das Blatt vielleicht wenden.«

Rasch etablierte er die Veranstaltung als »die weltweit größte Zusammenkunft von Freigeistern«, als unabhängige Organisation, die mit keiner politischen Partei verbunden ist. Das Freedom Fest findet jährlich in Las Vegas oder einer anderen Stadt statt (2023 in Memphis). Die Sprecher sind Autoren, Professoren, Historiker, Ökonomen und politische Denker. Jedes Jahr kommen etwa 2.000 bis 3.000 Teilnehmer. Zu der Attraktivität des Festes trägt bei, dass es mit mehreren weiteren Veranstaltungen zusammen stattfindet – dem

Global Financial Summit (eine Investorenkonferenz), dem Anthem Film Festival (das größte libertäre Filmfestival der Welt) und dem Punching Up Comedy Festival.

Jedes Jahr gibt es einen prominenten Redner. In der Vergangenheit waren dies William Shatner (Captain James T. Kirk in »Raumschiff Enterprise«), die Box-Legende George Foreman, der Unternehmer Kevin O'Leary (Mr Wonderful) und der Komiker und Schauspieler John Cleese. 2023 ist es Mike Rowe von der Fernsehserie »Dirty Jobs«. Zu den Co-Botschaftern, die jedes Jahr teilnehmen, gehören Steve Forbes, John Mackey (Co-Founder, Whole Foods Market) und Lisa Kennedy (von Fox News).

Mir gefällt die Idee, eine solche Initiative nicht – wie in der libertären Szene oft üblich – als »Non-profit-organization« aufzuziehen. Es mag gute Gründe für »Non-profit«-Organisationen geben, aber ich finde es paradox, wenn Anhänger des Kapitalismus, die die Wichtigkeit privaten Gewinnstrebens als Motor der Wirtschaft betonen, »Non-profit«-Organisationen gründen.

Wenige Tage vor dem Freedom Fest in Memphis stirbt mein Vater nach kurzer Krankheit im Alter von 94 Jahren. Da dies etwas sehr Persönliches war, möchte ich es hier dabei belassen. Aber Sie können sich vorstellen, was es bedeutet, zwischen dem Tod des Vaters und der Beerdigung auf ein solches Fest zu reisen, um dort zu sprechen. Den Tag vor meiner Abreise verbringe ich mit meiner Mutter und rufe sie während meiner Reise täglich mehrfach an.

Der Flug ist eine Katastrophe: Erst wollte ich über Frankfurt und Denver nach Memphis fliegen, dann wurde der Flug kurzfristig gestrichen, und ich fliege von Frankfurt nach München, um von dort nach Chicago zu fliegen. Der Flug hat Verspätung, und in Chicago kommt es zu scheinbar endlosen Schlangen bei der Einreise, so dass ich meinen Anschlussflug nach Memphis verpasse und am nächsten Morgen nur dank meines Senator-Status bei Star Alliance einen Flug nach Memphis über die Warteliste bekomme.

Das passiert nicht nur mir, sondern jeder, der häufiger in den USA unterwegs ist, berichtet in diesem Jahr von Chaos, ausgefallenen oder stark verspäteten Flügen. Wenn mal etwas normal läuft, empfindet man das als Überraschung.

Memphis selbst ist keine Stadt, in der ich leben wollte. Das, was ich gesehen habe, ist heruntergekommen. An jeder Ecke stehen Polizeiwagen, und das hat einen Grund. 1.750 Straftaten kommen auf 100.000 Bewohner, nur in drei amerikanischen Städten ist die Kriminalität noch höher.[238] Überall sieht man arme Menschen auf den Straßen.

Das ist auch das Thema des bekannten Football-Trainers Bill Courtney, der in seiner Rede auf dem Freedom Fest das amerikanische Justizsystem anklagt. Obwohl nirgendwo so viele Menschen in Gefängnissen säßen wie in den USA, breite sich die Kriminalität immer mehr aus. Das Problem sei eine Rückfallquote von 70 Prozent. Er berichtet von privaten Initiativen, die darauf zielen, ehemaligen Strafgefangenen Jobs zu vermitteln, wodurch die Rückfallquote auf bis zu acht Prozent reduziert werden konnte. Manchmal fange es mit einfachen Dingen an, so mit einer Initiative, Obdachlose für Joggingkurse zu gewinnen: »Am Anfang nahmen nur wenige teil, später waren es Hunderte. Allein das Erlernen von Disziplin, jeden Morgen um sechs Uhr aufzustehen, hat schon einen Beitrag geleistet.« Seine Botschaft: »Verlasst euch nicht auf den Staat. Er wird die Probleme nicht lösen. Lasst es uns selbst in die Hand nehmen.« Er ist stolz darauf, dass seine Projekte völlig ohne staatliche Unterstützung auskommen: »Not one government dollar was involved.«

Courtney hat sich in Memphis als ehrenamtlicher Footballtrainer der Manassas Tigers und als erfolgreicher Geschäftsmann einen Namen gemacht. Jetzt will er mit einem neuen Podcast namens »An Army of Normal Folks« ein viel größeres Publikum erreichen. Courtneys Botschaft an ein Highschool-Football-Team in North Memphis wurde zum Thema des Oscar-prämierten Dokumentarfilms »Undefeated«. Er ist Autor des Buches »Against the Grain: A Coach's Wisdom on Character, Faith, Family, and Love«.

Wie können Libertäre noch mehr Menschen erreichen? Auf welche ihrer Stärken sollten sie sich konzentrieren? Das war das Thema von TK Coleman von der Foundation for Economic Education (FEE). Er ist Co-Moderator des Podcasts »The Minimalists«. Mit mehr als 100 Millionen Downloads ist »The Minimalists« entgegen seinem Namen einer der erfolgreichsten Podcasts der Welt. »Wenn ihr wissen wollt, was unsere Stärken sind, dann schaut nur darauf, was die Feinde der Freiheit und totalitäre Staaten am meisten fürchten: Humor, Kreativität, Musik, Filme ... Rationale Argumente sind wichtig, aber auch unsere Gegner haben Argumente. Aber was greifen die Vertreter der Woke-Ideologie an? Wenn jemand zum Beispiel einen politisch nicht korrekten Witz macht. Sie wollen kontrollieren und zensieren, worüber man lachen darf und worüber nicht.«

Die Woke-Ideologie war das Thema vieler Reden, so auch von Vivek Ramaswamy. Der 38-Jährige war (bis zu seinem Rückzug Mitte Januar 2024) der jüngste Kandidat für die Präsidentschaftsvorwahlen 2024 der Republikanischen Partei. Der in Cincinnati geborene Sohn indischer Einwanderer arbeitete zunächst als Investmentpartner bei einem Hedgefonds und gründete 2014 das biopharmazeutische Unternehmen Roivant Sciences.

Ramaswamy hat sich vor allem als Kritiker des »Woke-ism« einen Namen gemacht, die »New York Times« bezeichnete ihn als Anti-Woke-Kandidaten. Das Problem, so meint er in seiner Rede, sei, dass sich immer mehr Amerikaner als »Opfer« definierten. Zudem wendet er sich gegen die sogenannten ESG-Richtlinien, also ideologische Vorgaben zu Umwelt, »Sozialem« und Unternehmensführung (Environmental, Social, Governance). Das führe zu einer Politisierung der Wirtschaft und laufe letztlich darauf hinaus, die freie Marktwirtschaft abzuschaffen, weil nicht mehr Unternehmer und Konsumenten entschieden, was produziert und wo investiert wird. »Capitalism is the best system!«, rief er aus – eine Überzeugung, die, bei allen Unterschieden, die Teilnehmer des Freedom Fest vereint.

Mit Gloria Álvarez spricht eine weitere Präsidentschaftskandidatin, die jüngst in Guatemala für das Amt des Präsidenten kandidierte, aber gegen zwei Bewerber unterlag. Sie ist wie Ramaswamy 38 Jahre alt und wurde als libertäre Radio- und TV-Kommentatorin bekannt. Im Jahr 2014 wurde die gut aussehende Libertäre über Nacht durch ein

YouTube-Video bekannt, in dem sie populistische Regime anprangerte. Innerhalb von drei Tagen erreichte es mehr als 20 Millionen Aufrufe.

In den meisten Ländern Lateinamerikas herrschen inzwischen Sozialisten – zuletzt siegten sie in Brasilien, Kolumbien, Peru und sogar in Chile. Die eigentliche Ursache für den Erfolg sozialistischer Kandidaten in Lateinamerika sei aber, so Álvarez, das Versagen der konservativen Regierungen, die oft durch und durch korrupt gewesen seien und denen es nur um die Verteidigung von Privilegien gegangen sei. »Privatisierung« habe meist nur bedeutet, ehemalige Staatsunternehmen billig an Freunde zu »verkaufen«.

Die Steuereinnahmen, so beklagt Álvarez, würden falsch verwendet, das meiste fließe in Bürokratie oder ginge an die Gewerkschaften – nur zwei Prozent der Staatsausgaben flössen wirklich in den wichtigen Bereich der inneren Sicherheit. Es gelte, den Rechtsstaat massiv zu stärken und die Ausgaben für die innere Sicherheit auf 50 Prozent zu erhöhen. Gleichzeitig spricht sie sich für die Legalisierung von Marihuana und Prostitution aus, denn allein die organisierte Kriminalität profitiere von diesen Verboten – und Polizei und Gerichte könnten sich nicht auf ihre eigentlichen Aufgaben konzentrieren. Mit dem Eintreten für das Recht auf Abtreibung und für die Freigabe von Drogen unterscheiden sich Libertäre wie Álvarez von Konservativen, aber im wirtschaftspolitischen Bereich tritt sie für eine Flat tax ein und für eine erhebliche Reduzierung der Rolle des Staates und mehr Kapitalismus. Ihre These: Der Staat ist überall zu stark, wo er schwach sein sollte – vor allem in der Wirtschaft –, aber gleichzeitig zu schwach, wo er stark sein sollte, also im Bereich der inneren Sicherheit. Weniger Staatseinfluss auf die Wirtschaft und mehr Geld für Polizei und Justiz, das ist ihr Programm.

Steve Forbes kritisiert in seinem Vortrag, dass sich die USA und Europa zunehmend in einen »modernen Sozialismus« verwandelten. Damit meint er: Früher verstaatlichten Sozialisten das Privateigentum. Heute werde das gleiche Ziel durch immer mehr staatliche Regulierungen angestrebt. Damit werde das Privateigentum ausgehöhlt, bis nur noch eine leere Hülle übrig bleibe. Tatsächlich jedoch bestimmten zunehmend Politiker und Beamte – und nicht mehr Unternehmen und Konsumenten –, was produziert werde. Auch die Zentralbanken verhielten sich immer mehr wie Planungsbehörden in sozialistischen Ländern. Durch ihre Politik würden die Währungen zunehmend ausgehöhlt. Forbes empfiehlt eine Rückkehr zum Goldstandard.

Die Umgestaltung der Wirtschaft erfolgt heute vor allem unter der Parole des Kampfes gegen den Klimawandel. Zu diesem Thema referiert der bekannte Autor Michael Schellenberger. Anders als viele Anhänger der Republikaner leugnet er nicht den Klimawandel, meint aber, dass dessen Auswirkungen durch gefälschte Statistiken und nicht belegte Extremszenarien maßlos übertrieben würden. Zudem weist er auf die Widersprüche der Politik hin, die etwa in Deutschland das Aus für Kernkraftwerke beschlossen habe, mit dem Ergebnis, dass aus der Verbrennung von Kohle gewonnener Strom aus dem Ausland importiert werde. Tatsächlich geht der Irrsinn ja noch weiter: Bereits abgeschaltete Steinkohlekraftwerke gingen in Deutschland, dem vermeintlichen Modellstaat für die Energiewende, wieder ans Netz, während die drei letzten Kernkraftwerke unbrauchbar gemacht wurden, um den Atomausstieg zu verewigen.

Thema einer Session ist, ob die Steuern für die Reichen in den USA erhöht werden sollten oder nicht. Der Ökonom Lanny Ebenstein plädiert auf der Konferenz dafür, die Steuern für Reiche auf 50 Prozent anzuheben. Sein Argument: Selbst in Zeiten, in denen der Steuersatz 70 Prozent oder höher war, wuchs die US-Wirtschaft sehr stark, in Zeiten niedriger Steuern habe sie eher stagniert. Vehement widersprach der Ökonom Arthur Laffer, der als Berater von Ronald Reagan bekannt wurde und nach dem die »Laffer-Kurve« benannt ist, wonach niedrigere Steuern zu höherem Steueraufkommen und mehr Wachstum führten.

Der Irrtum von Ebenstein: Er verwechselt nominale Steuersätze mit tatsächlich gezahlten Steuern. In den von ihm angeführten Perioden sehr hoher Steuersätze gab es so viele Steuersparmodelle, dass kaum jemand die von ihm als Argument ins Feld geführten hohen Steuersätze zahlte. Beispiel: Der Spitzensteuersatz lag 1962 bei 91 Prozent. Nach Abzügen und Gutschriften zahlten nur 447 von 71 Millionen Steuerpflichtigen überhaupt Steuern zum Spitzensteuersatz. Auch als der Spitzensteuersatz auf 70 Prozent gesenkt wurde, änderte sich nicht viel. Nur 3.626 von 75 Millionen Steuerzahlern zahlten tatsächlich Steuern in einer Höhe von bis zu 70 Prozent.

Kontrovers diskutiert wird auch, ob der neue Nationalismus in den USA eine Gefahr sei oder nicht. Bryan Caplan, ein Libertärer, der für offene Grenzen plädiert, bejaht diese Frage. Überall auf der Welt sei der Nationalismus heute eine Bedrohung, ob in Russland, China oder den USA.

Rich Lowry vertritt die Gegenthese: Gerade in einer Zeit, wo die Linke versuche, durch eine »woke« Identitätspolitik die Gesellschaft zu spalten, brauche es eine Loyalität, die das Land zusammenhalte, und dies sei das Bekenntnis zur Nation.

Das Schöne an dem Freedom Fest ist, dass es so viele unterschiedliche Meinungen gibt, manche davon vernünftig, andere nicht. Daniel Miller vom Texas Nationalist Movement beispielsweise spricht sich dafür aus, dass Texas sich von den Vereinigten Staaten lösen und eine eigene Nation bilden sollte. Heute klingt das unrealistisch, aber historisch Interessierte wissen möglicherweise, dass Texas 1835 einen erfolgreichen Unabhängigkeitskrieg gegen Mexiko geführt hat und im Folgejahr die Republik Texas ausrief. Immerhin neun Jahre dauerte die Unabhängigkeit, dann wurde Texas ein US-Bundesstaat.

Aus meiner Sicht einseitig wird über das Thema »Krieg und Frieden« und den Ukraine-Krieg diskutiert. Scott Horten vom Libertarian Institute konstatiert, dass sich auf der Rechten in den USA eine Antikriegsbewegung formiere, die sogar stärker sei als die linke Bewegung gegen den Vietnamkrieg in den 60er-Jahren. Mit »Antikriegsbewegung« sind dabei Isolationismus und eine einseitige Kritik an den USA gemeint: »Der Feind ist immer nur unsere eigene Regierung, niemand anders«, so spitzt er diese Position zu und vergleicht die »Dämonisierung« von Saddam Hussein mit der »Dämonisierung« von Putin. Auch Doug Bandow vom Cato Institute macht die NATO-Expansion nach Osteuropa für den Ukraine-Krieg verantwortlich. Fairerweise muss gesagt werden, dass es unter Libertären auch die Gegenposition gibt – vertreten zum Beispiel vom Atlas-Network –, die klar auf Seiten der Ukraine steht.

Einig sind sich die Libertären in ihrem Bekenntnis zu Kapitalismus und Unternehmertum. Einer der Höhepunkte ist, als Steve Forbes gemeinsam mit izzit.org eine neue Videoserie vorstellte: »Steve Forbes on Achievement«. Der bessere Titel wäre vielleicht »Helden des Kapitalismus«, denn Forbes stellt in dieser Videoserie (www.izzit.org/forbes) zehn Profile von Unternehmern vor – und zeigt gleichzeitig, was wir aus deren Leben über die Marktwirtschaft lernen können.

Das Freedom Fest ist eine großartige Erfahrung für mich. Direkt nach Skousen zur Eröffnung zu sprechen, empfinde ich als große Ehre. Zudem kann ich noch einen zweiten Vortrag halten über Polen und Vietnam – und dabei Ausschnitte aus dem Film zeigen, der vom Freedom Fest nicht angenommen worden war. Und ich lerne Autoren und Ökonomen kennen, die ich schon lange bewundere, so etwa George Gilder, dessen Buch »Wealth and Poverty« eines der Lieblingsbücher von Ronald Reagan war. Auch treffe ich mit dem legendären Arthur B. Laffer zusammen. Mit beiden bleibe ich seit dem Freedom Fest in Kontakt, und beide schreiben Vorwörter zu Büchern von mir: Laffer für die Neuauflage meines Buches »The Power of Capitalism« und Gilder für die englische Ausgabe meines Buches über Polen und Vietnam »How Nations Escape Poverty«. Und zu guter Letzt habe ich Gelegenheit, Alica wiederzutreffen, die zu dieser Zeit in New York ist und von dort zum Freedom Fest kommt, das wir schon 2022 zusammen besucht hatten.

August 2023

Thüringen, Deutschland

Im Juli und August hatte ich nicht viele Buchvorstellungen und Vorträge im Terminkalender, schließlich finden im Sommer zumeist weniger Veranstaltungen statt. Das passt mir gut, denn ich wollte ohnehin selbst mal ein paar Tage zur Entspannung verreisen. Mit einer Freundin verbringe ich einige Tage in Mallorca und zwei Wochen später mit Jenna weitere Tage in Südfrankreich, direkt an der Grenze zu Monaco. Eigentlich mag ich französische Hotels nicht so gern, da ich dort schlechte Erfahrungen mit Dienstleistung und Englischkenntnissen gemacht habe. Diesmal bin ich positiv überrascht. Allerdings kosteten die Hotels (Hotel Maybourne Riviera und Hotel Cap Estel) auch mehr als 2.000 Euro die Nacht, da sollte man guten Service auch erwarten können.

Irgendwie ist es paradox: Nirgendwo ist der Sozialneid so groß wie in Frankreich, wie auch meine internationale Befragung in 13 Ländern gezeigt hat. Der Sozialneidkoeffizient ist sogar noch größer als in Deutschland. Und Frankreich, auch dies zeigt meine Befragung zum Image des Kapitalismus, ist eines der antikapitalistischsten Länder der Welt. So kommt es auch, dass ich nach Frankreich nur für den Urlaub reise. Denn während meine Bücher in über 30 Sprachen übersetzt wurden, gibt es kein einziges davon auf Französisch. Andererseits wird Luxus in kaum einem Land so zelebriert wie in Frankreich. Ein Abendessen im Hotel Cap Estel kostete für meine Freundin und mich 600 Euro, obwohl ich nur Karottensaft getrunken und kein Fleisch gegessen habe. Ich bin kein Feinschmecker – mir schmeckt ein Quark mit Erdbeeren und Nüssen genauso gut wie ein Menü im

Sternerestaurant. Aber ich freue mich, wenn ich einer Freundin eine Freude machen kann, die das genießt.

Ganz ohne Lesungen verging der Sommer aber natürlich nicht. Ende Juli stand ein Vortrag an bei der »Akademie der Freiheit« der Friedrich August von Hayek-Gesellschaft in Potsdam. Die Akademie der Freiheit richtet sich an junge Menschen, die meisten Teilnehmer waren wohl zwischen 20 und 25 Jahre alt. Die Teilnahmegebühr beträgt nur 200 Euro. Die darüber hinaus entstehenden Kosten von etwa 900 Euro pro Person übernimmt die Friedrich August von Hayek-Gesellschaft für erfolgreiche Bewerber.

Anfang August halte ich dann auf einer Burg in Nordhausen (Thüringen) einen Vortrag bei »Liberty Rising«, einer Gruppe junger Menschen, die ich vorher noch nicht kannte. Gekommen waren etwa 100 junge Leute, überwiegend junge Männer. Liberty Rising beruft sich auf die russisch-amerikanische Philosophin Ayn Rand. Junge Menschen lieben die Provokation – man kennt das von den Jugendorganisationen linker, aber auch rechter Parteien. Provokation sieht bei Liberty Rising allerdings anders aus: In dem Veranstaltungsraum hängt ein riesiges Plakat: »Leistung statt Hängertum. Sozialstaat abschaffen.« Das Banner stammt von einer Aktion, die die Gruppe in fünf deutschen Städten durchgeführt hatte.

Jährlich veranstaltet die Gruppe Events wie das »Soul of Liberty«, zu dem ich als Gastredner über »Die Irrtümer der Antikapitalisten« eingeladen bin. Bei dem Festival gibt es Vorträge und Workshops zu Themen wie Kapitalismus und Lebensphilosophie, aber auch zu Themen wie Bitcoin, moderne Architektur oder Leistungssteigerung.

Die beiden Gründer der Gruppe, Stefan Griese und Max Remke, kannten sich schon vorher: Sie kommen beide von ganz links und waren zuvor in der Jugendorganisation der Linken (Linksjugend solid) aktiv. »Was uns damals nachdenklich machte, war der Widerspruch zwischen Theorie und Praxis«, erinnert sich Max Remke. »Die Linken versprachen Wohlstand und lieferten Güterknappheit und Armut. Sie versprachen Freiheit und errichteten überall, wo sie an die Macht kamen, totalitäre Diktaturen.« Griese und Remke machten sich auf die

Suche nach Denkern, die besser zu ihren Zielen passten. Sie begannen bei dem österreichisch-amerikanischen Philosophen Karl Popper und endeten bei Ayn Rand.

Liberty Rising hat bislang (Stand August 2023) etwa 70 Vorträge und Fortbildungsevents organisiert, macht aber auch sonst durch Aktionen auf sich aufmerksam. So halten Mitglieder ein Banner mit der Aufschrift »Berufsverkehr statt Klimakleber – Industrie & Kapitalismus statt Ökodiktat« vor dem Treffpunkt der Öko-Weltuntergangssekte »Letzte Generation« hoch. Die Mitglieder der Letzten Generation hatten aus Protest gegen den Klimawandel monatelang Straßen in Deutschland und anderen Ländern blockiert und damit Berufstätige genervt, die zur Arbeit fahren wollten.

Vor dem Marx-Engels-Denkmal in Berlin enthüllte Liberty Rising vier große Planen mit der Aufschrift »Kommunismus tötet«. Neben Informationstexten wurden eine Liste der Toten, die bei Fluchtversuchen von Ost- nach Westdeutschland erschossen worden waren, und eine Aufstellung über die Opfer des Kommunismus angebracht. Zum Jahrestag der Ausrufung der sozialistischen Räterepublik in Deutschland am 9. November 1918 durch den Kommunisten Karl Liebknecht veranstaltete die Gruppe vor dem historischen Schlossportal in Berlin eine Aktion unter dem Motto »Minimalstaat jetzt!«.

»Anfangs haben wir uns an den Protesten gegen die Corona-Politik beteiligt«, so Griese, »doch später konnten wir diese nicht mehr unterstützen, weil Verschwörungstheoretiker und Leute mit fragwürdigen Ideologien – wie etwa Antiamerikanismus – immer mehr die Proteste dominierten.«

Wichtig sei, den vorpolitischen Raum zu besetzen. »Das habe ich bei den Linken gelernt«, erklärt er. So beschäftigt sich die Gruppe mit individueller Lebensphilosophie und Strategien zur Entwicklung des Selbstbewusstseins. Sie betreibt ein Musikprojekt »Capitalist Squad« und den Online-Shop »Kapitalistische Ästhetik«. »Wir stehen für eine Leitkultur aus Individualismus und Leistung und unser langfristiges Ziel ist ein liberaler Minimalstaat sowie eine Gesellschaft, die Freiheit und Eigenverantwortung zu schätzen weiß«, sagt Griese. Linken und rechten Kollektivisten und Antikapitalisten stehen er und seine Freunde gleichsam ablehnend gegenüber. Sie selbst bezeichnen sich als »radikale Kapitalisten«.

»Anfangs waren wir noch deutlich näher an der libertären Szene. Aber große Teile der libertären Szene in Deutschland wurden im Verlauf der letzten Jahre immer konservativer, verschwörungstheoretischer und russlandfreundlicher, so dass wir ab 2022 auf Distanz gegangen sind«, sagt Griese. Liberty Rising steht klar auf der Seite der Ukraine und nahm auch an Demonstrationen für mehr Waffenlieferungen teil. Motto: »Freiheit und Kapitalismus erkämpfen sich nicht von alleine«. Zum Gedenken an den Volksaufstand in der DDR vom 17. Juni 1953, bei dem sich Arbeiter gegen den Sozialismus aufgelehnt hatten, initiierten sie Aktionen gegen die sowjetischen Siegesdenkmäler in Berlin und Stendal unter dem Motto »70 Jahre Volksaufstand – Kein Steuergeld für totalitäre Monumente«.

Kontrovers diskutiert wird heute in fast allen Ländern die Einwanderungspolitik. Während linke Politiker in vielen Ländern offene Grenzen und einen Sozialstaat fordern, glaubt Liberty Rising, dass beides nicht zusammengeht. Sie sind dafür, den Sozialstaat abzuschaffen – damit würden dann auch keine falschen Anreize zur Einwanderung mehr gesetzt. »Jeder, der durch eigene Leistung sein Leben bestreitet, nicht kriminell ist und keiner freiheits- und rechtsstaatsfeindlichen Ideologie anhängt, soll das Recht haben, zu uns zu kommen. Aber er darf keine staatlichen Leistungen erwarten«, so Griese. Er hat übrigens seine Masterarbeit über die Stellung der Libertären zur Zuwanderung geschrieben und dafür Aktivisten der libertären Bewegung in den USA interviewt.

In einer Zeit, in der immer mehr junge Menschen entweder radikal linksgrüne oder radikal rechte Positionen einnehmen, ist es gut zu wissen, dass es auch junge Menschen gibt, die sich als klassisch-liberal bezeichnen und für Freiheit und Kapitalismus streiten.

August 2023

Stockholm, Schweden

Die Produktion und der Verkauf von Alkohol waren in Schweden über Jahrzehnte massiv staatlich reguliert. Für Bier beispielsweise war eine Höchstgrenze von etwa drei Prozent Alkoholgehalt staatlich vorgeschrieben – wer stärkeres Bier trinken wollte, musste es auf Rezept in der Apotheke kaufen, und auch hier war der Alkoholgehalt staatlich festgelegt. Erst durch den Beitritt Schwedens zur EU zum 1. Januar 1995 wurden diese staatlichen Regulierungen beseitigt. 2010 wurde eine heute bekannte Brauerei, Omnipollo, gegründet, die unter anderem für ihr fantasievolles Dosendesign bekannt ist. Diese Geschichte erzählte Mattias Svensson von der renommierten Zeitung »Svenska Dagbladet« bei der Vorstellung der schwedischen Ausgabe meines Buches »Die 10 Irrtümer der Antikapitalisten«.

Eingeladen nach Stockholm hat mich mein Freund Anders Ydstedt. Anders ist Unternehmer und Investor und zusammen mit seiner Frau Susanne Eigentümer oder Miteigentümer mehrerer Unternehmen in so unterschiedlichen Branchen wie Online-Diensten, Cleantech-Investitionen und öffentlichen Toiletten in Bahnhöfen. Zudem ist er Vorstandsmitglied von Godsinlösen Nordic, einem börsennotierten Unternehmen an der Nasdaq First North in Stockholm.

Darüber hinaus berät Anders für das Beratungsunternehmen Scantech Strategy Advisors große schwedische Industrieunternehmen und Wirtschaftsorganisationen. Worauf er zu Recht stolz ist: Anders arbeitete für den Verband der schwedischen Wirtschaft an den Kampagnen zur Abschaffung der Erbschafts- und Vermögenssteuer. Diese Kampagnen waren erfolgreich, und im Jahr 2004 stimmten alle

Parteien im schwedischen Parlament, von den Kommunisten bis zu den Konservativen, für die Abschaffung der Erbschaftssteuer. Nach diesen Reformen sahen erfolgreiche Unternehmer keine Notwendigkeit mehr, Schweden zu verlassen. Sie bleiben im Land, entwickeln ihre Unternehmen weiter und investieren in Start-ups. So entstanden mehrere schwedische Unicorns wie Spotify und Klarna.

Anders ist ein begeisterter Anhänger des Kapitalismus, des Privateigentums und niedriger Steuern. Er hat mehrere Bücher über diese Themen veröffentlicht. 2012 hat er das Medium Svensk Tidskrift gekauft und zu einem Thinktank weiterentwickelt, das zum Atlas Network gehört. Anders ist auch Mitglied der Mont Pèlerin Society.

Er hatte bereits mein Buch »Die Gesellschaft und ihre Reichen« auf Schwedisch veröffentlicht, und dieses Buch hat, wie er sagt, die Steuerdiskussion in Schweden beeinflusst. Es gibt in Schweden – wie auch in anderen Ländern – Kräfte, die die ohnehin hohen Steuern für »Reiche« weiter erhöhen wollen. In dem Buch zeige ich aber, auf Basis einer Umfrage in mehreren Ländern, dass der Sozialneid in Schweden und die Unterstützung für höhere Steuern deutlich geringer sind als beispielsweise in Deutschland oder Frankreich.

In meiner Umfrage zum Image der Marktwirtschaft und des Kapitalismus, die das Institut Ipsos MORI durchführte, zeigte sich zudem, dass Schweden zur Spitzengruppe der Länder mit einer promarktwirtschaftlichen Einstellung gehört. Nur in sechs von insgesamt 35 Ländern unterstützen die Menschen noch stärker die Marktwirtschaft (der Pro-/Anti-Marktwirtschaft-Koeffizient beträgt 1,21 für Schweden). Wenn man in der Fragestellung ausdrücklich den Begriff Kapitalismus verwendet, sinkt die Zustimmung, aber auch dann gibt es nur neun Länder, die positiver zum Kapitalismus stehen als Schweden, aber 25 Länder, die eine negativere Einstellung haben (der Pro-/Antikapitalismus-Koeffizient beträgt 0,97 für Schweden).

Wenn Schweden mal ein sozialistisches Land war, dann ist das schon einige Jahrzehnte her. Aber so wie an Menschen ein einmal zugeschriebenes Image oft lange und zäh klebt, auch wenn sie sich längst geändert haben, so verhält es sich auch bei Ländern. Wir sind generell nur langsam bereit, unser lieb gewonnenes Bild von einer Nation zu ändern.

Um es vorwegzunehmen: Schweden ist heute kein sozialistisches Land. In dem Ranking der wirtschaftlich freiesten Länder der Welt (auch Kapitalismus-Skala genannt) gehört Schweden zu der Gruppe der zehn am stärksten marktwirtschaftlich ausgerichteten Volkswirtschaften.[239] Mit Rang zehn liegt es im Index der wirtschaftlichen Freiheit 2023 weit vor den USA (Rang 25). Bemerkenswert ist vor allem das Ausmaß der Veränderungen. In dem Scoring des »Index der wirtschaftlichen Freiheit« legte Schweden in den vergangenen 28 Jahren um 16 Punkte zu – von 61,4 Punkten (1995) auf 77,5 Punkte (2023).[240] Nur in wenigen Ländern wie etwa Vietnam und Polen gab es einen noch etwas größeren Zuwachs an wirtschaftlicher Freiheit. Zum Vergleich: Die USA verloren in diesem Zeitraum in dem Index sechs Punkte und stehen mit 70,6 Punkten heute deutlich hinter Schweden.

Gleichwohl: Wer nach sozialistischen Elementen in Schweden sucht, der findet diese auch. Die schwedischen Staatsausgaben sind noch immer hoch, in den Jahren 2020 bis 2022 betrugen sie 49,6 Prozent des Bruttoinlandsproduktes. Die Steuerlast in Schweden ist zwar lange nicht mehr so hoch, wie sie einmal war, aber mit 42,6 Prozent des Inlandseinkommens noch fast die höchste der Welt. Der Spitzensteuersatz für Einzelpersonen liegt bei 57 Prozent und der Spitzensteuersatz für Unternehmen bei 20,6 Prozent. Doch viele Menschen wissen nicht, dass es andererseits im Unterschied zu den meisten Ländern in Schweden inzwischen keine Erbschafts-, Schenkungs- und Vermögenssteuer mehr gibt. Sie wurden allesamt abgeschafft. Der Arbeitsmarkt ist jedoch nach wie vor so stark reguliert wie in nur wenigen Ländern.[241]

Sozialistische Eigenschaften finden sich also durchaus in Schweden, auch wenn die kapitalistischen Merkmale heute überwiegen. Das Image von Schweden und anderen skandinavischen Ländern als »sozialistisch« stammt aus den 1970er- und 80er-Jahren. Der öffentliche Sektor absorbierte zwischen 1970 und 1984 den gesamten Zuwachs an Arbeitskräften in Schweden, wobei die neuen Arbeitsplätze vor allem im Bereich der sozialen Dienstleistungen lagen.[242] 1960 kamen auf 100

Schweden, die ihr Einkommen überwiegend in der Privatwirtschaft erwirtschafteten, 38, die ihr Geld vom Staat erhielten. 1990 dagegen kamen auf 100 Personen, die in der Privatwirtschaft verdienten, bereits 151, die überwiegend vom Staat lebten.[243] Die Zahl der Erwerbstätigen in der freien Wirtschaft nahm in diesem Zeitraum von drei Millionen auf 2,6 Millionen ab, während die Zahl der Personen, die ihr Geld überwiegend vom Staat bekamen, von 1,1 Millionen auf 3,9 Millionen gewachsen war.[244]

Die radikale sozialistische Politik stieß selbst wohlmeinende Anhänger der Sozialdemokratischen Partei vor den Kopf. Ein Beispiel dafür ist die schwedische Kinderbuchautorin Astrid Lindgren, die durch Figuren wie »Pippi Langstrumpf« oder »Karlsson auf dem Dach« weltberühmt wurde. In den 1930er-Jahren war sie unter dem Einfluss von Arbeiterschriftstellern zu einer Anhängerin der Sozialdemokraten geworden. Aber auch Lindgren war von den hohen Steuersätzen betroffen und machte ihrer Empörung Luft, indem sie in einer führenden schwedischen Tageszeitung ein »Steuermärchen« veröffentlichte und vorrechnete, dass ihre Steuerbelastung bei 102 (!) Prozent liege. Und zwar, anders als der Titel vermuten ließ, real und nicht nur in einem Märchen.

Ab den 90er-Jahren kam es zu einer umfassenden Gegenbewegung, die zwar den Hochsteuer- und Wohlfahrtsstaat in Schweden nicht grundsätzlich in Frage stellte, aber doch die Beseitigung vieler Auswüchse bewirkte. Im Jahr 1990/91 gab es eine große Steuerreform, in allen Bereichen wurden die Steuern gesenkt. Schweden schaffte später, wie bereits erwähnt, die Steuern auf Erbschaften, Schenkungen und das Vermögen ab. Die Zahl der Milliardäre in Schweden ist seitdem stark gestiegen. Der linke US-Politiker Bernie Sanders, der irrtümlicherweise manchmal Schweden als Modell für seine Vorstellung vom »Sozialismus« anführte, fordert in seinem Buch »It's Okay to be Angry About Capitalism« (2023), dass es keinen einzigen Milliardär in den USA geben dürfe.[245] In Schweden, das weiß er vermutlich nicht, ist heute die Zahl der Milliardäre – bezogen auf die Bevölkerungsgröße – um 60 Prozent höher als in den USA.

Die »sozialistische« Periode in Schweden dauerte nicht sehr lange, ungefähr von 1970 bis 1990. Die Periode davor, von 1870 bis 1970, war gekennzeichnet durch »Dezentralisierung und eine Begrenzung der Staatsmacht«. So hatte Schweden in diesen Jahren eine der am wenigsten regulierten Volkswirtschaften in Europa, wie der schwedische Ökonom Assar Lindbeck gezeigt hat.[246]

Berühmt ist Adam Smiths Buch »The Wealth of Nations«, das 1776 erschien. Aber schon elf Jahre davor (1765) erschien ein Büchlein des finnisch-schwedischen Ökonomen Anders Chydenius unter dem Titel »Den nationella vinsten«, in dem ganz ähnliche Gedanken wie in dem Buch von Smith vertreten wurden. Das schwedische Buch war mit 36 Seiten sehr dünn und nicht mit dem monumentalen Werk von Smith vergleichbar, aber die zentralen Thesen waren identisch. Chydenius erklärt in seinem Buch, dass Politikern das Wissen darüber fehlt, welche Unternehmen die größten Chancen auf Fortschritt haben. Wenn Regierungsentscheidungen ein bestimmtes Unternehmen begünstigen, so argumentiert er, werden Menschen dorthin gelockt, die ansonsten produktiveren Tätigkeiten in anderen Wirtschaftsbereichen nachgehen würden. Er weist darauf hin, dass die Teile Schwedens, die eine stärker marktwirtschaftlich orientierte Wirtschaftspolitik verfolgten, zu jener Zeit auch wirtschaftlich erfolgreicher waren. So wie Smith trat auch Anders Chydenius für den Freihandel und gegen ein Übermaß staatlicher Regulierung ein.

In einem 2023 in »Economic Affairs« erschienenen Beitrag über »The evolution of the Swedish market model« zeigen die Ökonomen Nima Sanandaji, Viktor Ström, Mouna Esmaeilzadeh und Saeid Esmaeilzadeh,[247] dass Schweden historisch gesehen einer der Pioniere des Kapitalismus war. »Aus historischer Sicht nahm Schweden in vielen Aspekten einer modernen Marktwirtschaft die Vorreiterrolle ein«, so die Autoren.[248] Ein Beispiel: Aktiengesellschaften sind ein Eckpfeiler der modernen kapitalistischen Marktwirtschaft. Das erste börsennotierte Unternehmen der Welt, mit dem die Falun-Kupfermine finanziert wurde, war ein Unternehmen in Schweden, das im 17. Jahrhundert zwei Drittel der Weltproduktion von Kupfer erwirtschaftete.

Dieses Bergwerk ist der Ursprung der ersten Aktiengesellschaft der Welt. Die erste bekannte Aktie der Falun-Mine wurde 1288 gezeichnet. »Bei der Erläuterung der Entwicklung des schwedischen Marktmodells ist es wichtig, darauf hinzuweisen, dass die älteste bekannte Aktiengesellschaft der Welt ihre Wurzeln in dem Land hat«, so die vier Autoren.[249]

Auch erlaubte Schweden als erstes Land Frauen, geschäftlich aktiv zu werden. Und sowohl die erste Bank, die credit notes ausgab, als auch die erste Zentralbank entstanden ebenfalls in Schweden. »Das ist wiederum ein Beispiel dafür, wie das schwedische Marktmodell die Entwicklung der Weltwirtschaft beeinflusst hat.«[250]

Wie ist die Situation für Unternehmer heute in Schweden? Ich spreche darüber mit Staffan Salén, CEO von Salénia AB. Er steht auf der Liste der 100 reichsten Schweden und ist insbesondere im Immobilienbereich (Logistikimmobilien, Light Industrial) engagiert. Nebenbei schreibt er regelmäßig eine pro-marktwirtschaftliche Kolumne für die schwedische Wirtschaftszeitung »Affärsvärlden«. Die Steuern für Unternehmer sind kein so großes Problem, wie man vielleicht vermuten könnte, denn die Unternehmenssteuern sind niedriger als in Deutschland, das Gleiche gilt für die Steuer auf Ausschüttungen. Zudem gibt es für Unternehmen viele Möglichkeiten der steuerlichen Gestaltung, um die Steuerlast zu reduzieren. Belastender sind die hohen Einkommenssteuern. Das größte Problem aber, so Salén, seien die extrem langen Genehmigungsprozesse und die ausufernde Bürokratie. Insbesondere die grüne Ideologie habe in Schweden dazu beigetragen, dass die Zulassungsverfahren immer länger werden. Und mitunter kann es passieren, dass ein Bauprojekt gestoppt wird, weil man einen einzigen schützenswerten Vogel gefunden hat.

Salén hat jedoch den Eindruck, dass der Einfluss der grünen Ideologie in Schweden inzwischen schwindet. Insbesondere junge Menschen wählen zunehmend konservativ. Mein Freund Anders Ydstedt bestätigt, dass sich in Schweden kaum noch jemand für die Klima-Predigerin Greta Thunberg interessiert. In Deutschland war sie viel populärer – zumindest solange, bis sie sich von einer Aktivistin gegen den Klimawandel zu einer Aktivistin gegen Israel wandelte.

Dass der Einfluss von Grünen und anderen linken Ideologen in Schweden zurückgeht, hängt auch mit den Folgen der Migrationspolitik zusammen. Schweden war früher als friedliches Land bekannt, doch die massenhafte illegale Migration hat zu erheblichen Problemen geführt. Allein im September 2023, in dem Monat nachdem ich in Schweden war, wurden zwölf Menschen bei Schießereien zwischen Banden getötet. Der in Afghanistan geborene Mustafa Panshiri kam im Alter von elf Jahren nach Schweden. Er ist ausgebildeter Polizist und arbeitet als Integrationscoach in den Problembezirken des Landes. In einem Interview erklärte er, wie es so weit kommen konnte, dass heute Kinder in den Vorstädten zu Killern werden: »Schon 2018 gab es Bombenanschläge in verschiedenen Teilen von Schweden und Schießereien zwischen Banden. Es geht dabei immer um das Gleiche: Territorium, Drogen und Geld. Doch was jetzt passiert, ist ein neues Ausmaß der Gewalt. Im Grunde geht es um den Krieg zweier Banden. Sie jagen buchstäblich die Verwandten des anderen und töten unschuldige Familienmitglieder aus Rache. Immer öfter werden Jungen zwischen 10 und 13 Jahren rekrutiert, um die Morde in Schweden zu verüben – und zwar von Strippenziehern, die im Ausland sitzen.«

Schwedens Premier Ulf Kristersson macht die »verantwortungslose Migrationspolitik und gescheiterte Integration« für die steigende Gewalt verantwortlich. Panshiri stimmt dem zu: »Sie müssen sich nur die Liste der Täter und Opfer anschauen, das sind alles Namen von Immigranten. Schweden hat in den vergangenen 20 Jahren zwei Millionen Menschen aufgenommen, pro Kopf so viele wie kaum ein anderes Land in Europa. Wir haben schon lange ein Problem mit den kriminellen Banden. Diese Probleme öffentlich so konkret zu benennen, war bislang sehr schwierig und galt als kontrovers. Doch das ist die Realität. Und jetzt ist sie unübersehbar.«[251]

Nach meiner Reise nach Stockholm fliege ich mit meiner Freundin Jenna, die mich begleitet, direkt nach Zürich, wo ich zu einer gemeinsamen Veranstaltung der Universitäten Trier und Zürich zur »Culture in Economics and Finance Conference« eingeladen bin. Ich spreche dort über die Ergebnisse meiner Untersuchung zum Image der Reichen in 13 Ländern. Daraus ergab sich eine Kooperation mit Professor Marc Oliver Rieger von der Universität Trier, den ich in ein Team aufnahm, das ich zusammen mit dem Institut für Weltwirtschaft in Kiel gebildet hatte. Dieses Team soll die Ergebnisse meiner Befragungen zum Image des Kapitalismus in 35 Ländern und zum Image der Reichen in 13 Ländern noch eingehender analysieren, als es mir alleine möglich gewesen wäre.

September 2023

Amsterdam, Niederlande

Im September 2023 reise ich für einige Tage nach Amsterdam, um dort die niederländische Ausgabe meines Buches »Die 10 Irrtümer der Antikapitalisten« vorzustellen. Es sollte der Kern einer Zehn-Tage-Tour sein, die in Berlin mit einem Vortrag bei der liberalen Friedrich-Naumann-Stiftung beginnt. Am Tag danach referiere ich bei der Liberalen Stiftung Saar in Saarbrücken, und für den Tag nach meiner Rückkehr aus Amsterdam ist ein Vortrag beim Weltethos-Institut in Tübingen vorgesehen. Bei beiden liberalen Instituten habe ich schon häufiger gesprochen, und diesmal wird mein Film »Poland: From Socialism to Prosperity« gezeigt.

Die Reise in die Niederlande steht unter keinem guten Stern. Obwohl ich in einem der teuersten Hotels der Stadt übernachte, muss ich mich von Anfang an ärgern. Erst bekomme ich ein Zimmer, das viel zu laut ist, dann eines, in dem es kalt ist, weil die Heizung nicht funktioniert. Und auch nachdem ich vier Mal meine geliebte Milch bestellt habe, bekomme ich keine und muss in den Supermarkt gehen, um sie selbst zu kaufen.

Doch das ist nur der Anfang einer misslungenen Reise, es sollte noch viel schlimmer kommen. Der Kontakt zu dem Verlag, der mein Buch in den Niederlanden veröffentlichte, wird durch das Mises-Institut in Amsterdam hergestellt. Ich kenne den Verlag nicht und vertraue dem Institut. Das ist ein Fehler. Denn als ich in Amsterdam ankomme, stelle ich fest, dass Co-Autor des Vorwortes Thierry Baudet ist, der Chef der Rechtsaußen-Partei »Forum für Democratie« in Amsterdam.

Als ich dies erfahre, sage ich meinen Auftritt bei der Buchvorstellung ab, zumal mir mitgeteilt wird, dass Baudet dort auch sprechen werde. Ich teile mit, dass ich sofort nach Berlin zurückkehren werde, und entschuldige mich zunächst damit, dass ich eine schmerzhafte Sehnenentzündung in der Schulter habe, was auch zutrifft – füge aber hinzu: »Aber auch unabhängig davon, wäre ich heute nicht zusammen mit Thierry Baudet aufgetreten. Ich selbst bin ein Rechtsliberaler, in den Niederlanden wäre ich sicher in der VVD. Baudet steht sehr weit rechts von mir, und in Deutschland oder anderen Ländern würde ich auch nicht mit jemandem auftreten, der weit rechtsaußen steht. Vor allem bin ich ganz und gar nicht einverstanden mit seiner Haltung zum Krieg in der Ukraine – ich finde, jeder Libertäre sollte die Ukraine nachdrücklich unterstützen … Ich möchte, dass in künftigen Auflagen nicht mehr ein Vorwort von Baudet erscheint, sondern nur eines von Willem Cornax, so wie es ursprünglich verabredet war.«

Ich hatte zuvor bereits mehrere Interviews gegeben, aber alle Medien akzeptierten meine Bitte, dass diese nicht veröffentlicht werden sollen. Außerdem sagte der Verlag zu, dass mein Buch in allen folgenden Auflagen ohne Vorwort von Baudet erscheinen wird. Meine Bücher wurden in über 30 Sprachen veröffentlicht, aber so etwas ist mir nie zuvor passiert.

Die Niederlande haben sich deutlich nach rechts entwickelt, was – wie in anderen Ländern auch – das Ergebnis einer völlig verfehlten Migrationspolitik ist. Zwei Monate nach meiner Reise zeigt sich das auch bei den Parlamentswahlen, bei denen die »Partei für die Freiheit« (PVV) des Islamkritikers Geert Wilders ihr Ergebnis im Vergleich zur letzten Wahl verdoppeln sollte und stärkste Partei wurde.

Obwohl ich mein Reiseprogramm nicht so wie vorgesehen durchgeführt habe, will ich in diesem Kapitel etwas über die Niederlande schreiben, denn – wie immer – habe ich mich intensiv auf die Reise vorbereitet, mich mit der Geschichte und Wirtschaft des Landes befasst und Umfragen in den Niederlanden durchführen lassen. 2023 erschien in dem renommierten Wissenschaftsverlag Princeton University Press ein Buch mit dem Titel »Pioneers of Capitalism«, das es erstmals ermöglicht zu verstehen, wie wichtig die Niederlande für die historische Entwicklung des Kapitalismus waren. Es ist ein Buch über die Geschichte des Landes, und die Autoren Maarten Prak und Jan Luiten von Zanden schreiben: »Die Niederlande waren einer der Vorreiter für die Entstehung des Kapitalismus.«[252]

Die Niederlande waren eines der frühesten und stärksten kapitalistischen Länder. Diese wirtschaftliche Fortschrittlichkeit war ein Grund, warum es dem kleinen Land (damals lebten nur zwei Millionen Menschen dort) gelang, zur führenden Weltmacht und Handelsnation aufzusteigen. Im 17. Jahrhundert waren die Niederlande »die führende Wirtschaftsmacht der Welt. In dieser Zeit beherrschten holländische Schiffe die Weltmeere und holländische Kaufleute spannten ein interkontinentales Handelsnetz, in dem Getreide, Wein, Gewürze, Zucker, Tabak, Porzellan und Menschen gekauft und verkauft wurden. Sie entwickelten neue Wirtschaftsformen, von denen die Finanzierung von Handelsunternehmen durch die Ausgabe von Aktien die bekannteste ist.«[253]

Die treibende Kraft bei der weltweiten Expansion war nicht der Staat, sondern das bewirkten die ersten beiden Aktiengesellschaften der Geschichte, die 1602 gegründete Niederländische Ostindien-Kompanie (VOC) und die Niederländische Westindien-Kompanie (WIC).

Bis heute zählen die Niederlande zu den wirtschaftlich freiesten Ländern der Welt. In dem Index of Economic Freedom 2023, in dem 176 Länder danach geratet werden, wie ökonomisch frei sie sind, kommen die Niederlande auf Platz acht – weit vor den USA (Platz 25) und Großbritannien (Platz 28), die oft als Mutterländer des Kapitalismus bezeichnet werden. Die Heritage Foundation lobt vor allem den starken Rechtsstaat in den Niederlanden und den Zustand der Staatsfinanzen. Negativ bewertet sie allerdings »Government Spending«, also die hohen Staatsausgaben, sowie die zu hohe Steuerbelastung.[254]

Die Niederlande wurden seit 2010 von Mark Rutte von der rechtsliberalen VVD regiert, der dieses klassisch-liberale Bekenntnis formuliert hat: »Der Staat muss klein und kräftig sein, keine Glücksmaschine, die den Menschen das gesamte Leben aus den Händen nimmt. Menschen müssen mit Verve leben können, Raum bekommen, um aus ihrem Leben etwas Außergewöhnliches zu machen. Die VVD kämpft für die Hebung der unteren Klasse, mit gutem Unterrichtswesen wollen wir Menschen auf ihren eigenen Beinen stehen lassen. Das Glück sitzt im Menschen, nicht im Staat.«[255]

Aus Sicht der Libertären in den Niederlanden ist Rutte allerdings eher ein Sozialdemokrat. Man muss dazu aber sagen, dass die libertäre Bewegung im engeren Sinne in den Niederlanden extrem schwach ist. Es gibt eine Kleinstpartei, die sich für eine negative Einkommenssteuer und die weitere Liberalisierung der Drogenpolitik einsetzt. Ich traf in Amsterdam den Spitzenkandidaten der Partei, Tom van Lamoen, der auch Abgeordneter und Fraktionsvorsitzender der Partei Amersfoort voor Vrijheid in der Stadt Amersfoort ist. Er ist vor allem ein Bitcoin-Enthusiast, so wie viele Libertäre. Zu dem in den Niederlanden heiß diskutierten Thema Migration meint er, eigentlich sei er für offene Grenzen, aber solange es den Wohlfahrtsstaat gebe, sei dies nicht möglich. Ich entschließe mich, künftig den Kontakt mit ihm zu halten.

Obwohl laut dem Ranking die Niederlande insgesamt zu einem der wirtschaftlich freiesten Länder der Welt gehören, haben der Kapitalismus und die Marktwirtschaft hier ein so schlechtes Image wie in kaum einem anderen Land der Welt. In meiner Umfrage zum Image der Marktwirtschaft und des Kapitalismus, die das Institut Ipsos MORI in 35 Ländern durchführte, zeigte sich, dass die Ablehnung des Kapitalismus nur in sieben Ländern noch stärker ist als in den Niederlanden.

Und das liegt keineswegs nur an dem in den Niederlanden verfemten Wort »Kapitalismus«. In der Befragung wurden auch mehrere Fragen gestellt, bei denen das Wort Kapitalismus bewusst vermieden und stattdessen ein marktwirtschaftliches System beschrieben wurde – ohne das Reizwort zu verwenden. Das Ergebnis war nicht besser. Im Gegenteil: Nur in zwei von 35 Ländern, nämlich in Russland und Bosnien-Herzegowina, war das Image der Marktwirtschaft schlechter als in den Niederlanden! Laut der Umfrage hatten Personen, die sehr gut verdienen, oder solche, die sich politisch eher »rechts« verorten, lediglich eine »neutrale« Haltung zur Marktwirtschaft und zum Kapitalismus – in vielen anderen Ländern gehören Besserverdiener und politisch rechtsstehende Menschen zu den entschiedenen Verfechtern des Kapitalismus. Alle Daten weisen in eine Richtung: Die Niederländer lehnen die Marktwirtschaft und den Kapitalismus ab. Die größte Zustimmung fanden in den Niederlanden die Aussagen »Kapitalismus befördert Egoismus und Profitgier« (44 Prozent) und »Kapitalismus führt zu steigender Ungleichheit« (41 Prozent). Die geringste Unterstützung (neun Prozent) bekam die Aussage »Kapitalismus ist ein besonders effizientes Wirtschaftssystem«.

Dabei sind die Niederlande bis heute wirtschaftlich außerordentlich erfolgreich. Das Bruttoinlandsprodukt pro Einwohner war 2022 mit 73.000 Euro höher als in Deutschland, Großbritannien, Frankreich, Spanien, Italien und anderen europäischen Ländern. Und 2022 waren die Niederlande die viertstärkste Exportnation der Welt, vor Japan und Korea![256] Das ist bemerkenswert, vor allem, wenn man bedenkt, dass die Niederlande nur 17,5 Millionen Einwohner haben. Deutschland als drittgrößtes Exportland hat fünf Mal mehr Einwohner, die Nr. 1 China hat 84-mal mehr Einwohner und die USA als Nummer 2 haben 20-mal mehr Einwohner.

Man sieht an diesem Beispiel, wie lange historische und wirtschaftliche Traditionen fortwirken. Auch wenn die Niederlande längst nicht mehr die führende Wirtschaftsmacht der Welt sind, so gibt es kein Land vergleichbarer Größe, das so viele Güter in die Welt exportiert – und darum passt es, dass Rotterdam den größten Hafen Europas hat.

Oktober 2023

Sofia, Bulgarien

Einige Tage bevor ich nach Bulgarien fliege, hat mich Professor Oliver Pott zu einem »Mastermind«-Seminar auf Schloss Weißensee eingeladen. Dort lerne ich einen jungen deutschen Unternehmer kennen, der gerade von Berlin nach Sofia gezogen ist. Als ich ihn nach dem Motiv frage, nennt er an erster Stelle die Steuern. In Bulgarien zahlen Unternehmen und Privatpersonen zehn Prozent Steuern, gleichgültig wie viel sie verdienen.

Am Flughafen tausche ich Euro in Lew um. Für 100 Euro bekommt man etwa 200 Lew. Nach zahlreichen Staatsbankrotten im 20. Jahrhundert wurde der Lew 1999 im Verhältnis 1:1 an die Deutsche Mark gebunden, heute ist er an den Euro gekoppelt. In den nächsten Jahren soll Bulgarien der Eurozone beitreten, was jedoch viele Bulgaren ablehnen, weil sie Preissteigerungen befürchten.

Eingeladen nach Bulgarien hat mich Anfang Oktober Krassen Stanchev. Er ist zwei Jahre älter als ich und Professor für Public Choice und makroökonomische Analyse an der Universität Sofia, wo er auch Wirtschaftsgeschichte unterrichtet. Er ist außerdem CEO des Beratungsunternehmens KC 2 Ltd. und Vorstandsvorsitzender und Gründer von IME, Bulgariens erstem unabhängigen, marktwirtschaftlichen Thinktank. 1990 und 1991 war Stanchev Mitglied und Ausschussvorsitzender der bulgarischen verfassungsgebenden Versammlung und einer der wichtigsten Initiatoren der Reformen, die Bulgarien von der Planwirtschaft zur Marktwirtschaft führten.

Seine persönliche Entwicklung zur klassisch-liberalen Weltanschauung war durch verschiedene einschneidende Erlebnisse Ende der 60er- und Mitte der 80er-Jahre geprägt: »Meine persönliche klassisch-liberale Weltanschauung sowie später auch mein politisches Engagement für die Förderung libertärer Werte in meinem Heimatland Bulgarien und anderswo sind eher durch das praktische Leben als durch Lesen und Bildung entstanden. Für mich, damals als 13-Jähriger ein Fan internationaler Geselligkeit und von Rockmusik, war es ein Schock, mitzuerleben, wie die Sehnsucht nach Freiheit im August 1968 durch den Einmarsch des Warschauer Paktes in die Tschechoslowakei erstickt wurde.«

Aber das entscheidende Erlebnis für ihn waren die Reaktorkatastrophe in Tschernobyl im April 1986 und die Reaktion des kommunistischen Systems darauf: »Sie zeigte der Mehrheit, dass es keines weiteren Beweises für die Menschenfeindlichkeit des Regimes bedurfte. Ich erfuhr von dem Unfall, als ich an der Wirtschaftsuniversität (damals noch Wirtschaftsinstitut Karl Marx) eine Vorlesung über Ressourcenknappheit hielt, bei der ich Beispiele aus dem Energiesektor anführte. Ein Student protestierte und sagte der Klasse, ich würde ›völligen Blödsinn‹ erzählen; die BBC habe über einen schrecklichen Unfall in einem sowjetischen Atomkraftwerk berichtet. Ich beendete die Vorlesung, um die Nachricht rasch zu überprüfen, indem ich von Ost- zu Westradio wechselte. Mit Ausnahme von Bulgarien und der Sowjetunion wurde die Öffentlichkeit überall ausreichend über das Geschehen informiert und darüber, was man zur Vermeidung der Strahlungsrisiken tun könne. Meine Frau war zu dieser Zeit schwanger. Ich empfand die bewusste Fehlinformation der Regierung als persönliche Beleidigung und beschloss, alles in meiner Macht Stehende zu tun, um dieses menschenfeindliche System zu beseitigen.«

Nach dem Zusammenbruch des Sozialismus engagierte Stanchev sich vor allem für Umweltthemen: »Als einer der wenigen Aktivisten, die sich mit vergleichendem Umweltrecht auskannten, wurde ich im Juni 1990 zur Teilnahme an den ersten verfassungsmäßigen Wahlen nach dem Ende der kommunistischen Herrschaft eingeladen, um den Vorsitz des Umweltschutzausschusses zu übernehmen. Ich gewann den größten Wahlkreis, entwarf das Umweltgesetz und beteiligte mich zudem an der Gesetzgebung in den Bereichen Besteuerung, Privatisierung, Rückgabe enteigneter Rechte und Liberalisierung der Märkte.«

Tatsächlich haben sich die Umweltstandards in Bulgarien nach dem Ende des Sozialismus erheblich verbessert. Deshalb versteht Stanchev nicht den »Green New Deal« der EU: Dies sei wieder einmal der Versuch, Probleme mittels Planwirtschaft zu lösen – etwas, das bisher in der Geschichte immer gescheitert sei.

Ältere Intellektuelle wie Stanchev sind in Bulgarien oft antikommunistisch und pro-kapitalistisch eingestellt. Aber die Jüngeren lernen in der Schule wenig über die Geschichte des Sozialismus. Ich führe in Sofia mehrere Interviews, u.a. mit Ludmilla Dimova, einer bekannten Journalistin. Sie ist in meinem Alter und meint: »Wir Älteren sind kuriert vom Marxismus. Aber junge Bulgaren, die in Europa oder den USA studiert haben, kommen wieder und schreiben hier begeistert Abhandlungen über marxistische Theorie.«

Eine Aufarbeitung der kommunistischen Vergangenheit in Bulgarien hat nicht stattgefunden. Hier einige Fakten: Am 9. September 1944 stürzte die Kommunistische Partei in Bulgarien die Regierung durch einen Militärputsch. Am Tag davor war die sowjetische Armee in Bulgarien eingedrungen. Die neue, kommunistische Regierung begann ihre Machtausübung mit totalem Terror. »Schon in den ersten Tagen und Wochen wurden ohne ›juristische Formalitäten‹, wie Anklage und Gerichtsurteil, ca. 30.000 Menschen von sogenannten ›Troikas‹ (Hinrichtungskommandos), die sich aus Aktivisten der Kommunistischen Partei und amnestierten Kriminellen zusammensetzten, ermordet.«[257]

Der »Volksgerichtshof« fällte in 135 Prozessen insgesamt 9.550 Urteile. 2.730 Menschen wurden zum Tode verurteilt, 305 erhielten lebenslange Haft. Etwa 200 zum Tode Verurteilte wurden bereits vor dem Prozess getötet. Mehr als 200 Unternehmen wurden beschlagnahmt sowie eine große Anzahl von Immobilien und Besitztümern. 4.325 Familien von Verwandten von Verurteilten wurden vertrieben, insgesamt fast 12.000 Personen.[258]

Bereits kurz nach der Machtergreifung errichteten die Kommunisten ein Straflagersystem nach dem Vorbild des sowjetischen GULag. Zwischen 1945 und 1962 gab es Dutzende Zwangsarbeitslager (TWO) und »Arbeitsgruppen« für Zwangsarbeit.[259] Zehntausende Bulgaren wurden gezwungen, jahrzehntelang unter schwersten Bedingungen Zwangsarbeit zu leisten. Viele starben oder litten ihr Leben lang an den Folgen von Folter, Hunger und Zwangsarbeit.[260]

Die neue Regierung ordnete die Abschaffung des Privateigentums an und begann unverzüglich mit der Verstaatlichung von Industrie, Handel und Banken sowie der Kollektivierung der Landwirtschaft. Nur einige Jahre darauf verkündeten die Kommunisten stolz, dass in der Industrie, dem Handwerk, den Finanzen, dem Handel und bei Dienstleistungen kein einziger Privatbetrieb mehr existierte.[261]

Zuerst führte die Regierung eine »einmalige Steuer auf Immobilien und andere Vermögenswerte« ein, die ein Drittel des Wertes der Immobilie betrug. In einer zweiten Phase wurde das Eigentum durch das »Gesetz für die großen städtischen überdachten Immobilien« beschlagnahmt. »Die Repressalien gegen die Besitzer endeten nicht mit der Beschlagnahmung des Eigentums. Es folgten Zwangsumsiedlungen, einige Alteigentümer wurden in Arbeitslagern interniert, und ihre Nachkommen mussten in den offiziellen Biografien schreiben, dass ihre Eltern von ›Maßnahmen der Volksmacht‹ betroffen waren.«[262]

Die Verstaatlichung der Unternehmen wurde in einer Geheimaktion vorbereitet. Am Tag der Aktion versammelten sich in den frühen Morgenstunden die Personen, die von der Kommunistischen Partei als die neuen Leiter bestimmt worden waren. Landesweit brachen die Gruppen um 10.30 Uhr auf und teilten dem Besitzer oder Direktor des Betriebes mit, sein Unternehmen sei beschlagnahmt. Sie nahmen ihm die Tresorschlüssel weg und schlossen die Rechnungsbücher dort ein. Der Eigentümer des Betriebes wurde gezwungen, die Kassenschlüssel und den Schlüssel seines Büros an die unangekündigt bei ihm erschienenen Kommissionen zu übergeben. Danach musste er ein Protokoll unterzeichnen, in dem er bestätigte, dass er den Betrieb der »Volksmacht« freiwillig überlasse. Beim Verlassen des Betriebes durfte er nur seinen Mantel mitnehmen. Danach gab die Fabriksirene das Signal, dass der Partei- und Regierungswille erfüllt worden sei.

Enteignet wurden nicht nur die Unternehmen und Geldanlagen, sondern auch der größere Teil des Privatbesitzes der Unternehmer, d.h. Wohn- und andere Immobilien, Bankkonten, Wertgegenstände, Autos usw. Die Kommunisten erklärten die vormaligen Besitzer von Villen zu »Gegnern des Regimes« und nahmen ihnen die Häuser weg. Danach zogen dort Funktionäre der Kommunistischen Partei oder von ihnen berufene Beamte und Angestellte ein.[263]

Auf diese Weise wurden in Bulgarien innerhalb weniger Stunden 6.100 Unternehmen verstaatlicht.[264] »Die meisten von ihnen waren gut entwickelte kleine, mittlere und große Unternehmen, Fabriken der Textil-, Chemie-, Leder- und Konservenbranche usw. Sie hatten die Kriegsperiode überlebt und konnten ihre Produkte erfolgreich auf dem Weltmarkt exportieren. Nach der Verstaatlichung hatten sie keine Zukunft mehr …«[265]

Die entlassenen Direktoren und Ingenieure ersetzten die Kommunisten durch »progressive« Techniker, die zwar unqualifiziert für die Aufgaben, aber dem kommunistischen Regime treu ergeben waren. Personen mit der richtigen Gesinnung, aber ohne Hochschulausbildung wurden gesetzlich gleichgestellt mit Personen höherer Ausbildung.[266]

Das neue Regime war keineswegs das versprochene Arbeiterparadies – ganz im Gegenteil. Die Arbeitslöhne waren die niedrigsten in Europa. Die Technik und die Produktionsverfahren veralteten zunehmend, und nach dem Ende des Sozialismus zeigte sich, dass sie nicht konkurrenzfähig waren. Das Ergebnis war, dass nach dem Systemwechsel die Produktion massiv zurückging und viele Menschen arbeitslos wurden. Die Jahrzehnte des Sozialismus hatten Bulgarien ruiniert.

Als der Sozialismus in der Sowjetunion und den anderen sozialistischen Staaten zusammenbrach, kam es auch zu einem Wechsel in Bulgarien. Die Kommunistische Partei benannte sich um in »Sozialisten« und gewann 1990 die Wahlen. Die politische und wirtschaftliche Elite blieb zunächst fast unverändert. Mitglieder des ehemaligen staatlichen Sicherheitsdienstes übernahmen weite Teile der Wirtschaft. Oft wurden sie Teil der organisierten Kriminalität. Zwischen 1996 und 2008 brachten sich etwa 300 Mitglieder der bulgarischen Mafia – einschließlich einiger Politiker – gegenseitig um.[267]

Simeon Djankow, der von 2009 bis 2013 Vize-Premierminister und Finanzminister war, schreibt: »Der größte Fehler beim Übergangsprozess in Bulgarien war das Versäumnis, in den ersten Jahren des Übergangs ein Gesetz zu verabschieden, das politische Betätigungen für die Mitglieder der ehemaligen Geheimpolizei verbietet.«[268] In anderen osteuropäischen Staaten gab es solche Gesetze, aber in Bulgarien konnten die Mitglieder der ehemaligen Geheimpolizei weite Teile des politischen Apparates und der Wirtschaft übernehmen.

Es fand kaum eine Auseinandersetzung mit der kommunistischen Vergangenheit statt, und das Wissen der jungen Menschen über diese Zeit ist gering, wie eine im Jahr 2014 durchgeführte Umfrage zeigte: »Die Umfrage, die von Alpha Research, dem wohl zuverlässigsten Meinungsforschungsinstitut des Landes, unter 1.200 bulgarischen Bürgern im Alter von über 16 Jahren durchgeführt wurde, ergab, dass die kollektive Erinnerung an die Zeit des Kommunismus in Bulgarien allmählich verblasst und das Wissen über diese Zeit im Schwinden begriffen war.

Sie zeigte, dass 94 Prozent der 16- bis 30-Jährigen extrem wenig über diese Zeit wussten. 40 Prozent von ihnen konnten nicht sagen, ob das Ende des Kommunismus mit dem Fall der Berliner Mauer oder dem von Mauern in Moskau, Sofia oder China verbunden war. 92 Prozent kannten weder die tatsächlichen noch die metaphorischen Grenzen des ehemaligen kommunistischen Blocks …

Es wäre übertrieben zu behaupten, dass Bulgarien seine jüngste Vergangenheit völlig vernachlässigt. Allerdings hat ein bulgarischer Schüler in den ersten Jahrzehnten des 21. Jahrhunderts wahrscheinlich ein größeres Wissen über das Erste Bulgarische Königreich im

7. bis 11. Jahrhundert oder den gescheiterten Aprilaufstand gegen das Osmanische Reich von 1876 als über die Lebenswirklichkeit seiner Eltern oder Großeltern im 20. Jahrhundert.«[269]

Nach dem Ende des Sozialismus waren die ersten Jahrzehnte von einem ständigen Wechsel der Regierungen gekennzeichnet, die oft nicht länger als ein Jahr an der Macht blieben. Paradoxerweise hatte das auch etwas Gutes, denn schlimmer noch als Instabilität sind identische und über Jahre oder gar Jahrzehnte verfestigte korrupte Strukturen.[270] Regierungen, die wirtschaftliche Reformen durchführten, wurden abgelöst von anderen, die diese Reformen teilweise wieder zurücknahmen, um von wieder anderen abgelöst zu werden, die erneut Reformanstrengungen unternahmen.[271]

Doch unter dem Strich wurden einige sehr positive Reformen durchgeführt. Bulgarien hat, wie erwähnt, eine Flat tax von nur zehn Prozent, so dass es im Index of Economic Freedom 2023 in der Kategorie »Tax burden« mit 93,7 von 100 Punkten eine Traumpunktzahl hat. Positiv ist auch das Rating für »Property Rights« und für »Fiscal Health«, wogegen es erhebliche Defizite im Bereich »Government Integrity« gibt.

Insgesamt rangiert Bulgarien heute auf Platz 32 im Index of Economic Freedom – zwischen 1995 und 2023 gewann das Land 19,3 Punkte.[272]

Obwohl Bulgarien sich in den vergangenen 20 Jahren wirtschaftlich positiv entwickelt hat, haben viele Bulgaren ihre Heimat verlassen und sind beispielsweise nach Deutschland, Spanien oder Italien ausgewandert, wo der Lebensstandard höher ist. Die Bevölkerung ist von fast neun auf nur noch 6,5 Millionen Einwohner geschrumpft, aber inzwischen hat sich der Rückgang verlangsamt.

Zieht man Bilanz, so liegt Bulgarien irgendwo in der Mitte zwischen den erfolgreichen ehemaligen sozialistischen Ländern Polen und Tschechien und den Katastrophen-Ländern Russland und Ex-Jugoslawien. Das spiegelt sich auch in der Einstellung der Bulgaren zur wirtschaftlichen Freiheit und zum Kapitalismus. Mit einem Pro-Antikapitalismus-Koeffizienten von 0,84 nimmt Bulgarien eine Mittelposition ein zwischen den Ländern mit einer sehr prokapitalistischen

Einstellung (Polen, Tschechien) und denen mit antikapitalistischer Einstellung (Russland sowie Nachfolgestaaten von Jugoslawien). In meiner Studie zum Image des Kapitalismus gibt es 16 Länder, die stärkere pro-kapitalistische Einstellungen aufweisen als Bulgarien, im Gegensatz zu 18 Ländern, die eine stärker negative Einstellung haben.

Pro- oder Antikapitalismus ist aber nicht das eigentliche Thema, das die Bulgaren bewegte, als ich in Sofia bin. Es geht vielmehr um die Einstellung zu Russland, die das Land spaltet. An der Spitze Bulgariens steht Präsident Rumen Radew, der stark pro-russisch orientiert ist. Seine Kritiker sagen, er sei von den Russen gekauft. Auch die Sozialisten und die rechtsextreme Wasraschdane-Partei sind pro-russisch. Dagegen steht aber der 2023 gewählte Ministerpräsident Nikolaj Denkow, ein Physikprofessor, der entschieden antirussisch ist und für die Unterstützung der Ukraine. Das Thema spaltet die bulgarische Gesellschaft.

Für mich persönlich ist die Reise nach Bulgarien erfolgreich, ich habe zahlreiche Interviews mit Medien und Fernsehsendern sowie Vorträge an der NBU New Bulgarien University und an der Saint Clement of Ohrid Universität. Was mich beeindruckt, ist ein riesiger, sehr friedlicher und gepflegter Park in der Nähe meines Hotels. Hunderte Menschen erholen sich dort, und es gibt viele Kinderspielplätze ohne Spuren von Vandalismus. Der Kontrast zu meiner Heimatstadt Berlin, wo manch ein Park zu einem Drogenumschlagplatz verkommt, ist frappierend. Offenbar kann auch ein Land, das seinen Bürgern nur zehn Prozent Steuern abnimmt, solche öffentlichen Einrichtungen und deren Pflege finanzieren.

Oktober 2023

Tirana, Albanien

Albanien wird als Reiseziel für Touristen immer beliebter. 2022 besuchten 7,5 Millionen das kleine Land, in dem nur 2,8 Millionen Menschen leben, und die Zahlen steigen weiter. Das mediterrane Wetter und die niedrigen Preise machen den südeuropäischen Küstenstaat ausgesprochen attraktiv.[273] Mitte Oktober 2023 bin ich das zweite Mal in Albanien, diesmal um die albanische Ausgabe meines Buches »Die 10 Irrtümer der Antikapitalisten« vorzustellen. In der Woche, in der es in Deutschland regnet und die Temperatur in Berlin nur 11 bis 15 Grad Celsius beträgt, scheint in Tirana die Sonne bei 25 Grad.

Eigentlich will ich das Buch im ehemaligen Haus des Diktators Enver Hoxha vorstellen, aber das wird gerade renoviert. Also findet die Präsentation in einem Museum statt, das die Untaten des kommunistischen Sicherheitsdienstes dokumentiert, dem Museum of Secret Surveillance. Eine Wand ist völlig bedeckt mit kleingedruckten Namen – es sind die aller politischen Gefangener, die umgebracht wurden, weil sie gegen Hoxhas Diktatur waren.

Filmaufnahmen mit dem albanischen Fernsehen und ein Interview zu meinem Buch finden dann vor einem Gebäude statt, das wie eine Pyramide aussieht. Es diente in den ersten Jahren nach dem Tod Hoxhas als Museum zu Ehren des Diktators. Heute ist es ein IT-Hub.

Als ich mein Buch signiere, buchstabiert mir ein Leser: »Please sign for Marenglen.« Marenglen sei die Kurzform für Marx-Engels-Lenin, ein beliebter Vorname in Albanien zu sozialistischen Zeiten. Als ich das auf Facebook poste, zweifeln manche, ob das nicht ein Witz sei. Nein, googeln Sie mal Marenglen, dann werden Sie sehen, wie oft es den Namen in Albanien gibt.

Adri Nurellari, den ich bei meinem letzten Aufenthalt in Tirana kennengelernt hatte, holt meine Freundin Trang und mich vom Flughafen ab. In der kurzen Zeit, seit ich das letzte Mal in Albanien war, hat sich äußerlich einiges verändert. Es sind viele Hochhäuser entstanden, manche mit Büros, andere mit anderen Nutzungsarten. Viele davon wurden vermutlich mit den Gewinnen aus dem Drogenhandel finanziert, wie Adri anmerkt. Es stünden derzeit etwa 40.000 Wohnungen leer in Albanien – sie dienten meist dazu, Schwarzgeld aus dem Drogenhandel (einer der wichtigsten »Wirtschaftszweige« in dem Land) zu waschen.

David Hudhri, mein Verleger in Albanien, meint, unlängst sei in Albanien Folgendes aufgeflogen: Überall in der Stadt waren Kameras installiert, und die meisten Leute dachten, das seien staatliche Überwachungskameras bzw. solche von der Polizei. Tatsächlich gehörten sie den Drogenbossen, die damit die Aktivitäten der Polizei in der gesamten Stadt überwachten.

Auch das Marriott-Hotel, das Trang ausgesucht hat, gab es noch nicht, als ich ein Jahr zuvor in Tirana war. Es ist viel besser als das altmodische Xheko Imperial Hotel, in dem ich beim vorigen Mal war. Und das zu einem sensationell niedrigen Preis. Für eine großzügige Suite im 19. Stock zahlen wir 600 Euro für vier Tage. Direkt vor unserem Hotel findet ein Fußballspiel statt, Albanien gegen Tschechien – das Qualifikationsmatch zur Europameisterschaft im riesigen Stadion können wir beim Blick aus unserem Fenster sehen. Leider bin ich kein Fußballfan, sonst hätte ich meine Freude daran gehabt, das Spiel von meinem Hotelzimmer aus live und kostenfrei anzusehen. Albanien gewinnt 3:0, und die Freude ist überall groß.

Auf den Straßen ist alles geschmückt mit Fahnen der Länder der Europäischen Union sowie der USA. In wenigen Tagen soll hier eine hochrangig besetzte Tagung des »Berlin Prozesses« stattfinden. Der Berlin-Prozess wurde 2014 als Plattform für eine Zusammenarbeit zwischen hochrangigen Vertretern der westlichen Balkanstaaten und neun EU-Ländern (Österreich, Bulgarien, Kroatien, Frankreich, Deutschland, Griechenland, Italien, Slowenien, Polen) sowie Großbritannien ins Leben gerufen. In diesem Jahr kommen, unter anderem neben dem deutschen Bundeskanzler Olaf Scholz, auch hochrangige Vertreter aus Spanien, Ungarn, Rumänien und den Niederlanden. An dem Prozess sind auch EU-Institutionen, internationale Finanzinstitutionen sowie Unternehmen der Region beteiligt. Ziel der Albaner ist es, Mitglied der EU zu werden, und in keinem der potenziellen Beitrittsländer ist die Zustimmung zur EU so groß wie in Albanien.

Adri lädt uns gleich nach unserer Ankunft in ein vegetarisches Restaurant ein. Albanien ist bekannt für seine sehr guten Speisen, und auch diese gibt es zu sensationell niedrigen Preisen. Da dies eine populäre »Währung« ist, vergleiche ich oft die Preise für eine Pizza in einem Land: In Albanien kostete sie drei Euro.

Beim Abendessen erklärt Adri, ohne die EU bestehe keine Aussicht auf Fortschritte bei Demokratie, Rechtsstaatlichkeit und Marktwirtschaft in Albanien. Er sagt das, obwohl er sich der Schwächen der EU bewusst ist. Aber gerade in einem Land wie Albanien, wo es kaum demokratische, rechtsstaatliche und marktwirtschaftliche Traditionen gebe, sei es kaum möglich, aus eigener Kraft eine Entwicklung in diese Richtung zu vollziehen. Zu stark sei die Macht der Eliten, die seit Jahrzehnten im Wesentlichen die gleichen seien. Korruption und Vetternwirtschaft seien so stark verbreitet, dass er sich Fortschritte am ehesten durch massiven Druck aus der EU verspricht. Allerdings hätten die Beispiele Bulgarien und Rumänien gezeigt, dass auch bei einer EU-Mitgliedschaft diese Probleme keineswegs automatisch gelöst würden. Nach den Erfahrungen mit Bulgarien und Rumänien habe die EU die Hürden für eine Aufnahme noch höher geschraubt.

Die Bevölkerung in Albanien ist dezidiert pro-westlich. »Wir wetteifern mit den Polen um den Titel des pro-amerikanischsten Landes in Europa«, so Adri. Ich denke, in Albanien sind die Menschen proamerikanischer als in den USA. Auch Adri selbst ist dezidiert proamerikanisch eingestellt. Vor unserer Reise hatte ich Sorge, ob er überhaupt Zeit für mich finden würde, weil Serbien umfangreiche Truppen an der Grenze zum Kosovo zusammengezogen hatte und der Ausbruch eines neuen Krieges zu drohen schien. Adri, der zwar Albaner ist, aber seit Jahren vor allem im Kosovo politisch aktiv ist, meint, die Russen und die Serben wollten testen, ob der Westen wirklich bereit sei, den Kosovo zu verteidigen. Die EU habe – wie immer – zögerlich und schwach reagiert, aber die USA hätten ein starkes und deutliches Signal Richtung Belgrad ausgesendet, dass man keine Aggression akzeptieren werde.

Die Amerikaner, so Adri, hätten auch in den vergangenen Jahren bei der Reform des Justizwesens in Albanien entscheidend geholfen. Was für die meisten Albaner ein Grund zur Hoffnung sei, nähmen allerdings die Eliten als Bedrohung wahr, da sie befürchteten, einen Teil ihrer Macht zu verlieren, wenn Albanien sich öffne und eine unabhängige Justiz entstehe. Wegen der großen Zustimmung der Bevölkerung zu einer EU-Mitgliedschaft sei auch die albanische Regierung für einen Beitritt, tatsächlich aber, so seine Meinung, hintertriebe sie den Prozess der Annäherung an die Europäische Union.

In Tirana traf ich Sali Berisha, zwei Tage vor seinem 79. Geburtstag. Er ist der bekannteste Politiker Albaniens und war Gründer und lange Zeit Vorsitzender der Demokratischen Partei Albaniens (PD). Zwischen 2005 und 2013 war er Ministerpräsident Albaniens, unterlag jedoch 2013 gegen den ehemaligen Bürgermeister Tiranas, Edi Rama.

Berisha, der aus einer einfachen Bauernfamilie stammt, studierte in Paris Medizin und wurde später ein bekannter Kardiologe. Mit Stolz erzählt er mir von seinen Forschungen, über die sogar renommierte Fachzeitschriften in Frankreich und Großbritannien berichteten. Als Mediziner habe er schon in der Zeit der Diktatur gesehen, dass die meisten Menschen in Albanien stark unterernährt waren, weil ihnen aufgrund zu geringer Nahrungs- und Proteinzufuhr essenzielle Aminosäuren fehlten. »1989 kam sogar ein Fernsehteam zu mir, um ein Interview zu diesem Thema zu machen, aber später wurde alles Kritische herausgeschnitten und es wurden nur wenige Sekunden gezeigt, wo ich sehr nervös war.«

Die Menschen waren damals so arm, dass viele ein Schwein in ihrer engen Wohnung hielten, um wenigstens etwas zum Essen zu haben. Da das verboten war, erfanden sie »Operationen«, damit das Schwein nicht mehr grunzen und Nachbarn auf den illegalen Mitbewohner nebenan aufmerksam machen konnte. »Damals hungerten fast alle in Albanien.«

Nach dem Tod des Diktators Enver Hoxha wurde Ramiz Alia sein politischer Erbe, er übernahm 1985 die Führung der Partei. »Das war im gleichen Jahr, als Gorbatschow in der Sowjetunion die Führung der Partei übernahm, und manche hofften zunächst, Alia könne ein albanischer Gorbatschow werden. Aber am ersten Todestag Hoxhas, also am 11. April 1986, sah ich, wie Alia den Grabstein Hoxhas küsste – und das war für mich das klare Signal, dass er kein albanischer Gorbatschow würde.«

Die Situation heute in Albanien sieht Berisha kritisch. »Albanien ist ein Drogenstaat. Die Regierung ist eng verwoben mit der organisierten Kriminalität, und zwar weltweit, bis hin zu Drogenkartellen in Mexiko. Ich nenne das System heute eine ›Mobocracie‹, eine Herrschaft des Mobs und der kriminellen Gangs.« Als die Codes von Krypto-Handys aus dem Besitz von Kriminellen jüngst durch Franzosen entschlüsselt wurden, stellte sich heraus, dass die Sprache, mit der am zweithäufigsten kommuniziert wurde, Albanisch war.

Kritiker von Berisha werfen ihm vor, ebenso korrupt zu sein. Und nur drei Monate nachdem ich ihn traf, wird Berisha wegen Korruption verhaftet und unter Hausarrest gestellt.

Für manche ist Albanien ein Land fest im Griff der organisierten Kriminalität, wobei es nicht einmal einen großen Unterschied mache, welche der beiden Parteien an der Macht sei.

Ich diskutiere immer wieder mit Adri: Wie ist es möglich, ein Land aus den Klauen der organisierten Kriminalität zu befreien? Dass das Land von Verbrechern regiert würde, hört man oft. Ich treffe Ismail Kadare, den mit Abstand bekanntesten albanischen Schriftsteller. Er ist einer der bedeutendsten europäischen Schriftsteller und Intellektuellen des 20. Jahrhunderts und eine Stimme der Weltliteratur gegen den Totalitarismus. Auf meine Frage, was er ändern würde in Albanien, antwortet er, er würde zuerst eine Reihe von Leuten aus der Regierung ins Gefängnis werfen. Der 87-Jährige hat drei Jahrzehnte in Paris gelebt, und ich möchte wissen, was er von den Intellektuellen dort halte: Er meint, er sei ein Außenseiter gewesen wegen seiner proamerikanischen Einstellung. Viele französische Intellektuelle seien Bewunderer von Stalin und Mao gewesen, so etwa Jean-Paul Sartre, der sich weigerte, an einem Treffen teilzunehmen, weil auch Kadare anwesend war. Das Gespräch mit ihm ist schwierig, wohl wegen seines Alters und weil er davor ein langes und anstrengendes Interview mit einer französischen Tageszeitung geführt hatte.

Auch in Albanien ließ ich die Umfrage zum Image des Kapitalismus durchführen. Es ist eines der Länder, in denen der Kapitalismus ein negatives Image hat, mit ähnlichen Werten wie Serbien, Griechenland, Frankreich oder Spanien. Bei allen sozialen Gruppen und Altersgruppen ist das Image des Kapitalismus schlecht, aber bei den Jüngeren und bei Personen, die besser verdienen, ist das Image nicht ganz so negativ wie bei Älteren und Geringverdienern.

Und das liegt nicht nur am Wort »Kapitalismus«. Auch wenn man das Wort nicht verwendet, ist die Zustimmung zu anti-marktwirtschaftlichen Einstellungen (etwa dass der Staat die Preise für Mieten und Essen festsetzen sollte) höher als zu pro-marktwirtschaftlichen Einstellungen. Die Begriffe, die die Albaner am häufigsten mit »Kapitalismus« verbinden, sind »Gier« und »Korruption« (je 83 Prozent), und in der Tat ist die Korruption in Albanien sehr hoch – es rangiert auf Platz 101 von 180 im Korruptionsindex[274].

Albaner verbinden den Begriff Kapitalismus mit Ungleichheit, Gier, Hunger und Armut. Dagegen stimmt nicht einmal jeder zehnte Albaner (neun Prozent) der Aussage zu: »Kapitalismus ist nicht zu ersetzen, wenn das in der Vergangenheit versucht wurde, hat das zu Diktatur und Elend geführt.« Und nur jeder zehnte (elf Prozent) sagt: »Kapitalismus ist vielleicht nicht ideal, aber immer noch besser als alle anderen Wirtschaftssysteme.« Erstaunlich für einen Staat, der unter der stalinistischen Diktatur Enver Hoxhas das ärmste Land Europas war.

November 2023

Bogotá und Medellín, Kolumbien

Christoph Kolumbus, nach dem Kolumbien benannt ist, hat das Land nie betreten. Entdeckt wurde es 1499 von Alonso De Ojeda und Amerigo Vespucci.

Im November 2023 besuche ich das erste Mal das Land, das mit 51 Millionen Einwohnern die viertgrößte Volkswirtschaft Lateinamerikas ist. Kolumbien grenzt an Venezuela, Brasilien, Peru und Ecuador. Über 80 Prozent der Menschen leben in Städten. Ich bin zuerst in der Hauptstadt Bogotá, die knapp acht Millionen Einwohner zählt, sowie in der zweitgrößten Stadt Medellín (2,6 Millionen Einwohner), die eine fragwürdige Berühmtheit durch das nach ihr benannte Drogenkartell gewonnen hat.

Ich weiß nicht viel über das Land – außer, dass es seit Jahrzehnten unter Drogenkriminalität und linkem Terror leidet. Vor meiner Reise habe ich viel davon gehört, wie gefährlich es in Kolumbien sein kann und dass es einem sogar in ganz normalen Flughafentaxen passieren kann, kurzzeitig »entführt« und seiner Kreditkarte beraubt zu werden – oder dass man mit K.-o.-Tropfen betäubt wird. An die hohe Kriminalität haben sich auch die Kolumbianer nicht gewöhnt. Als ich Ana Milena, eine 25-jährige schöne Frau, die für einen Abgeordneten in Bogotá arbeitet und in der libertären Bewegung aktiv ist, frage, was sie als das größte Problem in dem Land empfinde, nennt sie nicht – wie Libertäre in anderen Ländern – zu hohe Steuern oder zu viel staatliche Regulierung, sondern die hohe Kriminalität.

Die allgegenwärtige Kriminalität führt zum allgegenwärtigen Misstrauen, auch im ganz Kleinen: In Bogotá erlebe ich es das erste

Mal, dass mir das Hotel einen Regenschirm nur gegen Hinterlegung des Reisepasses als Pfand ausleiht. Begründung: Es würden so viele Schirme gestohlen. Im Hotel in Medellín bekommt man eine Massage nur, wenn der Personalausweis vorgezeigt wird (Begründung: sonst könne man nicht wirklich wissen, ob ich der sei, für den ich mich ausgebe) und man vor und nach der Massage mehrere Unterschriften leistet. Auch im Top-Hotel gibt es den Haarföhn nur auf Anfrage, offenbar aus Angst vor Diebstahl.

Doch natürlich gibt es auch ein anderes Kolumbien, von dem man wenig hört. Am ersten Tag habe ich Interviews mit der führenden Wirtschaftszeitung »La Republica« sowie mit »Forbes Kolumbien«, und beide Journalisten sind sehr belesene und extrem gut vorbereitete Wirtschaftskenner. Am dritten Tag fahren wir zu der Universidad de la Sabana, einer privaten Hochschule, die vom Opus Dei gegründet wurde. Ein beeindruckendes Universitätsgelände mit viel Grün und geschmackvoller Architektur, dabei übrigens ganz ohne Graffiti oder Zerstörungen, wie man sie nicht selten an deutschen Universitäten sieht.

Auch in Kolumbien gibt es libertäre Initiativen, so etwa »El Bastion«, eine regionale Zeitung, für die ich schon früher durch Vermittlung von Joanna Gabriela Guerra (die mich auch diesmal auf meiner Lateinamerika-Tour begleitet) geschrieben habe. Am frühen Abend des ersten Tages habe ich eine Buchpräsentation in der Escuela Libertad, ein libertärer Thinktank, der sich darauf konzentriert, jungen Menschen die Marktwirtschaft nahe zu bringen. Die Teilnehmer der Veranstaltung sind überwiegend um die 20 Jahre alt, und obwohl man normalerweise mit Englisch in Lateinamerika nicht gut weiterkommt, bin ich erstaunt, dass hier keine Übersetzung ins Spanische notwendig ist. Hingegen hat selbst in meinem Hotel Tequendama (angeblich eines der besten in Bogotá, was ich aber bezweifle) das Personal erhebliche Probleme mit Englisch.

Abends bin ich zum Essen in das Haus von Eduardo Salazar Yusti eingeladen. Eine beeindruckende Villa, die eher wie eine Kunstausstellung wirkt. Man wird auch hier an die allgegenwärtigen Gefahren erinnert, weil die Villa von einer Mauer umgeben und durch einen

Sicherheitsdienst geschützt wird. Zu seinem Geld kam Eduardo mit einer Firma für strategische Unternehmensberatung. Kürzlich setzte er einen Private Equity-Fonds auf, der in den USA investiert. An dem Abend lerne ich die sprichwörtliche Gastfreundschaft der Südamerikaner kennen, Eduardo hat extra einen Musiker eingeladen, es gibt eigens vegetarisches Essen für mich. Und politisch sind wir Gäste, die er eingeladen hat, auf einer Wellenlänge: Auch Lateinamerika braucht mehr Kapitalismus.

Ich möchte hinzufügen: Kolumbien braucht vor allem auch eine andere Drogenpolitik. Dass der Kampf gegen die Drogenkriminalität gescheitert ist, sieht man nirgendwo klarer als hier. In keinem anderen Land bemühten sich die USA so sehr, die Drogenkartelle zu bekämpfen – doch erfolglos. In Kolumbien, so meldete Bloomberg 2023, könnte Kokain sogar Öl als wichtigstes Exportgut des Landes ablösen. Demnach sei der Handel mit der Droge weiter im Aufwind, während die Ölexporte zuletzt zurückgegangen waren. 2022 soll das Land bereits Drogen im Wert von umgerechnet rund 17 Milliarden Euro exportiert haben, während die Ölexporte damals bei etwa 17,9 Milliarden Euro lagen.[275]

Jahrzehntelang, seit der Amtszeit von Präsident Richard Nixon, versuchten die USA die Produktion von Kokain in dem Land zwischen Karibik und Anden zu unterbinden. Viele Milliarden Dollar gaben die Amerikaner für militärische Operationen aus, Kleinbauern wurden in Gefängnisse gesteckt, das Pflanzengift Glyphosat aus Flugzeugen auf Felder im Regenwald gesprüht. Aber all diese Anstrengungen sind gescheitert. Ein Großteil des weltweit gehandelten Kokains kommt heute aus Kolumbien.[276]

Es gab immer mal wieder Initiativen zugunsten einer Legalisierung von Drogen in Kolumbien. César Gaviria war Präsident des Landes von 1990 bis 1994. Nach seiner Amtszeit wurde Gaviria zu einem der führenden Befürworter globaler Reformen der Drogenpolitik. Er hat sich für die Regulierung und Entkriminalisierung einiger Drogen ausgesprochen, um die mit dem Suchtmittelhandel verbundenen Probleme zu lösen. Alejandro Gaviria war zwischen 2012 und 2015

Minister für Gesundheit und sozialen Schutz in Kolumbien. Anfang der 2000er-Jahre setzte er sich für eine Entkriminalisierung von Drogen ein. Sergio Fajardo war von 2004 bis 2007 Bürgermeister von Medellín und anschließend von 2012 bis 2015 Gouverneur von Antioquia. Im Jahr 2022 zählte zu seinen Regierungsplänen die Legalisierung von Drogen. Juan Manuel Santos war von 2010 bis 2018 Präsident von Kolumbien. Während seiner Präsidentschaft unternahm Santos erhebliche Anstrengungen, um das Drogenproblem zu bekämpfen. Obwohl er nicht ausdrücklich für die vollständige Legalisierung von Drogen eintrat, befürwortete Santos pragmatischere Ansätze.

Doch keine dieser Initiativen war erfolgreich, und Berühmtheit erlangten nicht diese Initiativen, sondern die Drogengangster, die davon lebten, dass der Handel nicht legalisiert wurde. So etwa der Drogenboss Pablo Escobar, auch bekannt unter dem Namen »El patrón«. Er begann als Kleinkrimineller in Medellín, der zweitgrößten Stadt Kolumbiens. Auf dem Höhepunkt seiner Macht ließ er eine ganze Kokainfabrik mit 1.000 Mitarbeitern aus dem Boden stampfen, die er Transquilandia nannte. Es entstand ein Netzwerk krimineller Unternehmen, das als »Medellín-Kartell« in die Geschichte einging. Mit dem Cartel de Cali lieferte es sich einen Krieg um die Vorherrschaft im Drogengeschäft, ein Krieg, der mit Schusswaffen und Autobomben in den Städten ausgetragen wurde.

Escobar versuchte, sich als moderner Robin Hood darzustellen, der das Geld der Reichen – inklusive vieler Kunden aus den USA – nach unten umverteilte. Sein Amt als Kongressabgeordneter schützte ihn lange Zeit vor Strafverfolgung.[277] Nach einem Attentat auf Justizminister Lara im Jahr 1984 wurde Escobar, der als Drahtzieher verdächtigt wurde, sein Mandat als Abgeordneter aberkannt, und er floh in das von den sozialistischen Sandinistas beherrschte Nicaragua. Danach kehrte er nach Kolumbien zurück und begann einen regelrechten Krieg gegen den Staat, bei dem er von der linksextremen Terrorgruppe M-19 unterstützt worden sein soll.[278]

Es wurde immer absurder: Escobar verhandelte mit der Regierung über Bedingungen für seine »Kapitulation«. Das »Gefängnis«, in das er kam, durfte er sich selbst auf einem Hügel oberhalb Medellíns bauen. So entstand für ihn und andere Drogenbosse ein Luxuspalast mit Fußballplatz, Sauna, Swimmingpool und Diskothek. Von hier aus wurden die Drogengeschäfte weiter geleitet.[279] Die Geschichte endete damit, dass Escobar im Dezember 1993 während der Flucht über ein Hausdach erschossen wurde. Damit galt das Medellín-Kartell als zerschlagen. Auch das Cali-Kartell wurde unschädlich gemacht. Danach entstanden zwar keine derartigen marktbeherrschenden zentralistischen Organisationen mehr, aber eine Vielzahl von kriminellen und terroristischen Banden beherrschte weiterhin den Drogenhandel, darunter die marxistische Terrororganisation FARC oder nicht weniger gewalttätige Abspaltungen von ihr. »Forbes« meldete 2015,[280] dass die FARC jährlich einen Umsatz von geschätzt 600 Millionen Dollar machte.

Die Mitte der 1960er-Jahre gegründete Fuerzas Armadas Revolucionarias de Colombia – Ejército del Pueblo (FARC-EP oder FARC) beruft sich auf den Marxismus-Leninismus. Gegründet wurde sie als der bewaffnete Arm der Partido Communista de Colombia (PCC).[281] Sie finanzierte sich durch Entführungen und Lösegelder, illegalen Bergbau, Erpressung und die Herstellung und den Vertrieb illegaler Drogen.

Im Jahr 2000 hatte die FARC mit ihrem »Gesetz 002« festgelegt, dass jeder Kolumbianer mit einem Vermögen von über einer Million Dollar eine »Revolutionssteuer« von zehn Prozent zahlen müsse – wobei der Prozentsatz vom tatsächlichen (geschätzten) Vermögen abhing. Entführungen wurden dabei als Druckmittel benutzt, um die Leute zur »Steuerzahlung« zu zwingen. Im Sommer 2008 befanden sich zwischen 700 und 1.000 Geiseln in den Händen der FARC-Rebellen, die für ihre Gefangenen hohe Lösegelder forderten. Die von Kolumbiens Vizepräsident Francisco Santos gegründete Geiselhilfsorganisation País Libre (Freies Land) ging von 472 Entführten aus.[282]

Kolumbien leidet seit mehr als 50 Jahren unter dem Terror linksextremer Guerillagruppen. In den Kämpfen zwischen linksextremen und rechtsextremen Gruppen und dem Staat starben über 450.000

Menschen, mehr als acht Millionen wurden vertrieben.[283] 2016 unterzeichnete die Regierung mit der FARC ein Friedensabkommen, das weitgehende Amnestieregelungen für die Terroristen und teure Wiedereingliederungsprogramme vorsah. Insbesondere die Tatsache, dass die Führungsriege der Guerilla nicht mit Gefängnis für ihre Taten bestraft werden sollte und ihnen die politische Teilhabe beispielsweise als Kongressabgeordnete ermöglicht wurde, stieß auf massive Kritik.[284]

In einer Volksabstimmung wandte sich eine knappe Mehrheit der Kolumbianer gegen das Abkommen, das daraufhin nachverhandelt und dann ohne Volksabstimmung unterzeichnet wurde. Die marxistische Terrorgruppe hatte nie die Mehrheit der Bevölkerung auf ihrer Seite. Im Gegenteil. Es gab immer wieder Proteste gegen die FARC, so im Februar 2008, als sich allein in Bogotá 1,5 Millionen Menschen an Demonstrationen gegen die marxistischen Terroristen beteiligten. Auch in 45 weiteren Städten in Kolumbien protestierten die Menschen gegen sie. Wie gering der Rückhalt in der Bevölkerung war, sieht man daran, dass die linke Partei Fuerza Alternativa Revolucionaria, die nach dem Friedensvertrag aus der FARC entstanden war, bei den Parlamentswahlen 2018 und 2022 für den Senat und die Abgeordnetenkammer nur jeweils 0,2 bzw. 0,3 Prozent der Stimmen gewinnen konnte. Lediglich aufgrund der Bestimmungen in dem Friedensvertrag ist sie mit je fünf Abgeordneten in den beiden Kammern vertreten.[285] Neben der FARC spielte und spielt besonders eine weitere linksextreme Gruppe eine Rolle, die ELN.

So geht der Terror auch nach dem Friedensabkommen weiter. Beispielsweise kamen am 17. Januar 2019 bei einem der ELN zugeschriebenen Anschlag auf die Polizeischule General Santander im Süden der Hauptstadt Bogotá mindestens 21 Menschen ums Leben, als ein mit Sprengstoff beladenes Auto auf das Gelände der Schule gefahren wurde. Präsident ván Duque brach daraufhin erneut alle Gespräche mit der ELN ab.

Im Februar 2024 nahm die kolumbianische Regierung neue Friedensgespräche mit abtrünnigen Kämpfern der FARC auf. Ein von beiden Seiten unterschriebenes Dokument mit elf Punkten kündigte den

Beginn von Dialogen zur Unterzeichnung eines Friedensabkommens zwischen der kolumbianischen Regierung und der bewaffneten Rebellenorganisation Segunda Marquetalia an. Die Segunda Marquetalia ist eine Gruppe früherer FARC-Mitglieder, die von der ehemaligen Nummer zwei der Guerilla, Iván Márquez, angeführt wird.[286]

Zur Wirtschaft Kolumbiens: Laut dem Index of Economic Freedom liegt Kolumbien auf Rang 62 der wirtschaftlichen Freiheit und damit deutlich hinter Chile (22) und Uruguay (27), aber vor Argentinien (144) und Venezuela (174). 2022 wurde mit Gustavo Petro von dem linken Wahlbündnis Pacto Histórico erstmals in der Geschichte des Landes ein linker Präsident gewählt. Damit lag Kolumbien im Trend Lateinamerikas, denn viele andere Länder, so etwa Brasilien, Chile, Peru und natürlich Venezuela, werden links regiert.

Ich treffe in Medellín den Journalisten Christian Del Toro, der mich für die Medien »El Bastión«, »Al Poniente« und »Revista Alternativa« interviewte. Ich frage ihn nach Beispielen dafür, wie Petro seine sozialistische Agenda umsetzt. Toro nennt zunächst die Steuerpolitik. Petro hat die Steuern für »Besserverdienende«, die mehr als zehn Millionen Pesos (ca. 2.000 Euro) monatlich verdienen, erhöht. Gewinne aus Verkäufen oder Erbschaften werden nicht mehr mit zehn, sondern mit 15 Prozent besteuert. Und wer über ein Vermögen von mehr als drei Milliarden Pesos (etwa 610.000 Euro) verfügt, zahlt eine Vermögenssteuer von 0,5 Prozent. Ab fünf Milliarden Pesos (ca. eine Million Euro) steigt der Steuersatz auf 1 Prozent und ab zehn Milliarden auf 1,5 Prozent. Auch die Steuer auf Unternehmensdividenden wird auf 15 bis 20 Prozent erhöht.[287]

Damit aber nicht genug. Es wurde eine hohe Steuer für bestimmte als gesundheitsschädlich bzw. fettmachend eingestufte Lebensmittel eingeführt. Das Land, das die ganze Welt mit Kokain versorgt, geht jetzt hart gegen gesüßte Getränke und Lebensmittel vor, die viel Salz und Fett enthalten. Die Steuer auf solche Produkte steigt von 10 Prozent (2023) auf 15 Prozent (2024) und 20 Prozent (2025).

Als großen Erfolg feiern die Sozialisten die Ernennung der schwarzen Aktivistin Francia Márquez, die ein Gleichheitsministerium

(Ministry of Equality and Equity)[288] leitet und Vizepräsidentin ist. Sie soll den Gini-Index reduzieren und hat sich Gleichheit für Frauen und alle möglichen Minderheiten auf die Fahnen geschrieben. Die LGBTIQ+-Bevölkerung, Angehörige afro-kolumbianischer und indigener Gemeinschaften, Roma, Menschen mit Behinderungen, Wohnungslose und Migranten usw. sollen unter dem Schutz der neu geschaffenen Institution stehen.

Petro verpflichtete sich im Wahlkampf zu »antipatriarchalen« Zielen. Er besetzte das Bergbauministerium mit der Umweltaktivistin Irene Vélez, die den Stopp neuer Konzessionsvergaben für Öl- und Bergbauprojekte ankündigte.[289]

Dabei stellt Petros Wahlbündnis Pacto Histórico, das sich aus 20 Kleinparteien zusammensetzt, weniger als ein Viertel der Abgeordneten in den beiden Kammern des Kongresses, und schon kurz nach seinem Amtsantritt verlor er wichtige Bündnispartner, die nicht seiner radikal linken Linie folgen wollten. Nach Korruptionsvorwürfen gegen Personen aus dem nahen Umfeld von Petro erlitt seine Partei deutliche Verluste bei Kommunalwahlen im Oktober 2023. Warum sich ein Land, das von der Kriminalität beherrscht wird und in dem eigentlich nur der Drogenhandel richtig blüht, vor allem um die Verwirklichung utopischer Gleichheitsideale kümmert, bleibt das Geheimnis der Sozialisten. Die Kolumbianer sind sehr unzufrieden mit Petros Politik, wie sich bei landesweit durchgeführten Kommunalwahlen Ende Oktober 2023 zeigte: Das Bündnis des linken Präsidenten Gustavo Petro bekam in keiner der größten Städte des Landes die Mehrheit. Nur in zwei von 32 Regionen stellt der Pacto Histórico die Gouverneure. Weder in Regionalparlamenten noch Stadträten gewann er Mehrheiten. Selbst in der Hauptstadt Bogotá, die als eher links galt, wurde Petros linker Wunschkandidat und Parteigenosse Gustavo Bolivar nur Dritter.

November 2023

Buenos Aires, Argentinien

Seit ich im Mai 2022 erstmals in Argentinien war, haben sich die Wirtschaftskrise und die Inflation verschärft. Die Armutsquote stieg in der ersten Hälfte des Jahres 2023 auf 40 Prozent, so die staatliche Statistikbehörde INDEC. In der ersten Hälfte des Jahres 2022 lag die Quote bei 36,5 Prozent.[290] Die Inflationsrate betrug laut Statistikbehörde 94,8 Prozent im Jahr 2022, nach 50,9 Prozent im Jahr 2021. Im November 2023 sprang die Inflationsrate dann auf 161 Prozent gegenüber dem Vorjahresmonat.[291] Damit ist die Inflation auf dem höchsten Stand seit Ende der 80er-Jahre – und in jüngerer Zeit eine der höchsten in der Welt.

Die Regierung reagierte auf die Situation so hilflos und unsinnig, wie die Regierungen der meisten Staaten auf Geldentwertung reagieren: Im Dezember 2022 hatte die Regierung um Präsident Alberto Fernández den Plan »Gerechte Preise« ins Leben gerufen. Im Rahmen einer Vereinbarung mit den Produzenten von Lebensmitteln und Hygieneartikeln wurden die Preise für die rund 2.000 wichtigsten Produkte bis März eingefroren. Im Gegenzug erhielten die Hersteller die Möglichkeit, etwa 30.000 andere Artikel monatlich um vier Prozent teurer anzubieten.

Ende 2017 war ein 1.000-Pesos-Schein als größte Banknote eingeführt worden, 2023 wurden erstmals 2.000-Pesos-Scheine gedruckt. Nach dem offiziellen Wechselkurs entsprachen 1.000 Pesos etwa 3,95 Euro, auf dem Schwarzmarkt muss man für 1.000 Pesos nur 1,90 Euro zahlen.

Die Zentralbank ließ die Gelddruckmaschinen auf Hochtouren laufen, kam aber mit der Noten-Produktion nicht mehr nach. So vergab sie Druckaufträge nach Frankreich und Malta. Die Landeswährung Peso wertet gegenüber dem Dollar immer weiter ab, der Schuldenberg wächst ständig.[292]

Argentinien zählt zu den wirtschaftlich unfreiesten Ländern der Welt. In dem Index of Economic Freedom steht es an Position 144 von 177 Ländern – und sogar in Lateinamerika sind nur wenige Länder (vor allem Venezuela) wirtschaftlich unfreier. Zum Vergleich: Chile steht, obwohl sich dessen Position nach dem Machtantritt des Sozialisten Gabriel Boric im März 2022 verschlechtert hat, auf Platz 22 der wirtschaftlich freiesten Länder der Welt und Uruguay auf Platz 27 (die USA belegen Platz 25, Großbritannien landet knapp dahinter auf Platz 28).[293]

Als ich am 19. November 2023 in Lateinamerika ankomme, finde ich auf meinem Handy zwei WhatsApp-Nachrichten. »We won«, schreibt mir eine Vertreterin der Partei von Milei. Ich habe seit etwa eineinhalb Jahren oft über Milei gesprochen und gemeint, dass er gute Chancen habe, Präsident zu werden. Die zweite WhatsApp-Nachricht kommt von José Fucs von der führenden brasilianischen Zeitung »Estadao«: »Sie waren der Erste, der mir sagte, dass er in Argentinien eine große Unterstützung hat, vor allem unter den jungen Leuten, und dass er die Wahl gewinnen könnte.«

Milei gewann bei der Stichwahl eine deutliche Mehrheit von 55,7 Prozent, der linke Kandidat Sergio Massa bekam nur 44,3 Prozent. Milei gewann in 21 der 24 Provinzen des Landes. Einzig in der Hochburg der Peronisten, in Buenos Aires, lag der von der Regierung unterstützte Massa vorn. »Jetzt beginnt der Wiederaufbau Argentiniens«, sagte Milei nach dem Wahlsieg vor seinen jubelnden Anhängern. Er kündigte »drastische Reformen« an.

Noch beim ersten Wahlgang der Präsidentschaftswahl in Argentinien am 22. Oktober 2023 hatte der linke Peronist Sergio Massa mit rund 36,7 Prozent die meisten Stimmen erhalten. Massa war Wirtschaftsminister und trat für das linke Regierungsbündnis

UP an. Er griff tief in die Staatskasse, um die Wähler bei Laune zu halten, ordnete massenhafte Neueinstellungen im öffentlichen Dienst an, genehmigte höhere Freibeträge bei der Einkommenssteuer und gewährte Einmalzahlungen für Angestellte und Pensionäre.[294] Milei bekam im 1. Wahlgang 30 Prozent der Stimmen, Patricia Bullrich von der konservativen JxC kam auf 23,8 Prozent, aber erklärte kurz nach der Wahl, dass sie Milei unterstützen werde.

Ergebnisse einer Umfrage, die das Meinungsforschungsinstitut RDT vom 20. bis 23. Oktober durchführte, zeigen, dass schon im 1. Wahlgang etwa die Hälfte der weiblichen Wähler und fast zwei Drittel der männlichen Wähler unter 30 Jahren für Milei stimmten. Dagegen waren die Ergebnisse bei Wählern über 50 Jahren für Milei unterdurchschnittlich. Massa und vor allem Bullrich konnten hingegen vor allem Wähler über 50 Jahren für sich gewinnen.[295]

Das Meinungsforschungsinstitut AtlasIntel führte kurz vor der Stichwahl – vom 15. bis 17. November 2023 – eine Umfrage unter 6.897 Argentiniern durch, die zeigte, dass Milei insbesondere bei jungen Wählern große Unterstützung fand.[296] In der Altersgruppe der 16- bis 24-Jährigen war der Rückhalt für Milei doppelt so groß wie für den Linksperonisten Massa. Dagegen fand Massa bei den über 60-Jährigen mehr Zustimmung. Von den Männern sprachen sich 15 Prozentpunkte mehr für Milei aus als bei den Frauen. Die Unterschiede bei den Einkommensgruppen waren geringer als bei Geschlecht oder Alter. Bei den höheren Einkommensgruppen fanden Massa und Milei gleich viel Zustimmung, bei den Niedrigverdienern lag Milei leicht vorne.

Die wichtigsten Themen aus Sicht der Befragten waren der Kampf gegen die Inflation (77,5 Prozent) und der Kampf gegen die Korruption (46,5 Prozent) sowie für mehr innere Sicherheit (38 Prozent). Milei schnitt deutlich besser ab bei den Kompetenzwerten Kampf gegen die Korruption (17 Prozentpunkte mehr als Massa), gegen die Inflation (zehn Prozentpunkte mehr als Massa) und gegen Gewalt und Unsicherheit (neun Prozentpunkte mehr als Massa).

Aber es wird nicht leicht für Milei. Ich treffe am 24. November, wenige Tage nach der Wahl, Nicolás Emma, den Vorsitzenden von

Mileis Libertärer Partei in Buenos Aires, am Sitz der Partei. Mehrere weitere Koordinatoren der Partei, so Gustavo Federico und Facundo Ozan Carranza, waren ebenfalls dabei. Abends bin ich zu einer privaten Feier mit etwa 100 Leuten eingeladen, weil Nicolas den bisherigen Parlamentssitz von Milei übernehmen wird. In den Gesprächen, die ich mit führenden Repräsentanten seiner Partei, Vertretern von Thinktanks und mit Journalisten (darunter Sergio Serrichio von Infobae) führe, wird immer wieder deutlich, wie gewaltig die Herausforderungen sind, denen sich Milei nun sofort gegenüber sieht:

Mileis Partei hat nur 35 von 257 Abgeordneten im Parlament (Cámaro de Diputados). Seine schärfsten Gegner, die Linksperonisten und andere Linke, haben 105 Mandate. Im Senat (Senado) hat seine Partei nur acht von 72 Abgeordneten. Das wundert mich zunächst, aber es liegt daran, dass diesmal nur die Hälfte der Abgeordneten im Unterhaus gewählt wurde, über die andere Hälfte wird erst in zwei Jahren abgestimmt. Im Senat wurde nur ein Drittel der Abgeordneten neu gewählt. Milei kann zwar einige Maßnahmen als Präsident per Dekret anordnen (was er auch kurz nach der Übernahme der Präsidentschaft tat), doch alles, was mit Steuern zusammenhängt, muss vom Parlament und vom Senat beschlossen werden. Der neue Präsident kann auch versuchen, mit Referenden das Volk zu mobilisieren, aber solche Abstimmungen können nur zu bestimmten Fragen abgehalten werden und sind nicht bindend.

In den Gesprächen mit den Vertretern von Mileis Partei wurden als Hauptgegner immer wieder die Gewerkschaften genannt. Die Gewerkschaften sind in Argentinien extrem stark, sehr politisch und fest in der Hand der Peronisten. Mit besonders heftigem Widerstand rechnen Mileis Leute hinsichtlich seiner Pläne, das staatliche Fernsehen zu privatisieren. Tatsächlich gab es dann auch gleich in den ersten Monaten nach Mileis Wahlsieg landesweit heftige Proteste, Streiks und Demonstrationen durch die Gewerkschaften, die gegen seine Reformvorhaben mobilisierten.

Die zentrale Frage, die ich immer wieder stelle: Werden die Argentinier genug Geduld haben für die Reformen, auch wenn sich die

Situation zuerst verschlechtern sollte, wie das oft bei marktwirtschaftlichen Reformen ist? Die Antwort von Mileis Leuten: Er habe schon im Wahlkampf ständig darauf hingewiesen, dass es mindestens drei Wahlperioden brauchen werde, um seine Reformen durchzuziehen und Argentinien wieder erfolgreich zu machen.

Das Hauptthema für die Argentinier ist, wie alle Umfragen zeigen, der Kampf gegen die Inflation. Agustín Etchebarne von dem Thinktank Libertad y Progreso meint, dass die von Milei im Wahlkampf angekündigte Dollarisierung der Währung zumindest in den ersten zwei Jahren nicht stattfinden werde, zumal die Banken großen Widerstand dagegen leisteten und der Wirtschaftsminister sowie der Zentralbank-Chef von Macri-Anhängern gestellt werden. Was bleibe, sei also nur der radikale Abbau von Subventionen, um den Haushalt zu sanieren.

Wie werden sich die Anhänger von Mauricio Macri verhalten, mit denen Milei ein Bündnis eingegangen ist, um die Stichwahl zu gewinnen? Und wie stark ist der Einfluss von rechten Nationalisten in Mileis libertärer Partei?

Mileis Leute sagen, dass es Hunderttausende »Beschäftigte« im Staatsdienst gibt, die wortwörtlich nichts tun, außer ihre Gehaltsschecks zu beziehen und jederzeit für die Peronisten einzustehen. Wenn deren Jobs gefährdet werden, ist mit massivem Widerstand zu rechnen.

Zudem muss Milei erst eine richtige, nationale Partei aufbauen. Derzeit gibt es verschiedene unabhängig agierende Gliederungen der Partei in den einzelnen Regionen. Ich treffe die Leute, die sich in Buenos Aires damit befassen, die rechtlichen Voraussetzungen dafür zu schaffen, diese zu einer Partei zusammenzuführen.

Diese Notizen machte ich mir wenige Tage nach der Wahl von Milei. Um es auf den Punkt zu bringen: Ob er die von ihm angekündigten Reformen durchführen kann, ist wegen der Mehrheitsverhältnisse in Parlament und Senat fraglich. Wenn er sie durchführen kann, dann wird es viel Zeit brauchen. Nach den Erfahrungen aus anderen Ländern (Großbritannien in den 80er-Jahren, Polen in den 90er-Jahren) führen marktwirtschaftliche Reformen zunächst dazu, dass sich manches verschlechtert. Subventionen werden gestrichen, aus versteckter Arbeitslosigkeit wird offene Arbeitslosigkeit. Erst nach einer solchen Durststrecke, die im besten Fall zwei Jahre dauert, wird es besser. Selbst wenn es Milei also trotz der Mehrheitsverhältnisse in Parlament und Senat gelingt, die Reformen durchzuführen (die erste Hürde), wird alles davon abhängen, ob die Argentinier genügend Geduld haben, die bei marktwirtschaftlichen Reformen notwendige Durststrecke durchzustehen (zweite Hürde).

Hinzu kommt: Steht Mileis Persönlichkeit, die ihm bei der Wahl so sehr geholfen hat, beim Regieren im Weg? Vom Stil her erinnert er manchmal an Donald Trump oder an Jair Bolsonaro in Brasilien. Diese Vergleiche hinken jedoch, denn Milei hat mehr Substanz, und er ist kein traditionell-konservativer Rechter, sondern ein Rechtslibertärer. Milei erscheint widersprüchlich: ein Professor für Ökonomie mit sehr vernünftigen Ansichten und einem profunden Wissen und gleichzeitig ein Mann, der mit fünf Hunden zusammenlebt, die er nach bekannten marktwirtschaftlichen Reformern wie Milton Friedman benannt hat. Seine wichtigste Ratgeberin im Wahlkampf war seine Schwester, von der gesagt wird, dass sie an Astrologie glaube.

Milei ging mit der libertären Forderung in den Wahlkampf, die Zentralbank abzuschaffen und einen freien Wettbewerb von Währungen zuzulassen, was wahrscheinlich dazu führen würde, dass der US-Dollar das beliebteste Zahlungsmittel wird. Er kündigte an, solche Reformen zunächst dem Kongress vorzuschlagen und, wenn dieser sie ablehnte, einen Volksentscheid durchzuführen.[297]

Zudem forderte er die Privatisierung von Staatsunternehmen, Streichung von zahlreichen Subventionen, die Senkung bzw. Abschaffung von 90 Prozent der Steuern[298] und eine Liberalisierung des Arbeitsrechtes. Er versprach, die Zahl der Ministerien auf acht zu reduzieren: Wirtschaft, Auswärtige Angelegenheiten, Infrastruktur, Humankapital (das die Bereiche Kindheit, Gesundheit, Bildung und Arbeit umfasst), Verteidigung, Innere Sicherheit, Justiz und Inneres. Bereits am ersten Amtstag unterschrieb er ein Dekret, um dieses Versprechen umzusetzen.

Im Bildungsbereich forderte Milei, die Finanzierung auf ein Gutscheinsystem umzustellen.[299] Für ein solches System hatte bereits Milton Friedman plädiert: Das Steuergeld fließt den Schulen in einem solchen System nicht mehr unmittelbar zu, sondern die Schüler (bzw. ihre Eltern) erhalten Bildungsgutscheine, die sie bei einer privaten oder staatlichen Schule einlösen können. Die Schule löst den Gutschein bei der Staatskasse gegen Geld ein, mit dem sie ihre Personal-, Raum- und sonstigen Sachkosten im Rahmen eines selbst verwalteten Haushalts bezahlen kann. Damit soll der Wettbewerb zwischen verschiedenen Bildungseinrichtungen gefördert werden.

Ich habe in Buenos Aires mehrere Interviews mit Zeitungen (z.B. »Fortune« und »Infobae«) und Radiosendern, und die Journalisten wollen wissen, ob es richtig sei, Milei mit Orbán, Trump oder Bolsonaro zu vergleichen. Meine Antwort: »Das wissen wir jetzt nicht. Das wissen wir in einigen Jahren. Ich hoffe, man wird ihn eher mit Thatcher oder Balcerowicz vergleichen. Aber das ist noch offen.« Auch werde ich von Journalisten gefragt, welchen Rat ich Milei geben würde. Ich empfehle, Leszek Balcerowicz aus Polen in sein Beraterteam zu nehmen. Mir gelingt es in diesen Tagen leider nicht, zu Milei selbst vorzudringen, da er verständlicherweise mit Tausenden Dingen beschäftigt war und jeder etwas von ihm wollte.

Die Chance Mileis liegt, das betone ich in den Interviews, in dem Stimmungswandel, den ich mit meiner Umfrage in Argentinien festgestellt hatte: Viele Argentinier haben vom linken Peronismus genug und wenden sich ab vom Etatismus, der das Land Jahrzehnte geprägt hat. Argentinien gehörte schon bei der Umfrage, die ich im April 2022 für mein Buch »Die 10 Irrtümer der Antikapitalisten« durchführen ließ, zu den Ländern, in denen die Menschen die Marktwirtschaft am stärksten unterstützen. In Argentinien wurden vom 12. bis 20. April 2022 insgesamt 1.000 repräsentativ ausgewählte Personen durch Ipsos MORI zum Image von Marktwirtschaft und Kapitalismus befragt.

Zuerst wollten wir herausfinden, was die Argentinier von der Marktwirtschaft halten. Wir legten den Befragten in Argentinien sechs Statements vor, in denen das Wort Kapitalismus nicht verwendet wurde.

Zählt man die Aussagen pro Staat und pro Markt zusammen, so zeigt sich, dass Aussagen für einen stärkeren Einfluss des Staates bei 19 Prozent der Befragten Zustimmung finden und Aussagen für mehr Markt bei 24 Prozent. Teilt man den Durchschnitt der positiven durch den Durchschnitt der negativen Aussagen, ergibt sich ein Koeffizient von 1,24. Das bedeutet, dass in Argentinien ganz klar Meinungen pro Marktwirtschaft dominieren.

Die größte Zustimmung fand in Argentinien mit 28 Prozent die Aussage: »Ich finde, in einem guten Wirtschaftssystem sollte der Staat nur in bestimmen Bereichen Eigentum besitzen, der Großteil des Eigentums sollte in privater Hand sein.« Und die geringste Zustimmung fand mit 13 Prozent die Aussage: »Soziale Gerechtigkeit ist in einem Wirtschaftssystem wichtiger als wirtschaftliche Freiheit.«

Wir haben die Befragung in 34 anderen Ländern durchgeführt, aber nur in fünf Ländern (Polen, USA, Tschechien, Südkorea und Japan) war das Image der Marktwirtschaft besser als in Argentinien, in 29 Ländern war es schlechter.

Zusätzlich wurden allen Befragten zehn Begriffe vorgelegt, positive und negative, und die Frage gestellt, welche davon sie mit dem Wort »Kapitalismus« verbinden. Das Ergebnis: Der durchschnittliche Prozentsatz, mit dem negative Begriffe wie zum Beispiel Gier, Kälte oder Korruption genannt werden, liegt bei 64 Prozent. Positive Begriffe wie Wohlstand, Fortschritt oder Freiheit werden dagegen von 67 Prozent genannt. Argentinier verbinden mit dem »Kapitalismus« also etwa gleich häufig positive und negative Begriffe. Man sieht, dass die Zustimmung nicht mehr so groß ist wie beim ersten Fragenkomplex zum Thema Marktwirtschaft, in dem der Begriff »Kapitalismus« nicht verwendet wurde. Aber auch dann, wenn das Wort »Kapitalismus« erwähnt wird, ist das Image des Kapitalismus nur in sieben von 35 Ländern positiver als in Argentinien!

Entscheidend zu dem Meinungswandel haben libertäre Thinktanks in Argentinien beigetragen. Ich treffe in Buenos Aires Agustín Etchebarne, den Gründer des wohl einflussreichsten Thinktanks Libertad y Progreso. Er war früher Fondsmanager, verkaufte aber

2007 seine Firma und sogar seine Farm, um einen Thinktank zu gründen.

2011 absolvierte Etchebarne einen Kurs für Gründer von Thinktanks beim Atlas Network, später vereinigte er drei kleine Thinktanks zu Libertad y Progreso. Bereits im gleichen Jahr wandte er das erworbene Wissen an und organisierte zusammen mit einem libertären Netzwerk eine Kampagne gegen Steuererhöhungen für Landwirte (Regulation 125) – die schließlich erfolgreich war und die Steuererhöhung verhindern konnte. Ein Jahr später organisierte er eine Kampagne gegen die von der Regierung geplante Enteignung der Bürger, die in einen Fonds zur Altersvorsorge (AFJP) eingezahlt und angespart hatten und denen der Staat 30 Milliarden Dollar abnehmen wollte. »Diese Kampagne war, anders als die erste, leider nicht erfolgreich, es kamen nur 10.000 Demonstranten«, so berichtet er.

Seine Thinktanks waren eher Action-Tanks, wie er sagt, denn sie initiierten vor allem große Kampagnen. Am 8. November 2013 gelang es ihnen, eine Million Menschen in ganz Argentinien auf die Straße zu bringen, aus Protest gegen die geplante Enteignung der größten Mediengruppe des Landes. Etchebarne und seine Mitstreiter haben sich viel von der politischen Linken abgeschaut. Vor allem haben sie verstanden, wie wichtig es ist, Bilder für Medien zu produzieren – etwas, womit beispielsweise Organisationen wie Greenpeace sehr erfolgreich sind. Bei der Demonstration mit einer Million Menschen wurden einige Riesenballons gen Himmel gestartet, auf denen mit großer Schrift Worte wie »Libertad« geschrieben stand.

Libertad y Progreso gründete auch eine Organisation, die 50.000 Wahlbeobachter ausbildete – dies trug mit dazu bei, dass die Wahlen 2015 korrekt verliefen und Mauricio Macri der Sieg nicht durch Wahlmanipulation genommen wurde.

Untersuchungen des Thinktanks Libertad y Progreso ergaben, dass nur sieben Millionen Argentinier im privaten Sektor arbeiten (die sechs Millionen, die illegal beschäftigt sind, nicht mitgerechnet). Dagegen leben 22 Millionen Argentinier in irgendeiner Form vom

Staat. Es gelang Etchebarne und seinen Mitstreitern, die Ergebnisse solcher Studien sehr wirksam zu publizieren, die großen Tageszeitungen berichteten darüber auf der Titelseite. Die kleine Gruppe von nur 18 Mitarbeitern erzielte jedoch vor allem mit Social-Media-Aktivitäten große Aufmerksamkeit. Videos gegen den Populismus, die sie zusammen mit der Libertären Gloria Álvarez aus Guatemala produzierten, erreichten viele Millionen Menschen. Mit Etchebarne bleibe ich auch nach meinem Besuch Argentiniens in engem Kontakt. Er hat einen direkten Zugang zu Milei, der ihm auch sagt, dass er meine Bücher sehr schätzt.

Es war gut, direkt eine Woche nach der Wahl Mileis in Argentinien zu sein. Buenos Aires könnte im besten Fall für Libertäre das werden, was Moskau für die Kommunisten aus aller Welt war. Aber nur dann, wenn es Milei gelingt, die gigantischen Herausforderungen zu stemmen. Und wenn die Argentinier die notwendige Geduld aufbringen.

Milei hielt am 17. Januar 2024 auf dem Weltwirtschaftsform in Davos eine bemerkenswerte Rede, die rasch auf Youtube viral ging. Da sie sein Denken sehr gut zeigt, ließ ich direkt danach eine Transkription erstellen und fasste die wichtigsten Passagen daraus in fünf Thesen zusammen und kommentierte sie. Nachfolgend steht mein Artikel, der auf Englisch, Deutsch, Spanisch, Italienisch, Französisch, Koreanisch, Portugiesisch und Polnisch veröffentlicht wurde:

These 1: Kapitalismus ist das beste und einzige Rezept gegen Armut

Milei beginnt mit einem historischen Rückblick und verdeutlicht, dass erst der Kapitalismus, der vor etwa 200 Jahren entstand, einem Großteil der Menschen auf der Welt die Chance gab, der Armut zu entkommen.

> *Milei: »… wenn man sich das Pro-Kopf-BIP seit dem Jahr 1800 und bis heute ansieht, wird man feststellen, dass sich das weltweite Pro-Kopf-BIP nach der industriellen Revolution mehr als verfünfzehnfacht hat. Das bedeutete einen Wachstumsboom, der 90 Prozent der Weltbevölkerung aus der Armut befreite. Wir sollten*

uns daran erinnern, dass im Jahr 1800 etwa 95 Prozent der Weltbevölkerung in extremer Armut lebten und diese Zahl bis zum Jahr 2020, also vor der Pandemie, auf fünf Prozent sank. Die Schlussfolgerung ist offensichtlich. Kapitalismus und freier Handel sind nicht die Ursache unserer Probleme, sondern das einzige Instrument, das wir haben, um Hunger, Armut und extreme Armut auf unserem Planeten zu beenden.«

Milei hat recht: Vor Beginn des Kapitalismus lebten 90 Prozent der Menschen in extremer Armut. Heute sind es laut Weltbank-Zahlen nur noch 8,5 Prozent. Und der größte Rückgang erfolgte in den vergangenen Jahrzehnten!

These 2: Gegen »soziale Gerechtigkeit« und Nullsummenglauben

Milei macht klar, dass Umverteilung nicht der Weg ist, um soziale Probleme zu lösen, sondern neue Probleme kreiert. Antikapitalisten sind Anhänger des Nullsummenglaubens – sie glauben, ein bestehender Kuchen sei zu verteilen, während es tatsächlich darum geht, den Kuchen zu vergrößern.

Milei: »Das Problem ist, dass soziale Gerechtigkeit nicht gerecht ist und auch nicht zum allgemeinen Wohlstand beiträgt ... Diejenigen, die sich für soziale Gerechtigkeit einsetzen, gehen von der Vorstellung aus, dass die gesamte Wirtschaft ein Kuchen sei, der unterschiedlich aufgeteilt werden kann. Aber dieser Kuchen ist nicht unveränderlich. Es handelt sich um Wohlstand, der in einem Prozess entsteht, den Israel Kirzner als Marktentdeckungsverfahren bezeichnet. Wenn die von einem Unternehmen angebotenen Waren oder Dienstleistungen nicht gefragt sind, wird das Unternehmen scheitern, es sei denn, es passt sich den Anforderungen des Marktes an. Wenn sie ein qualitativ hochwertiges Produkt zu einem attraktiven Preis herstellen, werden sie erfolgreich sein und mehr produzieren. Der Markt ist also ein Entdeckungsprozess, bei dem die Kapitalisten im Laufe der Zeit den richtigen Weg finden werden.«

These 3: Sozialismus hat nie das Leben der Menschen verbessert, aber 100 Millionen Tote auf dem Gewissen

Sozialismus wurde in so vielen Varianten probiert – in der Sowjetunion anders als in Jugoslawien, in der DDR anders als in Polen, in China und Albanien anders als in Rumänien, in Venezuela anders als in Nordkorea – aber hat nirgends das Leben der Menschen verbessert. Über 100 Millionen Menschen starben als Folge sozialistischer Experimente, allein 45 Millionen Chinesen 1958 bis 1962 beim größten sozialistischen Experiment der Menschheitsgeschichte, Maos »Großem Sprung nach vorne«.

> *Milei: »Man sollte nie vergessen, dass der Sozialismus immer und überall ein Verarmungsphänomen ist, das in allen Ländern, in denen es ausprobiert wurde, gescheitert ist. Er ist wirtschaftlich, sozial und kulturell gescheitert und hat außerdem über 100 Millionen Menschen umgebracht.«*

These 4: Der Westen ist bedroht vom modernen Sozialismus

Die wichtigste These ist die vierte: Der Westen ist bedroht vom Sozialismus. Milei setzt sich mit dem Einwand auseinander, dass es ja heute nicht – wie beim klassischen Sozialismus – um die Verstaatlichung der Produktionsmittel geht. Dies ist, so seine Einsicht, heute nicht mehr notwendig. Durch staatliche Interventionen, massive Regulierungen, Besteuerung und durch die Politik der Zentralbanken wird der freie Markt mehr und mehr erstickt. Die Produktionsmittel oder Immobilien bleiben formell Privateigentum, aber es bleibt nur mehr der formelle Rechtstitel, denn der vermeintliche Eigentümer verliert zunehmend die Verfügungsgewalt, weil der Staat ihm befiehlt, was er damit zu tun hat (und was nicht).

> *Milei: »Ich weiß, dass es für viele lächerlich klingen mag, zu behaupten, der Westen habe sich dem Sozialismus zugewandt, aber es ist nur lächerlich, wenn man sich auf die traditionelle wirtschaftliche Definition des Sozialismus beschränkt, die besagt, dass es sich*

um ein Wirtschaftssystem handelt, in dem der Staat die Produktionsmittel besitzt. Diese Definition sollte meines Erachtens im Lichte der heutigen Gegebenheiten aktualisiert werden. Heutzutage muss der Staat die Produktionsmittel nicht mehr direkt kontrollieren, um jeden Aspekt des Lebens des Einzelnen zu steuern. Mit Instrumenten wie dem Drucken von Geld, Schulden, Subventionen, der Kontrolle des Zinssatzes, Preiskontrollen und Vorschriften zur Korrektur des sogenannten Marktversagens können sie das Leben und das Schicksal von Millionen von Menschen kontrollieren.«

These 5: Unternehmer sollen beginnen, sich zu wehren
Milei endet mit einem Appell an die Unternehmer, die sich zu oft opportunistisch an den Zeitgeist und an die politisch Mächtigen anpassen. Sie sollen sich nicht mehr von der politischen Kaste einschüchtern lassen, sondern stolz sein und beginnen, sich zu wehren. Und einer seiner letzten Sätze lautet: Der Staat ist nicht die Lösung, der Staat ist das Problem.

Milei: »Abschließend möchte ich daher eine Botschaft an alle Geschäftsleute hier und an diejenigen richten, die nicht persönlich anwesend sind, sondern aus der ganzen Welt folgen. Lasst euch nicht einschüchtern, weder von der politischen Kaste noch von Parasiten, die vom Staat leben. Ergeben Sie sich nicht einer politischen Klasse, die nur an der Macht bleiben und ihre Privilegien behalten will. Ihr seid soziale Wohltäter, ihr seid Helden, ihr seid die Schöpfer der außergewöhnlichsten Wohlstandsperiode, die wir je erlebt haben. Lasst euch von niemandem sagen, dass euer Ehrgeiz unmoralisch ist. Wenn ihr Geld verdient, dann deshalb, weil ihr ein besseres Produkt zu einem besseren Preis anbietet und damit zum allgemeinen Wohlstand beitragt. Ergeben Sie sich nicht dem Vormarsch des Staates. Der Staat ist nicht die Lösung. Der Staat ist das Problem selbst.«

November 2023

Asunción, Paraguay

Ende November fliege ich von Buenos Aires nach Paraguay. Beim vorigen Mal hatten wir die Grenze mit dem Auto überquert. Eingeladen hat mich wieder der deutsche Unternehmer Carsten Pfau. Er hat schon mein erstes Buch über den Kapitalismus nach Paraguay gebracht (und damals übrigens ein Exemplar Javier Milei gegeben) und nun auch das zweite Buch, das ich vor führenden Geschäftsleuten bei einem Mittagessen vorstellen darf.

Pfau lebt seit 25 Jahren in Paraguay. Für Unternehmer gibt es dort viel zu tun. Derzeit bereitet er den Bau des größten Luxus-Hotels im Land vor, einem J.W. Marriott mit 145 Zimmern. Zudem plant er den Bau einer Gated Community mit 16 Quadratkilometern Fläche und 5.000 Häusern. Hier sollen aber nicht nur Reiche wohnen, sondern vor allem Menschen aus der Mittelschicht – ein Haus soll 200.000 bis 250.000 Dollar kosten. Die Siedlung ist 30 Kilometer entfernt von der Hauptstadt geplant, mit mindestens 20 Tennisplätzen, einer Shopping-Mall und Restaurants.

Pfau besitzt zahlreiche Firmen, Gewächshäuser und Plantagen, vor allem für Erdbeeren und Tomaten. Geschäftlich ist er inzwischen auch in den USA aktiv. Etwa die Hälfte des Kapitals für seine Investments wirbt er in den Vereinigten Staaten ein, die andere Hälfte in Deutschland. Politisch ist er libertär verortet und hat eine Zeitlang in seinem eigenen Fernsehsender die Sendung »Libres para elegir« zusammen mit Javier Milei gemacht, zu dem er einen engen Draht hat: »Milei ist hochintelligent, auch wenn er, wie viele erfolgreiche Menschen, kein einfacher Typ ist.« Natürlich wünscht er Milei von

Herzen allen Erfolg, aber Pfau meint, dass es schwierig für den neuen Präsidenten Argentiniens wird, weil sowohl die Peronisten als auch die Macri-Anhänger sein Scheitern wollen, damit sie wieder an die Macht kommen.

Doch zurück zu Paraguay: Das Land ist von der Fläche her so groß wie Deutschland und die Schweiz zusammengenommen, jedoch mit weniger Einwohnern, als die Schweiz allein hat (6,7 Millionen). Paraguay ist weltweit führend in der Erzeugung von Strom aus Wasserkraft, der zu einem Viertel aus dem staatlichen Itaipú-Staudamm gewonnen wird. Der Itaipú-Staudamm befindet sich im gemeinsamen Besitz von Paraguay und Brasilien, und eine Neuverhandlung der finanziellen Bedingungen ist für Paraguays Haushaltslage von entscheidender Bedeutung.

Paraguay ist eines der wenigen Länder in Lateinamerika, das nicht von einem Sozialisten regiert wird, sondern von Santiago Peña von der Mitte-Rechts-Partei Colorado. Bei den Wahlen im April 2023 gewann er deutlich gegen seinen linken Widersacher. »Die Leute hier sind sehr konservativ, schon immer«, sagt Carsten Pfau. »Familie, Kirche, Landwirtschaft sind die Werte, die hier zählen. Manche sagen vielleicht, das Land und seine Menschen seien etwas zurückgeblieben. Aber uns gefällt es, auch wenn viele hier konservativer sind als ich selbst.« Daher habe es auch große Proteste gegeben, als es hieß, Hilfsgeld der EU für das Bildungssystem in Höhe von 38 Millionen Euro sei an die Bedingung geknüpft, Genderthemen in den Lehrplan der Schulen einzubeziehen. »Es gab riesige Proteste dagegen, so dass das Parlament schließlich gezwungen war zu erklären, man nehme das Geld nur, wenn es nicht an solche Bedingungen geknüpft sei. Viele meinten sogar, man solle das Geld gar nicht nehmen.«

Im Index of Economic Freedom heißt es: »Paraguays wirtschaftliche Freiheit liegt bei 61,0 Punkten und ist damit die 76. freieste Wirtschaft im Index 2023 … Paraguay liegt auf Platz 16 von 32 Ländern in der Region Amerika, und sein Gesamtergebnis liegt über dem weltweiten und regionalen Durchschnitt. Die Wirtschaft schneidet in vielen kritischen Bereichen nicht gut ab. Das Fehlen einer unabhängigen

Justiz schwächt die Rechtsstaatlichkeit und untergräbt die langfristige wirtschaftliche Entwicklung. Die eingeleiteten Reformen sind auf hartnäckigen Widerstand gestoßen. Das Fehlen eines stärkeren Engagements für eine effizientere Regulierung behindert das Entstehen eines dynamischeren Privatsektors.«[300]

Vorbildlich ist Paraguay im Hinblick auf Steuern und bekommt in diesem Punkt von der Heritage Foundation fast die maximale Punktzahl (96 von 100). Die Einkommenssteuer beträgt gerade einmal zehn Prozent. Doch Korruption ist, wie überall in Südamerika, weit verbreitet und die Rechtsstaatlichkeit schwach ausgeprägt.

Von der Hauptstadt Asunción aus, in der er lebt, betrachtet Pfau das Geschehen in Deutschland mit größter Skepsis: »Die Konservativen und Liberalen haben keinen Mumm und lassen sich von den Grünen vor sich hertreiben. Ich habe es jedenfalls nicht bereut, auszuwandern. Ja, Neid gibt es natürlich auch hier, wie überall. Aber hier werden Reiche nicht gehasst, sondern vielmehr bewundert. Wenn ich hier mit einem teuren Auto fahre, grüßen mich die Leute mit einem freundlichen Lachen, das ist schon anders als in Deutschland.«

November / Dezember 2023

Santiago de Chile, Chile

Am 29. November lande ich in Chile. Die Anreise war ein wenig stressig, weil es keinen Direktflug von Paraguay aus gibt, sondern ich nachts um 2.50 Uhr von Asunción nach Buenos Aires zurückfliegen, dort fast drei Stunden warten und dann nach Santiago de Chile weiterfliegen muss. Aber dieser Aufwand ist bald nach der Ankunft vergessen. Denn wenn man in Ländern wie Kolumbien, Argentinien und Paraguay war, fühlt man sich in Chile wie auf einem anderen Kontinent. Der Unterschied zwischen den teils sehr dreckigen und veralteten Flughäfen in Argentinien und dem Flughafen in Santiago de Chile könnte größer nicht sein. Ich fühle mich wieder wie in Europa.

Generell bin ich sehr positiv überrascht von den Flügen in Lateinamerika. Ich hatte ja in den letzten zwei Wochen zahlreiche Flüge, keiner war zu spät, bei der Security und auch bei der Einreise musste ich in keinem Land länger als zehn Minuten warten. US-Amerikaner werden es nicht gerne hören: Aber zumindest die Flüge, die ich selbst erlebt habe, waren in Lateinamerika wesentlich zuverlässiger und pünktlicher als in den Vereinigten Staaten. Auch in Europa und namentlich in Deutschland bleibt man ja von vielen Flugverschiebungen und -ausfällen inzwischen leider nicht mehr verschont. Und die Einreise in ein lateinamerikanisches Land geht nicht nur schneller, sondern die Beamten sind auch wesentlich freundlicher als insbesondere die in den USA, wo man oft misstrauisch angeschaut wird und ein Lächeln die Ausnahme ist.

In Chile angekommen, kann ich die warme Sonne am Pool genießen und mich etwas entspannen, bevor ich am Abend mehrere

Termine und einen Vortrag vor dem Thinktank Libertad y Desarrollo wahrnehme. Ich habe eine Kappe und Sonnencreme vergessen, aber Joanna weiß Rat: »Kein Problem, es gibt hier eine App, da kann man alles bestellen, was man will und bekommt es 20 bis 30 Minuten später geliefert.« In Deutschland kenne ich das nur vom Pizzaservice. Kapitalismus ist einfach super! Keine sozialistische Regierung hätte eine solche App erfunden.

Als ich das letzte Mal in Chile war, drehte sich alles um die Diskussion einer neuen Verfassung. Diesmal ist es wieder so. Der erste – sehr linke – Verfassungsentwurf war mit 62 Prozent von der Bevölkerung klar abgelehnt worden. Danach wurde ein neuer Prozess in Gang gesetzt. Bettina Horst, die mich zu einem Vortrag zur Vorstellung meines Buches eingeladen hat, erklärt mir, warum die erste Verfassung so deutlich gescheitert ist und was danach folgte. Horst ist General Director vom Libertad y Desarollo-Thinktank und zugleich Präsidentin von RELIAL (Latin America liberal network). Vor allem aber ist sie Mitglied einer Kommission von 24 Experten, die den zweiten Entwurf für eine Verfassung ausarbeitet.

Der erste Verfassungsentwurf ist gescheitert, weil die Linken in der Verfassungsgebenden Versammlung eine so große Mehrheit hatten, dass sie eins zu eins ihre radikalen sozialistischen Ideen durchsetzen konnten. Aber nicht einmal bei den indigenen Gruppen, deren Rechte in der Verfassung sehr großzügig ausgelegt worden waren, hatten sie eine Mehrheit in der Abstimmung. »Die Chilenen wollen Wahlfreiheit, z.B. im Schulsystem, zwischen privater und staatlicher Bildung. Heute sind 55 Prozent der Bildungseinrichtungen privat, finanziert mit einem Voucher-System. Viele Chilenen hatten befürchtet, dass unter der neuen Verfassung diese Wahlfreiheit beschnitten werden könnte«, so Horst.

Viele befürchteten zudem, der Schutz des Privateigentums wäre nicht mehr so gewährleistet wie in der alten Verfassung. Zudem habe man die neue Verfassung so auslegen können, dass Abtreibung generell freigegeben würde, auch nach den ersten drei Monaten. »Ob von unteren oder oberen Einkommensgruppen, Jungen oder Alten und auch von Angehörigen indigener Minderheiten – in allen

Bevölkerungsgruppen wurde der extrem linke Entwurf abgelehnt«, meint Horst.

Nach der Ablehnung durch eine Volksabstimmung wurde ein neuer Prozess mit drei Stufen aufgesetzt:

- Es wurden zwölf allgemeine Grundsätze festlegt, die die Expertenkommission, welche den zweiten Entwurf ausarbeitete, zu beachten hatte. Hier waren sowohl einige linke wie auch rechte Grundsätze enthalten.
- Danach wurde eine Expertenkommission aus 24 Personen, darunter Horst, einberufen, die zwischen März und Juni 2023 einen neuen Entwurf ausarbeitete.
- Im Mai 2023 wurde eine neue Verfassungsgebende Versammlung gewählt, der diesmal nur etwa ein Drittel linke Vertreter angehörten. Die Mehrheit war der Mitte bzw. der Rechten zuzuordnen.

Diese Versammlung erarbeitete einen neuen Verfassungsentwurf. Die Linken in Chile lehnen ihn ab, weil sie enttäuscht sind, dass ihr Projekt einer radikalen sozialistischen Verfassung gescheitert ist. Für sie ist der neue Entwurf »neoliberal«. Aber auch eine Minderheit der Rechten lehnt den neuen Vorschlag ab, weil sie die ursprüngliche, alte Verfassung für besser halten und keinerlei Änderungsbedarf sehen. Axel Kaiser sagt mir, er sei weder für noch gegen den neuen Verfassungsentwurf: Der Entwurf sei schlechter als die alte Verfassung, aber diese sei auch schon mehrfach geändert und verschlechtert worden. Hintergrund: Die alte Verfassung konnte ursprünglich nur mit einer Zwei-Drittel-Mehrheit geändert werden. Aber inzwischen wurde die Hürde auf vier Siebtel herabgesetzt. Am 17. Dezember fand dann die Abstimmung über die Verfassung statt, die nur von 44,2 Prozent der Wähler unterstützt wurde, 55,7 Prozent lehnten sie ab.

Chile galt lange Zeit als kapitalistisches Musterland in Südamerika. Im Human Development Index 2022 belegt Chile den ersten Platz unter allen lateinamerikanischen Ländern.[301] Und im 2022 Index of Economic Freedom der Heritage Foundation liegt es auf dem 20.

Platz, vor den USA und Großbritannien (im Index 2023 fiel es leicht auf den 22. Platz ab).[302] Damit ist Chile das wirtschaftlich freieste Land Lateinamerikas. Trotz dieser Erfolge kam es im Oktober 2019 zu massiven Demonstrationen und Gewaltausbrüchen, die 2021 zur Wahl des sozialistischen Präsidenten Gabriel Boric führten. Boric, der versprochen hat, den »Neoliberalismus« zu begraben,[303] regiert das Land derzeit zusammen mit der Kommunistischen Partei.

Wenn man verstehen will, warum die Chilenen den Sozialisten Boric wählten, findet man die Antwort nicht in den objektiven ökonomischen Daten, denn all diese zeigen den Erfolg des Kapitalismus in Chile. Man findet die Antwort in einem Wandel der öffentlichen Meinung. Letztlich ist Chile ein besonders eindrucksvolles Beispiel für etwas, das wir heute auch in anderen Ländern feststellen können: Nach einer gewissen Zeit »vergessen« Nationen, warum sie wirtschaftlich erfolgreich geworden sind. Die wirtschaftlichen Eliten fokussieren sich auf die wirtschaftlichen Aktivitäten, aber überlassen die öffentliche Meinung ihren Gegnern, die die Universitäten und die Medien beherrschen. Dort werden immer stärker »die Reichen« zu Sündenböcken für Fehlentwicklungen in der Gesellschaft erklärt, und, damit einhergehend, es dominiert eine antikapitalistische Deutung der Wirklichkeit zunehmend die öffentliche Meinung.

Es ist für mich eine besondere Freude, am 30. November zusammen mit meinem Freund Axel Kaiser in Santiago des Chile ein Buch vorzustellen, das wir gemeinsam geschrieben haben: »El Odio A Los Ricos« (»Hass auf die Reichen«). Das Interesse an dem Buch ist größer, als ich dachte, schon vor der offiziellen Präsentation werden in Chile etwa 7.000 Bücher verkauft, die führende Tageszeitung »Mercurio« bringt ein ausführliches Interview mit Axel Kaiser und mir und kurz nach Erscheinen erreicht das Buch den 1. Platz der Sachbuch-Beststellerliste in Chile.

Vorgestellt wird unser Werk durch Gonzalo Sanhueza, Professor für Wirtschaftswissenschaften an der Katholischen Universität, der u.a. als Berater für den Internationalen Währungsfonds (IWF) und die Weltbank tätig war, sowie durch Gerardo Victorino Varela Alfonso, unter Präsident Sebastián Piñera Bildungsminister von Chile. Ich selbst habe zu dem Buch die Ergebnisse einer Befragung zum Image der Reichen in Chile beigesteuert. Hier einige Ergebnisse dieser Erhebung, die in dem Buch ausführlicher dargestellt werden:

Vom 19. bis 30. August 2022 führte das Institut Ipsos MORI eine umfangreiche repräsentative Umfrage bei 1.000 Chilenen zum Image der Reichen durch, die ich beauftragt hatte. Diese Umfrage war Teil meines Projektes »The Rich in Public Opinion«: Ipsos MORI stellte in den USA, Großbritannien, Deutschland, Frankreich, Italien, Spanien, Schweden, China, Japan, Südkorea, Polen und Vietnam die gleichen Fragen, so dass man die Einstellung zu Reichen in verschiedenen Ländern vergleichen kann.

Das insgesamt negative Bild der Chilenen über Reiche zeigt sich besonders bei der Antwort, welche Eigenschaften die Befragten bei Reichen häufig vermuten. Wir legten den Befragten eine Liste mit je sieben positiven und negativen Persönlichkeitsmerkmalen von Reichen vor: Die fünf in Chile am häufigsten genannten Eigenschaften sind ausnahmslos negativ. 58 Prozent halten Reiche für materialistisch, 56 Prozent für arrogant, 55 Prozent für gierig, 52 Prozent für egoistisch und 39 Prozent für oberflächlich. Erst danach kommen positiv bewertete Eigenschaften wie visionär, weitblickend (36 Prozent), intelligent (36 Prozent), wagemutig (31 Prozent) und fleißig (28 Prozent). Die am seltensten mit Reichen in Verbindung gebrachte Eigenschaft ist Ehrlichkeit, sie wird nur von vier Prozent genannt.

Zum Vergleich: Die fünf in Vietnam am häufigsten genannten Persönlichkeitsmerkmale waren alle positiv – visionär, weitblickend (74 Prozent), intelligent (69 Prozent), wagemutig (67 Prozent), fleißig (63 Prozent), einfallsreich (62 Prozent). Und nur zwölf Prozent der Vietnamesen finden, Reiche seien egoistisch und rücksichtslos.

Ein Ergebnis unserer Befragung war, dass in drei Ländern, nämlich in Frankreich, Spanien und Deutschland, die Einstellung zu den Reichen noch etwas negativer ist als in Chile, aber in sieben Ländern positiver: In Schweden, den USA, Großbritannien, Südkorea, Japan, Vietnam und Polen sehen die Menschen Reiche sehr viel positiver, als sie es in Chile tun.

So weit die Ergebnisse der Befragungen, die ich in dem Buch »El Odio A Los Ricos« sehr viel ausführlicher darstelle. Wie entscheidend die Frage der Einstellung zu den Reichen ist, zeigt Axel Kaiser in seinem Teil unserer gemeinsamen Veröffentlichung. Da das Buch nur auf Spanisch erschienen ist, bitte ich ihn, die Ergebnisse kurz zusammenzufassen. Hier ist nun eine längere Passage von Axel Kaiser:

»Chile ist zweifelsohne eines der Länder, in denen die Rhetorik gegen die Reichen den Fortschritt zunichte gemacht hat. Die Zahlen zeigen einen deutlichen Unterschied zwischen den Fortschritten, die die Chilenen in den vergangenen beiden Jahrzehnten gemacht haben. Nach 2014 nahmen Politik und Wirtschaft in Chile eine populistische Wende, die die Aussichten auf Fortschritt bremste. Zwischen 2014 und 2023 betrug das jährliche BIP-Wachstum 1,9 Prozent, was einem Pro-Kopf-Wachstum von gerade einmal 0,6 Prozent entspricht.[304] Die wirtschaftsfeindlichen Reformen in der zweiten Regierungszeit von Michelle Bachelet (2014–2018) wirkten sich negativ auf die Investitionstätigkeit und die damit verbundene Schaffung von Arbeitsplätzen aus, während gleichzeitig die Reallöhne stagnierten.

Auch wenn die Analyse der wirtschaftlichen Abschwächung eindeutig ist, so sind ihre Ursachen doch komplexer: Sie finden sich in einer Ideologie, die von einem Rachefeldzug gegen die Reichen in Chile motiviert ist. Die zweite Regierung von Bachelet wiederholte ständig, die Reichen würden angeblich ihren gerechten Anteil an den Steuern nicht zahlen, weshalb eine Steuerreform fällig sei. Besessen von dem Gedanken, die Ungleichheit zu verringern, ging die Regierung sogar so weit, zu fordern, die oberen ein Prozent sollten fast die gesamten neuen Steuereinnahmen aufbringen. Dies würde, so lautete das Versprechen, dann nicht nur eine bessere und kostenlose öffentliche Bildung, eine bessere öffentliche Gesundheitsversorgung und mehr Krankenhäuser, sondern auch einen besseren Zugang zu Kultur und Sport, eine sauberere Umwelt und höhere Renten für die Rentner sichern. Mit anderen Worten: In den Augen der Regierung waren die gierigen Reichen, die nicht bereit waren, ihr Einkommen höher besteuern zu lassen, der einzige Grund dafür, dass die Chilenen keine bessere Lebensqualität hatten.

Allerdings war Bachelets Steuerreform alles andere als erfolgreich: Sie zerstörte die Investitionsanreize und forcierte ein reichenfeindliches Narrativ, das die Auswirkungen auf die Wirtschaft und die allgemeine Bevölkerung außer Acht ließ. Andrés Velasco, Bachelets ehemaliger Finanzminister (2006–2010), gab damals zu bedenken, dass es keine Analyse über die Auswirkungen der Steuerreform auf Ersparnisse, Investitionen und Wachstum gebe.[305] Die Steuerreform brachte weniger Einnahmen ein, als die Regierung ursprünglich erwartet hatte. Die Ökonomen Gonzalo Sanhueza und Arturo Claro haben gezeigt, dass, wenn Chiles Wirtschaft seit 2013 real um 3,8 Prozent gewachsen wäre, der Staat im Jahr 2023 um 26 Prozent höhere Steuereinnahmen erzielt hätte.[306]

Auch wenn sich die meisten Ökonomen darüber einig sind, dass wirtschaftliches Wachstum die Quelle für sozialen Fortschritt, Beschäftigung sowie für die Schaffung von neuen Chancen und höheren Staatseinnahmen ist: Die chilenische Linke beharrt auf der Einführung steuerlicher Strafmaßnahmen, für die dann jedoch letztlich die Mittelschicht und die Armen den Preis in Form von geringeren Chancen zu zahlen haben. Nach dem Verständnis der Linken ist das Steuersystem also eine Waffe, die im Namen des Kampfes gegen die Ungleichheit, im Klassenkampf gegen die Reichen eingesetzt wird. Aus diesem Grund waren der derzeitige chilenische Präsident Gabriel Boric und sein derzeitiger Finanzminister Mario Marcel im Jahr 2022 federführend bei einer weiteren Steuerreform, die die Investitionen noch stärker belastet hätte. Diese Reform hätte den Steuerfreibetrag, den Unternehmer von ihrer Einkommenssteuer abziehen können, verringert und damit deren Grenzsteuerbelastung erhöht. Darüber hinaus sah diese Reform eine Vermögenssteuer von einem Prozent bzw. 1,8 Prozent – je nach Höhe des Vermögens – vor. Und dies ungeachtet der Tendenz, dass viele OECD-Länder, die die Vermögenssteuer einst eingeführt hatten, sie inzwischen wegen ihrer Ineffizienz wieder abgeschafft haben. Letztendlich scheiterte die Steuerreform vor dem Kongress. Aber trotzdem halten die Linkspolitiker in Chile an ihrem Gedanken einer Steuererhöhung fest. Und zwar nicht, weil sie mehr Mittel für die Unterstützung der Bedürftigen benötigen, sondern einfach nur, weil sie die Reichen bestrafen wollen. Außerdem sind die chilenischen Staatsausgaben alles andere als effizient. In Chile wird ein im Vergleich zu anderen entwickelten Volkswirtschaften noch größerer Teil der öffentlichen Ausgaben durch Bürokratie verschwendet – und dabei hat dies nicht einmal nennenswerte Auswirkungen auf die Verringerung des Gini-Index.[307]

Die soziale Krise im Jahr 2019 war weitgehend darauf zurückzuführen, dass die Chilenen infolge der Reformen der zweiten Bachelet-Regierung nicht mehr in der Lage waren, Wohlstand zu schaffen. Anstatt jedoch so etwas wie Selbstkritik zu üben, gaben die chilenischen Politiker der internationalen Lage die Schuld für die Verschlechterung der Wirtschaft.

Ein prägnantes Beispiel für eine Denkweise, die der Verteilung von Reichtum Vorrang vor dessen Schaffung einräumt, war das Buch *El otro modelo*, das als ideologischer Leitfaden für die zweite Amtszeit von Bachelet diente und auch die vorherrschende Philosophie der Regierung Boric widerspiegelt. Das Buch plädiert für einen staatlich kontrollierten Ansatz in verschiedenen Bereichen und befürwortet zudem den Ausschluss individueller Entscheidungsfreiheit zugunsten einer standardisierten Bereitstellung von Dienstleistungen.[308] Dabei stützen sich die Autoren stark auf die Vorstellung, dass den Reichen die Belange der anderen von Natur aus relativ egal seien. Das Ideal des Marktes ist ihrer Ansicht nach unmenschlich, da es soziale Härten begünstigt und die Schwachen sich selbst überlässt. Dieser von Neid genährte dogmatische Ansatz hat Chile dazu gebracht, Institutionen zu untergraben, die den Fortschritt fördern könnten. Und damit wurde gleichzeitig der allgemeine Wohlstand dem Streben nach erzwungener Gleichheit geopfert.

Entgegen der landläufigen Meinung zeigt eine genauere Analyse der Einkommensungleichheit, dass sich die Lage in den vergangenen Jahrzehnten erheblich verbessert hat. Hier ist insbesondere die Studie von Professor Claudio Sapelli zu nennen. Seine Untersuchung, die sich über verschiedene Generationen von Chilenen erstreckt, weist bei den jüngeren Kohorten auf einen Trend zu einer geringeren Einkommensungleichheit hin.[309] Sapelli betont, dass der Schwerpunkt nicht allein auf einer Angleichung der Ergebnisse liegen sollte, sondern vielmehr auf der Bekämpfung von Armut und der Schaffung von Chancen für die am stärksten Benachteiligten. Ähnlich argumentieren die renommierten chilenischen Wirtschaftswissenschaftler Velasco und Huneeus. Für sie liegt der Schlüssel zur Verringerung der Ungleichheit darin, mehr Arbeitsplätze zu schaffen. Ihrer Ansicht nach wird die Ungleichheit nur dann reduziert werden, wenn ständig neue Arbeitsplätze geschaffen werden, insbesondere für ärmere Chilenen.

Nur der Kapitalismus ist in der Lage, die neuen Möglichkeiten zu schaffen, von denen Velasco und Huneeus sprechen. Ungeachtet dessen bekräftigte Präsident Boric in einem Interview mit *BBC News* im Juli 2023 den Wunsch, ›den Kapitalismus zu stürzen‹.[310] Die Ministerin und Regierungssprecherin Camila Vallejo unterstützte Borics Thesen und legte dabei eine ähnliche wirtschaftliche Ignoranz an den Tag. Auch sie betonte, dass das kapitalistische Modell nicht die Lösung für die sozialen Probleme Chiles sei, und sprach sich für die Entwicklung zu einem Wohlfahrtsstaat hin aus.«

So weit Axel Kaiser.

Ich habe von meinem Ko-Autor viel über Chile gelernt. Wie konnte es passieren, dass in dem erfolgreichsten kapitalistischen Land Lateinamerikas ein Sozialist gewählt wird? Zwischen 1975 und 2015 hat sich das Einkommen der Chilenen stärker als in jedem anderen Land in Lateinamerika erhöht. Die Lebenserwartung stieg von 69 auf 79 Jahre. Und die soziale Mobilität, also die Chance für Menschen zum sozialen Aufstieg, war – wie ein 2017 veröffentlichter Bericht der OECD zeigte – größer als in jedem anderen lateinamerikanischen Land.[311]

Trotz all dieser Erfolge zeigt eine Umfrage aus dem Sommer 2021, wie stark der Antikapitalismus in Chile ist bzw. damals war:

Vom 30. Juli bis zum 9. August 2021 wurden in Chile 1.000 repräsentativ ausgewählte Personen durch Ipsos MORI befragt. Zählt man die Aussagen pro Staat und pro Markt zusammen, so zeigt sich, dass Aussagen für einen stärkeren Einfluss des Staates 23 Prozent Zustimmung finden und Aussagen für eine reduzierte Rolle des Staates bzw. mehr Markt 19 Prozent. Teilt man den Durchschnitt der positiven (pro-marktwirtschaftlichen) durch den Durchschnitt der negativen (anti-marktwirtschaftlichen) Aussagen, ergibt sich ein Koeffizient von 0,80.

Von den unter 30-Jährigen unterstützen 19 Prozent Pro-Markt-Aussagen und 26 Prozent Pro-Staat-Aussagen. Bei den über 60-Jährigen ist das Verhältnis zwischen der Unterstützung marktwirtschaftlicher Positionen (22 Prozent) und solchen, die für eine stärkere Rolle des Staates plädieren (19 Prozent), umgekehrt. Beispielsweise sagen 33 Prozent der unter 30-jährigen Chilenen: »Der Staat sollte bei Mieten und Lebensmitteln Preisvorgaben machen und Mindest- und Höchstlöhne festsetzen; sonst wird es unsozial.« Von den über 60-Jährigen unterstützen nur 16 Prozent diese Meinung. Ältere Chilenen können sich vielleicht noch eher daran erinnern, was – unter Allende Anfang der 1970er-Jahre – Sozialismus für die Wirtschaft bedeutet und dass mehr Marktwirtschaft ihr Leben in den nachfolgenden Jahrzehnten verbessert hat.

Allen Befragten in Chile wurden zudem 18 Aussagen zum Kapitalismus vorgelegt. Ganz klar überwiegt die Zustimmung zu negativen Aussagen (durchschnittlich 28 Prozent) gegenüber der Zustimmung zu positiven Aussagen zum Kapitalismus (durchschnittlich 20 Prozent).

Die sechs Aussagen, die die meiste Unterstützung erhielten, waren ausnahmslos negativ. 44 Prozent sagen »Kapitalismus ist von Reichen dominiert, sie bestimmen die Politik«. Dem Kapitalismus wird steigende Ungleichheit (37 Prozent) bescheinigt, 36 Prozent erklären, »Kapitalismus führt zu Monopolen, also dass einzelne Unternehmen den ganzen Markt beherrschen«. 35 Prozent meinten, »Kapitalismus befördert Egoismus und Profitgier«, und 32 Prozent sagten, »Kapitalismus ist schuld an Umweltzerstörung und Klimawandel«. 30 Prozent der Chilenen stimmten der Aussage zu, »Kapitalismus verführt Menschen zum Kauf von Produkten, die sie nicht brauchen«.

Ich vermute allerdings, bei einer erneuten identischen Befragung heute würden die Ergebnisse anders ausfallen, denn die Stimmung in Chile, dafür sprechen viele Indizien, hat sich wieder mehr in Richtung Marktwirtschaft verändert.

Dezember 2023

Kathmandu, Nepal

Am 11. Dezember lande ich in Kathmandu, der Hauptstadt Nepals. Ich war über Doha geflogen, einen Flughafen, den ich zuvor noch nie gesehen hatte. Dort hatte ich drei Stunden Zwischenaufenthalt. Tolle Architektur, toller Service, absolute Sauberkeit und dazu noch viel Grün. Wenn man ein wenig schlafen will, bekommt man dort ohne Mehrkosten einen persönlichen Schlafraum zur Verfügung gestellt, mit Kühlschrank und Getränken. Und zum Duschen gibt es großzügige, moderne Duschkabinen. Auch der Service in den Business oder First Class Lounges bei Qatar Airways ist sehr viel besser, als ich das in Lateinamerika erlebt habe, wo ich noch eine Woche zuvor war.

Nepal liegt zwischen China und Indien und zählt etwa 30 Millionen Einwohner. In der Hauptstadt Kathmandu leben offiziell 1,4 Millionen Menschen, tatsächlich aber sehr viel mehr. Kathmandu liegt in einem Tal inmitten des Himalaya-Gebirges mit dem höchsten Berg der Erde, dem Mount Everest mit 8.848 Metern.

Etwa sechs Wochen bevor ich ankomme, hat es in Nepal ein Erdbeben gegeben, bei dem rund 150 Menschen starben. Erdbeben gibt es häufig in Nepal. 2015 waren viele historische Gebäude des berühmten Hanuman Dhoka Durbar Square durch eine solche Naturkatastrophe zerstört worden und mussten teilweise neu aufgebaut werden.

Gleich nach meiner Ankunft besichtige ich diesen beeindruckenden Platz, der zum Weltkulturerbe gehört. Es handelt sich um einen Komplex aus vielen Bauwerken wie dem Königspalast der Malla-Könige und der Shah-Dynastie, der sich über eine Fläche von etwa fünf Hektar erstreckt. Der Hanuman-Dhoka-Palast verdankt seinen Namen der stehenden Steinstatue von Hanuman (Affengott), die sich seit 1672 an der Ostseite des Haupteingangs befindet. »Dhoka« bedeutet auf Nepali »Tür« oder »Tor«. Auf dem Gelände gibt es auch große Märkte, wo Händler alles anbieten – von Bananen bis zu Schwertern.

Ansonsten sieht man überall in der Stadt bitteres Elend, heruntergekommene Geschäfte, zerfallene Häuser, arme Menschen und ein Wirrwarr von elektrischen Leitungen, die offenbar ausnahmslos oberirdisch verlegt werden.

Es begleitet mich Basanta Adhikari, der mich zusammen mit dem Vertreter meines Verlages WeRead, Rajeev Dhar Joshi, vom Flughafen abholt. Basanta ist übrigens der Mann, den Sie auf dem Cover des Buches sehen. Mit ihm hatte ich schon davor Kontakt, weil er und seine Leute mein Buch »Die 10 Irrtümer der Antikapitalisten« übersetzt haben und den Kontakt zu einem Verlag in Nepal herstellten, der zudem auch mein Buch »Setze dir größere Ziele« herausbrachte.

Fast hätte Basanta nicht selbst zum Flughafen kommen können, weil wegen starken Nebels sein Flug gestrichen wurde. Er wohnt nicht in der Hauptstadt, sondern in Biratnagar und kommt doch noch pünktlich, nach einer 16 Stunden langen Fahrt mit dem Bus. Eigentlich soll ich auch in Biratnagar Vorträge halten, doch das Risiko wäre zu groß gewesen, dass ich nicht hätte zurück nach Kathmandu fliegen können.

Bevor ich mehr über Nepal berichte, will ich kurz etwas über China schreiben, denn eigentlich wollte ich die Reisen nach China und Nepal verbinden. Ich hatte die Flüge nach Peking und das Visum für China schon beantragt, da bekam ich von meinem Verlag SSAP in China folgende Nachricht: »Gemäß einer neuen Verordnungsmitteilung der Regierung benötigt SSAP für die Werbeveranstaltungen zusammen mit einem Autor aus einer Region außerhalb Chinas eine weitere Genehmigung ... Vieles hat sich in den vergangenen drei Jahren geändert, und möglicherweise möchten/wagen nur wenige Zeitungen oder andere Medien, an ein Interview/Thema dieser Art heranzugehen.«

Es ist auch mein Eindruck, dass es in China immer schwieriger wird. Meine Bücher zum Thema Kapitalismus kann ich wegen der

Zensur ohnehin nicht veröffentlichen, aber mehrere Bücher zum Thema »Reichtum« sind vor einigen Jahren von mir im Reich der Mitte erschienen und verkaufen sich dort sehr gut. Lassen Sie mich vor meinem Bericht über Nepal einige Eindrücke meiner Reisen nach China zusammenfassen, auch wenn China diesmal leider, anders als geplant, nicht Teil meiner Tour war.

Ich reiste im August 2018 in fünf Städte – Peking, Guangzhou, Nanjing, Schanghai und Shenzhen –, hielt in jeder Stadt Vorträge und gab Dutzende Interviews. Die Dimensionen in China sind ganz andere als in Europa. Ein Video-Interview, das ich über mein Buch gab, wurde in einer Woche 850.000-mal aufgerufen. Die Chinesen sind ungeheuer neugierig und vor allem hungrig nach Erfolg. Besonders die jungen Chinesen sind voll Optimismus und Ehrgeiz. Nach meinem Vortrag in Peking kam ein Schüler zu mir, zehn Jahre alt. Er sprach gut Englisch und wollte meine Empfehlung, wann er beginnen solle, neben der Schule zu arbeiten, sich vielleicht selbstständig zu machen, um reich zu werden.

Die Chinesen glauben an den wirtschaftlichen Fortschritt – nicht nur für sich selbst, sondern auch für ihr Land. Bei dem Vortrag in Schanghai fragte ich, wie vielen der anwesenden Teilnehmer es besser gehe als ihren Eltern. Alle meldeten sich.

Und das zeigt genau, was in China geschehen ist. Nach den Zahlen der Weltbank lebten 1981 noch 88 Prozent der Chinesen in »extremer Armut«, heute sind es weniger als ein Prozent. Hunderte Millionen sind aus der Armut in die Mittelschicht aufgestiegen. Alles begann in den 80er-Jahren mit der Parole von Deng Xiaoping: »Lasst erst mal einige reich werden!« Diesen »einigen« eifern heute Millionen nach.

Ich sprach mit Professor Zhang Weiying, einem der bekanntesten Ökonomen Chinas, aus dessen Buch »The Logic of the Market« ich viel gelernt hatte. Ich traf ihn in Peking, und wir tauschten uns über die aktuellen Entwicklungen aus. Einig waren wir uns beide darin, dass die Erfolge Chinas in den vergangenen Jahrzehnten nicht auf einem besonderen »Dritten Weg« zwischen Kapitalismus und Sozialismus beruhen, sondern ausschließlich darauf, dass sukzessive die Macht des Staates in der Wirtschaft zurückgedrängt wurde – zugunsten von mehr Markt und Privateigentum. Aber Zhang Weiying zeigte sich in den nächsten Jahren, in denen wir im Kontakt blieben, zunehmend skeptisch und kritisierte – soweit das in China möglich ist – die Entwicklung zurück in Richtung mehr Staat.

Im Dezember 2019, kurz vor Ausbruch der Corona-Krise, war ich erneut in China. Wie groß das Interesse an den Themen Reichtum und Erfolg ist, sah ich immer wieder in meinen Vorträgen. In Shenzhen sprach in an einer kleinen Universität, der Peking University HSBC Business-School: Von 1.000 Studenten kamen über 800, und der Hörsaal war so überfüllt, dass manche stehen oder auf den Fensterbänken sitzen mussten.

Doch, wie gesagt, in den vergangenen Jahren hat sich einiges geändert. Die Zensur und die Kontrollen haben sich verschärft. China, das über Jahrzehnte so erfolgreich war, weil es in Richtung mehr Markt gegangen ist, hat den Rückwärtsgang eingelegt in Richtung mehr Staat. Ich selbst merkte das daran, dass es immer schwieriger und zeitaufwendiger wurde, meine Bücher dort zu veröffentlichen. Die Publikation meines Buches »The Rich in Public Opinon« wurde über Jahre wiederholt verschoben.

Nach der Absage der geplanten Buchvorstellung in China will ich Basanta in Nepal, der mich eingeladen und auch mein Buch übersetzt hat, nicht enttäuschen und entschließe mich, trotzdem nach Nepal zu reisen. Und vor allem bin ich natürlich sehr neugierig auf dieses Land, das wegen seines Hochgebirges auch als »Dach der Welt« gerühmt wird.

Einen Termin zu finden, ist nicht einfach, denn in Nepal wird lang und viel gefeiert, wie ich lernen muss. Mehrere Vorschläge passen nicht, denn Basanta schreibt mir: »Eigentlich haben wir in der Zeit vom 15. Oktober bis zum 19. November Festtage. Doch dazwischen gibt es eine Lücke von 15 Tagen. Wir haben geplant, unsere Programme zwischen den beiden Festtagen einzuschieben. Allerdings werden die Leute an diesen Tagen immer noch in Feierstimmung sein.«

Als ich in der Botschaft in Berlin mein Visum beantragen will, stehe ich übrigens zunächst auch dort vor verschlossenen Türen. Auf einem Schild heißt es, wegen Feiertagen in Nepal habe man zwei Tage geschlossen. Offiziell gibt es 35 arbeitsfreie Feiertage in Nepal, so viele wie nirgendwo in der Welt, doch meine Gesprächspartner meinten, tatsächlich seien es über 50.[312]

Ich erlaube mir anzumerken, dass es ein Land schwer habe, wirtschaftlich erfolgreich zu sein, wenn man fünf Wochen lang Feste feiert. Basanta stimmt zu: »Da stimme ich Ihnen voll und ganz zu. Bei uns gibt es viele Feste über mehrere Tage, und auch unsere Arbeitskultur ist nicht sehr gut. Das ist auch einer der Gründe, warum wir so weit hinter den entwickelten Ländern zurückliegen.«

Basanta Adhikari ist der Gründer des Thinktanks Bikalpa-an Alternative. Der Mann mit einem langen Bart – länger als der von Karl Marx – ist heute ein glühender Freiheitsaktivist, er nannte sogar seine Tochter Liberty und seinen Sohn Freedom. Über sein Leben und seine politische Entwicklung berichtet er:

»Nach Abschluss meines Masterstudiums an der Sonk Konghoe-Universität in Südkorea im Jahr 2011 kehrte ich nach Nepal zurück mit der Absicht, dort etwas Sinnvolles in meinem Leben zu leisten. Damals stand Nepal kurz vor der Fertigstellung einer neuen Verfassung – wieder einmal, denn wir sind Weltmeister im Ausarbeiten neuer Verfassungen. Aber das Land war in einem katastrophalen Zustand und stand kurz vor der Anarchie. Ich begann, mich im Osten Nepals für die von der Samriddhi Foundation ins Leben gerufene Kampagne ›Gari KhanaDeu‹ einzusetzen. Diese Kampagne stellt drei grundlegende Werte in den Mittelpunkt: ›Sicherheit von Leben und Eigentum‹, ›Rechtsstaatlichkeit‹ und ›unternehmerische Freiheit‹. Mir wurde klar, dass diese Werte für das individuelle Überleben und den wirtschaftlichen Aufschwung des Landes von entscheidender Bedeutung sind.

Vor meinem Einsatz für die Kampagne war auch ich, wie so viele politisch aktive Menschen in Nepal, links, Mao und Stalin waren meine Vorbilder. In den Jahren 2012/13 ermutigte mich Robin Sitoula, der Geschäftsführer der Samriddhi Foundation, am Forschungsprogramm Atlas Network/CPPR Summer School teilzunehmen. Im selben Jahr nahm ich am Asia Liberty Forum in Delhi teil, wo ich die Gelegenheit hatte, etwas über die weltweite libertäre Freiheitsbewegung zu lernen und zu erfahren. Im Juli 2013 verließ ich Biratnagar, um in Kathmandu ein Praktikum bei der Samriddhi Foundation zu absolvieren. Dort blieb ich etwa sechs Monate und gründete in Biratnagar eine Organisation, um für die Werte der Freiheit und des Unternehmertums einzutreten, die Bikalpa-an Alternative.

Denn es gab zwar viele Organisationen, die sich mit verschiedenen Themen befassten, aber kaum eine von ihnen arbeitete daran, die Armut durch einen unternehmerischen Ansatz zu verringern. Nach meiner Rückkehr nach Biratnagar im Februar 2014 öffnete ich mit ganz wenig Geld ein Ein-Raum-Büro, heute arbeiten neun engagierte Vollzeitmitarbeiter in dem Thinktank. Jedes Jahr schulen wir mehr als 1.000 Jugendliche und vermitteln ihnen die Werte von Freiheit und Unternehmertum. Im Mai 2022 trug die Lobbyarbeit von Bikalpa dazu bei, das Ausstellen von Motorradführerscheinen in Biratnagar zu erleichtern. Das war ein praktisches Beispiel, wie wir das Leben der Menschen verbesserten, denn durch die staatliche Bürokratie dauerte es vorher oft über ein Jahr, bis man den Motorrad-Führerschein bekam, und viele Menschen in Nepal fuhren deshalb ohne Führerschein. Nach der Reform, die wir zusammen mit anderen angestoßen haben, dauert es nur noch zwei Wochen. Besonders wichtig war das für E-Rikscha-Fahrer, die damit ihren Lebensunterhalt verdienen.«

In Kathmandu scheint diese Beschleunigung des eigentlich ja simplen Verwaltungsvorgangs bis heute nicht angekommen zu sein. Ein Journalist, der mich am nächsten Tag interviewt, bestätigt mir das: Er zeigt mir den Beleg über die vor eineinhalb Jahren bestandene Führerscheinprüfung, aber das Dokument hat er bis heute nicht in Händen.

Das Bruttosozialprodukt pro Einwohner beträgt in Nepal gerade einmal 1.331 Dollar.[313] Mit einem durchschnittlichen Jahreseinkommen von 290 Euro pro Kopf ist Nepal nach Afghanistan das zweitärmste Land Asiens und eines der zehn ärmsten Länder der Welt.[314] Auf dem aktuellen Index der menschlichen Entwicklung belegt es Platz 143 von 191 ausgewerteten Ländern.[315] Die Armut ist deutlich sichtbar in den

Straßen auch außerhalb der Hauptstadt, die Läden und Häuser sind heruntergekommen. Von allen Ländern, in denen ich war, habe ich hier die bitterste Armut gesehen.

Auch politisch ist Nepal sehr instabil. Ob wohl ein weiteres Land auf der Welt existiert, in dem es in 80 Jahren sieben verschiedene Verfassungen gab?[316] Nepal war 240 Jahre lang ein hinduistisches Königreich. Nach einem zehnjährigen Bürgerkrieg mit den Maoisten – dazu gleich mehr – wurde 2008 eine demokratische Bundesrepublik ausgerufen. Seitdem gab es in Nepal bereits elf Regierungen, und die meisten Premierminister bleiben nicht einmal ein Jahr im Amt.[317] Diese Instabilität war schon zuvor typisch für Nepal: In der zweiten Hälfte des 20. Jahrhunderts wechselte im Durchschnitt fast jedes Jahr der Premierminister.[318] Allerdings muss man dazu sagen, dass so etwas auch in entwickelten Ländern vorkommt – Italien fällt mir dazu zuerst ein.

2023 wurde zum dritten Mal der maoistische Rebellenführer Pushpa Kamal Dahal (genannt Prachanda, was »der Kämpferische« heißt) zum Premierminister berufen. Bei den Wahlen zur Verfassungsgebenden Versammlung 2008 hatten die Maoisten die Hälfte der 240 Sitze errungen.[319] So wurde Prachanda im August 2008 erstmalig zum Premierminister gewählt, acht Jahre später im August 2016 zum zweiten Mal und wiederum gut sechs Jahre später, im Dezember 2022, zum dritten Mal.

Das Parteiensystem in Nepal ist sehr verwirrend und ständig im Fluss. Es gibt mehrere marxistisch-leninistische und maoistische Parteien, die sich andauernd spalten oder wieder vereinen. Allein die Maoisten haben sich seit dem Friedensprozess 2006 in mindestens sechs unterschiedliche Parteien aufgespalten. Dieses Schicksal teilen seit den 1990er-Jahren auch die Vereinigten Marxisten-Leninisten. Von den 119 Parteien, die bei der nepalesischen Wahlkommission registriert sind, sind mindestens 86 entweder sozialistisch, kommunistisch, maoistisch, marxistisch-leninistisch oder sonstwie linksorientiert.[320] Als ich zurück zum Flughafen von Khatmandu fahre, sehe ich vor einem Veranstaltungskomplex überall rote Fahnen mit Hammer und

Sichel. Auf meine Frage, was da los sei, antwortet Rajeev: »Ach, da halten gerade die Maoisten eine große Konferenz ab.«

Basanta meint dazu: »Die meisten politischen Parteien in Nepal glauben an linke Ideologien. Nachdem Indien 1947 seine Unabhängigkeit erlangt hatte, verfolgte das Land eine sozialistische Politik. China hat nach seiner Revolution im Jahr 1949 den Kommunismus eingeführt. Nepal liegt zwischen diesen beiden Ländern, die einen großen Einfluss auf uns haben. Unsere politischen Führer sehen Mao und Nehru als ihre Vorbilder an, sie sind sehr stark von ihnen beeinflusst. Außerdem bekam Nepal in den 70er-Jahren viel Entwicklungshilfe aus Russland: Als ich jung war, gab es viele russische Bücher, die in die nepalesische Sprache übersetzt worden waren. Das ist ein Grund, dass so viele Menschen in Nepal und die meisten Parteien mit linken Ideen sympathisierten.«

Vorsitzender einer der maoistischen Parteien ist Puspha Kamal Dahal. Er war Anführer des maoistischen Rebellenaufstandes, der 1996 begann. Der bewaffnete Kampf formierte sich zunächst in westlichen Mittellandregionen und Distrikten wie Rukunm, Rolpa, Salyan, Jajarkot und Dailekh. Der Aufstand begann mit einzelnen Angriffen auf Polizeistationen, am Anfang noch mit selbstgebauten Gewehren und Handgaranten. »Polizei und Armee waren nur an wenigen, strategisch wichtigen Orten vertreten und die verarmte Bauernschaft, der es in erster Linie um ausreichend Nahrung und Behausung ging, war zumindest am Anfang den für sie kämpfenden Maoisten gegenüber wohlwollend eingestellt.«[321] Die Armee griff in den ersten Jahren nicht in den Konflikt ein – sie lehnte, so wie die Maoisten, das parlamentarische System ab.[322]

Der Bürgerkrieg forderte 17.000 Menschenleben und führte schließlich dazu, dass die Maoisten etwa 80 Prozent des Landes beherrschten. 2006 wurde der Aufstand mit einem Kompromiss beendet, der auch zur Abschaffung der Monarchie führte.

Dass gerade in den 90er-Jahren der Maoismus in Nepal so stark war, ist verwunderlich. Damals war – nach dem Zusammenbruch der Sowjetunion und der sozialistischen Regimes Osteuropas – der Kommunismus weltweit im Niedergang. China bekannte sich zwar offiziell noch zu Mao, aber in Wahrheit führte Deng Xiaoping eine Politik durch, die das Gegenteil des Maoismus war. Und genau zu dieser Zeit erlebte der Maoismus einen großen Auftrieb in Chinas Nachbarland.

Interessanterweise kam der Maoismus jedoch nicht aus China nach Nepal, sondern aus Indien. Es war Indien und nicht China, wo die linken Rebellen ihre Ausbildung erhielten – die Grenze zwischen Nepal und Indien war offen, und so kamen die Maoisten aus Indien in das benachbarte Königreich.[323]

Ich frage Basanta, warum die maoistische Bewegung in Nepal in den 90er-Jahren so stark und aktiv wurde, zu einer Zeit also, als die Menschen in China schon nicht mehr an Mao glaubten und der Kommunismus seine Attraktivität global eingebüßt zu haben schien. »Die maoistische Ideologie kann sich überall dort durchsetzen, wo die Gesellschaft arm ist. Nepal gehört zu den ärmsten Volkswirtschaften der Welt und war dadurch ein guter Nährboden für den Maoismus. Nepals Landschaft ist mit Bergen und Dschungel sehr vielfältig und für den Staat nicht überall zugänglich. Deshalb konnten sich die Maoisten in den abgelegenen Gebieten, wo der Staat kaum existierte, frei bewegen und ihre Ideen verbreiten. Linke Ideologien propagieren, dass die Reichen deshalb reich sind, weil sie auf Kosten der Armen leben. Sie sagen: Der Reiche ist daran schuld, dass du arm bis. Wenn wir ihm das Eigentum wegnehmen und an die Armen verteilen, geht es den Armen besser.

Die Armen werden seit Langem vom System unterdrückt. Dann kamen die Maoisten und versprachen ihnen den Himmel auf Erden, wenn sie die Regierung und das System stürzen könnten. Viele unterdrückte Menschen sahen in den Maoisten Befreier, die ihnen ein würdiges Leben ermöglichen würden. Viele waren sogar bereit, für ihre Partei zu sterben. Manche schlossen sich der Partei aber auch aus ganz anderen Gründen an, nicht aus ideologischen, sondern einfach um Macht auszuüben und ihre ganz persönlichen Interessen durchzusetzen.«

Arpita Nepal von der Samriddhi Foundation hat noch eine andere Erklärung für den Erfolg der Maoisten. »In den 60er-Jahren war Nepal ein Hippie-Paradies, viele kamen hierher, weil Nepal das führende Land für den Anbau von Marihuana war. In Nepal war Cannabis bis in die 70er-Jahre legal, und es gab überall legale Haschisch-Shops. Aber 1973 war das letzte Jahr, in dem die Menschen in Nepal legal Cannabis rauchen konnten. Der Anbau wurde verboten, und viele Menschen verloren ihre wirtschaftliche Existenz. Viele von ihnen waren wütend und schlossen sich den Maoisten an.«

Der Erfolg der »Maobadis« («Verkünder der Lehre Maos«), wie Prachandas Anhänger genannt wurden, beruhte auch darauf, dass sie geschickt traditionelle und religiöse Symbole vereinnahmten. »Ihre Einzüge in Dörfer organisierten sie als rituelle Prozessionen (jätra) und ihre Versammlungen als rituelle Feste (mela). Die rote Farbe ihrer Fahnen ist auch die Farbe, die man an religiösen Festtagen sieht, wenn die Frauen ihre schönsten Saris anlegen oder die Tempel geschmückt werden ... Der breite rote Fleck aus Zinnober auf der Stirn, den man traditionell bei einem Tempelbesuch vom Priester bekommt und der auch manch einen Rebellen in seinem Tarnanzug schmückte, suggerierte einen ›frommen‹ Kämpfer.«[324]

Diese Ära ist jetzt zum Glück vorbei. Ich wundere mich aber, warum die Menschen in Nepal nicht sehen, dass viele Länder Asiens durch marktwirtschaftliche Reformen erfolgreich wurden, während sie immer noch im Elend leben. Ob nun Taiwan, Singapur, Südkorea oder auch Vietnam und China: Überall haben marktwirtschaftliche Reformen zu mehr Wohlstand geführt.

Nepal dagegen steht nur auf Platz 142 von 177 im Index of Economic Freedom. Dort heißt es: »Der etatistische Ansatz der Regierung in der Wirtschaft schwächt die wirtschaftliche Freiheit und Entwicklung in Nepal erheblich. Korruption, mangelnde Transparenz und ein schwerfälliges Genehmigungsverfahren für Unternehmen behindern die dringend benötigte Ausweitung privater Investitionen und Produktion. Eigentumsrechte werden durch das ineffiziente Justizsystem, das erheblichem politischen Einfluss unterliegt, nur unzureichend geschützt.«[325] Im Korruptions-Wahrnehmungsindex von Transparency International steht Nepal auf einem sehr schlechten Rang: 110 von 180.[326]

Ich treffe Manish Jha, der Abgeordneter im Parlament von Nepal für die Rastriya Swatantra Partei (übersetzt: Nationale Unabhängige Partei; abgekürzt NIP) ist. Sie war vom 26. Dezember 2022 bis zum 5. Februar 2023 Teil einer Koalition der Prachanda-geführten Regierung, überwarf sich dann aber mit den anderen Parteien. NIP ist derzeit die viertgrößte nationale Partei in Nepal, und Jha sagt, sie sei die einzige Partei, die in ihrem Programm klar für die Marktwirtschaft eintrete. »Die größten Probleme in unserem Land sind mangelnde Rechtsstaatlichkeit, Korruption und zu viele staatliche Eingriffe in die Wirtschaft.« Man habe jahrelang immer wieder über neue politische Verfassungen diskutiert, aber es gebe zu wenig Bewusstsein dafür, dass der Schlüssel zur Verbesserung der Lage der Menschen in wirtschaftlichen Reformen liege. Jha selbst ist Unternehmer und sagt, keine Partei habe so viele Unternehmer unter ihren Abgeordneten wie seine.

Am zweiten Tag meines Besuches stellt Jha mein Buch vor. Der Saal ist gut gefüllt und die Veranstaltung vom Verlag so perfekt organisiert, wie ich es bislang noch bei keiner meiner vielen Buchpräsentationen erlebt habe. Die Moderatorin ist von der Organisation LOLA Ladys for Liberty, mit deren dortigem Ableger ich mich erst vor zwei Wochen in Chile getroffen hatte. Und die Leiterin des wichtigsten Thinktanks in Nepal, der Samriddhi Foundation, Arpita Nepal (kein Fehler, sie heißt wirklich so wie ihr Land), stellt in ihrer Rede den Bezug zwischen meinem Buch und den Problemen ihres Landes her: »Das Kapitel über die Finanzkrise ist derzeit besonders relevant für Nepal. Unsere Zentralbank führt immer wieder die Zahlungsbilanz an, um zu belegen, dass es der Wirtschaft gut gehe. Gleichzeitig sitzen die Banken auf überschüssiger Liquidität, und der Markt ist mit einer Kreditklemme konfrontiert. Man braucht nur einen Blick auf die von der Zentralbank herausgegebenen Richtlinien zu werfen, um diese Situation zu verstehen, anstatt die Schuld auf die Großbanker zu schieben, die auf Bargeld sitzen. Interessant für Nepal ist auch das Buchkapitel zur Konsumkritik der Antikapitalisten. Nepal hat eine Liste sogenannter ›Luxusgüter‹ (die von den Bürokraten festgelegt werden). Leider fahren die Bürokraten und Politiker, die beschlossen haben, dass Motorräder und Autos ›Luxusgüter‹ sind und sie mit 114 bis 117 Prozent (Motorräder) und bis zu 205 Prozent (Autos) besteuert haben, weiterhin mit teuren Autos, die sie mit Steuergeld gekauft haben, während die Steuerzahler mit schäbigen öffentlichen Verkehrsmitteln fahren und einen großen Teil ihrer Ersparnisse ausgeben müssen, um sich private Fahrzeuge leisten zu können. So hilft dieses Buch zu verstehen, dass viele der Probleme, mit denen wir in Nepal konfrontiert sind, kein Marktversagen sind, sondern auf staatliche Eingriffe zurückzuführen sind.«

Ich traf mich mit dem Unternehmer Niranjan Shrestha von der Laxmi Group, eine der größten Firmen in Nepal. Er ist unter anderem im Importgeschäft für Autos aktiv und meint, die Zahlen, die Arpita nennt, seien noch untertrieben: »Ein BMW X5 kostet in Nepal aufgrund der hohen Steuern umgerechnet etwa 400.000. Euro. Die Luxus-Steuer auf diesen Wagen beträgt sogar 328 Prozent.« Der Import von Gebrauchtwagen ist verboten, so wie vieles andere in Nepal auch verboten ist. Shrestha: »Mitte der 90er-Jahre hatten wir einen Neuanfang in Nepal mit einigen marktwirtschaftlichen Reformen. Die Steuern wurden gesenkt und dereguliert, was unter anderem dazu führte, dass die Schattenwirtschaft von etwa 90 auf 30 Prozent zurückging. Das Verhältnis von Steuern zum BIP betrug nur zehn Prozent. Dann kamen der Bürgerkrieg mit den Maoisten und die politischen Unruhen, die Reformen wurden nicht fortgesetzt, sondern wieder zurückgedreht. Heute liegt das Verhältnis der Steuern zum BIP bei 25 Prozent, und die Schattenwirtschaft macht wieder 75 Prozent aus«, so der Unternehmer. Übrigens besucht er mich zwei Monate nach meiner Reise in Berlin, und ich stelle den Kontakt zu einem befreundeten Unternehmer her. Vielleicht kommen sie ins Geschäft.

Zu einem längeren Gespräch treffe ich mich mit etwa einem Dutzend Mitarbeitern der Samriddhi Foundation. Die Stiftung wurde 2006 von Robin Sitoula gegründet, sie war der erste libertäre Thinktank in Nepal, heute gibt es sieben. In dem Gespräch wird mir klar, dass Nepal wirklich ein sozialistisches Land ist. So ist es für jeden verboten, mit einem Produkt einen Gewinn zu machen, der höher ist als 20 Prozent. Mein

Buchverleger z.B. darf kein Buch teurer verkaufen als 20 Prozent über den Kosten. Wer mehr Gewinn macht, muss entweder die Steuerprüfer vom Finanzamt bestechen oder Strafe zahlen, und im schlimmsten Fall wird die Firma geschlossen. Ursprünglich sah das Gesetz eine Freiheitsstrafe von fünf Jahren vor, die inzwischen auf ein Jahr reduziert wurde. Da der Begriff »Ware« in dem Gesetz nicht definiert ist, liegt die Auslegung des Gesetzes im Ermessen der Bezirksverwaltungsbehörde.

Die unsinnigen Regelungen gibt es schon lange, und sie gehen, wie Arpita mir erkärt, auf den »Black Marketing and Other Social Offences Act« im Jahr 1975 zurück: »Dies ist ein Überbleibsel aus einer Zeit, in der die nepalesische Wirtschaft geschlossen und das Regierungssystem ein parteiloses Panchayat-System war. Handelsgespräche mit Indien hatten zu dieser Zeit noch nicht begonnen, und alle Einfuhren erfolgten entweder über informelle Kanäle oder über diplomatische Kanäle, um den Monarchen zu versorgen. Der vierte periodische Plan Nepals (1970-1975) schuf die Grundlage für eine Politik, die den Spielraum für Gewinnstreben einschränkt. Danach besteht die Rolle der Regierung bei kommerziellen Aktivitäten darin, ›angemessene Mengen zu fairen Preisen‹ bereitzustellen. Diese Vision einer geplanten Entwicklung und des Staates als wohlwollender Versorger ist der Leitgedanke für die Verabschiedung des Gesetzes über Schwarzhandel und andere soziale Straftaten. Das Gesetz sieht unter anderem eine Obergrenze für Wucher vor.«

Ich spreche auch den Unternehmer Niranjan Shrestha auf diese 20-Prozent-Gewinnbegrenzung an. Sollte man nicht eine Kampagne dagegen machen? »Das Problem«, sagt er, »besteht darin, dass nicht nur die Politiker, sondern die meisten Menschen in Nepal denken, Gewinn sei Diebstahl, Profit sei etwas Schlechtes. Der Neid auf Erfolgreiche ist die Quelle des Übels.«

Es gibt noch viele weitere staatliche Beschränkungen des Wirtschaftslebens, zum Beispiel lange Listen, in welchen Bereichen der Wirtschaft Ausländer nicht investieren dürfen. Auslandsinvestments sind überwiegend unerwünscht – ein Grund ist, dass man zu viel Einfluss von Indien befürchtet.

Die Woche in Nepal war für mich großartig. Ich habe beeindruckende Menschen kennengelernt, z.B. meinen Verleger Rajeev Dhar Joshi, der viele, viele Interviews mit Medien und Vorträge in Colleges organisiert hat, unter anderem arrangierte er ein halbseitiges Interview mit der mit Abstand größten Zeitung Nepals, »Kantipur« (Auflage rund 450.000 Exemplare täglich). Die Zeitung überschrieb das Interview mit: »Es ist falsch, den Kapitalismus zu dämonisieren«.

Ich habe viel von Rajeev gelernt über das Leben der Menschen in diesem Land. Erstaunt hat mich, dass, so sagt er, immer noch bei weit über 90 Prozent der Eheschließungen die Eltern den Ehepartner aussuchen. »Liebesheiraten sind eine Ausnahme. Sie nehmen zu in Kathmandu, aber die Regel ist immer noch, dass die Eltern einen Ehepartner vorschlagen.« Man darf diesen Partner ablehnen, auch mehrmals. »Das ist mir passiert. Ich bin sieben Mal von Frauen abgelehnt worden, weil die meinen Beruf nicht attraktiv fanden. Also habe ich den Beruf gewechselt und dann auch die richtige Frau gefunden.«

Die Vorträge in Kathmandu haben mir am meisten Freude gemacht: Hier habe ich vor Gruppen von 50 bis 100 Studenten gesprochen, so etwa am King's College oder am APEX College. Bei den Vorträgen habe ich diesmal nicht über »Die 10 Irrtümer der Antikapitalisten« gesprochen, sondern über mein Buch »Setze dir größere Ziele«, das in Nepal »Set yourself bigger goals« heißt. Es ist toll, wenn man junge, motivierte Menschen erlebt, die mehr über Erfolg und finanzielle Freiheit erfahren wollen – über Wege, wie nicht nur ihr Land, sondern sie selbst der Armut entkommen.

Viele dieser Menschen verlassen heute das Land – Hunderttausende Hochqualifizierte sind schon ausgewandet, in die USA oder in asiatische Länder. Es ist das, was in allen sozialistischen Ländern passiert, wenn man die Menschen nicht einsperrt, ob seinerzeit in der DDR, in Kuba oder Venezuela: Die Leistungsträger verlassen das Land. Ich hoffe, es wird eines Tages einen Wandel zu mehr Kapitalismus in Nepal geben, so dass diese Menschen wieder in ihr Land zurückkommen, mit dem, was sie in anderen Ländern gelernt haben, und helfen, auch in ihrer Heimat eine Gesellschaft mit Wohlstand aufzubauen.

Dezember 2023

Monaco

Monaco steht eigentlich nicht auf meiner Reiseliste. Ich war schon häufiger dort, zuletzt im August 2023 mit Jenna, aber nicht im Rahmen meiner »Kapitalismus-Weltreise«, sondern weil ich in Südfrankreich Urlaub machte und unser Hotel direkt an der Grenze zu Monaco liegt.

Ich besuche das kleine Fürstentum mit weniger als 40.000 Einwohnern auf seinen zwei Quadratkilometern jedoch noch einmal, weil ich Ende Dezember Titus Gebel dort treffe, den Initiator des Projektes »Freie Privatstädte«. 2006 gründete er zusammen mit einem Partner die Deutsche Rohstoff AG, die er bis 2014 leitete. Mit dem Unternehmen wurde er vermögend. Ein Jahr nach dem Verkauf seiner Firma zog Gebel, der zehn Jahre jünger ist als ich, nach Monaco. Er sieht das Fürstentum als »in vieler Hinsicht beispielhaft« für die Idee »Freier Privatstädte« an,[327] wenngleich es sich in mancher Hinsicht von seinem Konzept unterscheidet.

Monaco ist als Staat für Reiche bekannt, fast ein Drittel der Einwohner soll über ein liquides Vermögen von mehr als einer Million Dollar verfügen.[328] Ein Grund dafür ist, dass es als Steuerparadies gilt, weil es dort weder Einkommens- oder Erbschaftssteuern gibt noch Steuern auf Kapitalgewinne. Die Hälfte des Staatshaushaltes wird aus der Mehrwertsteuer finanziert.[329]

Politisch ist das Land eine konstitutionelle Monarchie. Das Fürstentum ist extrem sicher, es gibt dort kaum Kriminalität.[330] Wer gegen Gesetze verstößt, muss – gegebenenfalls nach Verbüßung einer Haftstrafe – das Fürstentum verlassen.[331] Gebel erzählt von einem Beispiel: Wegen eines Ladendiebstahls für einen Wert von 100 Euro kam jemand nicht nur für sieben Tage ins Gefängnis, sondern wurde auch aus Monaco ausgewiesen. So geht es einem schnell, wenn man kein Bürger von Monaco ist. Zero tolerance gegenüber Kriminalität ist das Motto.

Gebel holt Jenna und mich im Hôtel de Paris ab und zeigt uns die Stadt. Man sieht hier sehr schöne Jugendstilhäuser, Belle-Époque-Villen neben hässlichen 70er-Jahre-Bauten, die auch in einem deutschen Problemviertel stehen könnten. Ich frage, warum man nicht manche davon abreißt und schönere Häuser hinstellt: »Das geschieht öfter, aber das Problem ist, dass viele Wohnungen Eigentumswohnungen sind. Die Häuser sind also aufgeteilt, und es ist extrem schwer, von allen Eigentümern eine Zustimmung zu bekommen.« Er meint, dies zeige jedoch auf der anderen Seite auch, wie sehr das Eigentum im Fürstentum respektiert werde. Es gibt einen Spruch: Monaco sei die einzige Stadt, in der Millionäre in Sozialwohnungen wohnen. Der Preis pro Quadratmeter fange bei etwa 20.000 Euro an und könne bis über 110.000 Euro pro Quadratmeter gehen, so Gebel. Der Durchschnittspreis liege bei über 50.000 Euro, aber der Median bei etwa 30.000.

Was ich nicht wusste: Etwa 15 Prozent der zwei Quadratkilometer Fläche von Monaco sind künstlich entstanden, also im Meer aufgeschüttet. Ein sehr teures Verfahren, aber die Nachfrage nach Wohnungen ist groß, und die Bevölkerungsdichte ist mit mehr als 18.000 Menschen je Quadratkilometer höher als in irgendeinem anderen Staat der Welt. In Singapur beispielsweise sind es rund 7.800 Menschen je Quadratkilometer. Es gibt in Monaco einfach keinen Platz. Das hat die Fantasie der Planer angeregt, und jetzt werden sogar Straßen überdacht, um auf den so entstandenen Flächen Wohnungen zu bauen. Und viel spielt sich auch im Untergrund ab: Der Bahnhof etwa liegt unterirdisch.

Hier also wohnt Titus Gebel, der das Konzept Freier Privatstädte entwickelt hat. Bevor ich ihn besuche, lese ich sein Buch »Freie Privatstädte. Mehr Wettbewerb im wichtigsten Markt der Welt«. Ich schwanke zwischen Sympathie für einige seiner Ideen und ebenso großer Skepsis, weil ich generell argwöhnisch bin gegen alle von Menschen erdachten (konstruierten) idealen Gesellschaftssysteme.

Aber ich bin stets offen für neue Ideen, und zunächst einmal möchte ich kurz skizzieren, was mit Freien Privatstädten gemeint ist.

Freie Privatstädte sollen weitgehend ohne Politik auskommen. Wer dort wohnt, schließt einen Vertrag mit einem privaten, gewinnorientierten Dienstleister ab, der Leistungen erbringt, für die normalerweise Staaten verantwortlich sind. Jeder Bewohner kann den Vertrag jederzeit kündigen, aber der Betreiber kann den Vertrag nur aus wichtigem Grund kündigen und auch nicht einseitig ändern. Ich teile Gebels Meinung, dass private Dienstleister die meisten Leistungen, die heute Staaten übernehmen, sehr viel günstiger erbringen könnten. Den Unterschied sieht man sehr gut in der privaten Raumfahrt, die um ein Vielfaches billiger ist als die staatlich organisierte Raumfahrt. Und wenn das für eine so komplexe Dienstleistung bzw. sogar für Raketen zutrifft, dann erst recht für andere. Ich teile auch seine Meinung, dass solche Freien Privatstädte als Leuchttürme wirken würden, die dazu animieren, weitere Projekte zu initiieren.

Da es auf der Welt kaum Niemandsland gibt, das keinem Staat gehört, muss es den Initiatoren eines solchen Projekte gelingen, einen Vertrag mit einem »Gastgeberstaat« zu schließen, der es der Betreibergesellschaft erlaubt, auf einem abgegrenzten Territorium eine Freie Privatstadt zu errichten. Bestehende Staaten dazu zu bewegen, einen Teil ihrer Souveränität aufzugeben, so räumt Gebel ein, sei sicherlich keine leichte Aufgabe. Trotzdem erscheine der Weg einfacher, als bestehende Systeme ›von innen‹ in Richtung auf mehr Freiheit, Rechtssicherheit und Selbstverantwortung zu verändern.[332]

Warum aber sollte sich ein Staat darauf einlassen, für ein bestimmtes Gebiet auf seinem Territorium auf seine Befugnisse zu verzichten? Gebels Antwort: Weil er sich Vorteile davon verspricht, so etwa ausländische Investitionen anzulocken, und auch eine Beteiligung an vom Betreiber erwirtschafteten Gewinnen. Die Existenz vieler Sonderwirtschaftszonen weltweit belege die grundsätzliche Bereitschaft von Staaten, sich auf vergleichbare Experimente einzulassen.[333]

Sonderwirtschaftszonen sind räumlich abgegrenzte geografische Gebiete innerhalb eines Staates, in denen attraktivere Bedingungen für Investoren bestehen als im Rest des Landes. Ein Beispiel dafür ist Shenzhen, heute eine pulsierende Millionenmetropole in China, die als Sonderwirtschaftszone begann. Ich besuchte die Stadt zwei Mal, 2018 und 2019, und sprach dort mit Unternehmern.

Shenzhen war zu Maos Zeiten das Gebiet, von dem aus Chinesen illegal in die britische Kronkolonie Hongkong emigrierten. So wie vor dem Mauerbau immer mehr Menschen aus Ost- nach Westdeutschland flohen, so versuchten auch immer mehr Menschen aus dem sozialistischen China in das kapitalistische Hongkong zu entkommen. Jedes Jahr riskierten Tausende Menschen ihr Leben, um die scharf bewachte Grenze zwischen dem sozialistischen China und dem kapitalistischen Hongkong zu überqueren. Die meisten wurden von den Grenztruppen aufgegriffen, viele ertranken bei dem Versuch, auf die Hongkonger Seite hinüberzuschwimmen. Das Internierungslager nahe der Grenze, in das die Kommunisten die bei Fluchtversuchen Aufgegriffenen einsperrten, war völlig überfüllt.

Doch der Reformer Deng Xiaoping war so klug zu erkennen, dass sich das Problem nicht allein mit der Armee und scharfen Grenzkontrollen lösen ließ. Die Parteiführung der Provinz Guangdong, zu der Shenzhen gehört, stellte eine Untersuchung über die illegale Emigration an. Sie musste lernen, dass sich die Geflohenen auf der anderen Seite des Shenzhen-Flusses auf dem Territorium von Hongkong ansiedelten, ein eigenes Dorf gründeten und dort 100-mal mehr verdienten als die Menschen auf der sozialistischen Seite des Flusses.[334]

Deng argumentierte, China müsse dafür sorgen, dass der Lebensstandard auf der chinesischen Seite steige, dann hätten die Menschen keinen Grund mehr zu fliehen.[335] Shenzhen, das damals weniger als 30.000 Einwohner zählte, wurde zum ersten kapitalistischen Experimentierfeld in China. Die Parteifunktionäre, die in Hongkong oder Singapur gesehen hatten, dass der Kapitalismus sehr viel besser funktioniert als der Sozialismus, gestatteten ein marktwirtschaftliches Experiment in dieser Sonderwirtschaftszone.

Das ehemalige Fischerstädtchen, aus dem die Menschen einst unter Lebensgefahr flohen, ist heute neben Hongkong und Macau die Stadt mit dem höchsten Pro-Kopf-Einkommen in China und hat Schanghai, lange Zeit die ökonomische Vorzeigestadt der Volksrepublik, abgehängt. Fast 13 Millionen Menschen leben in Shenzhen, tragende Säulen der lokalen Wirtschaft sind die Elektronik- und die Telekommunikationsindustrie. Einige Jahre, nachdem die Sonderwirtschaftszone etabliert worden war, mussten die Stadtherren von Shenzhen schon einen Zaun aus Stacheldraht um die Zone ziehen, weil der Ansturm der Chinesen aus dem Inland so groß war.[336]

Das Modell der Sonderwirtschaftszonen wurde rasch auf andere Regionen Chinas übertragen. Für ausländische Investoren waren diese Sonderwirtschaftszonen sehr attraktiv. Sie profitierten von niedrigen Steuersätzen, einer geringen Bodenpacht und erleichterten bürokratischen Verwaltungsauflagen.[337]

Gebels Freie Privatstädte sind allerdings mehr als Sonderwirtschaftszonen, denn sie sind fast völlig autonom, nicht nur in wirtschaftlicher Hinsicht. Man könne sie als »Sonderwirtschaftszonen Plus« bezeichnen, so meint Gebel. Staaten verstünden leichter die Modifikation eines bestehenden Konzeptes als etwas völlig Neues.

Da auch ich selbst argwöhnisch bin gegenüber Konzepten, die sich ein Buchautor ausdenkt, fand ich in Gebels Buch am überzeugendsten jene Kapitel, in denen er verwandte Staaten bzw. Stadtstaaten darstellt, die aus seiner Sicht Vorformen Freier Privatstädte sind. Er nennt beispielsweise die ehemalige britische Kronkolonie Hongkong, die über Jahrzehnte ein sehr erfolgreiches kapitalistisches Konzept verwirklichte und im Index of Economic Freedom zusammen mit Singapur stets ganz weit oben stand (heute wird es nicht mehr als eigene Einheit im Index geführt). Freilich hat China das ursprüngliche Versprechen, das mit »Ein Land, zwei Systeme« umschrieben war, bekanntlich in den vergangenen Jahren immer mehr ausgehöhlt. Das zeigt die Gefährdungen solcher Projekte durch mächtige Staaten, die dazu tendieren, ihre Macht auszuweiten.

Singapur ist ein weiteres Beispiel für ein gelungenes kapitalistisches Experiment. Es steht heute an der Spitze im Index of Economic Freedom und ist damit das kapitalistischste von insgesamt 177 Ländern, die die

Heritage Foundation bewertet. Ich traf in Singapur den legendären Investor Jim Rogers. Von 1990 bis 1992 fuhr er mit einem Motorrad zusammen mit seiner Freundin zwei Jahre lang um die ganze Welt. Er legte 160.000 Kilometer zurück, bereiste sechs Kontinente und wurde damit in das Guinness-Buch der Rekorde aufgenommen. Vom 1. Januar 1999 bis zum 5. Januar 2002 unternahm er mit seiner Frau eine weitere Weltreise – diesmal legte er mit einem Mercedes 245.000 Kilometer zurück und besuchte 116 Länder. Er hat also wirklich die ganze Welt gesehen und kann sich ein Urteil erlauben: Singapur ist für ihn der beste Staat auf der Welt, mit dem besten Gesundheitssystem, der besten Bildung, der höchsten Sicherheit. Konsequenterweise verkaufte er Ende 2007 sein Haus in New York City für 16 Millionen Dollar und zog nach Singapur, wo er heute lebt.

Ein weiteres Beispiel, das Gebel nennt, ist Dubai, das 1971, als Großbritannien es in die Unabhängigkeit entließ, nur ein kleiner Ort von regionaler Bedeutung war. Heute lockt es Investoren und Unternehmer aus der ganzen Welt an, unter anderem mit dem Versprechen auf weitgehende Steuerfreiheit. Einkommenssteuern gibt es dort gar nicht, und die Unternehmenssteuern betragen nur neun Prozent auf den Gewinn.

Der Vorteil von Beispielen wie Liechtenstein, Monaco, Dubai oder Singapur: Sie funktionieren in der Praxis. Freilich sind sie nicht identisch mit dem viel weitergehenden Konzept der Freien Privatstädte, das Gebel favorisiert.

Etablierte Staaten wie die USA oder europäische Länder wird man in absehbarer Zeit nicht für Projekte von Freien Privatstädten gewinnen können. Dafür kommen eher Länder in Lateinamerika oder Afrika in Frage, die jedoch oft politisch instabil sind. Hier besteht daher das Risiko, dass bei einem Regierungswechsel das Projekt von den nächsten Potentaten wieder in Frage gestellt wird.

Ein Beispiel ist Honduras. In dem mittelamerikanischen Land (zwischen Guatemala und Nicaragua) wurde eine solche Privatstadt gegründet, die sich ZEDE nennt – die spanische Abkürzung für »Zonen für wirtschaftliche Entwicklung und Beschäftigung«. 2013 hatte das Parlament von Honduras die Einrichtung der »Zonen« per Gesetz beschlossen, dafür war sogar die Verfassung des Landes geändert worden.

Gebel berichtet: »Zusammen mit der Regierung konnten wir hier vor fünf Jahren eine Sonderzone namens Próspera auf den Weg bringen, welche ein Open-Source-Gesetzespaket verwendet. Es ist uns gelungen, ein Gerichtszentrum mit den besten Richtern aus aller Welt in einem Land aufzubauen, welches sonst große Probleme mit der Unabhängigkeit der eigenen Justiz hat.

In den vergangenen Jahren haben sich schon zahlreiche Unternehmen angesiedelt und derzeit werden erste Wohnungen in Próspera gebaut und verkauft. Die an den Betreiber zu zahlende Gebühr beträgt für Honduraner lediglich 260 Dollar pro Jahr, ist also auch für untere Einkommensgruppen erschwinglich. Der Mindestlohn ist übrigens höher als im Rest von Honduras.

Neben Próspera gibt es noch die Sonderzone Morazan. Hier können honduranische Arbeiter aus der nahen Großstadt für 120 Dollar im Monat ein klimatisiertes Apartment mieten. Ein lokaler Sicherheitsdienst beschützt die derzeit 25 Familien in einer Region, die sonst eine der höchsten Mordraten der Welt hat. Die Bewohner zahlen nur fünf Prozent Steuern.

Beide Zonen wachsen und gedeihen, die meisten Einwohner sind Honduraner, die Nachfrage ist ungebrochen hoch. Und das, obwohl die neue sozialistische Regierung die Sonderzonen wieder abschaffen möchte. Allerdings ist im Sonderzonen-Gesetz festgelegt, dass selbst nach seiner Aufhebung die schon bestehenden Zonen für 50 Jahre weiter Bestand haben. Daran muss sich auch die neue Regierung halten.«[338]

Gebel sagt, er habe inzwischen mit knapp einem Dutzend Regierungen über die Realisierung eines solches Projektes gesprochen, vor allem in Lateinamerika, der Karibik und in Afrika. Wer an die Idee glaubt, kann auch investieren, das Vehikel heißt Tipolis. Tipolis Pte. Ltd. ist eine in Singapur ansässige Aktiengesellschaft, die ein globales Netzwerk von »Internationalen Städten« etablieren will. »Es gibt einen deutlichen Trend in Richtung immer autonomerer Sonderwirtschaftszonen«, heißt es auf der Webseite. »Tipolis hat diesen Trend auf die nächste Stufe gehoben … (und) wird ein Netzwerk von ›Internationalen Städten‹ besitzen, entwickeln und betreiben und somit von dieser Entwicklung profitieren.«

Ich komme mit einigen Fragen zu Gebel, die ich mit ihm diskutieren will: Brauchen wir wirklich »ideale« Konzepte in Reinform, die es meist nur in der Theorie gibt? So schwierig es auch ist, bestehende Systeme zu reformieren, ist es wirklich einfacher, Staaten zu überreden, in größerem Maße auf ihre Souveränität zu verzichten? Gebel glaubt nicht daran, dass die großen Staaten dauerhaft reformierbar seien: »Sobald sie zu Wohlstand gelangen, wählen die Leute wieder Politiker, die versprechen, den Bürgern ›kostenlos‹ Leistungen anzubieten, finanziert auf Pump und von deren Steuergeld natürlich.«

Ziehen Konzepte für eine »perfekte Welt« nicht auch jede Menge Spinner, Utopisten und Ideologen an, die den an sich pragmatischen Ansatz wieder zunichte machen? Gebel räumt ein, das könne passieren. Es bestehe sogar die Gefahr, dass Leute aus der organisierten Kriminalität solche Städte infiltrieren und als Rückzugsorte missbrauchen könnten. Aber der Betreiber kann natürlich aussuchen, wer in die Stadt kommt, und Leute wieder rauswerfen, die falsche Angaben bei der Aufnahme gemacht oder gegen den Vertrag verstoßen haben.

Haftet seiner Idee nicht etwas von dem Konstruktivismus an, den Hayek und andere zu Recht so scharf kritisierten? Gebel wehrt sich zwar dagegen, sein Konzept als »Utopie« zu bezeichnen, aber ist es das nicht am Ende? Er widerspricht und verweist zum Beispiel auf die extrem erfolgreichen International Financial Center in Dubai und Abu Dhabi, die zwar nicht identisch mit seiner Idee der Freien Privatstädte sind, aber einige Elemente enthalten.

Im International Financial Center von Dubai werden auf 1,1 Quadratkilometer bereits 14 Prozent des BIP von Dubai erwirtschaftet. Solche Projekte führen zu Nachahmern und vor allem auch zu Weiterentwicklungen. So gibt es zum Beispiel ein International Financial Center in Kasachstan. Gebel nennt auch das NEOM-Projekt am

Roten Meer im Nordwesten Saudi-Arabiens, in dem nicht nur Firmen angesiedelt werden sollen, sondern auch ganz normale Bewohner. Saudi-Arabien verspricht hier zumindest, das Prinzip »ein Land, zwei Systeme« in der Praxis zu realisieren.

Zurück zu Monaco. Den Silvesterabend an der Jahreswende 2023/24 verbringe ich mit Jenna bei einer Feier im Yacht Club de Monaco. Das mediterrane Fürstentum ist für die Luxusjachten der Superreichen bekannt. In der Marina Port Hercule kostet der Liegeplatz für eine 60 Meter lange Luxusjacht rund 1.200 Euro pro Nacht. Bei Formel-1-Rennen zahlt man für ein langes Wochenende auch schon mal bis zu 90.000 Euro. Dagegen war der Ticket-Preis für die Silvesterparty im exklusiven Yacht Club mit 350 Euro pro Person erschwinglich. Da ich keinen Alkohol trinke und kein Fleisch und Fisch esse, das vegetarische Angebot aber sehr begrenzt ausfiel, war ich garantiert der günstigste Gast für den Veranstalter, denn ich habe nur zwei Schnitten Vollkornbrot mit Käse verzehrt und zwei Gläser Wasser getrunken. Das Stereotyp von Monaco als Platz der Reichen und Schönen finde ich nicht bestätigt. Außer meiner Freundin habe ich auf der Feier nur drei schöne Frauen gesehen.

Meine kapitalistische Weltreise, die mich in sehr arme und sehr reiche Länder führte – und in viele, die weder sehr arm noch sehr reich sind –, begann in Zürich und endet in Monaco, also in zwei Städten mit der größten Millionärsdichte. Zwei Städte, die, neben Singapur, zu den sichersten und saubersten der Welt gehören und in denen es auch den Armen wesentlich besser geht als in wirtschaftlich unfreien, nicht-kapitalistischen Ländern.

Es ist schwer, all die Eindrücke, die ich in diesen 20 Monaten gesammelt habe, zusammenzufassen. Gerade in den letzten vier Wochen waren die Kontraste gewaltig. In Ländern, in denen Reichtum positiv gesehen wird – ob nun in Polen, Korea oder Vietnam –, wächst die Wirtschaft, und auch den Durchschnittsbürgern und den Armen geht es dadurch besser. Dort aber, wo der Staat die Wirtschaft immer stärker gängelt und sich Politiker ständig neue Gesetze ausdenken, von denen sie behaupten, sie würden die »soziale Gerechtigkeit« verbessern, aber mit denen sie tatsächlich nur Unternehmern das Leben schwerer machen – wie etwa in Argentinien oder Nepal –, wachsen nur Wohlstandsverlust und bittere Armut. Deutschland ist leider seit der Regierungszeit von Angela Merkel Stück für Stück auf diesem Weg in die Planwirtschaft.

Der Autor

Rainer Zitelmann wurde 1957 in Frankfurt am Main geboren. Er studierte von 1978 bis 1983 in Darmstadt Geschichte und Politikwissenschaft und schloss sein Studium »mit Auszeichnung« ab. 1986 promovierte er bei Prof. Dr. Dr. h. c. K. O. Frhr. von Aretin mit einer Arbeit über »Hitler. Selbstverständnis eines Revolutionärs« zum Dr. phil. Die Studie, die mit summa cum laude bewertet wurde, fand weltweit Beachtung und Anerkennung (historiker-zitelmann.de).

Von 1987 bis 1992 arbeitete Zitelmann am Zentralinstitut für sozialwissenschaftliche Forschung der Freien Universität Berlin. Danach war er Cheflektor des Ullstein-Propyläen-Verlages, damals die drittgrößte Buchverlagsgruppe Deutschlands, und leitete bis zum Jahr 2000 verschiedene Ressorts der Tageszeitung »Die Welt«. Im Jahr 2000 macht er sich selbstständig und gründete das PR-Unternehmen Dr. ZitelmannPB. GmbH, das seitdem Marktführer für die Positionierungsberatung von Immobilienunternehmen in Deutschland ist. Im Jahr 2016 verkaufte er das Unternehmen.

2016 promovierte er ein zweites Mal – diesmal in Soziologie zum Dr. rer. pol. – bei dem Reichtumsforscher Prof. Dr. Wolfgang Lauterbach an der Universität Potsdam. Diese zweite Dissertation erschien unter dem Titel »Psychologie der Superreichen« und wurde auch in den USA, China, Russland, Südkorea und Vietnam veröffentlicht.

Zitelmann hat bislang 29 Bücher geschrieben und herausgegeben, die weltweit in über 30 Sprachen erfolgreich sind. Er ist ein gefragter Vortragsredner in Asien, den Vereinigten Staaten, Lateinamerika und Europa. In den vergangenen Jahren schrieb er Artikel oder gab Interviews in führenden Medien wie Wall Street Journal, Newsweek, Forbes, Daily Telegraph, Times, Corriere della Sera, Frankfurter Allgemeine Zeitung, Der Spiegel, Neue Zürcher Zeitung und zahlreichen Medien in Asien und Lateinamerika. Den Lesern dieses Buches seien vor allem seine Bücher »Kapitalismus ist nicht das Problem, sondern die Lösung« sowie »Die 10 Irrtümer der Antikapitalisten« empfohlen.

Detaillierte Informationen über den Lebensweg von Rainer Zitelmann finden Sie in seiner Autobiografie »Wenn du nicht mehr brennst, starte neu!« und auf rainer-zitelmann.de. Online-Kurse und Seminare von Rainer Zitelmann finden Sie unter zitelmann-freiheit.de und zitelmann-erfolg.de.

Anmerkungen

1 https://sdsn.ch/wp-content/uploads/2023/03/MM-Happiness-Report-2023.pdf.

2 https://www.faz.net/aktuell/finanzen/die-schweiz-hat-die-reichsten-menschen-der-welt-globales-vermoegen-19104655.html#.

3 https://www.faz.net/aktuell/finanzen/die-schweiz-hat-die-reichsten-menschen-der-welt-globales-vermoegen-19104655.html.

4 2023 Index of Economic Freedom https://www.heritage.org/index, S. 34f.

5 Rentsch, Wie viel Markt verträgt die Schweiz?

6 Rentsch, Wie viel Markt verträgt die Schweiz?, S. 12.

7 Rentsch, Wie viel Markt verträgt die Schweiz?, S. 44 ff.

8 Rentsch, Wie viel Markt verträgt die Schweiz?, S. 21.

9 Jandieri, A Brief Economic History, S. 3.

10 Zedania, S. 115.

11 Jandieri, A Brief Economic History, S. 16.

12 Transparency International https://www.transparency.org/en/countries/georgia.

13 https://www.transparency.org/en/countries/russia.

14 Jandieri, A Brief Economic History, S. 30.

15 Jandieri, Tax reforms in Georgia, S. 7.

16 Jandieri, Tax reforms in Georgia, S. 7.

17 Heritage Foundation Index of Economic Freedom 2023, https://www.heritage.org/index.

18 Natsvlishvili, S. 122 f.

19 https://albaniandailynews.com/news/smi-accuses-pm-of-creating-colombia-of-europe-after-zdf-s-report-1-1.

20 https://www.euractiv.de/section/eu-aussenpolitik/news/albanien-ist-weltweit-siebtgroesster-cannabisproduzent.

21 https://www.transparency.org/en/countries/albania.

22 Tschinderele, S. 126.

23 Tschinderele, S. 126.

24 Fevziu, S. 164.

25 Fevziu, S. 163.

26 Fevziu, S. 241.

27 Tschinderele, S. 178.

28 Fevziu, S. 178.

29 Tschinderele S. 113.

30 Zitiert nach: Tschinderele S. 114.

31 Heritage Foundation, 2023 Index of Economic Freedom, https://www.heritage.org/index/country/albania.

32 https://www.heritage.org/index/country/albania.

33 https://www.spokesman.com/stories/2022/apr/03/in-ukraine-an-informal-web-of-libertarians-becomes.

34 https://www.statista.com/statistics/1401306/extreme-poverty-rate-chile.

35 See: https://www.statista.com/statistics/1235189/household-poverty-rate-venezuela.

36 See: https://www.statista.com/statistics/1243742/extreme-poverty-rate-venezuela-state.

37 Rieckenberg, Geschichte Argentiniens, S. 110.

38 Axel Kaiser, The Roar of the Argentinian Lion, https://www.discoursemagazine.com/p/the-roar-of-the-argentinian-lion.

39 https://freedomandprosperity.org/2019/blog/big-government/argentina-and-the-grim-consequences-of-democratic-socialism.

40 Rieckenberg, S. 148 f.

41 https://www.tagesschau.de/wirtschaft/kurse/top-firmen-boerse-wert-101.html.

42 https://www.wsj.com/articles/the-man-who-made-milton-friedman-a-star-11604073953.

43 Piatkowski, S. 125.

44 Piatkowski, S. 126.

45 Piatkowski, S. 129.

46 Piatkowski, S. 127.

47 Balcerowicz, Poland, Stabilization, in: Åslund/Djankov, S. 20.

48 Balcerowicz, Poland, Stabilization, in: Åslund/Djankov, S. 20.

49 Balcerowicz, Poland, Stabilization, in: Åslund/Djankov, S. 25.

50 Piatkowski, S. 167.

51 Alle Zahlen in Table 16.3 Balcerowicz, Socialism, Capitalism, Transformation, S. 334.

52 Gomulka, o.S.

53 Piatkowski, S. 114 f.

54 Piatkowski, S. 128.

55 Dikötter, Kulturrevolution, S. 63 f.

56 Dikötter, Kulturrevolution, S. 75 f.

57 Dikötter, Kulturrevolution, S. 77.

58 Dikötter, Kulturrevolution, S. 78.

59 https://www.laender-analysen.de/polen-analysen/294/polen-als-land-der-politischen-immigration-aus-belarus-zwischen-schwieriger-geschichte-technokratischer-einstellung-und-grosser.

60 https://worldhappiness.report/ed/2022/happiness-benevolence-and-trust-during-covid-19-and-beyond/#ranking-of-happiness-2019-2021.

61 https://de.statista.com/statistik/daten/studie/1165881/umfrage/verluste-nach-kriegspartei-im-vietnamkrieg/#:~:text=Im%20Vietnamkrieg%20in%20den%20Jahren,und%20weitere%20300.000%20wurden%20verwundet.

62 Tam T. T. Nguyen, Vietnam und sein Transformationsweg, S. 14.

63 USA: 54,8 Mrd. € (23,2 % der landesweiten Exporte), China: 37,0 Mrd. € (15,7 %), Japan: 18,2 Mrd. € (7,7 %) https://www.weltexporte.de/exportprodukte-vietnam.

64 https://www.pewresearch.org/fact-tank/2015/04/30/vietnamese-see-u-s-as-key-ally.

65 https://www.pewresearch.org/fact-tank/2017/10/16/how-people-in-asia-pacific-view-china.

66 Tam T. T. Nguyen, Vietnam und sein Transformationsweg, S. 17.

67 Tam T. T. Nguyen, Vietnam und sein Transformationsweg, S. 17.

68 Zahlen in konstanten (2015) US-Dollar: https://www.theglobaleconomy.com/Vietnam/GDP_per_capita_constant_dollars.

69 https://de.statista.com/statistik/daten/studie/456389/umfrage/exportmenge-der-fuehrenden-exportlaender-von-reis-weltweit.

70 https://tradingeconomics.com/vietnam/exports/electrical-electronic-equipment.

71 Tam T. T. Nguyen, Vietnam und sein Transformationsweg, S. 84.

72 Tran, Rethinking Asia, S. 3, Fußnote 1.

73 World Bank Group, From the Last Mile to the Next Mile, S. 28, Table 1.1.

74 Nguyen Trang Chuan, Nguyen Mink Luan, Le Huu Tang, Social Policy, in: Boothroyd/Nam; Socioeconomic Renovation in Viet Nam, S. 158.

75 https://vietnammotorbiketoursclub.com/motorcycles-in-vietnam-n1747.htm#:~:text=Motorbikes%20are%20the%20main%20mean,circulation%2C%20the%20Ministry%20of%20Transport.

76 https://onlinelibrary.wiley.com/doi/10.1111/ecaf.12524.

77 https://www.destatis.de/Europa/DE/Thema/Bevoelkerung-Arbeit-Soziales/Arbeitsmarkt/Qualitaet-der-Arbeit/_dimension-1/08_frauen-fuehrungspositionen.html#:~:text=Lettland%20war%20mit%20einem%20Frauenanteil,mit%20lediglich%2021%2C3%20%25.

78 https://www.nzz.ch/international/in-vietnam-spielen-frauen-eine-starke-gesellschaftliche-rolle-ld.1605284?reduced=true.

79 https://www.forbes.com/profile/thi-phuong-thao-nguyen/?sh=54de2bf91a22.

80 https://www.cnbc.com/2016/05/24/nguyen-thi-phuong-thao-takes-vietjet-from-bikini-flights-to-ipo-in-5-years.html.

81 Hausmann/Rodríguez, Einleitung, S. 1.

82 Bello/Bermúdez, S. 117.

83 https://www.unrefugees.org/emergencies/venezuela/#:~:text=More%20than%20 7.3%20million%20Venezuelans,(as%20of%20February%202023).

84 Bernecker/Pietschmann, S. 109.

85 Bernecker/Pietschmann, S. 117.

86 https://de.wikipedia.org/wiki/Liste_der_L%C3%A4nder_nach_historischer_Entwicklung_des_Bruttoinlandsprodukts_pro_Kopf.

87 Bernecker/Pietschmann, S. 118.

88 Bernecker/Pietschmann, S. 122 f.

89 Bernecker/Pietschmann, S. 123.

90 Bernecker/Pietschmann, S. 125.

91 António Henrique de Oliveira Marques: Geschichte Portugals und des portugiesischen Weltreichs. Aus dem Portugiesischen von Michael von Killisch-Horn, Kröner Verlag, Stuttgart 2001, S. 651 f.

92 Bernecker/Pietschmann, S. 127.

93 Heritage Foundation, Index 2022, S. 345.

94 Heritage Foundation, Index of Economic Freedom 2023, https://www.heritage.org/index.

95 https://www.theportugalnews.com/de/nachrichten/2022-01-30/immobilienblase-in-portugal/64874.

96 https://www.airliners.de/hintergrund-uebernahmekandidat-tap-air-portugal/69772.

97 Pedro Almeida Jorge, Cycle analysis of the Portuguese economy in the last two decades, S. 3.

98 https://www.faz.net/aktuell/politik/ausland/portugal-mit-politischer-krise-ein-ruecktritt-der-nun-voreilig-wirkt-19368127.html.

99 Teichova, Wirtschaftsgeschichte der Tschechoslowakei 1918–1980, S. 89.

100 Teichova, Wirtschaftsgeschichte der Tschechoslowakei 1918–1980, S. 89.

101 Teichova, Wirtschaftsgeschichte der Tschechoslowakei 1918–1980, S. 125.

102 Teichova, Wirtschaftsgeschichte der Tschechoslowakei 1918–1980, S. 127.

103 Teichova, Wirtschaftsgeschichte der Tschechoslowakei 1918–1980, S. 129.

104 Klaus, The Spirit and Main Countours of the Postcommunist Transformation, S. 65.

105 Klaus, The Spirit and Main Countours of the Postcommunist Transformation, S. 56.

106 Klaus, The Spirit and Main Countours of the Postcommunist Transformation, S. 68.

107 Klaus, The Spirit and Main Countours of the Postcommunist Transformation, S. 62.

108 Klaus, The Spirit and Main Countours of the Postcommunist Transformation, S. 62, Table 3.1.

109 Klaus, The Spirit and Main Countours of the Postcommunist Transformation, S. 64, Table 3.2.

110 Klaus, The Spirit and Main Countours of the Postcommunist Transformation, S. 66, Table 3.4.

111 Heritage Foundation, Index of Economic Freedom 2022/2023.

112 Heritage Foundation, Index of Economic Freedom 2022/2023, S. 167.

113 https://data.worldbank.org/indicator/NY.GDP.PCAP.PP.CD?locations=CZ.

114 https://deutsch.radio.cz/loehne-tschechien-bei-43-prozent-des-eu-durchschnitts-8682554.

115 https://de.statista.com/statistik/daten/studie/18645/umfrage/lebenserwartung-in-tschechien.

116 https://deutsch.radio.cz/staatsschulden-tschechiens-steigen-auf-rekordwert-von-knapp-drei-billionen-8776405.

117 https://www.mdr.de/nachrichten/welt/osteuropa/politik/petr-pavel-praesident-tschechien-100.html.

118 Calic, Geschichte Jugoslawiens, S. 144.

119 Calic, Geschichte Jugoslawiens, S. 166.

120 Calic, Geschichte Jugoslawiens, S. 197.

121 Calic, Geschichte Jugoslawiens, S. 226.

122 Calic, Geschichte Jugoslawiens, S. 253.

123 Calic, Geschichte Jugoslawiens, S. 262.

124 Calic, Geschichte Jugoslawiens, S. 267.

125 Calic, Geschichte Jugoslawiens, S. 256.

126 Calic, Geschichte Jugoslawiens, S. 259.

127 Calic, Geschichte Jugoslawiens, S. 264.

128 Heritage Foundation, Index of Economic Freedom 2022.

129 https://de.statista.com/statistik/daten/studie/383927/umfrage/gesamtbevoelkerung-von-bosnien-und-herzegowina/#:~:text=Die%20Gesamtbev%C3%B6lkerung%20von%20Bosnien%20und,ebenfalls%203%2C2%20Millionen%20prognostiziert.

130 https://osteuropa.lpb-bw.de/wirtschaft-slowakei.

131 https://osteuropa.lpb-bw.de/wirtschaft-slowakei.

132 Heritage Foundation, Index of Economic Freedom 2023, S. 324.

133 Heritage Foundation, Index of Economic Freedom 2023, S. 116.

134 Lithuania Free Market Institute, 2020 Employment Flexibility Index, EU and OECD countries, S. 7.

135 https://osteuropa.lpb-bw.de/wirtschaft-slowakei.

136 Gonda, Summary of the Publication: »Socialism. Reality instead of Myths«.

137 Heritage Foundation, Index of Economic Freedom 2023, S. 316 f.

138 Madsen Pirie, Review: The Power of Capitalism. https://www.adamsmith.org/blog/the-power-of-capitalism.

139 Vor Thatcher war Großbritannien ein Trümmerhaufen; Die Welt, 9.4.2013.

140 Thatcher, S. 76.

141 Thatcher, S. 932.

142 Thatcher, S. 932.

143 Edwards, S. 95.

144 Thatcher, S. 946 f.

145 Thatcher, S. 921.

146 Poller, S. 45.

147 Poller, S. 50.

148 Eltis, S. 26.

149 Gramm/Ekelund/Early, The Myth of American Inequality, S. 32.

150 Gramm/Ekelund/Early, The Myth of American Inequality, S. 14.

151 Gramm/Ekelund/Early, The Myth of American Inequality, S. 29.

152 Gramm/Ekelund/Early, The Myth of American Inequality, S. 29.

153 Gramm/Ekelund/Early, The Myth of American Inequality, S. 26.

154 Gramm/Ekelund/Early, The Myth of American Inequality, S. 35.

155 Markaris, Griechenland. Wo alles »sozialistisch« ist.

156 Markaris, Griechenland. Wo alles »sozialistisch« ist.

157 Zelepos, Kleine Geschichte Griechenlands, S. 215.

158 Zelepos, Kleine Geschichte Griechenlands, S. 217.

159 Aswestopulos, Griechenland, S. 19 f.

160 Aswestopulos, Griechenland, S. 170 f.

161 Aswestopulos, Griechenland, S. 65.

162 Aswestopulos, Griechenland, S. 64 f.

163 Aswestopulos, Griechenland, S. 23 f.

164 Aswestopulos, Griechenland, S. 109 f.

165 Aswestopulos, Griechenland, S. 110.

166 https://www.tagesschau.de/wirtschaft/weltwirtschaft/rettungspakete-101.html.

167 https://de.wikipedia.org/wiki/Parlamentswahl_in_Griechenland_September_2015#:~:text=Die%20Parlamentswahl%20in%20Griechenland%20im,Tsipras%20angef%C3%BChrte%20linksgerichtete%20Partei%20SYRIZA.

168 https://www.sueddeutsche.de/politik/griechenland-wahl-mitostakis-wahlsieg-wahlrecht-1.5968221.

169 Zitelmann, Attitudes towards capitalism, https://onlinelibrary.wiley.com/doi/full/10.1111/ecaf.12591.

170 https://www.newsmax.com/ralphbenko/capitalism-myths-debunk/2023/04/12/id/1115921.

171 MSNBC interview on YouTube of Paul Krugman by David Gregory, September 2008.

172 Zitiert nach: Soukup, Woke Capital, S. 119.

173 Zitiert nach: Soukup, Woke Capital, S. 104.

174 Page, Gilens, S. 106.

175 Soukup, Woke Capital, S. 145.

176 Buffett, zitiert nach: Soukup, Woke Capital, S. 143 f.

177 Bartosek, in: Schwarzbuch des Kommunismus, S. 460 f.

178 Bartosek, in: Schwarzbuch des Kommunismus, S. 461.

179 Kunze, Ceaușescu, S. 323.

180 Kunze, Ceaușescu, S. 326.

181 Kunze, Ceaușescu, S. 325.

182 Zitiert nach Kneifel, S. 170.

183 Kunze, Ceaușescu, S. 317.

184 Zitiert nach Kneifel, S. 157 f.

185 Kunze, Ceaușescu, S. 312.

186 Kunze, Ceaușescu, S. 312.

187 Kunze, Ceaușescu, S. 312.

188 Zitiert nach: Kunze, Ceaușescu, S. 314.

189 Kneifel, S. 78.

190 Kneifel, S. 79.

191 Kneifel, S. 87.

192 Kneifel, S. 94.

193 Kneifel, S. 10.

194 Kneifel, S. 74.

195 Zitiert nach Kneifel, S. 91.

196 Kneifel, S. 92.

197 Oancea, Mythen, S. 48.

198 Heritage Foundation 2023, S. 298 f.

199 Heritage Foundation 2023, S. 401.

200 Ban, Neoliberalism, S. 220.

201 Ban, Neoliberalism, S. 67.

202 Ban, Neoliberalism, S. 89 f.

203 Ban, Neoliberalism, S. 210.

[204] https://www.theglobaleconomy.com/Romania/GDP_per_capita_constant_dollars/#:~:text=For%20that%20indicator%2C%20we%20provide,2021%20is%20 11541.78%20U.S.%20dollars.

[205] Annett Müller-Heinze, Bundeszentrale für politische Bildung, Rumänien, o. S., https://www.bpb.de/themen/europa/suedosteuropa/322454/rumaenien.

[206] Åslund, S. 73.

[207] Gans-Morse, Property-Rights, S. 191.

[208] Kurlantzick, zitiert nach Åslund, S. 99.

[209] David Gordon, It Wasn't Capitalism: Mises Explains Nazi Enonomics, https://mises.org/wire/it-wasnt-capitalism-mises-explains-nazi-economics.

[210] Lill/Altgeld, Geschichte Italiens, S. 501.

[211] Mingardi, Why Italy's Season of Economic Liberalism Did Not Last, S. 608.

[212] Heritage Foundation, Index 2023, S. 188 f.

[213] https://www.transparency.de/cpi/cpi-2022/cpi-2022-tabellarische-rangliste.

[214] https://www.welt.de/wirtschaft/plus247987938/Italien-Die-ueberraschend-gute-oekonomische-Zwischenbilanz-des-Landes.html?source=puerto-reco-2_ABC-V32.7.B_test https://swz.it/superbonus-am-weg-zum-110-milliarden-bonus.

[215] https://www.welt.de/wirtschaft/plus247987938/Italien-Die-ueberraschend-gute-oekonomische-Zwischenbilanz-des-Landes.html?source=puerto-reco-2_ABC-V32.7.B_test.

[216] Schneidewind, S. 109.

[217] Köllner, S. 51.

[218] Schneidewind, S. 45.

[219] Schneidewind, S. 138.

[220] http://www.koreaherald.com/view.php?ud=20211105000646.

[221] http://mongolei-blog.de/2019/12/24/ulaanbaatar-und-der-verkehr.

[222] Kollmar-Paulenz, S. 34.

[223] Kollmar-Paulenz, S. 106 f.

[224] Kollmar-Paulenz, S. 106.

[225] Kollmar-Paulenz, S. 106.

[226] Bernecker, Spaniens Geschichte, S. 90.

[227] Neue Zürcher Zeitung, 14. Mai 1950, zitiert nach: Bernecker, Spaniens Geschichte, S. 92 f.

[228] Bernecker, Spaniens Geschichte, S. 122.

[229] Bernecker, Spaniens Geschichte, S. 128 f.

[230] Heritage Foundation, 2023, S. 401.

[231] Heritage Foundation, Index, S. 335.

232 Rothbard, Murray N., Economic Thought Before Adam Smith. An Austrian Perspective on the History of Economic Thought, Volume 1, Ludwig von Mises Institute, Auburn, Alabama 2006, S. 433–474.

233 Smith, Wohlstand der Nationen, S. 282.

234 Smith, Wohlstand der Nationen, S. 283.

235 Smith, Wohlstand der Nationen, S. 369.

236 Smith, Wohlstand der Nationen, S. 442.

237 Smith, deutsche Übersetzung zitiert nach Gerhard Steininger, Adam Smith, S. 60, Original in: Smith, Essays an Philosophical Subjects, S. 322.

238 https://www.kukksi.de/das-sind-die-sieben-gefaehrlichsten-staedte-in-den-usa.

239 Heritage Foundation, 2023 Index of Economic Freedom, S. 342 f.

240 Heritage Foundation, 2022 Index of Economic Freedom, S. 402.

241 Zahlen nach: Heritage Foundation, 2022 Index of Economic Freedom, S. 393.

242 Mehrtens, S. 91.

243 Lindbeck, Experiment, S. 1279.

244 Lindbeck, Experiment, S. 1279.

245 Sanders, S. 96 ff.

246 Lindbeck, A., Swedish Lessons for Post-Socialist Countries. Seminar Papers No 645. Institute for International Economic Studies, Stockholm University, S. 1.

247 Sanandaji u.a., «The evolution of the Swedish market model«, https://onlinelibrary.wiley.com/doi/full/10.1111/ecaf.12573, S. 170.

248 Sanandaji u.a., S. 170.

249 Sanandaji u.a., S. 173.

250 Sanandaji u.a., S. 174.

251 https://www.welt.de/politik/ausland/plus248145832/Schweden-Am-besten-waere-es-die-Einwanderung-komplett-zu-stoppen.html.

252 Prak/Zanden, Pioneers of Capitalism, S. 2.

253 Prak/Zanden, Pioneers of Capitalism, S. 200.

254 Heritage Foundation, Index of Economic Freedom 2023, S. 264 f.

255 Interview mit NRC Handelsblad, 28. August 2008.

256 https://de.statista.com/statistik/daten/studie/37013/umfrage/ranking-der-top-20-exportlaender-weltweit.

257 Raichevsky, Bulgarien unter dem kommunistischen Regime 1944–1989, S. 13.

258 https://pametbg.com/index.php/de/ and https://pametbg.com/index.php/en.

259 Raichevsky, Bulgarien unter dem kommunistischen Regime 1944–1989, S. 261.

260 Raichevsky, Bulgarien unter dem kommunistischen Regime 1944–1989, S. 256.

261 Raichevsky, Bulgarien unter dem kommunistischen Regime 1944–1989, S. 15.

262 Raichevsky, Bulgarien unter dem kommunistischen Regime 1944–1989, S. 201.

263 Raichevsky, Bulgarien unter dem kommunistischen Regime 1944–1989, S. 211.

264 Raichevsky, Bulgarien unter dem kommunistischen Regime 1944–1989, S. 206 f.

265 Raichevsky, Bulgarien unter dem kommunistischen Regime 1944–1989, S. 207 f.

266 Raichevsky, Bulgarien unter dem kommunistischen Regime 1944–1989, S. 213.

267 Djankov, S. 137.

268 Djankov, S. 144.

269 Clive Leviev-Sawyer, Bulgaria: Politics and Protests in the 21st Century, S. 135.

270 Aslund, How Capitalism was Built, S. 272 f.

271 Djankov, S. 136–146.

272 Heritage Foundation, Index of Economic Freedom 2023, S. 74 f. und 398.

273 https://de.euronews.com/reise/2023/06/29/neuer-touristenmagnet-albanien-freut-sich-uber-besucheransturm.

274 https://www.transparency.org/en/cpi/2022.

275 https://www.t-online.de/finanzen/aktuelles/wirtschaft/id_100244732/kolumbien-kokain-soll-wohl-oel-als-wichtigstes-exportgut-abloesen.html.

276 https://www.spiegel.de/ausland/kokain-aus-kolumbien-drogenpolitik-ist-gescheitert-a-eb1551cd-350e-423a-8f53-b6c77df1ce46.

277 Specht, Kolumbien, S. 81.

278 Specht, Kolumbien, S. 82.

279 Specht, Kolumbien, S. 82 f.

280 https://www.forbes.com/pictures/gkll45fk/3-farc-annual-turnover-6/?sh=65944f65413c.

281 Graaf, Frieden und Postkonflikt, S. 18.

282 https://de.wikipedia.org/wiki/FARC-EP.

283 https://www.auswaertiges-amt.de/de/service/laender/kolumbien-node/politisches-portraet/212762#:~:text=Nach%20starkem%20Wachstum%20stagnierte%20die,Land%20allerdings%20vor%20gro%C3%9Fe%20Herausforderungen.

284 Graaf, Frieden und Postkonflikt, S. 26.

285 https://www.faz.net/aktuell/politik/ausland/kolumbien-wahldebakel-fuer-partei-der-frueheren-farc-guerilla-15489505.html.

286 https://www.jungewelt.de/artikel/469651.lateinamerika-kolumbien-verhandelt-mit-farc-guerilla.html.

287 https://amerika21.de/2022/11/261102/kolumbien-reiche-staerker-besteuert.

288 https://www.mininterior.gov.co/micrositios/english-site/the-national-government-has-instituted-a-bill-to-establish-the-ministry-of-equality-and-equity.

289 https://www.rosalux.de/news/id/50936/kolumbien-an-der-regierung-aber-nicht-an-der-macht.

290 https://www.reuters.com/world/americas/argentina-poverty-rate-rises-401-first-half-2023-2023-09-27/#:~:text=BUENOS%20AIRES%2C%20Sept%2027%20(Reuters,reported%20a%20rate%20of%2036.5%25.

291 https://de.statista.com/statistik/daten/studie/988114/umfrage/monatliche-inflationsrate-in-argentinien.

292 https://www.boerse-frankfurt.de/nachrichten/Hohe-Inflation-Argentinien-fuehrt-2000-Pesos-Schein-ein-24bb86d0-9817-4c58-9b33-42883cd3b619.

293 Heritage Foundation, Index of Economic Freedom 2023, https://www.heritage.org/index.

294 https://www.spiegel.de/ausland/argentinien-regierungskandidat-massa-gewinnt-erste-wahlrunde-gegen-populist-milei-a-9327b316-69e5-475f-adc4-0d92fa1bf9aa.

295 Präsentation des Meinungsforschungsinstitut RDT über eine Befragung vom 20. bis 23. Oktober 2023.

296 Präsentation des Meinungsforschungsinstituts AtlasIntel über eine Befragung vom 15. bis 17. November 2023 bei 6.897 Personen.

297 https://www.infobae.com/politica/2023/04/29/las-10-propuestas-de-javier-milei-si-llega-a-ser-presidente-dolarizacion-recortes-y-que-hara-con-las-empresas-publicas.

298 https://www.lanacion.com.ar/economia/punto-por-punto-el-plan-de-gobierno-que-presento-javier-milei-nid02082023.

299 https://www.infobae.com/politica/2023/04/29/las-10-propuestas-de-javier-milei-si-llega-a-ser-presidente-dolarizacion-recortes-y-que-hara-con-las-empresas-publicas.

300 Heritage Foundation, 2023 Index of Economic Freedom, https://www.heritage.org/index/country/paraguay.

301 Daten verfügbar unter: https://hdr.undp.org/data-center/country-insights#/ranks.

302 Heritage Foundation, Index of Economic Freedom 2022/2023.

303 Vgl.: https://www.economist.com/the-americas/2021/12/20/chiles-new-president-promises-to-bury-neoliberalism.

304 Claro/Sanhueza, »Una década perdida«, S. 24.

305 https://www.emol.com/noticias/economia/2014/05/27/662226/andres-velasco-reforma-tributaria-ha-sido-mal-tramitada-y-tiene-un-problema-de-origen.html.

306 Claro/Sanhueza, »Una década perdida«, 2023.

307 Cifuentes, Cecilia, »Política fiscal: ¿gastar más o gastar mejor?«, CEF Análisis, Nr. 62, 2022.

308 Atria et al., El otro modelo. Del orden neoliberal al régimen de lo público, Random House Mondadori, 2013.

309 Sapelli, Claudio. »Desigualdad, movilidad, pobreza: necesidad de una política social diferente«, Estudios Públicos, Nr. 134, 2014, S. 59–84.

310 https://www.emol.com/noticias/Nacional/2023/07/24/1101888/reacciones-boric-derrocar-capitalismo.html.

311 Kaiser, The Fall of Chile, S. 687 f.

[312] https://myrepublica.nagariknetwork.com/news/nepal-tops-global-list-for-public-holidays/#:~:text=World%20Statistics%20has%20taken%20data,BS%20on%20March%2015%2C%202023.

[313] https://de.statista.com/statistik/daten/studie/1070438/umfrage/die-laender-asiens-mit-dem-niedrigsten-bruttoinlandsprodukt-bip-pro-kopf.

[314] https://www.allesuebernepal.com/info/wirtschaft.

[315] https://www.bmz.de/de/laender/nepal.

[316] Bhatta, Nepal's political and economic transistion, https://www.orfonline.org/expert-speak/nepals-political-and-economic-transition.

[317] https://www.sueddeutsche.de/politik/nepal-pushpa-kamal-dahal-indien-china-1.5729675.

[318] Michaels, Kultur und Geschichte Nepals, S. 110 f.

[319] Pettigrew, Maoists at the Hearth, S. VII.

[320] https://election.gov.np/en/page/registered-political-parties-updated-list.

[321] Michaels, Kultur und Geschichte Nepals, S. 115.

[322] Michaels, Kultur und Geschichte Nepals, S. 116.

[323] Pettigrew, Maoists at the Hearth, S. VIII.

[324] Michaels, Kultur und Geschichte Nepals, S. 133.

[325] Heritage Foundation, Index of Economic Freedom 2023, S. 262.

[326] https://www.transparency.org/en/cpi/2022/index/npl.

[327] Gebel, S. 203.

[328] https://www.faz.net/aktuell/wirtschaft/wirtschaftspolitik/reichtum-wo-die-millionaere-wohnen-staedte-ranking-13060176.html.

[329] Gebel, S. 205.

[330] https://de.wikipedia.org/wiki/%C3%96ffentliche_Sicherheit_in_Monaco.

[331] Gebel, S. 206.

[332] Gebel, S. 150.

[333] Gebel, S. 254.

[334] Coase/Wang, S. 60.

[335] Lee, S. 188 f.

[336] Lee, S. 191.

[337] Te Brink, S. 177.

[338] https://www.achgut.com/artikel/die_ard_enthuellt_eine_millionaers_verschwoerung.

Literatur

Ambos, Kai, Drogenwirtschaft und Drogenhandel, in: Fischer, Thomas; Klengel; Susanne; Pastrana Buelvas, Eduardo (Hrsg.), Kolumbien. Politik, Wirtschaft, Kultur heute, Vervuert Verlag, Frankfurt am Main 2017, S. 381–398.

Åslund, Anders, How Capitalism Was Built. The Transformation of Central and Eastern Europe, Russia, The Caucasus, and Central Asia, 2. Auflage, Cambridge University Press, New York 2013.

Åslund, Anders, Russia's Crony Capitalism. The Path from Market Economy to Kleptocracy, Yale University Press, New Haven, London 2019.

Åslund, Anders; Djankov, Simeon (Hrsg.), The Great Rebirth. Lessons from the Victory of Capitalism over Communism, Peterson Institute for International Economics, Washington, DC 2014.

Aswestopoulos, Wassilis, Griechenland – eine europäische Tragödie, Ambition Verlag, Berlin 2011.

Atria, Fernando et al., El otro modelo. Del orden neoliberal al régimen de lo público, Random House Mondadori, Santiago de Chile 2013.

Balcerowicz, Leszek, Stabilization and Reform under Extraordinary and Normal Politics, in: Åslund, Anders; Djankov, Simeon (Hrsg.), The Great Rebirth. Lessons from the Victory of Capitalism over Communism, Peterson Institute for International Economics, Washington, DC 2014, S. 17–38.

Ban, Cornel, Ruling Ideas. How Global Neoliberalism Goes Local, Oxford University Press, Oxford 2016.

Bartosek, Karel, Mittel- und Südosteuropa, in: Courtois, Stéphane; Werth, Nicolas; Panné, Jean-Louis; Paczkowski, Andrzej; Bartosek, Karel; Margolin, Jean-Louis, Das Schwarzbuch des Kommunismus. Unterdrückung, Verbrechen und Terror, Piper Verlag, München, Zürich 1997, S. 430–510.

Bello, Omar; Bermúdez, Adriana, The Incidence of Labor Market Reforms on Employment in the Venezuelan Manufacturing Sector, 1995–2001, in: Hausmann, Ricardo; Rodríguez, Francisco (Hrsg.), Venezuela Before Chávez. Anatomy of an Economic Collapse, University Park, Pennsylvania 2014, S. 115–155.

Bernecker, Walther, Spaniens Geschichte seit dem Bürgerkrieg, 6. Auflage, C.H. Beck Verlag, München 2018.

Bernecker, Walther; Pietschmann, Horst, Geschichte Portugals, C.H. Beck Verlag, München 2008.

Bhatta, Chandra D., Nepal's political and economic transistion, Observer Research Foundation, 15. Juli 2022, https://www.orfonline.org/expert-speak/nepals-political-and-economic-transition, (aufgerufen am 12.2. 2024).

Boothroyd, Peter; Pham Xuan Nam (Hrsg.), Socioeconomic Renovation in Viet Nam. The Origin, Evolution, and Impact of Doi Moi, International Development Research, Centre Ottawa etc. and Institute of Southeast Asian Studies, Singapur, Ottawa 2000.

Brink, Tobias ten, Chinas Kapitalismus. Entstehung, Verlauf, Paradoxien, Campus Verlag, Frankfurt am Main, New York 2013.

Calic, Marie-Janine, Geschichte Jugoslawiens, 2. Auflage, Verlag C.H. Beck, München 2020.

Chun, Nuguyen Trong; Nguyen Minh Luan; Le Huu Tang – with Peter Boothroyd and Sharon Manson Singer, Social Policy, in: Boothroyd, Peter; Pham Xuan Nam (Hrsg.), Socioeconomic Renovation in Viet Nam. The Origin, Evolution, and Impact of Doi Moi, International Development Research Centre Ottawa etc. and Institute of Southeast Asian Studies, Singapur, Ottawa 2000, S. 141–172.

Cifuentes, Cecilia, Política fiscal: ¿gastar más o gastar mejor? CEF Análisis, n°62. ESE Business School, Universidad de los Andes, Bogotá, Colombia, https://www.ese.cl/ese/site/artic/20221116/asocfile/20221116093039/informe_cef_n__62_noviembre.pdf (aufgerufen am 14.11.2023).

Claro, Arturo; Sanhueza, Gonzalo, Una década Perdida, in: Mirada FEN – Revista de Economía y Administración, 2023, Nr. 184, S. 22–31.

Coase, Ronald; Wang, Ning, How China Became Capitalist, Palgrave Macmillan, New York 2012.

Courtois, Stéphane; Werth, Nicolas; Panné, Jean-Louis; Paczkowski, Andrzej; Bartosek, Karel; Margolin, Jean-Louis, Das Schwarzbuch des

Kommunismus. Unterdrückung, Verbrechen und Terror, Piper Verlag, München, Zürich 1997.

Dikötter, Frank, Maos großer Hunger. Massenmord und Menschenexperiment in China (1958–1962), Klett Cotta, Stuttgart 2014.

Dikötter, Frank, Mao und seine verlorenen Kinder. Chinas Kulturrevolution, Theiss Verlag, Wissenschaftliche Buchgesellschaft, Darmstadt 2017.

Djankov, Simeon, Bulgaria. The Greatest Vacillations, in: Anders Åslund; Simeon Djankov, The Great Rebirth. Lessons from the Victory of Capitalism over Communism, Petersen Institute for International Economics, Washington, DC, 2014 S. 135–148.

Elits, Walter, The Key to Higher Living Standards, CPS Policy Study Nr. 148, London 1996.

Fevziu, Blendi, Enver Hoxha. The Iron Fist of Albania, I.B. Tauris, London, New York 2016.

Fischer, Thomas; Klengel, Susanne; Pastrana Buelvas, Eduardo (Hrsg.), Kolumbien. Politik, Wirtschaft, Kultur heute, Vervuert Verlag, Frankfurt am Main 2017.

Friedman, Milton, Kapitalismus und Freiheit, Piper Taschenbuch, München, Zürich 2004.

Gans-Morse, Jordan, Property Rights in Post-Soviet Russia. Violence, Corruption, and the Demand for Law, Cambridge University Press, New York 2017.

Gebel, Titus, Freie Privatstädte. Mehr Wettbewerb im wichtigsten Markt der Welt, 3. Auflage, Free Cities Foundation, Liechtenstein 2023.

Gomulka, Stanislaw, Poland's Economic Growth in the Global and Long-Term Perspective. Until 2015, The Last Two Years, Forecast, in: Civil Development Forum, Perspectives for Poland. The Polish Economy from 2015–2017 Against the Background of the Previous Years and Future Forecasts, Brüssel, https://www.politico.eu/wp-content/uploads/2017/11/Report-Perspectives-for-Poland.-The-Polish-Economy-from-2015%E2%80%932017-Against-the-Background-of-the-Previous-Years-and-Future-Forecasts.pdf (aufgerufen am 12.2.2024).

Gonda, Peter, Summary of the Publication: Socialism. Reality instead of Myth, Bratislava, 2020, https://tearingdownmyths.com/socialism-reality-instead-of-myths (aufgerufen am 12.2.2024).

Gordon, David, It Wasn't Capitalism: Mises Explains Nazi Economics, 4.2.2022, https://mises.org/wire/it-wasnt-capitalism-mises-explains-nazi-economics.

Graaff, David, Frieden und Postkonflikt, in: Fischer, Thomas; Klengel, Susanne; Pastrana Buelvas, Eduardo (Hrsg.), Kolumbien. Politik, Wirtschaft, Kultur heute, Vervuert Verlag, Frankfurt am Main 2017, S. 17–38.

Gramm, Phil; Ekelund, Robert; Early, John, The Myth of American Inequality. How Government Biases Policy Debate, Rowman & Littlefield, Lanham, Maryland 2022.

Hausmann, Ricardo; Rodríguez, Francisco (Hrsg.), Venezuela Before Chávez. Anatomy of an Economic Collapse, University Park, Pennsylvania 2014.

Hayek, Friedrich August von, Der Weg zur Knechtschaft, Olzog Verlag, München 1994.

Heritage Foundation, Index of Economic Freedom 2022 and Index of Economic Freedom 2023, https://www.heritage.org/index (aufgerufen am 12.2.2024).

Jandieri, Gia, Brief Economic History of Georgia. A Lesson has to be Remembered, Rondeli Foundation 2014, https://gfsis.org.ge/publications/view-opinion-paper/22 (aufgerufen am 12.2.2024).

Jandieri, Gia, Tax Reforms in Georgia 2004–2012, Tax Foundation, Fiscal Fact, Nr. 665, Juli 2019. https://taxfoundation.org/research/all/global/tax-reforms-in-georgia-2004-2012 (aufgerufen am 12.2.2024).

Jorge, Pedro Almeida, Cycle analysis of the Portuguese economy of the last two decades, Master en Economia OMMA/UFM, 12. Auflage, Prof. Juan Ramón Rallo.

Kaiser, Axel, The Fall of Chile, in: Cato Journal, Vol. 40, Nr. 3 (Fall 2020), S. 685–700.

Kaiser, Axel; Zitelmann, Rainer, El Odio a los Ricos, Igualitarismo, Decandencia Económica y Percepión Pública, Ediciones El Mercurio, Santiago de Chile 2023.

Klaus, Václav, Czechoslovakia and the Czech Republic: The Spirit and Main Contours of the Postcommunist Transformation, in: Åslund, Anders; Djankov, Simeon (Hrsg.), The Great Rebirth. Lessons from the Victory of Capitalism over Communism, Peterson Institute for International Economics, Washington, DC 2014, S. 53–72.

Kneifel, Johannes, Rumäniens steiniger Weg. Von der Ceaușescu-Diktatur bis zur fragilen Demokratie, Engelsdorfer Verlag, Leipzig 2022.

Köllner, Patrick, Südkoreas politisches System, in: Kern, Thomas; Köllner, Patrick (Hrsg.), Südkorea und Nordkorea. Einführung in Geschichte, Politik, Wirtschaft und Gesellschaft, Campus Verlag, Frankfurt am Main, New York 2005, S. 50–70.

Kollmar-Paulenz, Karénina, Die Mongolen. Von Dschingis Khan bis heute, Verlag C.H. Beck, München 2011.

Kunze, Thomas, Nicolae Ceaușescu. Eine Biografie, Ch. Links Verlag, Berlin 2000.

Leviev-Sawyer, Clive, Bulgaria: Politics and Protests in the 21st Century, Riva Publishers, Sofia 2015.

Lee, Felix, Macht und Moderne. Chinas großer Reformer Deng Xiaoping. Die Biographie, Rotbuch-Verlag, Berlin 2014.

Lill, Rudolf; Altgeld, Wolfgang, Italien als demokratische Republik, in: Altgeld, Wolfgang u.a., Geschichte Italiens, Philipp Reclam jun. Verlag, Ditzingen 2021, S. 500–605.

Lindbeck, Assar, Swedish Lessons for Post-Socialist Countries, Seminar Papers 640, Stockholm University, Institute for International Economic Studies, Stockholm 1998, https://ideas.repec.org/p/hhs/iiessp/0640.html (aufgerufen am 12.2.2024).

Markaris, Petros, Griechenland. Wo alles »sozialistisch« ist, in: WOZ. Die Wochenzeitung, Nr. 21, 27. Mai 2012, https://www.woz.ch/1021/griechenland/wo-alles-sozialistisch-ist (aufgerufen am 12.2.2024).

Marques, A. H. de Oliveira, Geschichte Portugals und des portugiesischen Weltreichs, Kröner Verlag, Stuttgart 2001.

Mehrtens, Philip, Staatsschulden und Staatstätigkeit. Zur Transformation der politischen Ökonomie Schwedens, Campus Verlag, Frankfurt am Main, New York 2014.

Michaels, Axel, Kultur und Geschichte Nepals, Kröner Verlag, Stuttgart 2018.

Mingardi, Alberto, Why Italy's Season of Economic Liberalism Did Not Last, The Independent Review, Vol. 25, No. 4 (Spring 2021), S. 593–616, https://www.jstor.org/stable/48617838 (aufgerufen am 12.2.2024).

Mises, Ludwig von, Die Gemeinwirtschaft. Untersuchungen über den Sozialismus, Verlag Gustav Fischer, Jena 1932.

Nguyen, Tam T. T., Vietnam und sein Transformationsweg. Die Entwicklung seit der Reformpolitik 1986 und aktuelle Herausforderungen, Diplomica Verlag, Hamburg 2014.

North, Michael, Geschichte der Niederlande, 4., durchgesehene und aktualisierte Auflage, Verlag C.H.Beck, München 2013.

Oancea, Georgeta Daniela, Mythen und Vergangenheit. Rumänien nach der Wende. Dissertation, LMU München: Fakultät für Geschichts- und Kunstwissenschaften, Juli 2005.

Page, Benjamin I.; Gilens, Martin, Democracy in America? What Has Gone Wrong and What We Can Do About It, The University of Chicago Press, Chicago, London 2017.

Pettigrew, Judith, Maoists at the Hearth. Everyday Life in Nepal's Civil War, University of Pennsylvania Press, Philadelphia 2013.

Piatkowski, Marcin, Europe's Growth Champion. Insights from the Economic Rise of Poland, Oxford University Press, Oxford 2018.

Poller, Horst, Mehr Freiheit statt mehr Sozialismus. Wie konservative Politik die Krisen bewältigt, die sozialistisches Wunschdenken schafft, Olzog Verlag, München 2010.

Prak, Maarten; Luiten van Zanden, Jan, Pioneers of Capitalism, The Netherlands 1000–1800, Princeton University Press, Princeton, Oxford 2023.

Raichevsky, Stoyan, Bulgarien unter dem kommunistischen Regime 1944–1989, Osteuropa Zentrum Berlin-Verlag, Berlin 2016.

Rentsch, Hans, Wie viel Markt verträgt die Schweiz? Ökonomische Streifzüge durchs Demokratieparadies, NZZ Libro, Zürich 2017.

Riekenberg, Michael, Kleine Geschichte Argentiniens, Verlag C.H. Beck, München 2009.

Rothbard, Murray N., Economic Thought Before Adam Smith. An Austrian Perspective on the History of Economic Thought, Band 1, Ludwig von Mises Institute, Auburn, Alabama 2006.

Sanandaji, Nima; Ströhm, Viktor; Esmaeilzadeh, Mouna; Esmaeilzadeh, Saeid, The evolution of the Swedish market model, in: Economic Affairs, Vol. 43, Nr. 2, Juni 2023, S. 170–184.

Sanders, Bernie, It's ok to be angry about Capitalism, Allen Lane/Penguin Books, London 2023.

Sapelli, Claudio, Desigualdad, movilidad, pobreza: necesidad de una política social diferente, in: Estudios Públicos, 2014, Nr. 134, S. 59–84,

https://www.estudiospublicos.cl/index.php/cep/article/view/250 (aufgerufen am 8.12.2023).
Schneidewind, Dieter, Wirtschaftswunderland Südkorea, Springer Gabler Verlag, Wiesbaden 2013.
Sharma, Sudheer, The Nepal Nexus. An Inside Account of the Maoists, the Durbar and New Dehli, Penguin Viking, Haryana, India 2019.
Smith, Adam, Essays on Philosophical Subjects. Edited by W. P. D. Wightman and J. C. Bryce, Liberty Fund, Indianapolis 1990.
Smith, Adam, Wohlstand der Nationen. Eine Untersuchung über seine Natur und seine Ursachen (1776), Deutscher Taschenbuch Verlag, München 2009.
Soukup, Stephen R., The Dictatorship of Woke Capital. How Political Correctness Captured Big Business, Encounter Books, New York, London 2021.
Specht, Martin, Kolumbien. Ein Länderporträt, Ch. Links Verlag, Berlin 2018.
Teichova, Alice, Wirtschaftsgeschichte der Tschechoslowakei 1918–1980, Böhlau Verlag, Wien, Köln, Graz 1988.
Thatcher, Margaret, Downing Street No. 10. Die Erinnerungen, Econ-Verlag, Düsseldorf u. a. 1993.
Tran, Thi Anh-Dao, Rethinking Asian Capitalism. The Achievements and Challenges of Vietnam under Doi Moi, Palgrave Macmillan, Cham 2022.
Transparency International, Corruption Perception Index 2022, https://www.transparency.org/en/cpi/2022 (aufgerufen am 12.2.2024).
Tschinderle, Franziska, Albanien. Aus der Isolation in eine europäische Zukunft, Czernin Verlag, Wien 2022.
Velasco, Andres; Huneeus, Cristóbal, Contra la desigualdad: el empleo es la clave, Editorial Debate, Santiago de Chile 2012.
Voegeli, William, Amerikas Abschied vom Kapitalismus, Ambition Verlag, Berlin o. J.
World Bank Group, From the Last Mile to the Next Mile, 2022 Vietnam Poverty and Equity Assessment, 2022, https://openknowledge.worldbank.org/handle/10986/37952 (aufgerufen am 12.2.2024).
Zedania, Giga, Gleichzeitigkeit des Ungleichzeitigen, Paradoxien der Politik in Georgien, in: Osteuropa, 68. Jg., Heft 7, 2018, S. 106–116.
Zelepos, Ioannis, Kleine Geschichte Griechenlands. Von der Staatsgründung bis heute, 2. Auflage, C.H. Beck, München 2017.

Zhang, Weiying, The Logic of the Market. An Insider's View of Chinese Economic Reform, Cato, Washington 2015.

Zitelmann, Rainer, Die Gesellschaft und ihre Reichen. Vorurteile über eine beneidete Minderheit, FinanzBuch Verlag, München 2019.

Zitelmann, Rainer, Attitudes towards the rich in China, Japan, South Korea, and Vietnam, in: Economic Affairs, Vol. 42, Issue 2, Juni 2022, S. 210–224.

Zitelmann, Rainer, Attitudes towards capitalism in 34 countries on five continents, in: Economic Affairs, Vol. 43, Issue 3, Oktober 2023, S. 353–371, https://onlinelibrary.wiley.com/doi/full/10.1111/ecaf.12591 (aufgerufen am 12.2.2024).

Zitelmann, Rainer, In Defense of Capitalism. Debunking the Myths, Republic Book Publishers, New York 2023.

Zitelmann, Rainer, Die 10 Irrtümer der Antikapitalisten. Zur Kritik der Kapitalismuskritik, FinanzBuch Verlag, München 2022.

Personenregister

Die Namen von Personen, bei denen aus Vertraulichkeitsgründen im Text nur Vornamen verwendet wurden, sind im Personenregister nicht erfasst worden.